Dr. Richard Moss

LE PAPILLON NOIR

INVITATION A UN CHANGEMENT RADICAL

LE SOUFFLE D'OR
BP.3,
05300, BARRET-LE-BAS

Titre original: The Black Butterfly,
an invitation to radical aliveness

Publié aux Etats-Unis par:
Celestial Arts, P.O.BOX 7327, BERKELEY, CA 94707

ISBN : 2-9046-7028-9
ISSN : 0981-9894

Traduction: Claire Lévi
Relecture: Tan Nguyen
Couverture: Illustration: Michel Roudnitska / Génépy
Maquette: Génépy - Gap
Photocomposition et mise en page: Le Souffle d'Or / Le Compographe - Gap
Impression, façonnage: SEPC Saint-Amand, Montrond (Cher)

2e édition 1989

Dépôt légal: 2e trimestre 1989

LE SOUFFLE D'OR, BP.3, 05300 BARRET-LE-BAS

Qu'un être humain en aime un autre, voilà le critère ultime, la dernière preuve, l'oeuvre auprès de quoi tout autre travail n'est que préparation.

Reiner Maria Rilke

TABLE DES MATIÈRES

Préface et remerciements

Le langage qui décrit la transformation naît de l'expérience vécue des diverses dimensions de la vie, un vécu dont la nature est essentiellement subjective. Essayer d'apprécier la vie, et de nous apprécier nous-mêmes en totalité, comme autant de parties indivisibles d'une globalité que nous ne pouvons nommer, est un véritable défi. Notre langage habituel n'est pas adapté: de par sa nature même, il oppose, il fragmente.

J'ai tenté de faire une description objective de ces dimensions, que nombre d'entre nous sentent, mais n'ont jamais su exprimer faute de mots adéquats. Ce vocabulaire doit se déployer comme une spirale, où les idées sont présentées sous forme d'anecdotes, de métaphores et d'arguments quasi logiques qui se répètent et s'entrecroisent, jusqu'à ce que, progressivement, une image totalement nouvelle prenne forme et que les nombreux thèmes évoqués convergent vers une *compréhension du coeur*.

Je vous conseille par conséquent de lire cet ouvrage dans l'ordre où je le propose, car vous apprécierez mieux les derniers chapitres, plus mystiques, plus librement inspirés, grâce aux premiers où se mettent en place images et concepts qui sont autant de marches pour y accéder. A la fin, un glossaire vous aidera à ressentir plus pleinement certains concepts.

Mon plus grand espoir est qu'ensemble nous puissions aller au-delà des mots, pour retrouver les espaces et les énergies dont ils proviennent. Là, l'éveil à la grande aventure de la transformation n'est pas seulement possible; mieux encore, il est probable.

Ecrire un livre est un engagement majeur, non seulement pour l'auteur, mais également pour les nombreuses personnes qui lui ont apporté soutien et contribution. Ceci est particulièrement vrai pour *Papillon Noir*.

Je souhaiterais ici remercier mes associés de la Three Moutain Foundation: Jan Bright et Christina Poniecki pour leur aide précieuse dans la dactylographie et la correction; Beatrice et Steven Ledyard, Mary Fisher, David Darrow et Richard et Cathy Larson pour avoir préservé l'espace dans lequel ce travail était entrepris.

Je remercie Lynne et Chris Muendel, Patricia Carney Moss, David Bushnell, Sharon Huffman, et Aster Barnwell qui ont lu les premiers tirages et en ont fait une critique très appréciable.

NOTE DE LA TRADUCTRICE : Au cours de sa lecture, le lecteur rencontrera sans doute quelques termes inconnus, anglicismes ou invention pure et simple pour mieux exprimer une *réalité* qui ne possède pas encore de langage approprié. Leur sens, j'en suis certaine, lui paraîtra si évident qu'il ne me semble pas nécessaire d'expliciter ces termes. Le glossaire (en fin d'ouvrage), quant à lui permettra d'approfondir certaines des idées maîtresses ici abordées. Il a été rédigé par Richard Moss.

A vous tous qui allez lire, je souhaite autant de plaisir et de joie que j'en ai eu en traduisant ce livre.

Claire LEVI

INTRODUCTION

Invitation à un changement radical

L'émotion la plus belle et la plus profonde que nous puissions vivre est celle du sentiment mystique. Elle est la semence de toute science véritable. Celui qui n'a jamais connu cette émotion, qui ne peut plus s'émerveiller et s'extasier, est comme mort.

Savoir que ce que nous ne saurions pénétrer existe réellement, et se manifeste comme la sagesse la plus haute et la beauté la plus radieuse, dont nos pauvres aptitudes ne peuvent saisir que les formes les plus élémentaires, ce savoir, ce sentiment, sont au coeur même de la vraie dévotion religieuse.

Albert Einstein

C'était le second jour du séminaire. Laura, depuis plusieurs heures, chantait une comptine, la répétant sans s'interrompre. Son chant soudain se métamorphosa. Son sentiment, alors, fut qu'elle ne chantait plus, mais qu'elle-même était devenue chant.

Elle se retrouva comme transportée vers le ciel; ses bras se levèrent, sa tête se redressa. Elle dit que ses mains ne finissaient pas au bout des doigts mais se prolongeaient dans l'air, dans le ciel. L'air et le ciel étaient vivants, et elle en était partie intégrante. Ses pieds semblaient avoir disparu dans les profondeurs de la terre. Terre, pieds, corps, bras, ciel, chanson, chanteur ne formaient plus qu'un seul être. Laura ne pensa pas à ce qu'il lui arrivait; elle le vécut, simplement. L'expérience l'avait totalement investie.

Le lendemain, son cancer du foie en phase terminale avait disparu. Les métastases, grosses comme des pamplemousses, qu'elle pouvait saisir dans ses mains au niveau de l'intestin, s'étaient évanouies. Trois jours plus tard, elle se rendit compte que pour la première fois en trente-huit ans, elle n'avait pas fait ses injections quotidiennes d'insuline. Dans les semaines qui suivirent, toutes les manifestations secondaires de son diabète et de son cancer (insuffisance rénale, humeurs pulmonaires, écoulement des nodules, cécité partielle, perte de la sensibilité aux extrêmités, accoutumance aux analgésiques) disparaissaient! Même l'un de ses orteils, cassé récemment, fut complètement rétabli. Elle irradiait littéralement; une présence palpable émanait d'elle telle une douce flamme, et toute sa conception de la vie était radicalement transformée.

Le terme «radical» a trait aux racines, au support même ou aux fondations, au fondamental, aux bases ou aux principes de base. Une «vitalité radicale» nous invite et nous pousse à aller jusqu'aux racines de la conscience, à l'endroit même où émerge notre sentiment d'exister. C'est un état qui transcende tout concept de soi-même.

Laura s'était spontanément éveillée à ce que l'on pourrait appeler *la nature fondamentale de l'être,* un état où son cancer et son diabète n'étaient pas la réalité ultime. Pendant la majeure partie de sa vie, elle s'était considérée comme malade et, ces dernières années, comme quelqu'un qui allait mourir d'un cancer. Elle prit soudain conscience que cette perception était fictive. Tous ses efforts et ses désirs de santé étaient basés sur cette fiction. La femme mourante n'était pas véritablement elle-même; de même la femme qui voulait vivre n'était pas réelle. Pendant un instant, elle se vécut comme pure conscience, et elle en fut transformée.

Cet ouvrage traite des possibilités et des processus du changement. Il n'est pas ici question de miracle ou de ce que ne peut vivre qu'un petit nombre d'initiés. Nous sommes tous concernés par le changement dont il est question, par cette transformation de notre conscience, basée sur l'intuition de ce qu'est réellement l'être humain. Ici, nous allons décrire la façon dont ce changement peut intervenir dans notre vie, quelquefois radicalement, au point de nous effrayer parfois, rapidement peut-être, mais le plus souvent progressivement, et toujours en nous incitant à faire appel à de nouvelles façons de vivre et d'exprimer notre vitalité.

Ce livre nous invite à aborder plus profondément notre expérience, et particulièrement ce qu'elle présente de plus difficile, ce qui nous fait douter le plus. C'est ici, face aux grands mystères de la vie, au plus obscur de nous-mêmes, que se situe le passage qui mène aux possibilités nouvelles. C'est ici que repose le potentiel de toute intelligence évolutive et de l'âme humaine. Avant de définir notre expérience, avant d'accepter les étiquettes qu'imposent nos pensées et nos sentiments conditionnés, nous devons apprendre à créer un espace de non-savoir, un espace ouvert pour une interprétation nouvelle.

Il ne s'agit pas d'entrer dans l'inconnu sans y être préparé. C'est comme si l'on voulait escalader une paroi rocheuse sans avoir un minimum de technique et sans équipement : ce serait de la folie. Mais si la préparation est essentielle, elle n'est pas le voyage. Dans le voyage de la transformation, il est facile de confondre les préparatifs - tout ce que nous en imaginons, les techniques qui permettent d'altérer la conscience et de produire de nouvelles façons de penser - et le changement lui-même.

Nombreux sont ceux qui sont persuadés du contraire et confondent leurs expériences de modification partielle de leur conscience et de leurs comportements avec les possibilités nouvelles réelles. Ils écourtent alors leurs recherches, ou les abandonnent.

Beaucoup croient avoir trouvé une identité nouvelle et se satisfont de ce qu'ils appellent «transformation». Ils s'érigent en tant qu'enseignants et oeuvrent pour sauver le monde, sans même avoir connu la période de restructuration fondamentale, indispensable à la naissance d'une vitalité réellement nouvelle. Certains d'entre eux vont même jusqu'à créer de nouveaux mouvements sur la base de ces outils et exercices préparatoires.

Mais la vraie transformation exige bien davantage, et ses implications dans la vie sont beaucoup plus difficiles à saisir. D'abord, elle est une transformation fondamentale de la qualité de l'énergie qui anime notre conscience. Si nos états de conscience étaient représentés par des notes de musique, la première, basse, pourrait correspondre à notre état de base, et la seconde, haute, pure, à l'énergie nouvelle survenue après l'ouverture. Ce passage à la note supérieure ne doit pas être assimilé aux modifications qui surviennent dans le comportement, les valeurs ou les croyances; certes, des altérations surgissent inévitablement, comme une conséquence de la transformation; mais il est tout à fait possible de changer ainsi sans que l'énergie de base ait effectué le moindre mouvement.

Le changement réel est de nature spirituelle. Pour en parler, nous devons habituellement faire appel au langage des poètes et des mystiques, et chaque fois ce langage est source de méprise lorsque nous l'interprétons selon notre conscience linéaire ordinaire. Il m'arrive de m'exprimer dans ce livre de ce point de vue mystique. Dans d'autres cas, je m'exprime selon une perspective linéaire. Je souhaite, et j'espère, que le fait d'avoir juxtaposé des exemples personnels commentés sur les plans philosophique et psychologique, et une expression plus directement mystique, saura rendre l'ouvrage plus suggestif.

Nous voulons absolument que ce soit le savoir qui nous permette de gouverner notre monde. Le raisonnement analyse et définit continuellement le changement positif, en termes de croissance et de résultats, posés par rapport à des buts établis. Déjà, il nous faut évoquer la question : «comment est-il possible de mesurer ce qui est nouveau ?». Si quelque chose se produit qui soit vraiment nouveau, nous n'avons aucun critère connu pour l'évaluer, et aucune solution immédiate pour le vivre. Comment alors le mesurer avec nos critères habituels de changement ? Si nous pouvions le faire, ce serait nier le concept même de la nouveauté. En fait, nous avons besoin d'envisager le nouveau avec un mode de pensée radicalement différent. Il est aussi nécessaire que nous ayons un mode de vie très différent. Ce livre nous invite à explorer le nouveau en nous-mêmes, là où l'existence vécue devient source de révélations, un «Yoga du possible (1)». C'est un espace de prise de conscience, où nous ne faisons qu'un avec le Mystère de la Vie. On peut y accéder à la fois par la Grâce et par l'effort. Là, dans ces instants où nous vivons notre être pur, se produit la transformation essentielle.

Un tel changement est instantané; il ne se déroule pas dans le temps, et la cause n'en peut être déterminée. Il est de nature énergétique, comme si la note de base de notre existence se changeait en une nouvelle vibration. Ceci implique une concession importante par rapport à notre conception habituelle du changement. Une évolution que l'on puisse mesurer, l'acquisition de connaissances et leur application, de même que l'exaltation qui s'ensuit ne peuvent plus être considérées comme un changement véritable. Bien au

---

(1) Je remercie pour ce terme mon amie F. Aster Barnwell, auteur de The Meaning of Christ for our Age, (Leewellyn Publications, 1984).

contraire, ce qui nous paraît être nouveau relève de l'implantation dans l'espace-temps de déplacements dont les origines viennent d'une autre dimension. On peut appeler ces déplacements *l'Incarnation du Devenir,* mais ils ne sont pas le changement. Le vrai changement se produit dans une dimension où le temps n'existe pas, celle de la dimension de l'Etre; c'est pourquoi il est instantané et embrasse tous les aspects de la vie à la fois.

Nous passons d'autre part notre temps à changer notre environnement et notre style de vie, au nom de l'évolution et de la croissance. Mais posons-nous la question de savoir si c'est une transformation fondamentale de notre conscience, ou si ceci représente simplement un processus logique d'application des connaissances que nous avons acquises. L'une des assertions essentielles de ce livre est la suivante : *changer les circonstances, en nous ou autour de nous, sans que ceci implique une transformation fondamentale de l'énergie de notre conscience ou de la note qui lui correspond, n'est pas grandir.* Changer doit induire un déplacement majeur de nos intérêts et de notre attention à l'approche de la possibilité nouvelle.

Tant que nous croirons que les phénomènes extérieurs et visibles de la vie représentent la seule réalité, nous aurons tendance à penser qu'en changeant les apparences, nous pourrons nous changer nous-mêmes. A mon sens, ceci témoigne d'une incompréhension profonde. Je considère par exemple, les trente premières années de ma vie comme le développement d'un Devenir (ou déploiement) se déroulant à un seul niveau d'énergie. Le jour de mon trentième anniversaire, une certaine expérience - que je décrirai dans le chapitre intitulé «Le papillon noir» - provoqua une transformation instantanée et des plus fondamentales, et je me retrouvai dans un état où n'existaient plus ni temps, ni espace, ni mouvement, ni causalité; et ce fut précisément là, dans cette dimension hors-du-temps, que la note de ma vitalité connut cette transformation essentielle.

Au niveau de notre personne, il se peut que nous n'ayons gardé aucun souvenir de tels instants de réalisation, et il est par conséquent difficile de concevoir que, sous-jacente à ce tout que nous sommes et faisons, existe une dimension hors du temps et de la causalité. Le degré où nous-mêmes et notre société acceptons l'existence de cette dimension détermine nos possibilités de croissance et d'incarnation dans le processus sans fin du devenir de la vie. Néanmoins, comme ce fut le cas pour Laura, dès l'instant où nous entrons directement en contact avec cette dimension, la trame entière de notre existence est radicalement transformée. A jamais, nous participons plus pleinement à notre relation à l'existence. C'est ici, et ici seulement, que réside le changement qui va refléter, non pas une *réaction* aux apparences de la vie, mais la Vie elle-même dans la totalité de ses possibilités.

L'énergie d'un instant de changement fondamental n'est pas seulement de nature personnelle. En fait, elle n'appartient pas au seul individu. La réalisation de Jésus a littéralement transformé l'humanité tout entière, et poursuit son chemin. Voyez comme les découvertes de Einstein continuent à influencer quantité de possibilités théoriques et technologiques qui transforment chaque niveau des affaires humaines. Il y a quelque chose d'intrinsèque à cette énergie supérieure qui pousse l'humanité à faire corps, de façon plus élargie et plus cohérente. Chacun de nous, dès lors qu'il est éveillé, est ainsi appelé à prendre place dans le corps collectif pour permettra à l'énergie de s'incarner dans la vie quotidienne. Chaque nouvelle prise de consience n'est complète que lorsqu'elle est devenue réalité vivante en chaque individu. Ainsi l'on ne peut, à mon avis, envisager la transformation comme une quête ou un but personnels. L'individu qui se considère encore comme un être séparé, et cherche à se transformer en vue d'un accomplissement personnel, finira par découvrir que sa quête l'a mené à de profondes déceptions, jusqu'à ce qu'il saisisse où est son erreur. *Nous devons comprendre que toute croissance personnelle est destinée à l'éveil de l'ensemble.* En réalité, nous sommes tous, individuellement et collectivement, entraînés dans un processus sans fin d'incarnation de la conscience supérieure. A mesure que notre conscience s'affine, la possibilité de l'exprimer dans tous les domaines de la vie grandit également; et avec cet élargissement de l'éventail de l'expression humaine, grandit également notre appréciation de l'Unité sous-jacente. Les êtres humains sont sans cesse en train de modifier et d'intégrer des niveaux d'énergie qui, ont été déjà réalisés, et transmettent ainsi ces énergies d'incarnation en incarnation. Simultanément, à différents degrés et profondeurs, les gens atteignent des stades de prise de conscience et se font transformateurs d'énergies qui, ainsi, ont continuellement la possibilité de s'incarner.

A mon avis, un changement radical ne se produit qu'au moment où nous découvrons notre identité parfaite en tant que Conscience. A cet instant, nous ne sommes qu'Un avec ce qui ne change pas, ce qui n'a aucune caractéristique particulière, ce qui se trouve au-delà du temps, de l'espace et de la causalité. Une telle expérience est relativement rare. Les expériences mystiques, elles, sont déjà beaucoup plus courantes. Il est temps que nous commencions à respecter cette dimension, et que nous cessions de trouver des excuses, sous prétexte que nous ne pouvons prouver son existence ou même trouver un moyen de l'exprimer. Nous sommes poussés à faire la preuve de ces dimensions, mais sans pour autant les rendre «spéciales» et flatter ainsi notre personnalité. Il est temps de reconnaître le coeur spirituel de notre vie. Il est temps d'accepter son caractère naturel et universel, sans dogmes et sans créer de nouveaux schémas séparatistes.

Plus important encore : nous devons réfléchir à ce que ces expériences nous prouvent sur la nature de la réalité. Avons-nous jamais saisi le sens et les valeurs les plus profonds par nos propres efforts ? Avons-nous jamais fait advenir l'amour ? De nous-mêmes, avons-nous comblé ce vide que nous ressentons parfois, un vide dont nous n'avons conscience que lorsque la Grâce nous a emplis et que nous débordons de vitalité ? Nous pouvons, au mieux, nous y préparer; mais le véritable accomplissement se produit de tout autre façon. Tous, nous le savons par expérience. Lorsque nous faisons du ski, par exemple, et qu'enfin nous y arrivons sans effort, au point qu'il nous semble qu'en un certain sens, c'est le ski qui nous fait, le temps s'arrête, notre conscience s'ouvre, parfois jusqu'à l'extase; s'ensuit une libération de l'énergie, une sorte de transcendance de soi. Dans ce domaine particulier, nous atteignons la possibilité la plus élevée. C'est pourquoi toute activité qui tend à nous porter jusqu'à de tels sommets se fait si attirante et même peut entraîner une dépendance. Des expériences aussi élevées nous donnent le goût de la révélation mystique, mais le changement est localisé et ne concerne qu'une partie précise de notre nature. Ces moments contribuent à élargir grandement notre conscience, selon ce que nous sommes, selon la profondeur de notre pénétration, et selon la vocation qui nous pousse à vivre.

Indéniablement, la transformation nous conduit à faire de nouvelles expériences, à acquérir de nouvelles façons de penser pour que notre vie s'en trouve améliorée. Mais ceci n'est qu'une partie du processus. La transformation est aussi un travail radical de recherche et de lâcher-prise. Elle débute lorsque, par exemple, ceux qui veulent la paix dans le monde peuvent aussi admettre que nous ne savons pas ce qu'est réellement la paix, ni même comment la trouver au fond de nous. Il est beaucoup plus facile - trop facile - d'affirmer notre identité en nous mettant, autant que faire se peut, au service de nobles causes qui visent à transformer notre monde en un monde meilleur. De tels efforts contribuent certainement au déclenchement de la transformation; mais nous devons aussi regarder en face le fait qu'un véritable changement est de loin plus radical et exigeant. Cela dépasse tout concept, tout espoir que nous puissions avoir d'une vie meilleure. Si nos efforts nous apportent estime de soi et autosatisfaction, au point que nous nous détournions complètement d'une recherche plus profonde, ils peuvent en fin de compte infirmer notre vitalité et réduire les possibilités qui s'offrent à nous de changer fondamentalement notre conscience.

La transformation tient du désir et de l'intention, mais participe également de l'intuition et du lâcher-prise. Plus encore, elle concerne notre conscience. Nous sommes à tout instant au seuil d'un changement radical. Certaines sociétés, et en particulier la société occidentale, ont saturé le potentiel énergétique de leur structure vitale. Comme Laura, nous sommes «bourrés» à craquer d'une énergie qui, le plus souvent, s'exprime de façon morbide parce qu'elle est contenue dans un réceptacle trop petit. Comme elle, nous faisons tout ce que nous pouvons pour grandir et guérir, mais nos efforts même renforcent encore plus nos limites, et génèrent autant de destructions que de bonnes choses.

Pour accéder à un changement radical, il est nécessaire de s'ouvrir à un espace plus large, où l'énergie développera naturellement une expression harmonieuse.

Ce que l'on appelle la *Réalisation* ou *l'Illumination* est l'archétype de l'ouverture, du relâchement des limites de notre conscience extérieure, qui franchit les murs qui délimitent la réalité telle que nous la connaissons. On pourrait dire qu'elle nous met en contact avec le coeur de la vie, coeur sacré où naît toute expérience consciente, et particulièrement le sens de notre moi personnel. De ce coeur jaillit le sang de possibilités qui se renouvellent à l'infini. Le cas de Laura est en partie l'image de cette catégorie d'expériences. Elle a vécu les possibilités de transformations corporelles plus que la sagesse mystique généralement associée à l'idée que nous nous faisons de la Réalisation. Il y a, évidemment, différents paliers de réalisation, plus ou moins inclusifs. Ce serait donc une erreur de penser qu'il n'existe qu'une seule sorte d'expérience. Encore qu'il y ait certainement une similarité sous-jacente en leur essence, l'effet des expériences et la façon dont elles s'incarnent dépendent de facteurs propres à chacun. C'est la totalité de ces aperçus, exprimés à divers niveaux par des individus appartenant à toutes les sociétés chaque fois que l'homme a essayé d'appliquer le fruit de ses tentatives, qui forment la base de la culture humaine.

La Conscience se manifeste partout, elle sous-tend tout ce que nous sommes. Intégrer la façon de vivre où mène cette compréhension constitue l'âme de tout mon travail. Comme Laura, j'ai *vu* ma propre relativité. Pendant un petit moment, ce «moi» s'est volatilisé, au point de n'être plus qu'une partie minime de conscience de soi, d'où je pouvais observer une dimension totalement autre. «Je» était devenu la Conscience elle-même.

La Réalisation déplace immédiatement le niveau de compréhension (2). Notre nature humaine dépasse largement une réalité physique et même psychologique. Nous sommes aussi des systèmes énergétiques, en interaction dynamique avec chacun et avec toutes choses. L'individualité qui, au départ, est l'expression du moi séparé, s'élargit pour devenir ce «je qui est nous» *(The I that is We),* titre que j'ai donné à mon premier ouvrage. Le sens de responsabilité envers notre vie change, une fois que nous avons saisi tout ce qui se reflète en nous. Chaque instant prend forme de relation sacrée à la vie. Nous travaillons alors dans l'esprit d'une communauté nouvelle, où l'énergie même du mouvement auquel nous par-

---

(2) On peut arguer que généraliser à partir d'une expérience aussi subjective que la prise de conscience, qui n'est pas reproductible en laboratoire et donc ne peut être considérée comme base de recherche scientifique, est un tort. A ce propos, je rends hommage, avec le plus profond respect, aux travaux de Franklin Merrell-Wolff. Dans son ouvrage «The Philosophy of Consciousness Without an Object» (Julian Press, 1973), il expose magistralement pourquoi c'est un tort d'exclure (du champ de la connaissance des faits) le gain de compréhension acquis au travers du processus de la Réalisation. Ceci témoigne d'une réelle faiblesse dans la science et la psychologie occidentale.

ticipons crée un environnement propice à la croissance et à la transformation individuelle. De ce fait, nos façons d'agir et nos fins perdent leur évidence, car nous avons saisi l'unité profonde de la conscience, et savons que nous sommes déjà totalité.

A notre conscience ordinaire, le monde paraît plein de maladies et d'erreurs, mais au stade de la Réalisation, nous voyons que chaque individu, quelles que soient les circonstances, est déjà parfaitement entier. Laura a toujours été entière. Avant qu'elle ne s'ouvre, cette totalité avait besoin du cancer et du diabète pour affirmer sa pleine expression. Après, elle était toujours entière, mais l'expression nouvelle de sa totalité ne nécessitait plus ni cancer ni diabète. On aurait pu considérer l'énergie de Laura comme un pétard explosant dans un poing fermé. Automatiquement, elle manifestait sa vitalité, dense, confinée, incapable d'être conductrice, sous forme de cancer et de diabète, reflet de son auto-perception et de sa relation à la vie.

La main, tout à coup, s'est ouverte. Le réceptacle clos de sa conscience s'est transformé en un immense océan, un espace conducteur, mystique et inspiré. Dans cet élément, l'énergie du pétard s'est métamorphosée.

Ce qui, chez Laura, avait été maladie, se changea en rayonnement.

Le terme *entier* n'implique pas que nous soyons parfaits selon le sens commun du terme. Au contraire, c'est notre propre perception du défaut qui, habituellement, nous indique la direction à prendre et crée les schémas de notre Devenir. Mais si nous ne pouvons être complet en une seule fois, d'où vient la complétude ? N'est-elle déterminable que parce que nous ressentons que nous ne sommes pas entiers ?

Lorsque j'étais en seconde au lycée, je fis ma première expérience réelle de l'éducation, au sens originel du latin *educare :* «conduire dehors». Le professeur traça une ligne sur le tableau et, à un bout, dessina une sauterelle. Il demanda combien de bonds cette sauterelle devrait faire pour atteindre l'autre bout de la ligne, sachant qu'elle faisait la moitié du chemin à chaque fois. Je levai la main et répondit : «deux». Son silence me fit comprendre mon erreur et, à cet instant précis, je pris conscience de l'infini. Pendant un court moment, je restai plongé dans un abîme, et quelque chose de profond en moi se déplaça. Le monde ne fut plus jamais le même.

Notre saut de l'autre côté est-il un instant d'identité, ou bien un effort incessant pour atteindre quelque chose que toujours nous approchons et jamais n'atteignons ? Travaillons-nous pour atteindre quelque but, ou bien pouvons-nous considérer ce but comme déjà réalisé ici et maintenant ? C'est le paradoxe fondamental, tout à la fois don et douleur de la complétude. Le problème n'est pas seulement métaphysique : la façon dont chacun de nous l'assume, jour après jour, dans sa relation à la vie, est la clef de notre vitalité, de notre santé, de notre intelligence et de notre humanité. Elle est révolue, l'époque où il était loisible de faire retraite dans un monastère pour échapper à des conditions trop contraignantes pour notre vie personnelle et pouvoir continuer sur la voie de l'éveil d'une conscience supérieure. C'est dans notre vie quotidienne qu'à présent l'éveil doit s'engager pour contribuer à forger notre culture. «Se battre», «faire des efforts», «avoir un but» sont autant d'expressions de l'essence de l'égo; mais on ne peut approcher l'éveil sur cette base. Si nous nous vouons à la transformation, les attitudes, les valeurs, les rapports qui nous motivent et nous soutiennent deviennent tous des obstacles, ou bien perdent leur sens et leur substance. Même notre désir de croître sur le plan spirituel ou de guérir est trop sécurisant, trop facile, trop «bien». C'est une autre façon de nous cristalliser et de nous réfugier dans une petite niche, qui nous abrite mais limite beaucoup notre vitalité.

Il faut de toute façon nous abandonner, si nous voulons enfin connaître la complétude. Mais comment faire ? Impossible, du moins de notre point de vue. Surviennent alors les périodes de doute et d'inconnu - nuits noires - qui nous mènent finalement à redécouvrir nos valeurs profondes, en leur donnant cependant un sens et une consécration nouveaux. C'est un travail de dissolution, de mort et de renaissance. On a l'impression d'avoir erré, d'avoir souffert inutilement : ce n'était pas ce que nous voulions. Et pourtant c'est ce processus même qui nous consacre.

Vitalité Radicale : c'est en chacun de nous, au fond de notre être, à tout instant, que fini et infini s'épousent de tous temps pour incarner les possibilités nouvelles. Les moments très terre-à-terre, les très grandes joies et les très grandes peurs, tous mènent à une vitalité accrue, dès lors que nous nous mettons à considérer la face de Dieu qu'ils recèlent. Le fruit de ces épousailles peut n'être pas évident au premier abord, car il naît en premier lieu dans une autre dimension de la conscience; il est donc difficile, du point de vue de l'égo, de voir ce que nous sommes en train d'accomplir, si vraiment nous accomplissons quelque chose. Se pose alors le problème de l'accomplissement personnel et de la motivation qui l'accompagne.

La conscience de notre égo se nourrit et se développe grâce à l'énergie que nous recevons de nos réussites sociales. Les gens, pour la plupart, recherchent la transformation dans l'espoir d'une récompense, qu'elle soit matérielle, psychologique ou spirituelle. Lorsque le processus de croissance s'avère être inhérent à une conscience intemporelle et reliée à tous les aspects de la vie, si bien que l'aspect personnel n'est pas forcément tout de suite évident, l'excursion peut perdre son charme. Il se peut même que nous ayons l'impression d'aller à la mort si nous persistons. Nous sommes des êtres complexes, à la fois liés au temps et au devenir sur le plan personnel, et par ailleurs reliés à l'infini - et en cela totalement impersonnels et, de ce fait, entiers. De ce dernier point de vue, aucun retour d'information («feedback») ni récompense ne nous motivent; mais notre côté fini et personnel, gouverné par l'égo exige, lui, nourriture et résultats tangibles. Le résultat de l'accomplissement personnel, la réponse à nos besoins d'êtres humains deviennent de plus en plus difficiles à cerner lorsque, au cours de l'éveil, l'ouverture à l'infini se fait plus large. Et un autre paradoxe se pose, car rien ne peut combler davantage que l'inspiration et la vision que confère une conscience déployée. Bien que ceci soit bien réel, notre moi personnel croit avoir besoin d'une nourriture plus tangible. Conjuguer ces deux dimensions dans notre mode de vie représente le défi de notre époque.

Le propos n'est pas de croire, mais d'être conscient. Inspirés par nos plus profonds moments d'intuition et de plénitude, nous devons vraiment chercher à embrasser et l'ordinaire et le transcendant. Peut-être verrons-nous que c'est aussi le plus grand service que nous puissions rendre à nos semblables. Nous ne pouvons nier nos motivations égoïstes, mais nous devons arriver finalement à en saisir les contours. Il existe un élan plus profond vers la vie, grâce auquel nous pouvons accéder à l'autorité nécessaire pour Etre, particulièrement dans les moments les plus exigeants.

A l'approche de l'inconnu, chaque instant porte en lui la possibilité d'une transformation fondamentale, et une gamme immense de vitalité qui s'étend bien au-delà de ce qui nous est ordinairement accessible. L'expérience de Laura démontre le pouvoir d'un tel instant. Nous devons apprendre à affirmer notre propre expérience, et à ne pas accepter les croyances ou les explications simplistes que nous n'avons pas mises à l'épreuve. Plus souvent qu'on ne le pense, l'inconnu et le doute nous rapprochent des possibilités supérieures. La plus grande vitalité dont nous puissions faire l'expérience viendra rarement à nous sous la forme que nous aurons prévue. L'homme a franchi les océans, relié les continents, marché sur la lune, et tend vers une société globale. Mais pas plus que nos ancêtres lointains des millénaires passés, l'homme moderne n'est prêt à aborder les douloureuses énigmes de sa propre nature, et à défaut de cette approche, je crains que nous n'ayons pas la force spirituelle de gouverner les puissances déjà enclenchées par nos facultés rationnelles.

Nous sommes encore devant un paradoxe. L'expérience remarquable de Laura et la possibilité qu'elle laisse entrevoir risquent d'être considérées comme un but par notre moi personnel; or ce seul fait nous empêche d'aborder chaque instant avec la fraîcheur nécessaire, et limite par conséquent notre potentiel intrinsèque de vitalisation. J'insiste sur le fait que la vitalité radicale dépend de l'énergie et de la conscience, et en aucun cas de prodiges ou d'objectifs réalisés. S'il nous faut reconnaître l'éventualité d'un prodige, nous devons en même temps savoir qu'il peut n'en survenir aucun, et que cela n'est en rien nécessaire. L'expérience de Laura ne représente qu'une petite partie d'un développement beaucoup plus large, dont le sens et la substance trouvent leur véritable expression dans la possibilité de l'intégrer à la vie quotidienne.

Nous ne changeons pas facilement et n'avons pas à le faire. Même la projection du plus sage d'entre nous n'est pas suffisamment grande pour saisir pleinement le lieu où nous nous rendons, et la façon de nous y rendre. Les forces qui freinent le changement sont aussi sages et sacrées que celles qui nous poussent à explorer plus avant les possibilités nouvelles. Devant le mystère intrinsèque au changement fondamental et face à la Grâce qui l'accompagne, force nous est de renoncer à notre naïveté et à notre arrogance qui nous font croire que c'est nous qui pouvons tout organiser.

La réalisation (ou l'illumination), but traditionnel du développement personnel, ne peut être, au plus, qu'un commencement. Les réalités de la vie demeurent, qu'elles soient plaisantes ou difficiles, mais passent par une compréhension nouvelle et globale. Oui, nous sommes déjà entiers; oui, nous ne faisons que passer de l'entier à l'entier; mais jamais nous ne sommes terminés, toujours nous évoluons et changeons. A mesure que nous avançons à la recherche de nouvelles façons de vivre qui rendent honneur à nos possibilités les plus élevées, le moi personnel, en nous, ne peut être rabaissé devant le moi spirituel. De même ce dernier ne peut être trahi au profit du premier. Et pour moi, la spiritualité authentique est cet effort conscient qui nous pousse à grandir parmi toutes ces tensions, et à nous tenir avec vénération en équilibre sur le fil du rasoir. La porte qui donne sur la prise de conscience et sur la guérison peut s'entrebailler seulement, ou ne pas s'ouvrir du tout. De toute façon, le mystère reste complet; pas plus que la puberté, ceci ne représente un accomplissement personnel!

CHAPITRE UN

Le Papillon noir

Doucement, autour de moi,
La paix, la joie et le savoir s'élèvent
Et me transmettent tout l'art
Et toute l'argumentation de la terre,
Et je sais que la main de Dieu
Est la soeur aînée de la mienne,
Et je sais que l'esprit de Dieu
Est le frêre aîné du mien,
Et que tous les hommes, de toutes les époques
Sont aussi mes frères...
Et les femmes mes soeurs, mes amantes,
Et que l'amour est la nef de la création;
Et les feuilles mortes
Qui s'étiolent dans les prés
N'ont pas de limites.
Comme les fourmis brunes
Dans les petits interstices
Qui les séparent,
Et les croûtes de mousse sur la clôture,
Et les pierres amassées,
Et les sureaux, les aromates,
Et les herbes folles.

Walt Whitman
«Leaves of grass»
(Song of Myself, 78-79)

Il y a quelques années, je commençai The *I That Is We* (1) en expliquant que, comme s'il s'était produit en moi un séisme, j'avais changé d'un seul coup pour toujours. J'ai parlé des conséquences de cette expérience, de l'intuition et du travail qui l'avaient amenée, de l'abandon de mon existence d'alors pour accomplir une nouvelle destinée; mais je n'ai pas abordé l'expérience elle-même. A cette époque, je préférais éviter les réactions (qu'elles soient positives ou négatives) qu'un tel sujet aurait pu déclencher. Il me paraissait plus sage de laisser au temps le soin de placer cette expérience dans un contexte plus vaste et de me donner du recul.

Le changement présente de si nombreux aspects, que le mode de pensée ordinaire n'a pas l'envergure suffisante pour tous les intégrer. Nous rejetons ce que nous ne comprenons pas ou le taxons de folie. Souvent nous préférons nous en tenir à un statu quo rassurant au lieu d'essayer de trouver des explications justes ou pleines de sens. Nombreux, hélas, sont ceux qui se croient anormaux ou spéciaux. Quel que soit le cas, notre conception de la vie manque de champ.

Evidemment, un changement profond implique certains risques. L'énergie induite par le processus d'ouverture dépassera le seuil de ce que nous sommes capables d'intégrer, si nous l'abordons comme nous avons appréhendé les autres choses de la vie. Peuvent en résulter une intensification des tendances névrotiques, des psychoses, ou même le développement ou l'aggravation de désordres physiques. Sans doute l'inflation de l'égo est-elle le danger le plus courant de toute expansion rapide de conscience. Ainsi que l'a démontré Jung, une inflation de l'égo est souvent suivie d'une brutale retombée. L'intégration ne peut alors se solder que par la régression à un stade antérieur de développement. Néanmoins, même de telles éventualités ne sont pas sans issue.

---

(1) Ce titre signifie littéralement: "Ce JE qui en réalité est NOUS". (Note de la traduction).

L'effondrement le plus terrible peut prendre une signification tout autre, si nous sommes capables de nous engager avec courage et persévérance sur les chemins de la créativité.

L'éveil se produit à différents degrés; c'est quelque chose à quoi nous ne saurions échapper, mais il est à présent nécessaire que l'homme s'y engage plus consciemment. Les manifestations de l'éveil sont néanmoins si nombreuses, que l'on ne peut le définir sous une étiquette précise. Seule la profondeur de son intégration est garante de son existence. Nombre de personnes ont fait l'expérience de l'éveil sous différentes formes et beaucoup ont été terrifiées. Elles ont essayé de la nier lorsqu'elles le pouvaient. Elles n'ont simplement, pour la plupart, aucune idée des possibilités qui s'éveillent à la conscience, lors de ces phases de transformation multidimensionnelle. Il nous faudrait de nouveaux modèles, des exemples contemporains du processus d'éveil, de ses épreuves et de ses succès, de ce qu'il apporte, de la façon dont on peut l'intégrer. L'avantage le plus évident de tels exemples n'est pas qu'ils montreraient ce qu'il faut faire, mais qu'ils élargiraient la conscience du possible. Le simple fait qu'ils existent permettrait d'avoir plus profondément confiance et d'aborder une relation à soi basée sur la créativité. Peu importe que notre expérience soit bizarre, difficile ou fabuleusement transcendante; ce qui compte est ce que nous en faisons. C'est la raison pour laquelle je souhaite partager à présent ma propre expérience.

Je ne pense pas que l'on puisse déterminer un instant précis où commencerait la prise de conscience. Elle s'imbrique dans tout ce qui fait l'existence. J'ai déjà beaucoup travaillé sur l'énergie, et j'avais commencé à animer des groupes quelques mois avant que ne se produise mon ouverture. Alors que je sondais les limites de mon psychisme, chaque jour ou presque était occasion de découvrir une dimension nouvelle, de faire quelque expérience inconnue. Talonné par une souffrance profonde qui ne me laissait pas de repos, j'ai cherché depuis toujours, j'ai expérimenté toutes sortes de thérapies, puis j'ai entrepris d'explorer la conscience par des voies plus ésotériques. Tout ceci a joué pour amener l'instant de mon ouverture, mais aucune de ces expériences ne peut en être considérée comme seule cause.

C'est l'époque de mon trentième anniversaire qui, pour moi, marque véritablement le temps le plus fort de mon ouverture. Du fait de la nature multidimensionnelle de ce que j'ai vécu, je puis difficilement être objectif en me rappelant cette époque. Je la regarde différemment à mesure que ma pénétration se fait plus profonde. Mais puisque l'on ne peut revenir en arrière, je relaterai cette expérience aussi fidèlement que possible à mon souvenir d'alors.

Le jour de mon trentième anniversaire, j'ai dû recevoir un patient, alors que j'avais décidé de consacrer cette journée à une retraite personnelle. Cet homme avait un cancer en phase terminale et se sentait désespéré. A contre-coeur, j'avais accepté de le recevoir. Plus que de sa maladie, pourtant bien réelle, il souffrait d'un état dépressif et en était arrivé à envisager le suicide. Après avoir parlé avec lui des heures durant, je procédai à un transfert d'énergie qui, à ses dires, le délivra de cet état dépressif. Je ressentis pour ma part une angoisse harcelante et toutes sortes de pressentiments. Pour la première fois de ma carrière, aussitôt que mon client fut parti je lavai tous les draps, aérai la pièce et entrepris pour moi-même un rituel de purification. Mais les pressentiments demeurèrent.

Deux jours plus tard, je me rendis à Lone Pine pour rencontrer Franklin Merrell-Wolff. Je m'arrêtai dans un restaurant pour prendre un café et parcourir rapidement le livre du docteur Wolff : *Pathways Through to Space* que je voulais terminer avant notre rendez-vous..

Presque tout de suite, les mots se mirent à danser sur la page. Je regardai autour de moi et tout semblait vibrer d'énergie. L'air lui-même s'était embrasé, la lumière irradiait et mon corps réagissait comme un réacteur atomique qui se serait emballé.

Je quittai le restaurant et remontai une petite route de campagne en direction de la montagne. Je me sentais malade, comme si mon corps allait exploser. Un éclat miroitant s'infiltrait partout et je me mis à me dissoudre dans le monde qui m'entourait.

Au bout de quelques centaines de mètres, je m'assis dans l'herbe. Je regardai autour de moi et me sentis comme si je pénétrais à l'intérieur des plantes. Je passais à travers l'enchevêtrement des tiges, dans la sève, dans les cellules. Une vache paissait dans le champ. Je battis des yeux et mon regard se porta sur elle. Immédiatement, je me sentis me fondre en elle. «Moi» et le monde qui m'entourait n'étions presque plus distincts.

Pas tout à fait cependant : la part de moi qui pouvait observer essayait de regagner le contrôle pour résister à ce qui se passait. Mes angoisses des jours précédents prenaient une tournure très sombre et je commençai à avoir peur. Mes pensées traversaient mon esprit à une vitesse telle que je ne pouvais même pas les évaluer rationnellement, sans cependant que mon point de vue médical en fût infirmé. Toute une série de diagnostics angoissants m'apparaissait : attaque, choc, psychose, tumeur avec sécrétion d'adrénaline... Bien que j'aie marché lentement et me sois simplement assis, mon coeur battait à tout rompre, mon pouls atteignait les cent-vingt. J'étais en excellente santé et mon corps cependant semblait vouloir se disloquer.

J'essayais de respirer profondément pour arriver à me recentrer. Rien de ce que j'avais appris ne pouvait m'aider à comprendre cette expérience. Je m'intimai l'ordre de lâcher prise, mais alors la dissolution devint plus totale encore et la peur plus accablante.

Je ne sais combien de temps je restai assis sur le bord de la route, une heure peut-être. Je me sentais malade et retournai au restaurant pour utiliser les toilettes. Tout était chargé de sens. La disposition du carrelage sur le sol, le fracas des conduites d'eau dans les toilettes, tout semblait vouloir communiquer avec moi. Ce n'était pas que je puisse déchiffrer cette communication ou que des voix aient un message à me transmettre, mais plutôt que tout me semblait être en connexion avec tout : chaque chose avait un sens, non point sur le plan rationnel, mais parce que tout faisait partie d'un seul être vivant.

Je retournai à la table où je m'étais assis auparavant et découvris qu'une de mes amies très chère et fort sage, Edith Sullwold s'était installée à la place même que j'avais quittée. Nous avions envisagé de nous retrouver là, mais je l'avais totalement oublié. Ce matin-là, elle s'était éveillée dans un état de joie et de paix qu'elle n'avait jusqu'alors jamais connu. Durant tout le trajet vers Lone Pine, elle avait senti qu'elle se préparait pour quelque chose, sans avoir la moindre idée de ce que cela pouvait être. Je fus, certes, soulagé de la voir là qui m'attendait, mais éprouvai quelque difficulté à montrer à quel point j'étais perturbé. L'heure, de toute façon, n'était pas à l'amour-propre mal placé. J'allai vers elle et lui dis simplement : «il se passe quelque chose; j'ai besoin d'aide».

Nous nous rendîmes tous deux chez le Docteur Wolff. C'était un homme merveilleux, âgé de près de quatre-vingt-dix ans. En sa présence, je découvris que ma sensation d'agitation intense se calmait. Il n'eut pas grand chose à dire lorsque je lui racontai ce qui se passait, mais parla d'un épisode difficile de sa propre vie. Il eut à cette époque à faire face à une énergie qu'il nommait «Mephisto». Veiller la nuit lui avait permis de maintenir la concentration de volonté nécessaire pour traverser cette période. Ce discours me resta et m'aida à faire face aux longues nuits qui suivirent.

En sortant de chez lui, je savais que je ne pouvais rentrer chez moi. Edith m'invita chez elle et son mari m'accueillit également. Pendant toute la semaine, elle laissa de côté ses obligations professionnelles et, avec amour et sagesse, m'apporta l'aide la plus efficace que je puisse alors espérer. Elle était analyste jungienne et écarta toute éventualité de psychose. Elle se procura de l'eau bénite et alluma des bougies qui brûlèrent nuit et jour. Ainsi, nous abordâmes ce processus comme s'il relevait d'un rituel spirituel. Quand survenait la pensée obsédante d'être en voie de destruction, elle se contentait de me conseiller de lâcher prise, arguant que je ne pouvais, en réalité, avoir aucune idée de ce qu'était cette expérience, et du lieu où elle me conduirait.

Cet état d'énergie décuplée dura sans interruption pendant quatre ou cinq jours, mais la sensation de confusion des contours ne fut jamais aussi vive que celle des premières heures. J'étais au bord de l'abîme, terrifié et incapable de lâcher prise, et en même temps trop angoissé pour me rappeler où j'étais. L'excitation, souvent mêlée à une anxiété intense, rendait le repos presque impossible. Le deuxième jour, j'appelai un guide, Brugh Joy, dont l'avis m'importait, et lui racontai l'expérience faite avec cet homme dépressif et ce qui s'était ensuivi. Il me dit qu'il ne savait vraiment pas ce qui pouvait se passer et employa le mot «emprise». Ce terme menaçant intensifia ma peur, me rappelant la discussion du docteur Wolff sur Mephisto. Je ne savais que faire de telles idées. Mais il dit également autre chose qui se révéla plus directement valable : qu'il n'était pas suffisamment doué pour m'aider. Je sus alors que, bien qu'assisté et aimé, je ne pouvais compter que sur moi-même; ceci s'avéra être un instant-charnière, crucial.

Il me recommanda également une voyante expérimentée. L'interprétation qu'elle donna fut que j'avais été sérieusement éprouvé, mais que ce n'était pas une «emprise». Je compris alors qu'«emprise» était un autre terme pour «possession». Dans sa présence, pleine d'amour, je sentis s'éloigner de nouveau mon agitation. De plus, elle me recommanda de ne pas minimiser mon expérience par quelque moyen que ce soit, médicament ou alcool. Je sus immédiatement que ce conseil était très important. J'étais tellement fatigué tout à coup que je décidai d'aller dormir. Je me fis une ordonnance pour un seul cachet de 10 milligrammes de Valium, que je gardai comme un talisman. Quelques mois plus tard, je l'ai jeté.

Pendant des années, j'ai hésité à parler de cet aspect de mon expérience parce que je pressentais que les gens pourraient avoir peur, ou bien se montreraient sarcastiques à l'idée de forces diaboliques, et refuseraient à tort le voyage de la transformation. Néanmoins, je réalise à présent que d'autres personnes sont exposées à des expériences similaires et que donc celle que j'ai vécue peut être utile. Bien qu'il ne soit pas nécessaire d'exagérer le danger, c'est de la folie d'aller de l'avant sans avoir une bonne idée de quelques-unes des éventualités qui peuvent se présenter. Pendant ces premiers jours d'ouverture radicale, je sentis que, quelque part, j'avais affaire à des forces si puissantes qu'il me fallait littéralement me battre pour rester en vie; mais à un autre niveau, je ne pouvais accepter cette interprétation. Par intuition, je sentais que, profondément, la vérité était ailleurs. La voyante me réprimandait, disant que je me mettais en danger précisément parce que je ne croyais pas vraiment l'être. Elle n'arrivait pas à comprendre que, loin de me croire hors de danger, j' avais seulement le sentiment que la considération du seul risque était incomplète. J'étais néanmoins dans la détresse la plus totale, et je suis profondément reconnaissant à tous mes amis pour l'amour qu'il m'ont alors témoigné. Je pris leurs conseils au sérieux. Je visualisai une lumière protectrice et commençai à prier le Christ. Je ne pouvais encore le savoir, mais j'allais bientôt faire une expérience qui nous donnerait raison, à eux comme à moi : celle de la Réalisation.

Aujourd'hui, jamais je ne nie l'existence des forces du mal, mais je sais aussi qu'elles n'existent qu'à certains niveaux de conscience. Lorsque les barrières habituelles de l'égo sont rompues, on peut avoir à affronter certaines configurations d'énergie. Ces forces prennent une réalité formidable tant que l'on n'a pas encore passé le cap d'un stade de conscience universelle. Ce palier atteint, on a, pour ainsi dire, conquis ces forces, ou, comme disent les Ecritures, le «malin a été dépassé».

Nous pouvons nous gausser de ces idées d'«esprit malin» si la structure de notre moi est suffisamment dense pour nous couper de ces dimensions. Il est alors facile, sous prétexte de réalisme scientifique, d'affirmer que l'inconnu est un phénomène encore inexpliqué qui tôt ou tard nous livrera ses secrets.

Nous sommes loin de ce point de vue quand nous faisons le choix d'aller vers une sagesse véritable. On peut difficilement nier les forces du mal lorsqu'on risque de les rencontrer sur son chemin. Il n'est pas plus avisé, néanmoins, de s'en protéger comme l'a fait l'homme des millénaires durant, à force de rituels et d'invocations occultes, que de les nier. Il est absolument nécessaire de dépasser ce stade et d'aller voir plus loin. A présent je le sais, c'est ce qu'avait bien saisi cette partie de moi qui refusa de ne concevoir que le danger. C'est cependant paradoxal, car nous participons de plusieurs dimensions. On peut prendre conscience du monde diabolique, de tout ce qu'il recouvre et savoir sa relativité, et, à un autre échelon, avoir la plus grande considération pour cette puissance qui, en soi, a sa propre raison. On peut aussi refuser d'attribuer à ces forces la malfaisance; mais il n'en demeure pas moins qu'elles sont désagréables et que notre premier mouvement nous porte à nous en protéger. En fait, cela n'a rien d'une protection; c'est seulement une facette plus subtile du même processus qui se poursuit : un combat où, de notre point de vue relatif, il y a les «bons» et les «mauvais». La situation requiert une sagesse plus profonde, que l'on ne peut trouver qu'en se tournant vers une dimension supérieure.

On donne à ces forces davantage de réalité et de puissance si on leur résiste. Elles aussi participent du divin. Il n'est besoin que d'apprendre à se centrer et à maintenir son attention sur une conscience plus profonde, pour que notre réaction n'ait plus de raison d'être. Evidemment, quand le dragon est à votre porte et que vous n'êtes pas suffisamment ouvert pour accueillir toute son énergie, mieux vaut tourner les talons. Il peut alors être utile de faire appel à un rituel qui permette de se centrer et de se protéger. Cela revient à sortir par la porte du fond. Mais, tôt ou tard, nous devons lui ouvrir la porte et accueillir cette énergie pour l'incorporer. Il faut, pour ce faire, avoir atteint un stade de centrage et de confiance suffisamment élevé. Il est aisé de comprendre comment l'homme égoïque peut considérer Dieu comme un champion vainqueur des forces du mal, mais ça, c'est une image élaborée par nos attirances personnelles qui ne peut avoir aucun sens. En fait, il est plus sage de réaliser qu'au fur et à mesure de notre aspiration vers une conscience plus élevée, le mal est un niveau de nous-mêmes à rencontrer sur le chemin.

Il n'y a pas de guerre du bien et du mal dans l'Univers, si ce n'est à ce niveau de conscience humaine, où la globalité divine se polarise entre les forces de l'ordre et celles du chaos.

Comment décrire une manifestation qui relève de tant de niveaux ? A l'instant où, dans le restaurant, l'énergie s'est éveillée, je ne faisais plus partie d'une seule réalité, d'un seul cadre temporel ni d'une seule perspective. Les verrous qui séparaient mes plans de conscience ont sauté et tout s'est surimposé, juxtaposant la conscience sujet/objet et les dimensions hors-du-temps, de l'espace et de la causalité. C'est comme pour les rêves : lorsqu'on en prend la mesure sous forme d'ondes cérébrales en période d'activité, ils ne durent que quelques instants; si l'on s'en souvient et qu'on les raconte, le temps reprend sa progression terrestre et linéaire. Lorsque j'y repense, je me rend compte que, les premiers jours, le centre de gravité de ma conscience est resté ancré dans la dimension personnelle sujet/objet. A ce niveau de conscience, celui qui sait et ce qui est su restent irrémédiablement distincts et séparés. C'est la conscience de base; elle est commune à tous les êtres humains et c'est elle qui permet le langage.

J'y fais souvent référence comme à la *conscience extérieure* ou *égoïque*. Elle est extérieure (c'est-à-dire orientée vers son objet) par opposition au principe de conscience *intérieur,* subjectif. Elle est égoïque parce qu'elle procède d'une identité individuelle associée au «je», qui prend en considération l'activité incessante du *contenu* de la conscience. Sur ce plan, nous nous disons toujours : «je suis content, triste, fatigué, désolé...», comme si nous étions réellement ce contentement, cette tristesse, cette fatigue, etc. A ce stade, nos certitudes sont acquises au prix de notre connaissance de nous-mêmes.

Du fait, peut-être, de ma jeunesse ou de mon égoïsme involontaire, ou simplement parce que ce n'est pas facile, il m'était impossible de m'abandonner. J'étais écrasé par cette force de dissolution totale que peut représenter l'énergie hors-du-temps.

Telle que je pouvais la concevoir au niveau égoïque, elle ne pouvait être que terrible et négative. Dieu, l'Indifférencié parfait et la Conscience de l'Incréé m'apparurent alors littéralement être le mal; puis, tout à coup, mon point de vue changea, mon sens de l'identité se retrouva faire partie de cet espace intemporel, et l'expérience prit tournure de paix céleste et de conscience de la globalité.

Si l'on y pense, il était naturel que le docteur Wolff, Brugh et la voyante fassent les déductions que l'on sait, et leurs pensées me furent précieuses; mais je savais au fond de mon coeur que ce n'était pas le mal que j'affrontais, mais les conséquences de ma propre arrogance, de cet orgueil qui me faisait penser que je pouvais guérir cet homme de son cancer... et bien d'autres. Dans le zèle — inflation littérale — qui me venait d'avoir déjà eu accès à certaines dimensions nouvelles, un seul des aspects de mon expérience faisait figure de vérité - le combat du bien contre le mal -, et je construisais mon identité sur ces pouvoirs tout neufs et les possibilités apparemment magiques qui peuvent accompagner une conscience éveillée.

On peut, d'autre part, dire que j'étais ambitieux sur le plan spirituel : j'avais commencé à donner des cours sur l'énergie en m'appuyant sur les enseignements de mon mentor, sans réaliser que je manipulais des forces que l'égo de base ne peut contenir en toute sécurité. Ce n'est pas seulement une histoire de temps nécessaire à l'équilibrage des différentes étapes : rétrospectivement, il ne me semble pas que j'aie commis d'erreur; j'agissais en toute intégrité, mais n'avais pas conscience de mes propres limites. Je ne m'étais pas assuré une base de sagesse mystique suffisamment profonde pour me permettre d'aborder les domaines métaphysiques, qui allaient me mettre en contact direct avec des énergies supérieures. Maintenant, prêt ou pas, j'étais en train d'intégrer cette base.

Dans toute cette peur que je connus les premiers jours, il y avait quelque chose d'autre qui faisait son chemin vers les profondeurs de mon être. Une intuition décisive me traversa, lors de la première nuit que je passais dans un motel de Lone Pine. Un mois auparavant, un prêtre de mes amis m'avait offert un exemplaire des Evangiles. Je l'avais lu d'une seule traite, et m'étais senti profondément troublé sans bien comprendre pourquoi. Cette nuit-là, seul et tremblant devant l'énergie qui me traversait, je pris conscience que je n'étais pas l'unique personne qui connût cette désorientation bouleversante. Jésus, et d'autres aussi, ont vécu et accompli cette étape. A travers eux, s'est forgée une voie. Je pris conscience que les Evangiles, et toutes les Ecritures, sont des cartes de la psyché qui retracent les confins des possibilités humaines, et que connaissent directement un petit nombre d'initiés. Je compris qu'aucune expérience ne peut s'évanouir, et qu'elle résonnera à tout jamais dans la conscience. La réalisation de Jésus, celle de Bouddha et de tant d'autres sont *là*. Chaque fois que l'un d'entre nous franchit les limites de son être et accède à l'inconnu, il peut les redécouvrir. En ce lieu, le temps n'existe pas et c'est ici que s'engage et s'engagera toujours le vrai combat qui va permettre à la conscience d'évoluer. Là nous attendent, de tous temps, les fruits amassés par ceux qui sont déjà partis, qui ont définitivement ouvert les portes de l'ignorance, et ainsi nous permettent de faire un pas de plus pour nous approcher de l'Incréé.

Nous avons interprété ces grandes âmes et les avons déifiées, commettant là la plus grande erreur. Nous avons, du même coup, relégué notre quête à un niveau à peine plus élevé que celui d'une émulation infantile, où le message de leurs vies et son sens sont d'avance faussés.

Mon bagage mystique était en ce temps-là fort mince. Si tant est que j'en aie eu un à l'époque, je doute qu'il eut pu me permettre d'agir autrement que je ne le fis. L'attention se place automatiquement sur ce qui est le plus intense : en ces premiers jours, ce fut la peur; mais grâce à cette intuition que j'avais eue, je savais qu'il existait une voie pour aller plus loin. La Solution repose à un autre niveau de conscience, celui que l'on nomme *Conscience Christique, Réalisation* ou *Illumination.* Je n'avais certes aucune idée de la façon dont je pourrais atteindre ce stade, mais je me rends compte à présent que mon intuition témoignait que j'en étais proche.

Survint alors un concours de circonstances extraordinaire, une sorte de théâtre cosmique où je me vis franchir le pas qui me séparait de la Conscience supérieure. J'étais en quelque sorte résigné. De toute évidence, ce n'était pas en réfléchissant que j'allais trouver la solution. Mes pensées, tour à tour, absorbaient mon attention, me distrayant un instant ou me plongeant dans une anxiété encore plus vive. J'avais fait tout ce qui me semblait pouvoir être en mon pouvoir; il ne me restait plus qu'à me soumettre. Je me jurai de ne plus vivre que l'instant présent et, même si je ne devais plus connaître que cette détresse, d'apprendre à l'accepter avec reconnaissance.

Lorsque je me remémore cette phase de mon cheminement, je vois à quel point la pensée positive relève de la conscience égoïque ordinaire, et représente le contre-poids des états négatifs où nous avons tendance à nous complaire. Elle ne l'est cependant que dans une dimension limitée. La nature positive ou négative de toute pensée qui se manifeste dans notre ancien état de conscience n'a plus aucun sens dès que nous passons à un état supérieur. L'affirmation d'un état positif, à travers un mantra ou une formule consacrée, a certes le pouvoir d'adoucir une situation, mais n'a pas celui de générer des possibilités nouvelles.

Il m'apparut que dès que je relâchais mes efforts pour maintenir mes pensées dans un mode positif où je me sentais mieux, elles revenaient spontanément aux associations et sentiments négatifs. Je pris donc la décision de ne plus chercher à les maîtriser.

Je me contentai de les voir lorsqu'elles se présentaient et de les laisser filer. C'est une pratique de méditation connue, mais elle m'apparut de façon nouvelle, avec une signification neuve. Je me rendais parfaitement compte que tout effort entrepris pour améliorer ma condition n'était qu'une forme de rejet. J'atteignis alors un état de vide absolu où espoir et désespoir n'existaient même plus.

C'est dans cet état qu'un beau matin je me reposais, assis au soleil. J'étais en train d'observer deux papillons qui voltigeaient auprès de moi. L'un était noir, l'autre blanc. Ils se posèrent sur une branche et, étonné et ravi, je les vis s'unir. Je regardais leurs ailes qui s'ouvraient et se refermaient à l'unisson. Quelques minutes plus tard, ils avaient repris leur danse aérienne. Soudain, le papillon noir se dirigea vers moi et se posa juste entre mes deux sourcils.

A cet instant, la vie prit à jamais un autre sens. Tous les mots qui me vinrent les jours suivants pour décrire ce que je ressentis avaient trait au Mariage et à l'Union. Je suis tout à la fois l'amant et l'aimé, je me sens confirmé par tout ce qui existe, et rien n'est autre que moi-même. Ce moi personnel, physique et existentiel n'est que la manifestation de la Grâce de Dieu. Ce n'est que par elle que «je» (le moi individuel) existe. Chacune de mes pensées, de mes sensations, de mes perceptions me lie au Divin, *est* le Divin.

Toute la création ne devint plus alors qu'une seule Conscience, état de gloire indescriptible, un espace indicible. Cette même peur qui m'habitait lorsque j'étais encore ancré au seul niveau égoïque était maintenant le plus exquis de tous les nectars.

Un courant de vie m'avait investi, si transcendant que la bénédiction qu'il me dispensait ne pouvait être comparé à aucune expérience de la vie ordinaire, même la plus ressemblante. C'était à la fois un bonheur vivant et la plus profonde des intelligences. J'étais submergé par un flot de savoir, de compréhension, comme si toute l'existence s'était offerte à moi dans la totalité de ses secrets découverts et révélés.

Dans les mois qui suivirent, il me fut donné de contempler des choses que jamais auparavant je n'avais connues, à commencer par une pénétration immédiate des états mystiques, tels ceux que Haendel exprima dans son *Messie*. Rapidement, cet entendement s'étendit aux domaines médical et psychologique. Tout le processus du développement humain m'apparut en relation avec le déploiement de la conscience, et je me mis à réfléchir à la façon dont je pourrais l'exprimer. Ainsi naquit «Les niveaux individuel et collectif de conscience dans la santé et la maladie» («The Individual and Collective Levels of Consciousness in Health and Disease»), que je développais plus tard dans «Ce JE qui en réalité est NOUS» *(The I That Is We)*.

Outre ce sentiment d'avoir devant moi une formidable réserve d'intelligence à exploiter, s'est révélé - et c'est encore plus important - le sens global de toutes choses. Toujours, j'avais ressenti une espèce de vide face à la vie. Irrité, je passais mon temps à tout remettre en question et je restais sur ma faim, sceptique, pessimiste jusqu'au désespoir. Pouvait-il y avoir un sens quelconque à la souffrance, aux génocides, à la pollution et à la totale incohérence dans la façon dont les gens menaient leurs vies ? A l'instant où le papillon noir se posa sur mon front, toutes ces questions s'évanouirent. La vie m'apparut alors avoir une signification et une valeur fondamentales et immuables, dont l'accès ne demandait aucun cheminement. De tout temps cette valeur avait existé, et à jamais elle demeurait. Je percevais et connaissais notre complétude, non pas à partir d'une quelconque conviction idéologique, mais parce que mon identité était complète. Toutes mes questions sur le sens de la vie trouvèrent leur réponse dans ce sentiment de totalité.

Le déploiement de la conscience qui sous-tend tout ce qu'a fait l'homme et tout ce qu'il fera est soumis à une Loi immuable. Encore que je ne sous-estime pas les problèmes que nous rencontrons lorsque nous abordons la vie au niveau ordinaire de notre conscience, je sais que rien de ce que nous faisons ne peut se soustraire à cette Loi. Tout contribue à bâtir l'énergie de notre transformation individuelle et collective, et de tout temps il en sera ainsi. Il est certes facile d'imaginer que, mieux que quiconque, nous savons, et que telle personne ou tel acte est fautif ou condamnable, mais chacun choisit et juge d'après le niveau de conscience qui lui est propre.

Qu'avais-je fait, en substance, de mes revendications comme de mes meilleures idées ? Peu de chose en vérité. Beaucoup de bruit, destiné surtout à me justifier, moi, sans égards pour la globalité de la vie. Voilà que tout à coup, j'étais délivré de ce noir pessimisme et de tous mes jugements, en réalisant que je n'avais jusqu'à présent cessé de créer des limites pour prouver mon existence. Je ressentis une grande compassion, envers moi-même et envers toute l'humanité qui se bat et cherche à s'accomplir. Quelle différence radicale entre le fait de s'offrir à la vie avec le sentiment de participer à la totalité, et ce mouvement basé sur la peur ou l'espoir!

Peut-être sommes-nous tous en train de nous détruire. Mais je sus alors, et j'en reste certain, que cela n'a rien à voir avec une quelconque malveillance de notre part : péché originel, ignorance, volonté perverse ou incapacité d'aimer. Si cela vient à se produire, c'est parce que le travail de la transformation se poursuit sans aucune garantie. C'est une très grave erreur que d'attribuer à un ordre téléologique - loi inhérente à l'univers - une intention particulière vis-à-vis de notre bien-être personnel. Nous allons continuer à améliorer notre monde et devons le faire. Cependant, dans la mesure où notre manière d'agir crée, sans que nous en soyons conscients, un véritable rempart contre cette sorte de mort-renaissance fondamentale nécessaire à la transformation, tous nos efforts ne serviront alors qu'à générer des circonstances plus dramatiques encore. L'Apocalypse ne viendra pas de l'extérieur; elle représente la discontinuité de conscience qui permet à l'identité de passer, de la base égoïque sujet/objet qui lui sert de support, à un niveau supérieur. Il n'y a absolument aucune raison à une éventuelle auto-destruction, à condition, précisément, que nous sachions exploiter notre aptitude à intégrer plus profondément en nous-même le mécanisme de création/destruction inhérent à la transformation.

Je partis faire une promenade lorsque cet état d'union ou d'unité où je me trouvais s'apaisa. J'étais pieds-nus mais ressentais la rugosité du sol comme une caresse. La vie irradiait de chacune des habitations que je rencontrais. Comme si leurs occupants me les avaient confiées, je savais leurs joies et leurs peines, leurs espoirs et leurs craintes. Je n'avais aucune préférence, tout était naturellement parfait, sans haut ni bas. Je me sentais en dévotion, sans cependant m'adresser à une déité abstraite. Dieu était immanent, totalement uni à tout ce qu'il pénétrait, et était ma conscience. Je célébrais Dieu dans la chaussée, dans le caniveau, dans l'herbe, dans les arbres.

Il me fallut peu de temps pour atteindre les falaises qui surplombent l'Océan Pacifique et là, visiblement juste au pied de l'endroit où je m'étais arrêté, une baleine nageait en rond dans l'eau bleu clair. Je ressentis distinctement que, comme mue par une sorte d'acquiescement cosmique, elle avait été attirée par la Réalisation. Un bateau de surveillance patrouillait à quelques centaines de mètres de la baleine et, à en juger par son sillage, l'animal avait pris la direction de la côte à plusieurs kilomètres de là, une heure peut-être avant que je ne commence ma courte promenade. Pendant un long moment, je restai assis à regarder la baleine, sachant très nettement que nous communions ensemble dans le même état de conscience. Lorsqu'elle fit demi-tour pour rejoindre des eaux plus profondes, je me pris à penser à la forme de conscience qu'ont développée les baleines. Peut-être, à défaut de mains qui leur auraient permis une préhension, se sont-elles dirigées vers la découverte en profondeur de l'Etre alors que l'homme, lui, se tournait vers l'action. Si mon raisonnement est juste, cela représente un élément d'équilibre important pour la conscience humaine. Dans ce cas, l'extermination des baleines pourrait bien bloquer l'homme définitivement dans cette prison relative qu'est l'apréhension sujet/objet. Quoi qu'il en soit, je vois en cette rencontre une douce célébration des Mystères de la Vie.

Après avoir vécu l'indicible liberté de l'ouverture, je trouvais à toute cette période première d'anéantissement profond un sens plus pénétrant. Tout ce qui constituait mon identité ancienne, tout ce qui faisait mon «moi» m'apparut n'être qu'une défense relative, face au risque de dissolution dans une dimension plus universelle et transcendante. La peur, en particulier, procédait de ce phénomène. Au seuil de l'inconnu, du nouveau, il était prévisible, inévitable peut-être, que la peur me submerge et que donc je me défende. L'identité personnelle tout entière m'apparut comme une sorte de structure réactive, établissant partout des limites dans le but d'assurer une permanence, fût-elle agréable ou odieuse.

Je vis défiler devant moi, une à une, toutes les illusions que je m'étais forgées, et même les plus nobles d'entre elles - ma carrière de médecin, mes travaux sur la guérison et l'enseignement que je dispensais - s'avérèrent n'avoir été qu'égoïsme fondamental, en vue de construire ce «moi». C'était moi cherchant à me créer moi-même (l'égo créant une identité) sans jamais, ne fut-ce qu'un instant, avoir le moindre élan désintéressé, sincère, véritable. Il fallait que l'on ait besoin de moi.

J'avais inconsciemment besoin de la maladie d'autrui pour justifier le médecin et le guérisseur. Bref, tout ce que «je» vivais (humeurs, fantasmes, espoirs, craintes, tous mes travaux et plus particulièrement ma quête d'une conscience supérieure) servait à me créer un «moi» : autant de formes de narcissisme, autant de façons de nier le Divin.

Le plus difficile dans tout cela était d'admettre que jamais je n'avais aimé qui que ce fût pour lui-même. L'amour que je croyais avoir éprouvé n'était que la plus puissante des forces de définition de soi, la manière la plus habile de me justifier. Jamais ceux que je disais aimer n'avaient véritablement compté pour moi. Seule importait la façon dont je pouvais me reconnaître à travers eux. Je comprenais pour la première fois que le narcissisme n'est pas une simple vanité, mais qu'il est l'essence même de la conscience sujet/objet. Nous ne recherchons à l'extérieur qu'un miroir qui puisse refléter notre vie, où nous ne regardons que nous-mêmes.

Les premiers mois qui suivirent mon ouverture n'avaient eu aucun précédent dans ma vie. Le simple fait de tourner un robinet et de voir l'eau couler me paraissait miraculeux. Comment le divin pouvait-il se manifester de façon si étonnante et fonctionnelle ? Comment se faisait-il que je puisse, «moi», accomplir de telles choses ? Je lus Walt Whitman et compris chaque nuance de ses expressions changeantes. Je dévorai la littérature ésotérique et sacrée et lus les saints avec un sentiment de pénétration et de fraternité totales. Il arriva que des gens autour de moi se mettent tout à coup à fondre en larmes. D'autres, comme s'ils avaient reçu un coup de soleil, virent leur peau rougir. Lorsque je m'adressais à quelqu'un sans réfléchir au préalable, on se mit à me demander si je lisais dans les pensées. Je pouvais voir cette souffrance que nous avons tous en commun, mais bien plus réelles étaient la beauté et la complétude. Mais dès que je commençais à vouloir me prendre en considération, à vouloir envisager les jours à venir et ce que j'allais faire, je devenais un être aveugle et ne savais plus que frissonner.

Je me suis senti profondément humble. Aujourd'hui encore, l'horreur subsiste quelque part en moi lorsque je me surprends à penser que «j'» ai réussi à accomplir quelque chose. Je sais que ce passage vers une vie nouvelle ne s'est offert à moi que par la Grâce de Dieu. L'ineffable ouverture, si elle m'a tout donné, m'a également tout pris. Plus rien ne m'échappe de mes illusions personnelles et aucun auto-portrait ne peut plus me conforter. Comme le dit Thomas, dans son *Evangile :* «Le Fils de l'Homme n'a nul lieu où reposer sa tête».

La première et principale gageure fut de pouvoir simplement survivre à cette énergie nouvelle. Imaginez un appareil prévu pour fonctionner sur deux-cent-vingt volts, branché sur une source de mille volts. Si j'avais atteint une nouvelle portée de conscience, d'une valeur inestimable, l'ancienne conscience, bien que consumée, cherchait à tout prix à reprendre le contrôle. Au niveau ordinaire, je perdais cette transparence à l'énergie qui caractérise les états supérieurs et, à chaque nouvel assaut d'intensité me revenait cette impression d'anéantissement total.

Dans les premières années qui suivirent, il m'arriva de revivre une bonne douzaine de fois cette même expérience, encore que jamais elle ne fut aussi intense que lors des cinq premiers jours après mon ouverture. De la peur et de la réactivité, je passai progressivement à une envie de participer à ce qui se passait, puis j'y trouvai soudain paix et lumière. La puissance du courant énergétique était littéralement en train de m'apprendre à rester ouvert et conducteur.

La peur de reprendre mon travail de directeur de conscience ne fut pas des moindres. Pendant les premiers mois, je dirigeai un groupe du soir dont l'énergie me propulsait vers une expansion formidable que j'avais un mal fou à maîtriser, surtout le lendemain et le surlendemain de la séance. Pour pouvoir mettre en harmonie mon corps avec cette énergie, j'appris à faire de longues promenades, à manger plusieurs fois par jour de petites quantités de viande, et à me baigner ou me doucher souvent.

C'est à cette époque que j'ai découvert à quel point le chant et la danse spontanés permettent de libérer l'énergie. Jamais je n'ai renoncé à une session ou n'ai annulé un rendez-vous avec un client, quel qu'ait été le degré de dissolution où me portait parfois l'énergie du groupe. Au plus profond de moi, mon intuition me poussait à faire face à tout ce que la vie me présentait naturellement, sans qu'il soit question de travailler davantage. C'est ce qui m'a permis d'apprendre bien des choses sur l'équilibre entre volonté et lâcher-prise.

Au fil des années, cette première prise de conscience s'est avérée n'être qu'un commencement. Malgré toutes mes difficultés, la vie prit un sens beaucoup plus profond. Cette première expérience, près d'être fatale à ma santé psychique, m'avait révélé la loi qui unit toute existence en une globalité fondamentale.

Sept ans plus tard, sans que, cette fois, se manifestent dislocation ou intensité particulière, une nouvelle prise de conscience me traversa et je me vis être, moi aussi, cette loi.

J'ai pensé que je devrais marquer ce jour d'une pierre blanche et le célébrer, mais j'ai éclaté de rire et j'ai fait mon lit. Plutôt que de me proclamer illuminé et total, je me déclarai tout aussi cul béni que saint. L'éveil n'est pas une seule et unique expérience, c'est une évolution qui se déroule à son propre rythme, sur de nombreux plans, sans jamais parvenir à terme.

Aujourd'hui, je m'émerveille quand je vois à quel point l'univers semble avoir tout prévu pour que puisse naître l'éveil. Jamais intention consciente ne pourra orchestrer pareil ballet, ni même le concevoir. Y ont participé l'amour et l'amitié que j'ai reçus alors, cette union symbolique du papillon noir avec le blanc, l'atterrissage du premier sur mon front et la rencontre avec un homme qui, quarante ans auparavant, avait vécu cette discontinuité de la conscience et connu l'éveil. Lorsque je considère le rôle qu'a joué Franklin Merrell-Wolff dans ma propre ouverture, mon coeur s'emplit de gratitude. Près d'un an après la visite que je lui avais rendue, il se souvint de notre première entrevue et, se tournant vers moi déclara : «Vous pouvez à présent accomplir de grandes choses, mais vous ne pouvez plus vous permettre de rêvasser».

Le docteur Wolff est mort le 3 octobre 1985. Je suis l'une des dernières personnes à qui il se soit adressé et c'est à moi qu'il revint de prononcer les mots qui le délivreraient. Je lui dis que sa vie était arrivée à son terme, que son corps était prêt et que c'était à présent à lui de décider de partir, aussitôt qu'il aurait choisi de le faire. Après un long silence, je l'ai remercié en notre nom à tous. Il sortit des limbes pour me répondre qu'il n'y avait vraiment pas de quoi.

Franklin Merrell-Wolff est pour moi le tenant de cette lignée qui, de tous temps, a fait savoir que l'on peut vivre sa vie en la dédiant au Très-Haut. C'est une vie qui n'est pas religieuse au sens conventionnel du terme, mais qui naît de cette prise de conscience qui constitue la base même de la religion. C'est une vie née de l'Esprit, née de la Conscience sur laquelle repose tout le reste. Lors de la grande épreuve que j'ai traversée, Franklin Merrell-Wolff m'a été de peu de conseil, et si je m'en étais littéralement tenu à ce qu'il m'a dit, j'aurais laissé à mon expérience un champ bien trop restreint. Mais sa seule présence me fut un cadeau inestimable. Grâce à lui, je sus que je n'étais pas seul et que jamais je ne l'avais été. D'autres que moi se sont trouvé au seuil de l'inconnu et ont chanté le chant du possible. Chaque génération comportera son petit lot d'âmes en éveil; leur existence même est un appel à la vie qui dit : «Vous, ici, venez à moi pour pouvoir connaître le sol qui soutient vos pas, pour n'avoir pas peur de poursuivre le voyage qui mène vers la découverte du sens radical, sur lequel repose la destinée de toute vie».

Le développement de l'éveil mystique renvoie l'image du Mystère intrinsèque de la vie. Tout ce qui nous porte au-delà de nous-mêmes dans notre totalité, tout ce qui nous fait entiers, ne serait-ce que pour un instant, échappe à notre contrôle. Bien que relatives à la vie, la vraie croissance et la vraie guérison ne relèvent pas d'une compréhension rationnelle. Jamais l'homme tel qu'il se connaît et s'imagine ne pourra maîtriser son propre développement. Cette vérité est inacceptable pour beaucoup, tant elle remet en question tous les efforts rationnels et intelligents que nous déployons en vue d'une véritable amélioration personnelle et de la transformation sociale. Elle est souvent interprétée comme une incitation à se faire prendre en charge par une religiosité aveugle ou, pire, à régresser au stade des superstitions primitives et du sentiment de totale impuissance face à Dieu. Mais je propose ici un paradoxe, et nous n'avons pas appris à soutenir ensemble deux termes qui s'opposent. Aussi grands et importants soient nos propres efforts pour évoluer et changer, nous n'osons nous détourner de cette intelligence qui, en fin de compte, nous rend humbles. C'est cette humilité même qui fera de nous les dignes serviteurs de nous-mêmes et de notre monde.

La raison a, dans une mesure appréciable, triomphé des passions aveugles, de l'ignorance et de l'émotion, mais jamais elle ne surpassera le mystère fondamental de la vie. Pour rendre honneur à ce mystère, il est nécessaire de comprendre à quel point notre conscience est relative, et combien il est illusoire de s'attarder sur une perspective. Cela revient, finalement, à voir que nous n'avons aucune garantie ni de nous éveiller, ni, quand nous le serions, d'arriver là où nous voudrions aller; et à l'accepter.

En disant que son oeuvre pourrait faire autant de mal que de bien, Walt Whitmann a bien situé le dilemme... «car j'affronte la paix, la sécurité et toutes les lois établies pour abattre leur trône ... et peu me chaut la menace de ce qu'on appelle l'enfer.

Ainsi fait le leurre de ce que l'on nomme «paradis» ... Cher ami! j'avoue que je t'ai exhorté à me suivre, et continue de le faire, sans avoir la moindre idée ni de notre destination, ni de la fin qui nous attend, où nous pourrions bien être vainqueurs aussi bien qu'étouffés et vaincus (2).»

Pour que puisse se réaliser cette grande bénédiction qu'est la complétude, toute l'humanité sera conduite jusqu'aux ténèbres du soi. Nous sommes à présent même en train de nous ouvrir; nous laisserons-nous ensevelir ? Allons-nous livrer un combat affolé pour conserver coûte que coûte le territoire familier ? Cet éclair d'éternité, qui a attaqué les vieilles fondations de notre vie pour préparer la venue d'un potentiel nouveau, le négligerons-nous longtemps ? Et si nous nous sommes profondément ouverts, aurons-nous la patience et la force de nous laisser conduire par la nouvelle conscience ? Nous permettrons-nous de refuser notre vie ? Serons-nous assez persévérants pour nous accoutumer à l'esprit nouveau, le laisser devenir ordinaire, de sorte que, pro-

---

(2) Walt Whitmann, *Leaves of Grass*, Signet Classic Edition, 1955, p.261. «As I Sit with My Head in Your Lap, Camarado».

gressivement et naturellement, notre vie en soit sublimée ? Pouvons-nous être sûrs que nous n'allons pas, en chemin, renforcer nos structures égoïques de base, et risquer l'inflation, voire le messianisme ? Cette énergie nouvelle ne va-t-elle pas servir uniquement à renforcer les vieux schémas de la destruction et de la maladie, et ainsi nous priver de la vie plus rapidement encore ?

Toutes ces questions nous laissent entrevoir ce qu'il faut de courage, de sagesse, et d'humour aussi, pour entreprendre le voyage qui mène à la vitalité radicale. A chacun son heure. Comment parviendrons-nous, en outre, à renoncer à notre propre conception de Dieu, alors même que nous entrerons en religion et nous préparerons à libérer notre égo prisonnier de la routine et des petites habitudes de cette vie ? L'époque de l'ouverture demeure ineffable et impénétrable, quelle que soit notre préparation et notre pénétration. Et le développement de l'incarnation est, en tout homme, original.

CHAPITRE DEUX

Sagesse de l'ignorance

Le coeur est tel un grain et nous tels le moulin.
Le moulin sait-il pourquoi il tourne ?
Des choses plus étranges encore s'annoncent,
Mais plus un mot!
Demande à Dieu ce qu'il en est.

Rumi

Je fis un rêve peu de temps après mon éveil, alors que je reprenais juste mes enseignements. Un homme gisait sur un lit d'hôpital; de sa tête émanait une lumière dans laquelle son crâne se profilait. Cette lumière irradiait tout son corps, ressortait par les mains, par les pieds. Il avait un air hagard et souffrait visiblement. Anxieux, les médecins, autour de lui, procédaient aux examens, émettaient des diagnostics, sans vraiment arriver à comprendre. Ils n'étaient capables que de voir les symptômes, sans saisir cette énergie, cette vitalité, cette sensibilité extraordinaires qui rayonnaient autour de l'homme. J'entrai dans la pièce et aussitôt fus investi d'une merveilleuse présence spirituelle. Cette lumière m'apparut comme la manifestation de l'énergie d'une conscience plus élevée, et c'est cette illumination qui justement provoquait les symptômes corporels et psychiques. Je tentai de l'expliquer aux médecins. L'homme qui rayonnait me fit signe; son désespoir semblait s'être envolé et il paraissait même plutôt gai. Il me fit pencher tout près de lui et à l'oreille, me demanda de renoncer au mode de pensée conventionnel pour étudier *la sagesse de l'ignorance.* Après ce rêve, j'abandonnai quelque peu mon point de vue de médecin, et me mis à observer ce phénomène qu'est le développement de l'éveil avec un détachement croissant, voire parfois un certain enjouement.

Cet homme rayonnant était un aspect de moi-même. J'avais éprouvé physiquement un grand malaise, et psychiquement beaucoup de confusion et d'affliction, lors de la toute première phase de mon éveil. Je savais qu'en résulterait une totale restructuration de mon être. En réalité, cette expérience déchirante était celle de la Grâce et, en moi, quelqu'un le savait. Mais ceci ne m'avait pas empêché d'essayer d'interpréter mes symptômes sur un plan médical. Par là même, je m'étais détourné d'une relation plus créative à ce qui était en train de m'arriver et n'en étais que plus anxieux. Je ne nie pas la valeur de l'analyse médicale, mais à présent je sais qu'elle ne peut suffire parce qu'elle est incomplète.

Ceci ne se réfère pas seulement au domaine de la connaissance, qui jamais ne saura être totale. Cette incomplétude est inhérente au niveau de conscience qui donne une définition à priori de ce qu'est la connaissance, d'après laquelle nous interprétons nos expériences. Depuis ce jour, j'ai consacré une partie de mes travaux à transposer le modèle chimico-pathologique de l'homme ancré dans son Devenir (comment se sentir bien et pourquoi nous n'y arrivons pas) en un modèle énergétique basé sur notre totalité fondamentale.

La sagesse de l'ignorance est pour moi un sacrement. Reconnaître mon ignorance - reconnaître que je n'ai pas la totale compréhension de quoi que ce soit - est un acte sacré, qui fait de toute expérience ordinaire une porte ouvrant sur des possibilités illimitées. Cette réflexion n'est pas seulement une hypothèse intellectuelle, qui ne serait alors que futile. Elle est une orientation sur l'infini, une orientation vers

Dieu (1). En profondeur, nous détournons notre attention des choses ou objets qui forment le contenu de notre conscience et la dirigeons vers l'espace même dont provient ce contenu.

Il est facile de nommer les choses : le soleil, le ciel, la voiture, mon époux, mon travail, c'est mal, c'est bien, etc. Mais si l'on essaye de répondre à la question : «Qui suis-je ?», une simple étiquette ne peut suffire, aucun jugement ne peut convenir globalement. Nous considérons quelque chose, et des sensations, des pensées, des sentiments, des idées, des croyances se présentent sans fin à notre esprit; mais jamais nous ne voyons ce «Soi» sous-jacent qui en a conscience. Nous pouvons nommer tout ce que nous percevons ou pensons, et le connaissons selon cette pénétration limitée, mais nous ne connaissons pas de la même façon Celui qui sait.

C'est comme le principe d'incertitude dans la mécanique des quanta où, à l'intérieur de positions et de mouvements géométriques convenus, il est impossible de déterminer simultanément la position et la rapidité d'une particule. Si nous savons où elle se trouve, nous ignorons à quelle vitesse elle se déplace et si nous connaissons sa vitesse, nous ne sommes pas capables de déterminer sa position. Aussi longtemps que nous demeurons au niveau de la conscience

---

(1) Le mot «Dieu» pose problèmes à nombre de gens. Il leur rappelle leur éducation religieuse et les bloque. Ils ne veulent plus de la vieille image de Dieu-le-Père qui leur a été imposée lorsqu'ils étaient jeunes. Je le comprends tout à fait, bien que je trouve personnellement difficile de ne pas parler de Dieu. D'un autre côté, il y a aussi ceux qui parlent de Dieu comme s'Il était leur meilleur ami. J'en comprends la valeur mystique, car ceci invite à une relation avec l'inconnu et l'infini, mais rarement ceux qui parlent ainsi si facilement de Dieu l'entendent en ce sens; ils ont littéralement créé «Dieu» comme un objet de conscience, et confondent cet objet qu'ils ont eux-même créé avec ses racines transcendantes. La croyance en Dieu, en ce sens, est peut-être devenue le plus gros obstacle à la vraie réalisation mystique, et il m'a été quasiment impossible d'établir un rapport profond avec les personnes qui suivent cette voie.

sujet/objet, nous avons une connaissance relative des choses mais jamais ne pouvons en appréhender la globalité.

La gageure de la transformation est de rendre Un (2) le sujet et l'objet. La connaissance directe vient quand nous sommes Un avec nous-mêmes et que nous transcendons la conscience sujet/objet. C'est le Royaume des Cieux auquel se référait Jésus, que Thomas rapporta dans son Evangile de la façon suivante : «Lorsque vous ferez l'intérieur égal à l'extérieur et le dessus comme le dessous... alors vous entrerez dans le Royaume des Cieux». Ici, pour la première fois, nous sommes vraiment réconciliés avec notre monde et lui sommes connectés dans une réciprocité de vitalité vivante.

Notre mode de conscience ordinaire se fonde sur les apparences, au lieu de prendre racine dans la Réalité qui les soustend. Le voeu sacré d'ignorance conduit à une forme d'attention qui, comme un pont, relie apparence et réalité. Lorsque nous menons notre vie à partir de ce principe, nous savons reconnaître la relativité de ce qui paraît réalité à notre

---

(2) Je n'ai rien vécu qui me permette de penser que Dieu puisse être une entité extérieure à la conscience. A l'instant de mon ouverture, j'ai eu l'impression très nette que Dieu était en moi et que j'étais en Dieu. Je soutiens, par conséquent, que l'on peut connaître Dieu au sens mystique du terme en se mettant en Accord avec soi-même. Lorsque je parle de Dieu, je ne mets, en outre, aucune implication d'ordre théologique qui lui attribuerait je ne sais quelle intention personnelle pour l'être humain.

Dieu ne se met pas en colère, n'est pas non plus bienfaisant ni ne se fait le champion de l'humanité. Il est un principe supérieur qui élève l'homme ordinaire à un nouvel état d'être lorsqu'il est réalisé.

Cela dit, je reconnais néanmoins qu'une partie de ma conscience requiert un sentiment plus personnel, lequel se manifeste constamment lorsque je pense et même m'adresse à Dieu. La tentation est forte d'avoir un «papa» ou une «maman», et je ne puis nier que, quelque part, demeure en moi cette forme de relation à Dieu. Que chacun sache employer ce terme avec la plus grande honnêteté, selon le niveau de conscience auquel il s'exprime.

conscience. Notre mental qui, d'ordinaire, nous pousse vers l'extérieur, amorce un retour aux sources de la Connaissance Indifférenciée, ce qui revient à se demander : «Qui suis-je dans cette expérience ?». En résulte une subtile déstabilisation de notre position habituelle. A l'instant où notre expérience et ce «moi» qui la rend possible se rejoignent, nous atteignons un nouveau stade d'énergie et de compréhension. Objectivement, le monde est resté le même; mais il est perçu avec le sentiment d'un sens et d'une présence neufs.

Sur le plan pratique, nous en savons beaucoup, et pouvons être certains de ce que nous savons; mais les apparences du savoir et la certitude au sens ordinaire indiquent toujours que nous opérons dans un contexte restreint. Nous avons placé des limites relatives autour de notre expérience. En mathématiques par exemple, dans le domaine de l'électrodynamique des quanta, les équations ne peuvent servir à l'application d'une technologie pratique que lorsque tous les symboles de l'infini ont été supprimés.

On appelle *normalisation* ce sacrifice du vrai au profit du pratique. De même, le niveau de conscience auquel nous fonctionnons, quel qu'il soit, est toujours normalisé par rapport aux mystères plus profonds de la vie. Cette normalisation inconsciente, inhérente au fait que nous n'utilisons que très peu des niveaux - certainement innombrables - de conscience, nous permet d'agir et nous permet également de penser que nous savons ce que nous croyons savoir, et n'ignorons pas ce que nous sommes. Ce faisant, nous nous enfonçons davantage encore dans l'illusion. Le voeu sacré d'ignorance amène à reconnaître tout ceci. Il nous permet de nous tourner vers ce qui réside en notre coeur; il adoucit notre implacable réalité sujet/objet.

Confesser notre ignorance (à ne pas confondre avec l'action irréfléchie) est une clé pour la vitalité. C'est une loi que nous pouvons faire nôtre. Si nous renonçons à faire usage de nos forces égoïques, les événements qui nous semblent durs, les absolus qu'il n'est pas question de changer, prendront toujours des contours moins définis, pour finalement devenir pour le moins ambigüs, si ce n'est insignifiants.

Je tombe amoureux de quelqu'un, mais dès l'instant où je reconnais ce grand espace ouvert en moi, et rends sa relativité à ce qui, en moi, est amoureux, je me sens amoureux de tout le monde. On peut se sentir totalement indifférent à une première épouse, voire refroidi au point d'abhorrer toute forme d'association, et retomber amoureux en dépit de tout cela.

Nous accédons à une dimension vitale supérieure qui nous unit à la vie et à autrui chaque fois que nous faisons la part de l'ignorance dans toute interprétation de la réalité basée sur le contenu de notre conscience. C'est pourquoi je considère l'ignorance comme un voeu sacré. C'est un acte extraordinaire qui rend au «connu» tout son mystère et son aspect sacré, et pare «l'inconnu» d'Amour.

CHAPITRE TROIS

Intention, consécration et amour inconditionnel

Que celui qui cherche ne cesse point de chercher jusqu'à ce qu'il trouve. Lorsqu'il trouvera, il sera ému et lorsqu'il sera ému, il admirera et il règnera sur l'Univers.

(Paroles de Jésus, Evangile selon Thomas).

Il y a, dans tout ce que je vis et enseigne, une dimension pour laquelle j'ai du mal à trouver les termes qui puissent exprimer tout ce qui relève de cet espace ou de ce contexte où notre être, à chaque instant, s'accorde à la totalité de la vie. Rien ici n'est statique; bien au contraire: tout vit en dynamique constante et, tantôt dilaté, tantôt contracté, à l'image de notre être, respire. Ainsi fait le sentiment du divin qui nous habite continuellement, tantôt très vaste, et tantôt plus petit.

J'appelle cette dimension *la Consécration.* Le sentiment intuitif que nous en avons augmente dès que nous nous posons des questions sur notre vie, sur nos orientations, ce que nous faisons ou évitons de faire, nos valeurs, et ainsi de suite. Lorsqu'une personne me demande quelque conseil d'ordre spirituel, je lui réponds souvent par la question: «Mais quelle est votre consécration ?».

Si nous nous considérons à la lueur de l'ordinaire, notre comportement en adoptera les contours, et nos buts, nos soucis nous feront peut-être paraître égoïstes et sur la défensive. Appréciés dans une plus grande lumière, nos objectifs et préoccupations sont immédiatement transformés, nos actes également. Ce que j'appelle *Consécration* est l'éclairage sous lequel nous nous considérons. La *Consécration* a deux aspects: l'un actif, l'autre passif. De l'actif relèvent l'intention et l'aspiration; au passif, elle va beaucoup plus loin. Elle nous invite à envisager notre relation de base à l'existence avec une attention particulière et une intuition continue. Toutes nos intentions et nos aspirations s'affirment à partir de cette relation sous-jacente. L'Intention, dans son expression la plus élevée, est proche de la consécration active; elle est une relation consciente à la vie, qui nous conduit à vouloir nous purifier et réaliser notre potentiel supérieur: être bon, aimer, servir l'humanité. C'est le niveau qui représente l'expression ésotérique de base de la religion. Mais l'intention, aussi noble et inspirée soit-elle, est toujours gouvernée par l'égo, et toujours reflète un désir. Comme le terme le laisse entendre, elle génère une sorte de tension. Celle-ci mobilise l'énergie et ménage à la volonté un foyer, qui peut compenser utilement les tendances à l'inertie ou à la cristallisation. L'intention positive en particulier, crée un sens de direction, une raison d'être, une auto-valorisation qui nous aident à galvaniser nos énergies pour incarner une possibilité nouvelle ou actualiser une valeur supérieure. Développer notre capacité d'intention est simplement une étape au cours de la maturation de la conscience.

Il arrive un moment où notre intention même de croissance et de purification représente une protection contre le sentiment d'anéantissement, et empêche la prise de conscience d'un niveau d'Etre plus fondamental. Il est inévitable qu'une intention née de nos considérations égoïques divise la réalité en pôles positif et négatif, ce qui revient en fait à nier la Totalité Divine.

C'est le cercle vicieux de la maturation spirituelle, où l'intentionnalité, quel que soit son objet - fût-il noble -, renforce les structures égoïques qui, justement, représentent l'obstacle majeur à l'avènement de la réalisation. Le bon côté, c'est qu'immanquablement nous en serons tôt ou tard désespérés, au point de nous sentir finalement obligés de lâcher prise: alors peut intervenir la Grâce.

Il nous faut faire face à un paradoxe profond: nous approchons plus que jamais notre but - un nouveau potentiel de conscience - au moment même où nous nous sentons complètement inefficaces, désespérés, démotivés. C'est un passage difficile et dangereux. Au terme de cette nuit noire, l'intention cède le pas à la consécration.

L'origine du mot *consécration* vient du verbe latin *consecrare,* dont le sens est «rendre ou déclarer sacré, se vouer irrévocablement au culte de Dieu». Au sens religieux, la consécration rituelle consiste à rétablir quelque chose dans sa vraie relation à Dieu, sans qu'intervienne une intention: la différence réside dans l'essence du Mystère spirituel. Donc la question: «A quoi votre vie est-elle consacrée ?» incite à passer, d'une dynamique du devenir et de l'intention, à une offrande de soi à la vie, un geste de foi radical. C'est une investigation dans les fondements de notre relation à la vie. Ma position est-elle fondée sur le principe de totalité divine, de la complétude de la vie ? Ne suis-je pas en train de me détourner d'une possibilité plus élevée par refus de l'incertitude et de l'impuissance ? Ai-je réellement besoin d'avoir davantage de pouvoir ? D'où vient ma souffrance ? De mon ignorance ? D'une mauvaise orientation ? ou bien est-elle due au fait que je suis déjà en train d'embrasser plus de vie que je ne suis capable d'intégrer et de maîtriser comme je le veux ? L'intention marque souvent la fin de la remise en question, le début de l'action; mais la consécration veut que nous cherchions à saisir comment nos hypothèses profondes sur la nature de l'existence influent sur la position que nous adoptons face à la vie.

A chaque instant, la consécration, en son sens le plus profond d'attention intuitive, nous replace dans notre propre divinité. Elle nous ouvre à la vie et abolit toutes nos défenses, si bien que nous pouvons saisir finalement ce contrôle de soi subtil qui limite notre vitalité. Libérant le coeur de ses entraves, elle délivre le noyau même de chaque être. Nos combats, nos doutes, notre éternel besoin de faire quelque chose, aspirations, purification, devenir, tout ce qui fait notre vie, se fait soudain vénération. Nous n'éprouvons plus le besoin de nous référer à une formule. La distance entre ce que nous sommes et notre potentiel le plus élevé n'a plus aucune réalité.

En réfléchissant de cette sorte sur nous-mêmes, nous affirmons notre consécration; les jeux subtils que nous jouons, l'ennoblissement de soi qui se cache derrière nos aspirations et nos bonnes actions commencent à se révéler. Au début, il peut s'avérer plus difficile de conserver nos desseins de performance et d'accomplissement au quotidien, tant nos motivations et nos intentions d'avant peuvent nous sembler incompatibles avec le sens plus profond de notre consécration. Mais quand bien même la consécration, dans un premier temps, ne représenterait qu'un concept nouveau, le simple terme, et ce qu'il évoque, porte en lui un sentiment spirituel qui invite à l'intemporel, au lâcher-prise, à la confiance, à l'Etre. L'inconnu se fait cohérent, effectif; il n'est plus considéré comme un risque d'annhilation personnelle, mais comme quelque chose que nous pouvons approcher. De même que l'intention donne davantage de pouvoir au plan égoïque, la consécration nous gagne aux dimensions de conscience élargies et nourrit notre force spirituelle. Au fur et à mesure que l'éveil s'étend à toute notre vie, notre consécration s'accentue et nous permet d'intégrer plus en douceur et sans dommage les énergies nouvelles.

Nous sommes consacrés, que nous le sachions ou pas; mais avant de pouvoir reconnaître la nature de notre consécration, il nous faut considérer de près la qualité, le contenu de notre vie et la motivation qui nous habite - et être apte à sentir notre énergie. Si nous désirons, par exemple, rompre une union parce que nous n'avons plus rien à partager et que la passion s'en est allée, où se trouve la consécration ? Est-ce cette impression de solitude, de manque de bonheur ? Est-ce ce sentiment d'auto-destruction quand on envisage la poursuite de cette relation sans vie ? Peut-être (pensons-nous) vaut-il mieux chercher un autre partenaire, tomber de nouveau amoureux, essayer de retrouver cette sensation perdue de vivre plus fort. Mais comment juger du degré de vitalité dans tout cela ? Que va-t-il se passer quand nous nous rendrons compte que nous essayons de répéter les vieux schémas, en recréant une condition qui nous est familière et nous permet de conforter l'opinion que nous avons de nous-mêmes. A ce point de notre réflexion, nous sommes en droit de nous demander s'il existe une autre issue. Rester ou partir peuvent n'être pas une solution. Nous pouvons aussi choisir de lâcher-prise, de renoncer à cette image du «moi» qui se sent malheureux et mal-aimé. Relâcher cette perception de soi peut nous faire accéder à un nouveau stade de vitalité et donner un espace neuf à notre mariage.

La consécration, dans la première attitude, se réfère au connu, au familier, elle s'appuie sur un sentiment d'incomplétude, et peut-être sur la peur de gâcher sa vie ou sur le refus de pénétrer en soi profondément. Inconsciemment, elle implique que nous considérons la vie - et que nous nous voyons nous-mêmes - comme n'étant pas un tout, comme ayant besoin d'être complétée par l'extérieur. Dans la deuxième solution, la consécration tient implicitement compte d'une totalité profonde qui existe au-delà de ce «moi» dont nous avons connaissance. Dans ce cas, le mariage devient un réel sacrement, précisément en ce qu'il représente un degré d'engagement envers soi et envers l'autre suffisamment important pour amplifier la conscience de base et convier à un potentiel nouveau, mais inconnu.

Je ne prétends pas dire ici qui a raison, qui a tort, qui est meilleur ou pire. Chacun doit vivre selon sa propre conception de la vérité. Dans l'optique de l'évolution, il est ridicule de prétendre connaître notre consécration, si elle s'avère n'être en fait qu'un idéal basé sur la répression et non sur la transcendance de soi. Ainsi, il est tout à fait possible que, pour atteindre une vitalité plus intense, l'on ait besoin de se libérer d'une relation éteinte. Il est évident, néanmoins, que l'on ne peut envisager les questions essentielles de la vie sans connaître le sens de sa consécration. Quelles que soient nos questions, la réponse dépend de notre consécration à la vie. Ce n'est pas tant une décision que nous prenons qu'une disposition à chercher en soi sans discontinuer. Le seul fait de considérer l'éclairage sous lequel nous bâtissons notre vie invite automatiquement une possibilité plus vaste à se manifester. C'est un processus de sublimation qui transforme notre énergie, change notre note.

Nous devenons un peu plus conducteurs, un peu plus disponibles, et les choix qui se présentent à nous s'en ressentent. La vie nous sculpte autant que nous la sculptons.

Notre consécration est comme l'iris d'un oeil, qui voit à l'infini et peut réguler différemment la lumière de la transcendance qui nous impressionne selon l'instant. A mesure qu'elle s'agrandit et devient plus inclusive, elle transmute progressivement l'énergie de réaction et de défense, et la remplace par un état d'expansion et de rayonnement. Le sublime devient de plus en plus notre lot quotidien et nous sommes plongés dans le mystère de la vie. De plus en plus, nos choix témoignent de la totalité de la vie, et nous conduisent naturellement vers le meilleur de nous-mêmes et de toute créature. Grandit simultanément notre aptitude à accepter les expériences que nous vivons et à en déduire le sens de qui (et de ce que) nous sommes. Le voile qui nous séparait de notre vitalité originelle s'entrouve sur not nature ordinaire et divine. La consécration, qui n'est en aucune façon un désir ou une aspiration, mais plutôt une intuition profonde de ce qui sous-tend toute expérience, est notre relation personnelle à Dieu.

Changement de Consécration

En 1975, j'ai participé à une expédition de montagne au Pérou, en tant que médecin. C'était pour moi un tournant décisif car, pour la première fois, je faisais consciemment un choix qui pouvait me mener à la mort. Avant de partir, je fis mon testament et organisai pour mes collègues et amis une soirée d'adieux, que je concevais comme un rituel célébrant à la fois la séparation et un nouveau départ. Pendant l'ascension, à quelques six mille mètres, je fus victime d'une hypothermie qui me conduisit aux portes de la mort. Même si jamais je n'ai atteint le sommet - et en ce sens cette expédition fait figure d'échec -, quelque chose en moi a changé, mettant un terme à une crise d'identité. Ceci prit la forme d'une simple constatation: tel que je suis, je suis essentiel. Tout au fond de moi, je compris que l'on ne peut vaincre la peur et que je n'avais plus besoin de me prouver que je pouvais le faire. Il devait y avoir un autre principe, plus universel, qui gouverne la vie. J'eus en même temps le sentiment que désormais, je pourrais regarder en face n'importe qui, sans me sentir infériorisé par ses réalisations personnelles. La consécration que je vouais à la vie en fut changée profondément. La peur ou le sentiment d'insuffisance n'étaient plus à même de contrôler mon existence, de manière consciente s'ils étaient conscients. Un mois ne s'était pas encore écoulé depuis mon retour que William Brugh Joy m'invita à son premier séminaire sur la transformation, au cours duquel il nous proposa d'aller à la rencontre de l'Amour Inconditionnel.

Pour la première fois, je fis l'expérience des champs énergétiques du corps et je sentis mon coeur s'ouvrir. La confrontation avec Brugh, docteur lui aussi et médecin de fraîche date, qui avait récemment franchi un cap décisif, fut pour moi idéale. Il présentait la conscience énergétique comme une forme subtile de diagnostic et de thérapie. Pour moi, la guérison restait dépendante d'une dynamique thérapeute/patient, avec un sens profond de la relation très affiné cependant. Comme pour Brugh, cette dimension nouvelle m'offrait une porte de sortie vis-à-vis de la médecine traditionnelle, sans qu'il me soit nécessaire de rompre avec mon cursus antérieur. Je me rappelle que certaines personnes ne parvinrent pas à sentir cette énergie, si évidente pour moi dès que je fus initié à cette forme de sensibilité. Sur le moment, tout cela me parut magique; il me sembla qu'on m'avait donné un nouveau pouvoir. Ce sentiment se transforma vite en une véritable révélation, dès que j'eus un tant soit peu réfléchi à ce que je venais de découvrir sur les énergies du corps humain.

Lorsque je repris mon travail, mon plus grand désir fut de saisir toutes les opportunités possibles d'explorer l'échange d'énergie. Dans la clinique où j'exerçais, j'appris à certaines des infirmières comment il fallait procéder, et nous commençâmes à mettre en pratique l'échange d'énergie, au début et à la fin des consultations, chaque fois que mon intervention concernait un traumatisme physique ou psychique. Les résultats ne se firent pas attendre. Dans une mesure impressionnante, les patients virent diminuer leurs douleurs et se mirent à avoir confiance et à apprécier bien davantage les soins qu'ils recevaient. Ceci, pour moi, donnait à la médecine une vitalité nouvelle. J'avais à présent un motif pour approfondir ma relation avec chacun de mes patients, et j'y trouvais une stimulation extraordinaire. Avec tous ceux qui l'acceptaient, je procédais à l'échange d'énergie, et fus ainsi amené à approfondir mon ouverture aux dimensions de la conscience. Ceci me permit non seulement de conserver le niveau de cette première initiation, mais plus encore de l'élever. Il devint cependant évident que, passant plus de temps avec chaque personne, il me fallait en voir moins, et que, de ce fait, je ne pouvais plus assumer les contraintes inhérentes à la pratique d'une médecine traditionnelle.

Toute une évolution nouvelle s'était enclenchée. Je voulais, autant que possible, accroître mon expérience des champs d'énergie corporels et discipliner ma vie en conséquence, en faisant tout ce qui pouvait contribuer à me maintenir au stade d'énergie le plus élevé. Ma consécration avait de nouveau profondément changé, encore qu'à cette époque, je ne l'interprétais pas en ces termes. Je n'accordais plus à ce «moi» personnel et délimité la position centrale qui m'avait obsédé. Dorénavant, j'étais également tourné vers l'infini, vers les possibilités illimitées qui m'étaient offertes. Je me sentais bien plus réel qu'auparavant, au-delà du physique et du psychologique. La dimension neuve que représentait l'énergie était pour moi le pont qui me permettait d'accéder à une nouvelle façon de vivre, à un nouveau chemin. Neuf mois plus tard, j'avais cessé d'exercer la médecine. Il me fallut cinq mois de plus pour commencer à enseigner. Rien ne me paraissait plus important que de proposer aux autres une expérience qui pouvait changer la base même de leur référence vitale. Je me rendais compte, d'autre part, que la façon la plus directe d'explorer l'énergie était de travailler en groupe. Ma vie se mit en place autour de cette vocation; un nouveau concept présidait au coeur de cette voie et du travail entrepris: l'*Amour Inconditionnel.*

L'Amour Inconditionnel: je le portais dans mon coeur mais ne pouvais l'expliquer. Il était devenu le but ultime, la condition la plus vraie: ce qu'est le Christ pour un chrétien, l'Amour Inconditionnel l'était pour moi. Je me demandais: «Qu'est-ce que l'Amour Inconditionnel ? Quel sens lui donner dans mes relations, dans mon travail ?». L'Amour Inconditionnel se fit ma consécration active.

A la lumière de cette consécration, j'approfondis les motivations qui sous-tendaient tout ce que je faisais. La notion d'Amour Inconditionnel se mit à me détourner des buts thérapeutiques auxquels je pensais. Etait-ce réellement aimer autrui que chercher à le changer ? N'était-ce pas impliquer qu'il était inacceptable tel quel ? En considérant l'importance que je pouvais m'attribuer lorque j'avais à mener quelqu'un à une compréhension ou à une prise de conscience nouvelle, je me mis à douter du caractère inconditionnel de mes actes Pour que mes relations puissent devenir plus profondes encore, il fallait que je cesse d'essayer, que j'arrête d'avoir des objectifs. Là, je voulais apporter la meilleure qualité d'énergie et une foule de pensées affluait à mon esprit, du genre: «sent-elle ce que je fais ? Est-ce puissant ? Suis-je un bon guérisseur ? Est-ce que cela marche ? Faut-il que j'insiste ici ?...»

A prendre ainsi conscience de ce total intérêt de moi-même qui, en fait, sous-tendait tout ce que j'entreprenais, je pus saisir mon égotisme et l'affaiblir. Je m'étais fixé un modèle que jamais je ne pourrais atteindre.

Je crus d'abord que pour arriver à l'Amour Inconditionnel, je pouvais faire quelque chose - quelque chose que tout le monde devrait faire; c'était évidemment le comble de l'égotisme. L'erreur est courante dans le mouvement du Nouvel Age, et témoigne d'un problème de translation entre les différents niveaux de conscience. L'univers est organisé sur le principe de l'Amour Inconditionnel; ceci, on le comprend lors de la réalisation. Mais ce principe ne peut plus avoir cours dès que nous revenons à notre dimension habituelle d'espace/temps/causalité; construire sa vie sur cet idéal ne peut que mener à un nouveau paradoxe.

Le paradoxe est néanmoins lui-même une porte donnant sur une dimension supérieure, et c'est précisément ce dont je fis l'expérience.

J'étais sommé de poursuivre ma recherche sur les relations engagées sous les auspices de l'Amour Inconditionnel. Je m'aperçus qu'en reconnaissant mon égotisme et l'intérêt que je me portais à moi-même, j'impliquais de moins en moins ma personne en tant que telle. J'observai ce désir de bien faire, ce besoin de reconnaissance, cette défiance vis-à-vis des hypothèses que j'émettais sur les raisons de mon engagement. Toute pénible que fût cette conscience de soi, je ne la laissais pas m'arrêter. Elle devint un véritable exercice. Il m'apparut bientôt que je ne savais rien. Les pensées, bonnes ou mauvaises, dont je me qualifiais, n'étaient jamais que des pensées. Tout ce qu'il me restait à faire était de *demeurer conscient.* J'allais donc rester conscient, tout en me fiant à la certitude qu'au-delà de moi, quelque chose de beaucoup plus pur était réellement en train de se mettre en place. Ainsi naquit mon intuition profonde du divin.

Cette intuition m'amena par la suite à un nouveau stade de consécration. Pourquoi, me suis-je demandé, l'Amour Inconditionnel aurait-il davantage de réalité que toute autre de mes pensées que j'ai certifiée, puis progressivement abandonnée ? Il arriva un moment où je m'aperçus que l'Amour Inconditionnel tel que je le concevais était lui-aussi une condition. Jamais je ne prenais un moment tel quel : constamment je le comparais, le jugeais, comme si le modèle était sublime. Je pris soudain conscience du besoin de contrôle qui se cachait derrière tout cela. Si réellement je croyais à l'existence de l'Amour Inconditionnel, alors il ne devait plus être nécessaire de m'y cramponner, même en tant que croyance. Je fus saisi d'un sentiment de vide et d'obscurité. Face à ce qui me semblait être le summum de la douleur, je devins terriblement introverti. Mon éveil se produisit quelques semaines plus tard et, pour la première fois, je connus l'Amour Inconditionnel directement.

Dans mon enseignement, le principe de consécration prend évidemment une importance souveraine. Il représente en fait le début, le centre, et la fin de mon travail. Au début, il est initiation à un autre stade d'énergie, et la façon dont on aborde la vie prend soudain une profondeur nouvelle. Une femme l'exprima ainsi : «Alors même que j'étais encore une enfant, je savais qu'il existait une chambre secrète, et qu'à l'intérieur reposait un buisson de roses mortes. Cette chambre était comme un noeud à l'emplacement de mon plexus solaire et malgré tout ce que j'ai pu faire, et tout le chemin que j'ai pu accomplir, du fond de mon coeur je savais qu'elle était toujours fermée. A présent je sais, même si je ne le comprends pas, que la porte de la chambre a fini par s'ouvrir; la lumière est entrée et les roses ont commencé à s'épanouir». Cette image décrit la consécration nouvelle. Ensuite, au centre de mon travail, la consécration est vision neuve de la vie, un engagement et une discipline auxquels nous convient ces instants de vitalité approfondie. Elle guide notre nature vers sa purification et induit la forme que prendra notre façon de vivre. Mais à la fin, la consécration n'est ni expérience, ni vision nouvelle; elle est en essence Intuition Radicale, qui reconnaît en chaque instant ce qui le transcende. A ce stade, on peut considérer la consécration comme la forme la plus élevée de méditation. Elle n'a cependant rien d'une conscience qui sorte de l'ordinaire, réservée seulement à l'aspect religieux de notre conscience pour les jours de dévotion. Elle est conscience continue dans notre existence ordinaire, et c'est elle qui relie l'énergie supérieure à la vie.

CHAPITRE QUATRE

L'instant de la transformation

Pacifie-moi tout entier,
Réunis l'homme et le saint,
Accorde ensemble vie et prière
Que dans le calme, le courant passe fort
Et que dans le silence, un éclair saisisse le souffle.
O merveille !

Richard Moss

Il est rare que nous réalisions combien peu nous savons vraiment, et à quel point notre expérience ordinaire de la vie ne révèle qu'une fraction infime de l'Univers. Lorsqu'une chance d'évoluer se présente, elle figure une porte sur l'inconnu, invitation à une vie nouvelle. Elle suscite un émerveillement sans bornes devant cette possibilité, ce mystère insondable qu'ordinairement nous ne savons pas voir, et qui peut être nous font peur. Mais avant que cette sensation d'émerveillement ne soit un reflet authentique de la liberté qui grandit au fond de nous, il nous faut laisser cette expérience nous pénétrer profondément. Nous devons vouloir nous laisser secouer au niveau de nos convictions familières et sécurisantes, vouloir être troublés au point d'avoir à renouveler cette recherche intérieure sur notre vie et ses motivations. C'est précisément ce que m'ont accordé Laura et sa transformation qui, à divers degrés, ont également touché tous ceux qui en furent témoins, ou ont par la suite été en contact avec elle.

Je veux, dans les prochains chapitres, aborder cette expérience en profondeur, en décrivant, d'abord, les exercices qui ont provoqué l'ouverture de Laura, puis les principes généraux de transformation qu'ils manifestent. J'entreprendrai ensuite de décrire les conséquences de ce changement sur les années qui suivirent, tant pour Laura que pour tous ceux qui en furent affectés.

Je me rends parfaitement compte du danger qu'il y a à tant insister sur un événement aussi radical — et finalement rare — que celui-ci. Pour tous ceux qui souffrent, il risque de représenter un but à atteindre, et de paraître à la fois trop souhaitable et trop lointain, une sorte d'espoir impossible. Certains en seront découragés. Trop mettre en valeur le côté spectaculaire du phénomène est la dernière chose que je désire faire. Du point de vue épistémologique, je doute qu'il y ait quelque intérêt à généraliser à partir d'une seule expérience, mais l'expérience n'est pas unique; il y a d'importantes similitudes entre l'aventure de Laura, mon propre éveil, et ce que j'ai pu constater chez d'autres personnes avec qui j'ai pu, au cours des années, échanger l'énergie.

Si l'on conjugue tout ceci avec les révélations sur l'éveil que nous propose la littérature mystique, certains principes universels se dégagent, qui, à mon sens, témoignent de la possibilité de transformation à tous les niveaux de la vie humaine.

J'ai, pendant des années, élaboré un enseignement fondé sur mon propre éveil. Je me suis appliqué à faire en sorte que ceux qui cherchent puissent comprendre et expérimenter directement le développement mystique, en mettant au point un langage qui me paraisse adapté à notre époque et — plus important encore — une dynamique pratique qui suscite vraiment ce développement.

Pour moi, l'ouverture de Laura a consacré cet effort. Mais elle a également, et c'est le principal, été une occasion d'aborder de l'extérieur certains aspects de ma propre expérience. Ce n'est donc pas tant le fait de penser que, tôt ou tard, ce genre d'expérience peut — ou devrait — arriver à tout le monde qui me conduit à vouloir la décrire plus profondément, mais plutôt l'évidence que ces idées que je souhaite exposer seront bien mieux comprises si elles sont intégrées dans le cadre d'une expérience réellement vécue. Du fond de mon coeur, j'espère que cette aventure, d'une humanité à la fois émouvante et ordinaire, pourra vous inspirer, vous troubler, puis vous inviter, vous encourager à partir à la découverte de l'Inconnu, en désapprenant, en repensant, pour finalement vous conduire à considérer votre vie avec une vénération et une compassion renouvelées.

La dimension énergétique

L'ouverture de Laura s'est produite lors d'un séminaire de trois jours. Dans ce genre de séminaire, comme dans ceux qui durent davantage, les exercices et les méditations se mettent en place pour la plupart spontanément, selon la dynamique du groupe et les occasions qu'elle offre de faire réellement l'expérience de tel ou tel champ de recherche. Ceux qui se sont avérés efficaces évoluent constamment, et rarement se déroulent deux fois de la même façon. Tous ont trait à l'énergie, ou s'adressent à une dimension qui échappe à notre niveau de conscience habituel.

L'idée et l'expérience vécue de l'énergie sont au coeur de tout ce qui touche la transformation. De par sa nature ésotérique, c'est un concept très difficile à décrire. Il faut, pour comprendre l'énergie, en faire directement l'expérience. Or cet apprentissage relève, le plus souvent, de plans auxquels notre vocabulaire courant n'est pas adapté.

L'énergie est fondamentale à l'existence : tout est énergie. Elle est Conscience, dans sa forme pure et dégagée de tout obstacle. Franklin Merrell-Wolff l'a décrite comme «Conscience pure n'ayant ni objet, ni sujet». L'énergie décroît progressivement à partir de cet état de conscience pure et libre, au fur et à mesure qu'elle devient plus terrestre et focalisée. Notre niveau ordinaire de conscience,où les choses sont ressenties comme concrètes et réelles, est un degré inférieur de son expression. Il existe encore des stades plus grossiers. Ceci n'implique en rien un manque ou une infériorite par rapport aux plans supérieurs : l'énergie est toujours identique, qu'elle appartienne au plan de la réalité manifestée ou à celui de la Conscience pure.

Cependant, nous n'appréhendons, dans la conscience ordinaire, qu'une partie infinitésimale de la totalité. Plus cette partie diminue, plus notre esprit (et nous-mêmes) ne saisit que le tangible, donne davantage de réalité à ce qu'il perçoit et se crispe, nous éloignant de la dimension de la réalisation.

S'entretenir de l'énergie et de ses manifestations relativement infinies devient très complexe, parce que le sens du terme *énergie* diffère selon le niveau où on l'aborde. A un certain degré, elle est *force vitale, vitalité même* : les énergies sexuelle, émotionnelle et autres... en sont des formes spécifiques. Sur un autre plan, elle désigne notre état de *conscience,* relatif à un moment donné; en ce sens, notre aperçu de nous-mêmes change lorsque nous passons d'un palier d'énergie à un autre. En tant que Conscience, l'Energie se cristallise autour de tout niveau d'expérience subjective et s'y trouve comme piégée.

De même que la scission de l'atome libère l'énergie, lorsque nous relativisons une structure particulière de pensée ou un système de croyances qui nous dominait et les replaçons dans une dimension sous-jacente plus fondamentale, l'énergie psychique se dégage de la structure mentale. Elle devient **vitalité radicale** ou **présence,** et rayonne partout dans notre être. On pourrait également appeler cette énergie **attention,** parce qu'elle occupe une structure de pensée et la manifeste.

En ce sens, je dirai que l'énergie est *libérée* lorsque nous affranchissons notre attention d'un schéma ou d'une conviction particuliers.

Il est essentiel de prendre conscience de l'énergie qui sous-tend notre réalité psycho-physique, pour pouvoir porter le processus de transformation au-delà d'une dynamique de constantes réorganisations des structures psychologique et psychique. En effet, quand nous nous observons, ou examinons le monde qui nous entoure à partir de notre mode de conscience ordinaire, nous réagissons systématiquement et essayons de réagencer notre expérience, afin de tendre à une image de soi idéalisée, de prendre davantage de contrôle et de pouvoir personnel, ou simplement d'éliminer un malaise.

Mais la transformation exige que nous dégagions notre attention de ces considérations, pour que notre énergie, ainsi libérée, permette à notre conscience d'atteindre une dimension beaucoup plus vaste. Le développement de la conscience énergétique affranchit l'attention des niveaux relatifs d'expérience, et comble le fossé qui existe entre le mode de conscience ordinaire sujet/objet et le principe d'Unité ou d'Identité. La conscience énergétique élargit le sentiment d'exister du «je suis» — qui perçoit toute chose soit comme intérieure et psychique, soit comme extérieure et objective — à un espace où intérieur et extérieur se fondent. On le ressent comme une présence qui émane de soi, et en même temps inclut tout ce qui fait partie du champ de la conscience. A ce moment-là, les autres personnes, la pièce, le lieu où l'on se trouve, ce que l'on voit, ce que l'on entend — mais aussi toutes les pensées qui traversent notre esprit — sont ressentis comme autant d'aspects de la présence énergétique environnante. Lorsque nous sommes centrés sur cette énergie, nous éprouvons souvent une sensation de calme et de vide. Plus on porte attention à cette présence, plus ce calme augmente et s'approfondit.

Les exercices que j'utilise lors de mes séminaires sont destinés à susciter spécifiquement cette sorte de conscience, dont l'expression est particulièrement adaptée à nos préoccupations actuelles. Ils incluent des méthodes pouvant aisément servir de base à une discipline spirituelle qui élève les énergies du corps, la créativité et la sensibilité à autrui. A court-terme, ils accélèrent le processus de dissolution, le déblocage des schémas psycho-physiques cristallisés et défensifs. Notre blindage physique et psychique cède (se dissout) grâce à la danse, au chant, et autres activités corporelles dynamiques. Nous parvenons, de cette façon, à repérer dans le corps même où se localisent nos schémas, et nous n'avons, par conséquent, pas à les rechercher à partir de notre perception et de nos préoccupations ordinaires. La conductivité énergétique de notre corps-esprit s'en trouve décuplée; grâce à elle régénération et transformation physiques peuvent se produire.

Il existe bien d'autres moyens d'obtenir le même résultat, mais il faut savoir que le groupe est un élément-clé. Pour moi, l'énergie du groupe n'est qu'une métaphore, qui désigne en fait la famille humaine tout entière. Il est cependant possible, au cours d'un séminaire, d'amener le groupe à une cohérence beaucoup plus grande que celle que, dans toute sa vastitude et sa diversité, la société peut laisser espérer.

Si l'on veut pouvoir atteindre cette cohérence, chacune des personnes présentes doit ne pas se contenter d'être spectatrice, mais participer au groupe sans réserve aucune. Autant que possible, tous les besoins, les buts, les résultats personnels seront écartés. En bref, au cours du séminaire, il faut que chacun s'abandonne totalement au travail et devienne complètement présent. Une énorme énergie collective va en résulter, proportionnelle à la disponibilité des participants. Ce champ d'énergie de plus en plus cohérent agit directement sur chaque personne présente, qu'il va conduire à une relation — à elle-même et aux autres — nouvelle et toujours plus profonde.

Le simple fait de se trouver dans ce milieu énergétique est en lui-même source de transformation. Spontanément, les gens accèdent à un niveau de conscience plus large, et les questions et problèmes personnels se résolvent d'eux-mêmes. Lorsqu'ils sont vécus à un autre stade d'énergie, ils perdent souvent jusqu'à leur signification. Ceci est important, lorsque l'on sait que nous avons l'habitude de rechercher une solution à nos problèmes au niveau même où ils se posent. Si, cependant, nous nous plaçons dans la perspective d'une transformation, ces problèmes vont nous apparaître comme la conséquence de notre rapport (ouverture et conductivité) à l'énergie. Lorsque nous nous ouvrons à une dimension où l'énergie est profonde et foncièrement silencieuse, nombre de nos soucis habituels disparaissent.

Nous ne pourrons plus, par exemple, craindre de perdre l'amour de notre compagne ou de notre compagnon, parce que la relation profonde dont nous avons alors conscience n'est pas soumise aux circonstances extérieures. En se concentrant sur l'activation d'une énergie plus profonde, on apprend simultanément à relâcher toute résistance à son endroit. Le potentiel énergétique s'amoindrit immédiatement dès que l'on se focalise sur un problème, tout réel, tangible ou poignant qu'il paraisse. Pour ceux qui sont en quête d'une transformation, c'est la question la plus difficile à résoudre.

J'ai abordé ce point particulier dans «*The I That Is We*» et «*How Shall I Live*» (1) et puisque je vais un peu plus loin

(1) Titres de Richard Moss, à traduire en français, «Ce Je qui est Nous» et «Comment je vivrai».

approfondir le sujet de l'énergie, je n'en parlerai pas davantage ici. Il suffit de dire que chaque individu sera porté vers le seuil de l'éveil énergétique selon ses propres dispositions, dès qu'il se trouvera placé dans un contexte où sa compréhension relèvera de la conscience de l'énergie. De toute évidence, l'exaltation de l'élément mystique exige une bonne maturité mentale et émotionnelle, ainsi qu'une connaissance intuitive intime de sa propre nature.

Mon travail en tient largement compte, mais jamais cependant ces qualités n'en sont considérées comme le but principal, et il en est de même pour la guérison. L'expérience m'a démontré que le contenu mental, émotionnel et psychologique de la conscience a toujours, dans une dimension plus profonde, une place secondaire. Nous devons, si nous voulons pouvoir approcher le nouveau, savoir nous libérer de nos préoccupations habituelles et nous ouvrir à une conscience plus universelle, qui tendra à unifier toutes les autres données.

Exercice de transcendance de soi

La transformation de Laura s'est produite au cours d'un exercice de danse à quatre personnes. L'une d'entre elles danse, et les trois autres s'accordent de très près sur elle et restent ainsi en harmonie. Chacune de ces trois dernières personnes représente une force fondamentale, un vecteur de la pulsion transformatrice. Ces forces, que nous percevons rarement, font évidemment partie de toute conscience. Les trois assistants sont là pour les réveiller chez le danseur et les mettre en synergie, de façon à lui permettre d'approcher l'instant où la transformation pourra survenir. L'exercice est prévu pour que chacune des quatre personnes danse et éprouve tour à tour les trois vecteurs de la transformation.

Le premier assistant représente *l'Implication Créatrice*. Il va évoquer verbalement des tableaux, des descriptions imagées ou des sentiments, choisis pour aider le danseur à s'associer plus pleinement à la musique, et à rendre ses mouvements plus libres.

L'Implication Créatrice, prise comme vecteur fondamental de la pulsion transformatrice, dépasse largement l'intention consciente ou voulue. Elle est une qualité de spontanéité et d'originalité avec laquelle nous abordons *a priori* toute expérience. Grâce à elle, il possible de rompre l'équation habituelle stimulus/réponse, pour que puisse émerger une réaction nouvelle et inattendue. La personne qui représente ce don, dans l'exercice de danse, doit être à l'unisson avec le danseur, à un point tel que le moindre de ses propos permettra au danseur d'approfondir sa relation à la danse.

Imaginez par exemple que vous dansiez en vous appuyant sur une méthode et en vous contrôlant (vous-même n'en avez pas conscience, vu que vous en avez l'habitude) et que, soudain, vous entendiez le mot *Soleil* et en même temps le ressentiez. Immédiatement, votre rapport à la danse va changer. Le simple fait de sentir le rayonnement et la vitalité du soleil va rendre vos mouvements plus fluides, plus ouverts, et vous allez avoir davantage d'énergie. C'est le don de *l'Implication Créatrice.* Il nous permet de pénétrer l'immédiateté de ce que nous sommes en train de faire (ici danser) sans que n'intervienne l'expérience acquise, et libère ainsi une énergie qui, autrement, serait restée prisonnière de nos schémas.

Le second assistant représente *la Volonté* ou *l'Intensité.* C'est un autre vecteur fondamental de la conscience, qui détermine l'autorité intérieure ou la sincérité avec lesquelles nous nous abandonnons à ce que nous faisons. L'inertie psychique, engendrée automatiquement par la conscience de soi et la paresse, disparaît selon l'intensité de notre participation. Les limites de notre vitalité sont induites par cette inertie qui nous sépare de l'immédiateté de notre expérience. Dans la conscience ordinaire, elle figure cet immense abîme qui sépare le sujet de l'objet. Mais si nous tendons à relier les deux pôles, en nous identifiant davantage soit au sujet ou

«Soi» (but de la plupart des méditations orientales), soit à l'objet (l'expérience vécue), l'énergie se démultipliera.

Semblablement, on trouvera chez l'alpiniste ce mouvement de jonction au pôle, à l'objet de son attention qu'il lui faut mobiliser au moment d'un passage particulièrement périlleux. Il est alors totalement impliqué, le Soi et l'expérience ne font, par le fait, plus qu'un. Malgré la fatigue intense, l'énergie décuplée peut le tenir ensuite éveillé pendant des heures.

Il y a néanmoins une différence de taille entre cette analogie et l'exercice dont nous sommes en train de parler. La Volonté ou l'Intensité ne sont pas ici provoquées par une crise ou un désir particulier. Elles sont un élément continu de conscience, une sorte de tension qui crée l'attention. L'autorité intérieure dont nous faisons preuve dans la vie dépend de cette intensité naturelle de l'attention que nous portons à chaque instant.

Ordinairement, nous ne savons pas comment avoir directement accès à l'autorité nécessaire; notre inertie est telle que nous avons besoin d'une crise pour passer au-delà de notre délimitation énergétique. Il y a entre Intensité, Autorité intérieure et Effort volontaire une corrélation étroite. C'est sans doute la raison pour laquelle, pour plus d'une religion, le zèle est considéré comme une vertu. Le second assistant va donc agir comme le ferait une manette de gaz (ici, l'énergie) pressant le danseur à mettre dans sa danse davantage d'efforts, d'énergie et d'implication.

L'effort que doit nécessairement produire le danseur pour répondre à cette intimation physique va tendre à le propulser dans une mise en jeu plus profonde. Il ne peut rester extérieur à son expérience, et l'écart entre sujet (le danseur) et objet (la danse) commence à diminuer. S'il diminue suffisamment, le danseur passera dans un plan d'énergie nouveau, où le caractère de sa danse revêtira une tout autre qualité. Le mouvement sera plus aisé, l'énergie va se mettre à rayonner. C'est comme un second souffle. Le second assistant est ici pour veiller à moduler la danse, à augmenter ou amoindrir (lorsque l'effort est trop important) sa puissance, sa vigueur, pour aider le danseur à franchir ses limites et atteindre une énergie nouvelle.

Le troisième assitant, enfin, représente le principe de l'Amour Inconditionnel. Son rôle consiste à fondre, sans condition aucune, sa conscience à celle du danseur, à être en Accord et en paix avec lui, à le recevoir et l'accepter quoi qu'il puisse se produire. Cet aspect de l'amour est réellement inconditionnel : n'interviennent ni la notion d'agir, ni celle d'un sentiment ou d'une émotion que nous puissions orienter. C'est ce qui se révèle lorsque tous les obstacles qui s'opposent à la communion avec l'instant ont été levés. L'amour est inhérent aux profondeurs de l'Etre; il est une force naturelle d'intégration qui unit et rend sa totalité à tout ce qui, auparavant, était séparé et même oppposé. Il indique directement la rupture de la conscience sujet/objet. Il s'étire à l'infini et dissout toutes les formes relatives, jusqu'à ce que lui-même ait disparu dans la pure Conscience.

Le troisième assitant ne dit pas un mot, mais reste entièrement présent. Ouvert au danseur et le tenant consciemment en une osmose énergétique mue par une attention totale, il respire avec lui. C'est une qualité d'attention très particulière, pleinement consciente du danseur et de ses assistants, et accordée en même temps sur l'infini, sur la complétude parfaite et pré-existante immanente à l'apparence extérieure de toute chose. C'est une qualité d'attention qui donne de l'espace. Elle agit comme un solvant universel sur tout état de conscience qui pourrait engluer le danseur, lequel a donc accès à une dimension beaucoup plus vaste et à une énergie plus élevée. S'il peut atteindre le point de lâcher-prise, le danseur va rejoindre totalement le troisième assistant. Leur champ énergétique fusionnera et prendra des proportions beaucoup plus importantes qu'un seul ne peut le faire. On ne peut pas sous-estimer l'importance de ce genre de soutien.

Le troisième assitant est l'Amant Mystique. Vision ou aspiration supérieure celée au plus profond de chacun d'entre nous qui, en de rares moments, nous transporte au-delà de nous-mêmes. A l'instant où, pour la première fois, nous en prenons conscience, le principe de sagesse et tout notre potentiel transformateur se mettent en branle. Ainsi cette troisième personne explore le rôle de «guru» qui, en sanscrit, signifie littéralement «celui qui élève». Sans aucun doute cette fonction est-elle la plus subtile à saisir. Elle est cependant le pilier de toute l'investigation de la conscience. Le plus souvent, c'est dans une autre personne que l'on reconnaît le mieux le potentiel supérieur latent.

Le Guru est une porte; son attention est à la fois accordée sur l'infini et tournée vers ce monde. Il est, dans notre relation à ce monde, cet autre qui nous permet de saisir la totalité parfaite qu'est la Conscience et de savoir qu'elle est également nôtre. Tel est l'Amour.

L'assistant, en représentant cette fonction, découvre — intuitivement — que toute personne porte en elle un potentiel qui lui permet d'éveiller une autre personne. Encore qu'elle soit proportionnelle à la prise de conscience, cette fonction, loin d'être le don de quelques rares individus, est universelle. J'ai vu des participants à mes séminaires atteindre un stade de disponibilité tel qu'ils ont réellement provoqué l'éveil de certains des participants.

L'exercice a pour but d'éduquer l'attention. Il met en évidence le fonctionnement de la transcendance de soi, qui se produit lorsque nous nous investissons dans une relation à nous-mêmes (ici la danse) faite d'intensité, de créativité spontanée et d'amour. Chacune des personnes impliquées apprend à avoir accès à une énergie plus pleine et plus pure, en aidant l'autre à atteindre un stade auquel, d'une mise en jeu consciente et restreinte, il passe à un état merveilleux où c'est lui-même qui se trouve «dansé».

Lorsque s'arrête la danse, sa conscience s'est altérée et sa perspective a simultanément changé. Il se sent alors plus ouvert, plus disponible à autrui et envahi d'une chaude et douce vague de bien-être.

Quand le danseur atteint ce stade où il est accordé à la danse au point de n'être plus qu'un avec elle, les trois assistants sont touchés en retour et transportés dans l'énergie même du danseur. Cette expérience du passage à un plan d'énergie supérieur prouve que ce potentiel est accessible en tout temps.

Le sacrement de l'instant présent

Lors du séminaire auquel participait Laura, je déambulais dans la pièce en surveillant les petits groupes qui travaillaient. Les danseurs étaient en train d'approfondir leur relation à la musique. Les trois assistants tentaient de déterminer l'équilibre à trouver entre aider et interférer. A certains moments, lorsqu'une personne ou une autre se perdait dans la danse, les groupes se resserraient dans une subtile association d'énergie.

Ce fut alors que je remarquai un groupe qui ne participait pas vraiment et restait conscient, amorphe. Le danseur — c'était Laura — bougeait à peine et les autres restaient autour, ne sachant que faire. J'intervins et lui demandai de mettre davantage de vie dans sa danse. Elle me répliqua qu'elle avait un cancer. Avant même d'avoir eu le temps de réfléchir, je m'entendis lui dire : «Danse, tu n'es pas encore morte !».

Laura avoua plus tard que sur l'instant, elle sentit monter la colère, furieuse d'abord contre moi, puis contre sa propre apathie. Elle réalisa que c'était ma foi vrai : elle n'était pas encore morte. Elle se remit à danser, bien que ce ne fût pas facile et qu'elle eût mal. Le choc de la remarque, s'il n'avait pas ouvert Laura à une énergie nouvelle, avait changé sa conscience d'elle-même. Elle prit la décision de participer plus pleinement. Ce fut un tournant décisif.

Plus tard, dans l'après-midi, je demandai aux participants de faire en chantant ce qu'ils avaient accompli en dansant, les petits groupes demeurant identiques. A la différence de la danse, qui peut se révéler épuisante si l'on n'a pas réussi à atteindre cet état d'«être dansé», et qui peut être carrément trop fatigante pour des personnes âgées ou malades, le chant n'a quasiment aucune limitation dans le temps, et peut durer jusqu'à une demi-journée voire davantage. Dans le cadre de l'exercice que je propose, le chant a le pouvoir d'amplifier énormément l'énergie et d'ouvrir à des stades de conscience profonds celui qui le pratique.

L'exercice se déroule comme suit : celui qui chante doit chanter jusqu'à ce qu'il se produise une rupture dans la continuité de sa conscience ordinaire, et qu'il entre dans un état de conscience altéré qui amène le petit groupe à une pénétration supérieure. On ne peut pas se tromper. A l'instant où le phénomène survient, la personne semble disparaître dans son chant. Le temps est comme suspendu, la fatigue et l'inconfort physique s'évanouissent, et tout le groupe est élevé à une présence sans effort. A ce point, et pas avant, le chanteur peut s'arrêter. Les autres tiennent, comme pour la danse, leur rôle spécifique. Ils apportent soutien, inspiration, provocation si nécessaire, pour que l'on puisse être sûr que le chanteur ne s'arrêtera pas avant que l'ouverture ne se soit produite. Chacun doit vouloir se donner complètement. C'est le temps mis en jeu et la nature inhabituelle du travail qui créent l'intensité. Il est arrivé qu'il faille ainsi près de six heures pour que la rupture soit atteinte — mais le fait est rare . En général, il faut compter une moyenne d'une à deux heures.

La qualité de l'attention et le soutien des assistants sont essentiels pour que le chanteur puisse avoir accès à une vitalité plus pleine. Le groupe est certes petit, mais même quatre personnes mettant en commun leur attention parviennent à devenir une force transformatrice extrêmement puissante. Il arrive que certaines personnes ne puissent supporter cet exercice et abandonnent. Elles atteignent le seuil de leur inertie énergétique de base et se sentent bloquées, ou même prennent peur. Si elles ont chanté sans qu'apparemment se produise quelque chose, leur sens de l'engagement faiblit. En principe, c'est justement signe qu'elles approchent l'instant de rupture.

Il faut cependant que le chanteur apprenne ce travail très important qui vise à transmuter la résistance au lieu de lui laisser prendre les rênes. Peu importe le sentiment de négativité qui, peut-être, interviendra. *C'est l'un des paradoxes de la transformation : plus nous approchons du but, pires les choses ont tendance à paraître.* La clé est de s'accrocher, en portant toute son attention sur ce qui est en train de se passer. La peur, la colère, la frustration, l'impuissance sont d'excellentes dispositions pour initier le mouvement vers l'énergie supérieure. Chaque instant, quel qu'il soit, peut en fait être celui d'une vitalité plus grande. Seule compte *l'attention* que nous lui portons.

Nous devons, pour passer à un échelon supérieur de l'énergie, trouver un rapport créatif à la disposition où nous sommes, sans juger, réagir, ou nous fermer. D'aucuns penseront que l'exercice de chant paraît propre à provoquer une résistance, étant donné l'effort qu'il exige. C'est exact; mais il est aussi vrai que la vie elle-même nous pousse continuellement au point où notre inertie énergétique est sommée de céder le pas, et qu'à ce moment-là nous sommes mal à l'aise et avons envie de fuir. Il nous faut apprendre à saisir le mécanisme de la réaction et, progressivement, découvrir une nouvelle façon de l'aborder, afin qu'il ne nous prenne plus à son piège et ne soit ainsi maître de nous. C'est ce qu'enseigne cet exercice.

J'ai expérimenté l'exercice du chant avec des centaines d'individus et ai observé les résultats. Ceux qui chantent fort vont atteindre une faible élévation énergétique et s'arrêter rapidement. C'est comme s'ils pensaient que poursuivre plus avant exige une confiance et un abandon de soi beaucoup plus profonds, et qu'alors ils ressentent le besoin de se protéger d'une certaine vulnérabilité. Ils chantent des chants qu'ils connaissent et les répètent sans cesse, sans laisser à un chant nouveau la possibilité d'émerger.

C'est, en fait, ce que fait de sa vie la plupart d'entre nous. Nos attitudes répétitives, nos routines en font preuve. Elles sont elles-mêmes l'un des aspects de notre mécanisme de réaction par lequel nous perpétuons notre identité, nous emprisonnant sans que nous en ayons conscience dans des comportements qui limitent notre vitalité.

Quand nous nous sentons bloqué, au cours du chant, nous maudissons cet exercice «idiot», tout comme, dans la vie, nous vitupérons contre quantité de «ci», de «ça», de «qui» ou de «quoi». Notre expérience immédiate perd sa réalité, au profit de pensées tournant autour de ce que nous devrions être et qui n'ont, elles, aucune réalité, n'étant que l'expression de notre réaction à ce que nous ressentons. Mais ce qui n'est pas réel ne pourra jamais représenter une quelconque possibilité d'ouverture à soi-même. De cette façon, nous ne pouvons que nous disperser, nous couper de notre vitalité et d'un éventuel renouvellement. Notre énergie se retrouve alors prisonnière d'une série de comportements, de sentiments et de pensées pré-établis, et ce nous-là ne fait qu'exprimer les états de conscience relatifs à cette gamme. C'est ce que nous faisons tout le temps sans nous en rendre compte.

Il apparaît clairement, au cours de l'exercice de chant, que c'est la réaction qui crée l'intensité, et par là même génère un état plus vivant. C'est presque comme s'il fallait à tout prix que nous rencontrions une résistance pour pouvoir galvaniser notre énergie, juste avant de passer à un niveau de conscience supérieur et d'aborder les possibilités nouvelles.

Jamais, donc, nous ne devons laisser cette résistance devenir elle-même réalité, sous peine de demeurer bloqués dans notre structure énergétique de base. Pour franchir ce cap, la solution consiste à se mettre à l'unisson du mode réactif pour permettre au «chant» et à notre sentiment d'être, de se rejoindre et de s'unir.

Les deux exercices, danse et chant, demandent que nous trouvions l'équilibre entre volonté et lâcher-prise, entre essayer d'avoir plus et accepter la situation exacte où nous nous trouvons. Intuitivement, nous savons reconnaître qu'il n'est pas en notre pouvoir de nous transcender; pour ce faire, nous pouvons (et devons) nous abandonner totalement à l'expérience que nous vivons, mais jamais nous ne saurons avec certitude si oui ou non s'opèrera l'ouverture. Cependant, plutôt que de risquer l'échec, nous nous contentons souvent d'un résultat médiocre. L'homme est en général enclin aux solutions prématurées. Nous sommes incapables de souffrir beaucoup de tension, à moins que nos fins ne soient très claires ou que les alternatives envisageables ne soient encore pires. Même l'importance que revêt l'apprentissage de l'ouverture sur une compréhension plus large n'est pas suffisamment fort pour que la plupart des gens aient envie de persévérer, lorsqu'on leur demande de chanter jusqu'à atteindre une conscience altérée et déployée.

Pour connaître l'«instant sacré», cette dimension où c'est le chant qui nous chante, où c'est la vie qui nous vit, nous devons vouloir lâcher-prise et poursuivre en ce sens. Ceci n'a rien de passif : nous lâchons-prise dans une participation à l'instant active et dynamique. C'est en quelque sorte une histoire d'amour avec la vie. Dans l'acte de lâcher-prise, nous nous mettons dans la situation où la question qui se pose n'est pas : «Que puis-je faire ?» mais «Que m'arrive-t-il à présent». Elle rend à l'instant sa vérité et son sens. *La seule chose que nous puissions offrir à Dieu est notre personne,* notre état immédiat, quel que soit notre vécu. Nous nous offrons en nous mettant en Accord avec nous-mêmes dans l'immédiateté totale de notre être, sans qu'interfère le sentiment d'être bien ou mal, content ou pas, qui ici n'a aucun sens. Lorsque nous nous mettons à vivre cette compréhension, alors notre vie s'ancre dans la foi.

Tout ce que l'on rencontre est énergie. Si cette énergie est cristallisée dans une dynamique particulière, nous lui mettons une étiquette (ainsi qu'à nous-mêmes) : nous disons alors : «Je me sens bien», «Je me sens mal», et autres semblables réflexions.

Instantanément, nous nous coupons d'une énergie plus vaste. Pour y revenir, pour approcher Dieu, il nous faut libérer l'énergie cristallisée. En ce sens, nous nous abandonnons, nous abandonnons notre état identifiable et il redevient énergie, vitalité.

Notre chant continue; il reflète et exprime l'énergie de tout ce que nous éprouvons, mais sans que nous nous y arrêtions, sans que nous cherchions à l'analyser, sans que nous tentions de trouver la raison qui nous empêche de continuer; nous chantons et c'est tout. C'est alors que se produit la rupture. Nous ne chantons plus : nous sommes chanté. Notre voix jaillit d'autre part en nous, mais elle provient aussi de l'extérieur. Nous sommes «nous», mais également l'espace. C'est pour beaucoup le plus extraordinaire des stades de vitalité qu'ils aient jamais connus.

Quand nous pensons que nous ne pouvons nous offrir à la vie que si nous nous sentons bien, nous sapons notre vitalité. Au lieu de nous abandonner en totalité, quelle que soit la négativité de notre état, nous renonçons ou essayons de nous détourner du problème en faisant des projets, en lisant des journaux, en regardant la télévision. Si vraiment nous souffrons, nous allons même jusqu'à prier. Dieu soudain se fait important et nous promettons, nous sommes pleins de bonnes intentions, nous lisons des oeuvres inspiratrices, ou répétons des affirmations.

Mais les prières elles-mêmes sont établies sur ce que nous devrions ou aimerions être. Si l'acte de prier n'est pas un engagement intense, spontané et créatif envers l'instant, s'il ne provient pas directement de notre coeur, nos prières ne sont en rien le reflet de notre immédiateté; elles sont supplications de l'enfant effrayé, nées d'une réaction, et non d'une relation dynamique à la souffrance qui, seule, peut transcender le moi qui l'éprouve. Au lieu de pénétrer la Conscience, notre dynamique en négocie le contenu, et nous demeurons irrémédiablement séparés de l'immédiateté de notre être, rivés à un potentiel énergétique inférieur. Jamais, à ce niveau, nous ne saurons approcher l'Inconnu, la vitalité profonde qui nous invite à chaque instant.

L'exercice de chant apprend à prier, il est dédié à la vitalité qui de tous temps nous attend. Notre chant est inspiré par la musique de notre être.

Une nouvelle fréquence de l'être.

Laura était aussi inhibée lorsqu'elle commença à chanter que lors de l'exercice de danse, mais la colère lui donnait des forces. Elle entonna un cantique de son enfance, tandis que, sans répit, l'un des assistants la sommait de continuer à lâcher prise, de poursuivre son chant.

Des heures passèrent, puis survint la grande rupture que j'ai décrite au début du livre. Je n'ai pas l'intention de me répéter, mais certains points nécessitent un commentaire plus approfondi.

Laura n'a pas eu accès à cette énergie supérieure en débloquant simplement un niveau relatif de son identité où elle pensait «Je n'arrive pas à chanter; j'ai peur. Je suis trop terre à terre pour y arriver; je dois y arriver. Il faut que je me donne encore plus», et autres réflexions du même ordre. Surmonter ces structures, qui limitent considérablement la vitalité, permet de franchir le premier obstacle. La plupart des gens arrivent à dépasser ce stade et abordent une profondeur de créativité souvent étonnante. Dans ce cas, la structure énergétique fondamentale s'est agrandie pour intégrer une vitalité nouvelle, mais n'a pas été transcendée. Chez Laura survint précisément cette transcendance de soi. Toute la conscience de son identité céda, elle réalisa que rien de ce qu'elle avait jusqu'à présent su, vécu et cru n'avait de réalité. Son identité personnelle, son cancer, rien n'était réel. Elle se percevait comme témoin : à aucun moment, elle ne se sentit perdue dans cette aventure. Dans cet état d'ouverture, aucune des structures de la conscience ordinaire n'avait de poids. Elle était devenue Réalité, Perfection Totale et Paix. Ses vieilles structures n'étaient plus que des ombres, des voiles recouvrant cette inconscience relative qui gouvernait sa vie jusqu'alors, inconscience qu'elle avait confondue avec réalité. Immédiatement, elle comprit que rien ne serait plus comme avant. Elle était libre comme jamais elle n'aurait pu rêver de l'être.

Ses partenaires sentirent qu'il se passait quelque chose d'étonnant. Tous quatre travaillaient depuis des heures et, tout à coup, le temps sembla s'être arrêté. Tout l'espace avait revêtu un caractère sacré. L'énergie qui s'épanchait de Laura les sustentait littéralement. Guidés par la sagesse, aucun d'entre eux n'interrompit Laura avant que le processus ne se soit de lui-même apaisé.

Laura s'était éveillée : elle était devenue (et est demeurée) une personne vibrant sur une nouvelle fréquence.

Elle tenta plus tard de décrire aux autres participants ce qui s'était produit. Elle sentait bien qu'elle était une autre personne, mais ne comprenait ni comment, ni en quoi elle était nouvelle. C'était comme si elle se connaissait pour la première fois.

Elle se rendit compte que dès l'âge de deux ans, lorsque s'élabora son sens de l'identité — son sentiment d'être «Laura»—, elle avait cessé d'être totalement en vie. Elle arrivait à remonter le temps et voyait réellement comment le développement de son moi égoïque avait commencé à piéger sa vitalité. C'est alors qu'elle avait commencé à mourir.

Nous avons enregistré son récit, et quand on entend sa voix, il se déclenche quelque chose de puissant, comme lorsqu'on écoute parler les mystiques. Ce sont, en fait, les aspects fondamentaux de la réalisation de tout développement mystique que décrivit Laura, bien qu'elle n'eût apparemment pas un passé susceptible de l'amener à ce point. Sa pénétration était impressionnante parce qu'elle était spontanée, et exprimait l'immédiateté de la transformation. Elle ne s'appuyait pas sur des idées ou sur des souvenirs. Son récit n'avait rien d'intellectuel et n'était pas quelque interprétation personnalisée élaborée sur l'expérience d'autrui. Ses mots, lorsqu'elle parlait, étaient une porte ouverte sur son âme, sur les dimensions profondes qui dépassent de loin la conscience personnelle. Elle avait eu accès à cette profondeur aussitôt qu'elle eût réalisé son unité avec l'existence.

Le fait que ce changement énergétique ait aussi déclenché une guérison totale est d'autant plus important que Laura a été soumise aux examens médicaux les plus minutieux.

CHAPITRE CINQ

Suite de l'histoire de Laura

«Lorsque de deux vous ferez un, et lorsque vous ferez l'intérieur comme l'extérieur, et le dessus comme le dessous, et que vous ferez un seul de l'homme et de la femme, de sorte que l'homme ne sera plus homme et que la femme ne sera plus femme, alors vous entrerez dans le Royaume.»

Evangile selon Thomas

---

(1) L'échange d'énergie est une forme de relation rituelle qui représente une partie primordiale de mon enseignement. L'énergie spécifique à chaque relation dépend du niveau auquel réside notre attention. L'échange d'énergie est un moyen d'apprendre à maintenir une résonance consciente avec une autre personne, tout en libérant son attention pour qu'elle puisse être dirigée vers des dimensions plus subtiles ou universelles. Nous pouvons nous-mêmes, en retour, nous charger d'énergie.

Voici comment se déroule, dans un groupe, l'échange d'énergie. Une personne s'allonge sur une table et le reste du groupe l'entoure. L'énergie peut se communiquer par une légère imposition des mains ou par la simple présence, sans qu'il soit nécessaire de toucher physiquement la personne. Le champ énergétique peut atteindre une très forte intensité lorsque l'expérience s'effectue en groupe. C'est un phénomène bien connu de toutes les traditions chamaniques, mystiques et religieuses, que l'on redécouvre et réinterprète perpétuellement. De plus amples détails sur l'échange d'énergie vous seront proposés au chapitre Quatorze.

Le jour qui suivit l'expérience du chant, le groupe entier, soit quarante-cinq personnes, procéda au rituel de l'échange d'énergie avec Laura et une autre femme (1). Ce fut à la suite de ce rituel que la véritable guérison physique se fit apparente.

Laura, après coup, déclara que lorsque qu'elle vécut cette expérience essentielle, au cours de l'exercice de chant, elle ressentit dans sa tête le besoin de l'échange d'énergie, qu'elle percevait comme un rituel de guérison lui permettant de reconnaître qu'elle avait à présent recouvré la totalité de son être.

Au moment où l'énergie la submergea comme un torrent, elle sentit son coeur s'arrêter. Elle pensa : «Voilà; c'est une façon parfaite de partir; je suis prête». Puis, lorsque les battements de son coeur reprirent et que l'énergie envahit chacune de ses cellules avec une puissance incroyable, elle comprit : «Il m'appartient de faire exactement ce que je veux». A cet instant, tout à fait spontanément, elle décida d'aller totalement bien. Elle avait toujours été diabétique, avec tous les problèmes inhérents à la maladie, et avait appris à considérer ses handicaps comme aquis. Elle était à présent en train de décider : «Je veux aller complètement bien; pas seulement être guérie de mon cancer. Totalement bien».

Il importe de bien faire la différence entre le choix spontané de Laura d'aller bien et la réaction normale qu'aurait tout individu malade de vouloir recouvrer la santé. Dès que nous nous savons malades, quelque chose en nous se galvanise en vue d'une guérison. Dans cette optique, nous nous rendons chez le médecin, nous lisons et apprenons ce que nous pouvons au sujet de notre maladie et, éventuellement, changeons nos habitudes. C'est, la plupart du temps, suffisant pour obtenir une amélioration.

Cela peut nous faire parfois changer de direction, mais jamais il n'en résulte une transformation fondamentale. Tous ces choix sont faits à l'intérieur d'un système clos de conscience. Ils ne sont que des réflexes. Du point de vue d'un changement radical, ce niveau de réponse, bien qu'inévitable, n'est en fait qu'une défense, qui risque de disperser l'intensité créatrice nécessaire à une implication vraiment transformatrice, et donc de nous interdire l'accès au changement radical.

Le désir de vivre, la toute nouvelle appréciation de la vie, la résurrection de relations, qui désormais semblent précieuses et qui conduisent à se montrer plus attentif, à donner et à recevoir davantage, sont autant de bienfaits qu'apporte communément la maladie. C'est *effectivement* une sorte de conversion énergétique, mais, dans la mesure où elles sont un réflexe à notre douleur, ces réactions sont souvent superficielles et ne peuvent représenter une grande puissance de guérison. Je ne dis pas que de tels sentiments ne soient pas sincères, mais je dis qu'ils ne peuvent être considérés comme le signe que nous sommes fondamentalement en train de changer. Lorsque donc, j'entends des gens dire qu'ils ont «tant appris de leur maladie» ou qu'ils en ont «perçu le message», je le vois plutôt — toute sincère soit cette affirmation à un certain niveau — comme une félicitation subtile que s'adresserait l'égo, et non comme le signe que l'on a réellement eu accès à une énergie plus élevée. Nous devons apprendre à aller plus profondément.

La différence entre un simple réflexe de survie et le choix de la vie de Laura est qu'elle a choisi après qu'elle fût déjà «morte». Elle était passée au-delà. Elle avait vécu la réalité relative de son état égoïque. A ce stade, le choix d'aller totalement bien n'était pas seulement un souhait; c'était l'expression de son être tout entier. Il n'était aucunement dicté par la peur; ni la personne malade, ni celle qui désirait aller bien n'avaient de réalité pour elle. La décison d'opter pour le bien-être total n'était en fait pas un choix. Elle avait spontanément jailli du plus profond d'elle-même, au moment où ce qu'elle *pensait* était indissociable de ce qu'elle *était*. On dit que l'homme est tel qu'il pense en son coeur. Penser en son coeur n'a rien à voir avec la pensée logique ou rationnelle; ce n'est pas la pensée prise en son sens habituel de produit de la conscience, que l'on évoque mentalement ou qui provient d'une affirmation. Penser ou savoir en son coeur est une connaissance issue de l'identité. C'est une conception qui coïncide totalement avec l'Etre.

L'expérience de Laura confirme tout ce qu'ont décrit les personnes qui ont, sur leur lit de mort, vécu une transformation radicale entraînant leur guérison. Là, ces gens étaient à deux doigts de la mort et ils se sont abandonnés. Tout à coup, ils ont découvert une relation à la vie totalement nouvelle et ont «miraculeusement» guéri. Tous, lorsqu'ils ont compris qu'ils allaient vivre, ont éprouvé la conviction profonde qu'ils étaient appelés à servir autrui. En bref, ces gens ne considéraient plus leur vie comme la leur propre, mais comme faisant partie d'une vie plus vaste. Ici encore, nous parlons d'une intelligence qui, spontanément, surgit des profondeurs de l'être, une forme de compréhension qui saisit l'individu tout entier à l'instant où elle se produit. Elle n'a rien d'un réflexe et moins encore d'un désir issus d'une situation donnée.

Ceci signifie-t-il qu'il nous faille mourir — du moins quasiment — pour que puisse se produire la transformation fondamentale ? Je crois que la réponse est «oui». Si nous ne pouvons renoncer totalement, si nous continuons à vouloir évoluer dans les voies que nous croyons être les meilleures pour nous, rien de vraiment nouveau ne peut se produire. Si cela vous choque, regardez de plus près notre monde. A tout moment, nous vacillons au bord de l'abîme de la destruction et essayons d'éviter d'y tomber tout à fait. Chaque nouvel effort pour contrôler ou atténuer cette menace empire encore la situation. Nous sommes aujourd'hui confrontés aux conséquences du passé, et évoluons sous la menace d'un holocauste nucléaire imminent et de la ruine de notre environnement. Peut-être, inconsciemment, recherchons-nous encore et encore notre propre défaite pour pouvoir atteindre le seuil de la transformation. Mais lorsque cet instant semble proche, nous crions et pleurons que ceci n'est pas juste, et nous tentons d'y échapper, de manipuler, de modifier, et de modeler notre vie sur le rêve éternel de ce qui devrait être.

Il est temps d'arrêter d'essayer de bien faire : cessons de chercher ce que nous imaginons devoir être, pour nous mettre tout simplement à vivre. C'est précisément ce qui est arrivé à Laura. Elle s'est mise à vivre. Elle a été amenée, tendrement amenée, à pénétrer un nouvel instant, un instant qu'elle n'avait pas fabriqué. Elle en a oublié d'essayer de guérir, pour n'avoir à considérer que la façon dont elle pouvait concevoir la totalité à laquelle elle venait de s'éveiller. Cette totalité est déjà toute-présente. L'expérience de Laura nous montre que la seule chose à faire est d'apprendre à sortir du chemin. Nous n'avons réellement aucune idée de ce qui peut se passer lorsque nous lâchons prise.

Après le rituel d'échange de l'énergie, Laura déclara qu'elle se sentait complètement nue et vulnérable. C'était comme si tout ce qui l'entourait était partie intégrante d'elle-même. Elle n'avait pas de limites, pas de murs, pas de défenses. Ce n'était pas agréable d'être ainsi sans forme définie, d'être aussi ouverte. C'était comme si tout son être était passé dans une moulinette cosmique, quelque chose dont jamais auparavant elle n'avait fait l'expérience. Elle se protégea de la seule façon qu'elle connût : elle fit une sieste. Lorsqu'elle se réveilla, elle traversa sa chambre et se sentit différente. Machinalement, elle abaissa la main pour soutenir sa tumeur, comme elle l'avait si souvent fait. Il n'y avait plus rien. Disparues également les autres métastases qu'elle pouvait auparavant sentir. A son grand étonnement — et à son grand amusement —, son pantalon était devenu trop grand pour elle.

Lorsque je vis Laura, elle paraissait avoir rajeuni d'au moins vingt ans. Elle en avait cinquante, mais ressemblait plutôt à une adolescente. Sa peau était diaphane. J'ai comparé deux photographies, l'une prise trois jours avant le séminaire, l'autre juste après son expérience. Il est quasiment impossible de reconnaître la même femme sur les deux photos.

Il fallut plusieurs jours à Laura pour réaliser qu'elle n'avait pas du tout pris d'insuline et se sentait bien néanmoins. Plusieurs mois s'écoulèrent avant qu'une visite de routine chez l'occuliste ne révélât que ses rétines décollées s'étaient complètement rétablies. Ce n'est pas tout. Laura prenait régulièrement de la morphine et du Percodan pour pouvoir supporter la douleur. De ce jour elle cessa d'en prendre, sans même remarquer que cela n'avait plus aucune importance.

Elle fut hospitalisée à la suite d'une chute, dix-huit mois plus tard, et fut alors examinée sous toutes les coutures. On ne décela aucune trace de diabète ni de cancer. Laura avait eu les reins sérieusement affaiblis par son diabète; à la suite d'une chimiothérapie, ils avaient cessé de fonctionner et il lui avait fallu recourir à une dialyse. Dans les semaines qui suivirent son éveil, elle fit, l'une après l'autre, des découvertes «miraculeuses». Ses reins étaient redevenus normaux. Elle s'aperçut avec surprise et amusement qu'elle pouvait se faire mal en faisant la vaisselle. La perte de sensibilité périphérique, commune à tous les diabétiques, avait privé ses mains de toute sensation. Presque toute sa vie, elle avait fait la vaisselle sans jamais se préoccuper de la température de l'eau !

La transformation suivit son cours au-delà du plan physique. Laura se mettait à pleurer des heures durant, sans raison apparente. Elle pouvait sentir le souffle du courant spirituel la traverser. Pendant des mois, elle eut beaucoup de difficulté à faire tout ce qui pouvait exiger concentration ou organisation. Heureusement, son mari veillait à ce que tous ses besoins soit assurés, et il fit en sorte qu'elle puisse se réserver des moments de solitude totale. Pendant les quelques premières semaines, son corps se purgea. Elle eut des diarrhées épouvantables et des crampes d'intestin. Les diarrhées passèrent, mais les spasmes et les crampes continuaient. A divers degrés, j'ai moi aussi fait ce genre d'expérience après ma première ouverture. Le corps semble avoir besoin parfois d'énormes quantités de nourriture pour apaiser le feu de l'énergie qui le traverse. Il ne peut pourtant pratiquement rien digérer. Dans ces conditions, mieux vaut éviter le végétarisme. Il est, en outre, particulièrement dangereux de vouloir jeûner.

Elle éprouva une légère douleur intercostale, sans discontinuer les premiers mois, puis par intermittence. Les examens médicaux ne révélèrent rien d'anormal. Plus elle se sentait transparente, plus elle avait mal, comme si le monde entier passait à travers elle. D'après mon expérience, ceci correspond à une activation de l'énergie dans le Centre du Coeur. Le «Coeur» de Laura était en train de s'ouvrir.

Elle dit avoir, pendant les mois qui suivirent, sérieusement douté de sa santé mentale; mais comme toutes les personnes qui ont vécu cette expérience, elle a apparemment tiré d'elle-même les forces nécessaires pour supporter cette situation. Mon livre «*The I that is we*» (2), qui aborde certaines des manifestations de l'ouverture à une énergie supérieure, s'avéra utile pour elle. Laura avait, en outre, rencontré, lors du séminaire, l'un de mes associés qui se révéla être un ami avisé. Il resta en contact avec elle et l'aida à garder confiance. Elle avait particulièrement besoin de s'entendre dire que rien, dans cette dimension nouvelle, ne pouvait ressembler à ce qu'elle aurait un jour pu penser ou rêver. Il n'existait plus à présent de règle qui fût fixée, d'expérience passée qui pût lui servir de guide. Il lui fallait simplement apprendre à s'abandonner à la profondeur de son vécu et à maintenir en elle ce sentiment nouveau de vitalité et d'énergie.

---

(2) Livre déjà cité de Richard Moss : «Ce Je qui en réalité est Nous».

Elle eut à faire face aux nombreuses personnes qui voulaient bien croire qu'elle fût complètement guérie, mais ne pouvaient accepter que sa rédemption ne provînt d'une pratique spirituelle traditionnelle. Certains même ont prétendu que, puisque Jésus n'avait pas été invoqué, sa guérison pourrait bien être l'oeuvre du diable. Confusion regrettable qui prouve à quel point la vie de Jésus ou d'autres grands maîtres est mal comprise, et combien cette conscience qu'a brièvement pénétrée Laura est peu reconnue. Laura a accompli la parole même «Lorsque de deux, vous ferez un» (3)...

A un moment donné, lors de son chant, intérieur et extérieur se sont réunis. Sa conscience d'elle-même et celle de la vie tout entière se sont fondues en une seule réalité vivante. On pourrait dire qu'elle fut alors investie d'un flux d'énergie transcendantale qui la fit totale.

Mais penser de la sorte implique un agent extérieur, et c'est bien ainsi que la religion conventionnelle conçoit une expérience comme celle-ci. Il est bien évident que l'énergie supérieure est au dehors du niveau de conscience ordinaire, mais elle n'est pas extérieure à la Conscience proprement dite. Il me semble donc nécessaire d'aborder différemment ce genre d'expérience. Pour qui a eu une connaissance directe de la Transcendance, il est beaucoup plus juste de dire que Laura a réalisé «l'Archétype de la Totalité». Sous cette Identité, nous sommes depuis toujours et à jamais entiers. Encore qu'à ma connaissance personne ne puisse rester perpétuel-

---

(3) Je recommande vivement de méditer sur l'évangile de Thomas. Dans mes nombreuses recherches, j'ai rarement trouvé ouvrage qui traite plus clairement de l'éveil de la conscience et qui reflète mieux ce que j'ai moi-même vécu lors de mon Aventure. Le Nouveau Testament aborde, lui aussi, les mêmes paraboles; mais la lecture de Thomas en offre une pénétration plus profonde. Il insiste sur le côté mystique de la vie de Jésus et sur le fait que, tous, nous pouvons faire ce même voyage.

lement à ce niveau une fois faite l'expérience, on reste une sorte de «canal» où la transcendance s'engouffre et rayonne, plus ou moins selon sa pureté. Lorsqu'un an et demi plus tard j'ai revu Laura, j'ai immédiatement senti l'instant où elle est entrée dans la pièce. L'approcher nous plongeait dans un bain de délices.

Il est intéressant de s'attarder sur la relation de Laura à son médecin, qui lui avait suggéré d'assister au séminaire et y avait lui-même participé. Il affirmait son scepticisme sur le plan professionnel et, après quelques instants, je vis passer dans les yeux de Laura une lueur d'hostilité. Il l'avait fait revenir plusieurs fois pour vérifier son diabète et surveiller son cancer. Elle sortait épuisée de ces visites, et finit par lui demander de payer pour procéder désormais à tout examen qu'il voudrait faire. Il refusa et elle cessa d'aller le voir. Que le laboratoire et les examens cliniques confirment les apparences relève de la plus élémentaire des prudences de la part de tout praticien qui se respecte, et je suspecte Laura d'avoir, en fait, craint que le doute du médecin ne provoque un retour de la maladie, d'où ce sentiment d'hostilité à son égard. C'est classique : lorsque se profile quelque chose qui dépasse tout ce que l'on a pu imaginer, beaucoup de gens essaient de tout oublier de l'état antérieur, comme si le simple fait d'y penser pouvait en provoquer le retour.

Le fait est, néanmoins, que le médecin continuait de la considérer d'un point de vue élémentaire, plutôt que d'essayer de se poser les questions essentielles telles que : «Que suis-je ? Où est la réalité ?», et d'aborder ainsi le chemin de sa propre transformation. Il attendait et continuait d'attendre qu'elle redevienne malade, pour que sa propre idée de la réalité (et, en fait, l'idée de la réalité de tous ceux qui évoluent au niveau ordinaire de conscience) ne fût pas remise en question et pût rester ce qu'elle était.

Son médecin n'était pas le seul à vouloir maintenir cette position. Nombre de personnes ayant assisté au séminaire, y compris certains des amis de Laura, s'y attachaient également. Ils la poussaient à assiter au séminaire suivant, proposé par le prochain enseignant. Ils ne pouvaient accepter que Laura, au moins pour l'instant, n'ait aucun besoin de chercher, plus loin encore, une autre compréhension des choses. Elle était passée à une dimension nouvelle où seuls ont un sens les enseignements les plus profonds. Elle devait essayer d'intégrer tout ce qui, en elle, s'était éveillé.

Il est un fait que Laura aurait pu apprendre beaucoup sur elle-même en continuant ce genre d'expérience. Son ouverture n'en faisait pas une sainte, et nombre de ses comportements, au niveau de l'égo, rendaient parfois les rappports difficiles; mais elle était bien trop vulnérable, en cette première année, pour que l'on s'y arrête.

Les problèmes entre elle et ses amis relevaient d'une inadéquation dimensionnelle. Ils vivaient à un niveau d'énergie inférieur, et n'avaient rien vécu d'équivalent qui puisse leur permettre de la comprendre. Son sentiment de transparence et son ouverture à l'existence, qu'elle traduisait par «Dieu est la seule vérité», étaient si puissants, en ces premiers mois, qu'elle ne pouvait imaginer ajouter quoi que ce soit à son expérience. Dans ces conditions, elle n'éprouvait aucun besoin de modifier ou d'explorer ce qu'elle savait déjà n'avoir aucune réalité. Mais elle se rendait compte que ses amis, eux, ressentaient ce besoin, et qu'ils ne connaissaient pas ce sentiment de complétude.

On ne met pas en doute le postulat qui fait provenir la connaissance fondamentale de l'information et de l'expérience. C'est une croyance tacite, qui veut que le vrai savoir soit le fruit d'un vécu spécial : «Si seulement j'avais cette expérience, alors...». Et dans le jargon de l'évolution, l'homme est toujours en train de «travailler sur lui-même». Mais il n'est en rien fondé d'affirmer que nous pourrons ainsi parvenir à une connaissance de nous-mêmes dont nous puissions être sûrs. L'état de conscience où nous nous efforçons de comprendre, ou auquel nous croyons qu'il manque quelque chose qui nous donnerait la clef ultime de nous-mêmes, ne représente pas une approche, ni même une voie d'accès à la Connaissance. Les deux données — effort/désir/recherche et, d'autre part, Connaissance — relèvent de deux états totalement différents.

La première donnée relève du temps, et définit le soi à partir de la mémoire, le comparant à un soi idéal vécu comme distinct du passé et se projetant dans le futur, sous forme d'un «comment je serai quand...». La seconde donnée — la Connaissance — est hors du temps, et n'est ni un processus, ni une évolution. Elle est en soi déjà réaliséé et totale, indépendante de toute cause; elle est, de par sa nature même, inimaginable, et ne peut être déduite ou extrapolée à partir d'une conscience égoïque de base où réside le désir ou l'effort. Cette conscience-là doit, à proprement parler, cesser d'être opérative ou dominante et, en ce sens, doit mourir, cesser d'exister pour que la Connaissance puisse être.

C'est justement ce que Laura a démontré, et les exercices du séminaire visaient spécifiquement à induire cette possibilité. Mais il est inutile d'essayer de définir à l'avance ce qui va se produire : c'est et ce sera toujours impossible. On peut seulement présumer que les thèmes profonds, qui sous-tendent la vie et la qualité du contexte immédiat, peuvent interférer avec la nature de ce dont on prend conscience. L'exemple classique de Newton et de la pomme qu'il reçut sur la tête, qu'il soit ou non véridique, démontre simplement que le moment où intervient la Connaissance relève de la Grâce, et jamais ne provient du désir de connaître. Il est nécessaire qu'intervienne une discontinuité, un lâcher-prise si vous voulez. La recherche doit être impérativement suspendue (pour un instant ou pour toujours). Impossible d'être sûr que ce qui va se passer — s'il se passe quelque chose — aura un rapport avec ce que l'on recherche. C'est comme lors d'un blocage mental : tous les efforts entrepris pour l'éliminer ne servent qu'à nous cacher davantage les informations recherchées. Plus tard, alors que l'on n'y pense absolument plus, ces informations réapparaissent spontanément. Ainsi, continuons-nous d'entretenir l'illusion qu'il faut poursuivre ses efforts pour arriver un jour là où nous voudrions être. Ce paradoxe entre effort et abandon est l'un des plus grands défis que pose la quête de soi.

A première vue du moins, l'expérience de Laura semble être la négation de cette équation que nous établissons entre effort et aboutissement. Elle n'avait aucune intention consciente de transformation. Jamais elle n'avait entendu parler de mes travaux, et elle n'avait assisté à mon séminaire que sur le conseil de son médecin. La recherche d'une autre forme de conscience ne la tentait pas. Elle n'allait à l'église qu'à l'occasion. Lorsqu'elle vint au séminaire, elle n'espérait trouver qu'un peu d'énergie pour pouvoir mourir. C'était aussi pour ses amis une preuve qu'elle n'avait pas renoncé, qu'elle essayait encore de faire quelque chose, un acte de bonne volonté.

D'un autre point de vue cependant, les éventuelles raisons de sa transformation deviennent plus plausibles. Elle avait été dans sa vie une véritable locomotive. Elle s'était lancée dans une carrière orientée vers le service et en avait atteint le sommet. Pendant plusieurs années, elle avait dirigé l'un des plus importants syndicats du pays et par deux fois avait été élue «femme de l'année» dans son domaine. Et c'est chez cette boule d'énergie que le cancer se déclara.

Pour moi, Laura est le type même de personne dont le but n'est peut-être pas la transformation, mais que sa vocation pousse à appréhender le monde de façon peu commune. Elle s'était totalement consacrée au bien-être d'une foule de gens avec un amour vrai, sans jamais néanmoins associer à cet élan l'idée d'une impulsion spirituelle.

En outre, elle accomplissait à fond tout ce qu'elle entreprenait. Elle engageait sa vie à de nombreux niveaux et jamais ne reculait. Elle travaillait dans un domaine où les négociations exigeaient une très forte présence, tout à la fois mentale et émotionnelle, et elle s'y donnait tout entière. On pourrait simplement résumer en disant qu'elle était une «droguée du travail», mais il m'importe de démontrer qu'elle était totalement saturée d'énergie, qu'elle utilisait tout son potentiel énergétique, du moins ce qui lui en était accessible. Sa vie était un véritable défi qu'elle vivait très intensément. On imagine alors sans peine à quel point elle était prête à franchir le cap d'une énergie nouvelle lorsque l'occasion s'en présenta, sous forme d'un séminaire orienté sur la transformation. Je présume que son cancer avait contribué à affaiblir son contrôle égoïque si puissant; elle était forcée de s'abandonner. Elle avait donné sa démission et était revenue sur les lieux de son enfance en acceptant la mort. On peut dire qu'elle avait cessé de rechercher une vie bien remplie et intense; elle était vulnérable sur le plan émotionnel et, plus important, ouverte et disponible sur le plan énergétique. Dans ces moments-là, la rupture de conscience a beaucoup de chances de pouvoir survenir.

Laura est bel et bien vivante, mais, comme son médecin et ses amis, elle arrive difficilement à trouver le sens de cette transformation. Son retour à la santé a refermé cette porte qui s'était ouverte et a atténué la vulnérabilité que le cancer avait provoquée. Elle est en pleine contradiction. Alors que, sur le plan énergétique, elle est rayonnante et disponible, elle est, au niveau personnel, méfiante, autoritaire et conservatrice vis-à-vis du monde extérieur. En fait — et c'est le cas pour nombre de personnes qui sont passées par le stade de l'ouverture — elle a eu tendance, passée cette vulnérabilité initiale, à réagir par une inflation de l'égo. Je suppose que c'est une façon naturelle de tenter de réinsérer une énergie neuve dans le vieux canevas égoïque. Le fait est si fréquent que l'on peut considérer cette attitude comme une sorte de bouclier, qui tiendrait autrui à distance et pourrait laisser croire à un certain contrôle. Mais c'est aussi le meilleur moyen de se créer de sérieux ennuis, qui peuvent finalement mener à une bonne dépression.

On peut l'éviter lorsqu'on a une connaissance de soi approfondie, mais personne n'est totalement préparé aux exigences de l'éveil à une existence radicale. Ceci nous conduit à une constatation importante : la réalisation est entière et complète en soi, mais ceci ne signifie pas qu'un stade de complétude puisse être acquis à tous les niveaux de la réalité.

Le travail de purification de soi, qui consiste essentiellement à retrouver un équilibre en ayant intégré cette richesse et cette ouverture nouvelles, est un processus lent et souvent tortueux. La prise de conscience, quel que soit le degré où elle se produit, apporte une vitalité nouvelle, une vision et une compréhension neuves, qui dépendent de nos capacités naturelles. Mais rien ne nous est dit sur la façon de les vivre.

Je considère comme normale l'idiosyncrasie de Laura. Je suis quelque part un peu déçu que nous n'ayons pu avoir une relation mystique plus approfondie, mais ne l'en apprécie pas moins. Sa vie est passée par un changement si radical que, pour beaucoup de gens, il eût été insupportable de le vivre. Certains membres de sa famille se sont défiés d'elle et même en ont eu peur. Pour la plupart des personnes de son entourage, elle devait rester celle qu'ils avaient connue et sur qui ils pouvaient s'appuyer. Ils ne se rendaient même pas compte que leurs désirs revenaient à vouloir une Laura malade à crever et perdue dans des souffrances abominables. Il est parfois plus facile de perdre ceux qu'on aime que de les voir changer.

Laura et son époux ont vendu leur maison et donné la plus grande partie de leurs biens. Ils ont acheté un «motor-home» pour pouvoir voyager au jour le jour. Comme ils vivaient simplement, l'argent de leur retraite pouvait suffire. Pour elle, «la vie est si riche que tout le reste est superflu». Ils ont décidé de vivre en allant de lieu en lieu, s'arrêtant quelques mois ou parfois davantage là où leurs services sont les bienvenus. Ce genre de vie a été, à certains moments, difficile, mais même alors Laura put l'apprécier, tant qu'elle était capable de sentir passer en elle le flux de la vitalité. Quand celui-ci était fort, tout semblait juste, sans effort. Il arrivait aussi qu'elle ne puisse plus le ressentir, et toute l'expérience alors était remise en question. Elle se demandait si ce n'était pas folie que d'aller ainsi en abandonnant tout.

Avant de partir sur les routes, elle avait envisagé de reprendre son ancien métier. D'abord, elle s'est méfiée, craignant de s'y perdre; puis petit à petit, elle en est venue à sagement considérer que l'ancienne Laura y avait investi beaucoup de ses valeurs de base. Elle est retournée à son travail un temps durant, et s'est rendue compte qu'elle pouvait s'y sentir bien et joyeuse. Puis elle y a mis un terme, parce qu'il n'avait pour elle plus aucune importance. Elle a ainsi réussi à se relier au passé sans se cristalliser sur son ancienne image. Elle rayonne toujours de cette énergie nouvelle, tout en restant tout à fait elle-même.

Plus important peut-être, elle a appris quelque chose de plus sur la nature de l'amour. Bien que cette connaissance reste encore en majeure partie intuitive et ne se manifeste pas totalement dans son comportement, elle sait à présent que l'amour ne vient pas «de l'extérieur». Elle a beaucoup moins peur de se risquer à être elle-même. Elle sait que son image d'elle-même, celle qui s'est formée depuis son aventure comme celle qu'elle se figurait avant sa transformation, n'a aucune réalité. Ce n'est plus en elle qu'elle recherche le sens de la réalité mais en son coeur, dans le noyau même de son être. C'est une présence vivante, une eau vive, un nectar qui est tout à la fois toute la vie, l'immédiateté de l'instant, et son véritable amour.

C'est pour moi la meilleure preuve d'une guérison totale, qui témoigne d'une énergie nouvelle et non d'une simple altération temporaire de la conscience. Bien des gens sont brièvement élevés à un niveau où bien-être et raison d'être prennent un sens nouveau. Mais très souvent (nous en parlerons plus loin), le changement n'a pas été suffisamment profond pour que s'impose une autre façon de vivre. Quelques altérations surviennent, accompagnées de valeurs et de convictions originales, mais la fréquence vibratoire, la note de la conscience n'a pas bougé; elle est restée la même. Passé un temps, l'identification à l'ancienne image de soi reprend le dessus. Si quelque guérison a pu survenir lors de l'altération énergétique, elle subit finalement une récession et la maladie se réinstalle.

J'espérais que l'expérience de Laura allait donner à tous ceux qui en furent témoins une formidable sensation de liberté, et un aperçu de ce que peuvent vraiment être ces possibilités nouvelles. Nombre des participants, dont son médecin, n'ont hélas pas été capables de saisir que cette aventure — et le contexte d'investigation de soi qui l'amena — pouvait représenter, pour eux aussi, une nouvelle façon de concevoir l'existence. Entrevoir le Mystère ne signifie pas nécessairement que l'on puisse y accéder. Pour la plupart, ils continuent à chercher d'autres expériences, d'autres prises de conscience, persuadés, je suppose, que s'ils parviennent à approcher suffisamment les énergies subtiles ou à manipuler leur réalité psychologique de façon appropriée, ils finiront par atteindre un certain idéal. Evidemment, il en est peu qui soient capables de concevoir cet abîme de transformation qu'est l'abandon de soi, la communion énergétique, faite d'inconnu et d'ordinaire. A leurs yeux, l'aventure de Laura, loin d'évoquer la Grâce et l'archétype de la Totalité, ne représente, au mieux, qu'une énigme. S'il existe en chacun un immense besoin d'épanouissement, rares sont ceux que leurs recherches conduisent à une transformation aussi fondamentale.

Pourquoi est-il si difficile d'intégrer une aventure comme celle que Laura a vécue ? Pourquoi ceux qui en furent les témoins n'ont-ils pas été immédiatement et profondément intrigués ? Je me souviens de ce moment où, à nous tous qui étions assis dans la salle de séminaire, elle annonça sa découverte. Il se fit un étrange silence, et je pus nettement sentir le scepticisme et l'incrédulité. Je me suis moi-même demandé si elle n'exagérait pas, sous le coup de l'excitation provoquée par son expansion de conscience, et j'espérais juste qu'elle n'était pas en train de se préparer une grosse déception. Pour la plupart, les personnes présentes sont restées ouvertes mais ne savaient quelle attitude adopter. C'est comme si la conscience extérieure était incapable de concevoir un tel événement. Nous entendons, certes, ce qui est dit mais ne pouvons, en quelque sorte, ni le ressentir, ni nous y associer, ni y participer. Quelque part, nous nous le refusons. Notre entendement rationnel est complètement dépassé et notre trouble est total, quand nous n'avons pas carrément peur. Il est possible que ce soit lié à l'impossibilité que nous avons d'envisager notre propre mort.

Une expérience comme celle de Laura stoppe notre pensée, «arrête le monde», dirait Castaneda. Là où elle nous convie, tout contrôle nous échappe; mais rares sont ceux qui acceptent que le monde s'arrête. Nous recherchons et réclamons une vie meilleure, mais sans savoir comment croire à notre complétude. Sans cesse nous la guettons, et continuellement tentons de nous remplir avec d'autres compréhensions, d'autres expériences.

Notre défense, face à l'inconnu ou à l'inexplicable, va du simple déni clairement formulé à des manoeuvres psychologiques bien plus subtiles. La conscience égoïque a beaucoup de mal à saisir tout ce qui ne relève pas de son domaine propre. Quelques personnes ont carrément accusé Laura d'avoir menti à propos de son diabète et de son cancer. D'autres ont jugé que ses médicaments avaient suffi à la guérir. Assez curieusement, certaines personnalités se sont dégagées parmi ceux qui prétendaient comprendre l'événement. Le «scientifique» invoqua la pseudo-explication de la rémission spontanée, évitant ainsi d'approfondir la question.

Le «croyant» invoqua Dieu et tout était expliqué. C'est le genre de point de vue qui nous sécurise et nous permet de rester sur notre position de base. Nous n'avons plus à nous demander ce qu'évoque en nous cette expérience ni ce que nous pouvons croire, ni pourquoi, ni comment nous pouvons connaître ce que nous croyons. Ainsi notre petit monde continue-t-il de tourner, et vivons-nous notre vie comme un roman, par procuration, sur des hypothèses que nous n'avons pas vérifiées et sur des certitudes toutes faites.

En vérité le monde s'arrête bel et bien à l'invocation de Dieu, mais seulement pour celui qui vit si étroitement associé au Mystère, que le simple fait de dire ou de penser «mon Dieu...» le dévêt de toute conviction personnelle sécurisante et le présente nu à l'existence, dans une relation qui n'est ni facile, ni forcément confortable. Les Ecritures disent que la crainte de Dieu est le début de la sagesse. Nous pourrions l'interpréter comme la crainte de Dieu qu'éprouve celui qui scrute l'inconnu infini de son être, sans réponse ni points de repère. Non ! On ne peut se servir de Dieu pour expliquer quoi que ce soit. On doit s'en tenir à ce «je ne sais pas» ultime et très profond, car c'est dans cette ignorance même que repose le véritable «je suis». La crainte de Dieu naît de l'anxiété existentielle qui s'éveille dès que nos recherches nous portent au-delà de ce qui nous est familier.

Nombre d'entre nous, cependant, mènent leurs recherches sur fond d'égoïsme, restent prudemment extérieurs, et maintiennent une distance de sécurité. L'amour de Dieu doit devenir adoration. L'inconnu infini, loin d'être risque de perte, est source d'émerveillement. Tant de gens l'ont oublié ou ne veulent pas le savoir ! Il y a beau temps que pour eux, on n'aborde plus Dieu avec ce respect mêlé de crainte qui ne requiert pas moins qu'une totale sanctification de la vie. S'il a encore un sens, Dieu est devenu un refuge qui nous préserve des profondeurs de notre être. Il est un «super-parent», un personnage qui réside quelque part au-dessus, à l'extérieur, et non en nous. Aussi longtemps que nous nous en tiendrons à ce schéma, nous resterons infantiles, incapables de nous tenir vraiment dans notre propre lumière.

A ce niveau de croyance correspond immanquablement une dynamique énergétique de bas niveau. Lorsque je suis en compagnie de gens qui me parlent de leur Dieu paternel comme si cela justifiait tout, je sens littéralement retomber l'énergie. Et il n'y a rien à dire, vu qu'il n'est pas question de remettre en cause une structure fondée sur ce genre de certitude. Je ne puis, dans ces conditions, qu'éprouver la douleur de voir les portes se fermer; comme l'a dit Simone Weil, «Ceux qui sont les plus sensibles sont toujours affligés par l'inconscience des autres». Cette souffrance peut se révéler rédemptrice. Si nous pouvons lui permettre de s'exprimer sans rejet, ni d'autrui, ni de nous-mêmes, elle devient énergie et nous fait grandir. Ainsi donc, à quelque degré, cette inconscience peut être dissipée.

L'aventure de Laura prouve que ce genre d'expérience a un impact mineur sur beaucoup d'entre nous, même si, quelque part, les miracles nous fascinent, et si nous pensons que ces «évidences» vont nous éveiller au nouveau. A moins que nous ne soyons totalement nous-mêmes, immensément disponibles et complètement engagés dans notre quête de vérité, ces faits restent périphériques; ils ne parviennent pas jusqu'à notre coeur. Il est beaucoup plus sain d'avouer notre ignorance et d'en assumer l'inconfort, que de la masquer par des spéculations mentales ou des convictions simplistes. Une perturbation profonde, un véritable défi à l'intelligence ont toujours une valeur formidable, car ils font ressortir l'aspect limité et relatif de notre existence habituelle. Jamais nous ne serons à même d'aborder cette Vie plus large qui, de toute évidence, existe, si nous nous détournons de tout ce qui peut ébranler nos chères certitudes.

L'inconfort, cependant, a d'autres origines que le simple aveu de notre ignorance. Il provient aussi du fait que le changement radical implique que nous ayions à mourir pour pouvoir renaître. Et c'est quelque chose que nous ne saurions faire, du moins dans le sens usuel du verbe faire. On nous propose le plus précieux des joyaux, mais il ne nous appartient pas d'en payer le prix consciemment. Là est le vrai problème. Nous pouvons nous abandonner et nous émerveiller, mais il nous est pareillement loisible de nous laisser aller au désespoir et au pessimisme. Le risque, ici, est important. Dès lors, nous ne sommes plus à l'abri. Pour la première fois, nous réalisons à quel point nous ne sommes pas préparés, combien peu nous en savons, au fond, sur ce que nous recherchons. Par peur d'affronter ce trouble fondamental, nous continuons à vivre notre vie telle que nous l'avons toujours vécue, et pouvons ainsi conserver notre sentiment de puissance et d'accomplissement. Sans cesse, nous nous détournons inconsciemment de la porte du non-faire, et nous privons ainsi de toute possibilité réelle de transformation. Il est temps de considérer notre point de vue sur le changement avec la plus grande honnêteté. Désirons-nous vraiment nous transformer ?

Allons-nous jusqu'au bout, jusqu'à l'inconnu, ou bien ne chercherions-nous pas plutôt à maintenir coûte que coûte le statu quo de notre être ?

CHAPITRE SIX

Vers une psychologie de l'énergie

Quelle profonde découverte pour la plupart des gens, lorqu'ils se rendent compte que se connaître et, éventuellement, se guérir soi-même, ne résultent pas tant de leur tentative consciente pour résoudre leurs problèmes, que de l'acceptation totale de la vie telle qu'elle est. Il est essentiel de le comprendre, et de se mettre à travailler sur la qualité de notre rapport à la vie elle-même, plutôt que sur nos réactions aux apparences en perpétuelle mouvance de la vie. Dans le jargon du métier, on dit être «pro-actif» plutôt qu'être «réactif». Une orientation pro-active peut améliorer le potentiel de transformation, parce qu'agir dans l'instant présent est une tendance naturelle qui, en tant que telle, génère une énergie plus élevée.

Si, au contraire, nous essayons de comprendre ou d'analyser nos humeurs ou un comportement, l'énergie de transformation sera réduite du fait que, loin d'en faire directement l'expérience, nous nous serons contentés de réagir en fonction d'eux. C'est le genre de complaisance envers soi-même qui va donner à nos humeurs davantage de réalité qu'elles n'en ont. D'autre part, une investigation de soi responsable, novatrice dans notre rapport à nous-même, s'appuie sur le vecteur de l'Implication Créatrice. Lorsque cette investigation est menée avec un interlocuteur avisé, et axée sur le potentiel le plus élevé, elle bénéficie du contexte transformateur que représente l'énergie conjointe des deux acteurs de la recherche.

C'est, à mon avis, la grande découverte de la psychanalyse. Freud, le premier, a fait faire un bond incroyable à la relation créatrice, en prenant conscience que ses propres rêves étaient une fenêtre sur l'inconscient. Il étudia alors les rêves de ses patients, et commença à saisir quelles étaient les forces sous-jacentes à leurs symptômes. Il découvrit et décrivit la dynamique inconsciente universelle et, pour amener ces forces à la conscience, instaura l'association libre. Il arriva que, parfois, la guérison s'ensuivît. Le plus grand apport, cependant, fut sans doute la forme qu'il donna à la relation thérapeutique (qu'Erikson a définie comme une sorte de non-violence psychique). Freud a inventé une qualité nouvelle d'attention envers ses patients, une façon d'écouter sans juger ni réagir; il a appris à simplement rester présent, de façon à pouvoir élever le milieu énergétique (et à sa suite, tous les analystes s'y sont exercé). Avec l'étude des rêves et la libre-association, il a amené le vecteur de la Relation Créatrice dans un milieu où l'on agressait littéralement les patients avec des diagnostics pathologiques. L'écoute analytique était, quant à elle, une approche du vecteur de l'Amour Inconditionnel; c'est ainsi que la psychologie occidentale put se tourner vers une compréhension plus globale de l'être.

Le niveau d'énergie s'affine automatiquement dans une relation où une personne, au moins, adopte une attitude attentive, ouverte et non-réactive. En conséquence, l'énergie devient plus inclusive; certaines choses, qui étaient auparavant inconscientes (et peut-être limitaient notre vitalité), remontent spontanément en surface et affleurent la conscience. Consciente, leur dynamique commence à perdre sa puissance. Telle est la base de la thérapie. Ce qui est inconscient ne peut être appréhendé; on peut le considérer comme une conscience qui n'est pas directement accessible, parce que la qualité de notre énergie n'est pas suffisamment fine. Toute thérapie peut donc être transformatrice, sitôt qu'elle élève le taux énergétique et affine la note de base de la conscience. Mais la plupart ne sont que perturbatrices, dans la mesure où la transformation fondamentale relève de la Grâce (nous allons l'aborder en profondeur plus loin).

La possibilité de guérison dépend du niveau énergétique créé par la relation thérapeutique. Il est jugé tout à fait secondaire que nous comprenions les théories sur le travail de la psyché qui, elles-mêmes, proviennent d'une énergie plus affinée. Si, cependant, nous nous basons sur ces théories sans en avoir saisi le processus, elles vont avoir tendance à instaurer une distance et, par conséquent, à invalider la relation thérapeutique. C'est l'objection que j'émets envers la psychanalyse freudienne et la plupart des thérapies verbales fondées sur le tête-à-tête. On ne peut ignorer le risque de personnalisation du contenu psychique, à un degré tel qu'il se retrouve piégé dans le processus verbal, au niveau de la conscience sujet/objet. Certaines études ont démontré que les analyses de longue durée ne paraissent pas mener à un changement majeur. Je me demande, cependant,si nous ne déterminons pas l'efficacité de l'analyse sur de mauvais critères. Une psychothérapie n'est pas forcément un remède à la souffrance; elle est avant tout une relation établie pour poursuivre des investigations sur la nature du mental, un procédé de révélation où nous apprenons à nous considérer d'un oeil nouveau.

C'est la force et la faiblesse de toute relation thérapeutique que de vouloir se mettre en oeuvre au même niveau que le problème à traiter. Ce postulat, en attribuant au thérapeute et au patient un rôle défini, entrave la créativité. Tant que ces rôles sont maintenus, tout le contexte relationnel est subtilement déterminé, et le potentiel énergétique s'en trouve limité. Peut-être est-ce inévitable, à l'époque où nous vivons, car nous considérons encore la relation en ce qu'elle répond à certains besoins bien précis, au lieu d'aborder autrui avec une attention libre et ouverte. Si nous pouvions le faire, nous saurions voir la relation thérapeute/patient comme celle de l'amant et de l'aimé; toute la structure de la thérapie s'engagerait sur une présomption de totalité, au lieu de se contenter de définir des pathologies et des modes de traitement.

En ce sens, la contribution de Carl Jung est très appréciable. Nous avons largement cheminé vers une psychologie universelle, grâce à sa conception des archétypes — forces universelles, expression de base propre à tous les êtres humains. La relation thérapeutique est, avec lui, devenue un contexte où la psyché peut aborder un travail créateur, accomplissant son potentiel naturel de compréhension et de guérison. La tendance à personnaliser le contenu psychique s'en trouve diminuée.

Mais il n'entre pas dans mes intentions de critiquer la psychanalyse. Je ne suis pas un expert, et je reconnais volontiers la contribution profonde de cette forme d'investigation, qui a marqué un tournant majeur pour la compréhension de l'être humain.

Elle est néanmoins limitée si l'on se place du point de vue de l'énergie. Les thérapies fondées sur l'égo sont fermement ancrées dans la conscience sujet/objet, et leur potentiel énergétique s'en trouve prisonnier. Il est certain que la psychologie jungienne va vers une compréhension plus large des principes numineux sous-jacents de la conscience; en fait sa conception même repose sur la prise de conscience. Je ne suis pas sûr que Jung, s'il s'est éveillé aux dimensions profondes et les a exprimées de façon extraordinaire — étant donné le contexte culturel et religieux de son époque —, se soit considéré (et avec lui le processus psychanalytique) comme réellement à même de provoquer la réalisation, car le mode d'exploration établi touche à peine les niveaux énergétiques auxquels on peut vivre consciemment les archétypes qu'il a décrits.

L'échange verbal, l'écoute (aussi attentif soit l'auditeur), l'appréhension onirique servant de base à des dynamiques de jeux ou à des représentations artistiques ont une valeur certaine, mais ne font travailler qu'une fraction du corps-esprit. Les stades d'énergie ainsi abordés sont donc plus restreints que s'ils sont mis en jeu par une approche fondée sur la totalité du corps-esprit. Chez les thérapeutes jungiens et dans toutes les thérapies basées sur l'égo que j'ai pu étudier, il ne semble pas qu'ait été développée la possibilité de travailler directement avec les énergies de la conscience.

L'hypothèse selon laquelle il existe une psyché *normale* est induite dans la plupart des écoles de psychologie. Permettez-moi d'affirmer que nous ne savons absolument rien sur la normalité de la psyché. Tout ce que nous appelons *normal* ou *fonctionnel* relève d'une sorte de myopie liée au contexte culturel et historique. Ce n'est pas une *normalité* établie par rapport à ce qui *peut être*; elle ne doit en aucun cas être considérée comme un but, tant elle est à jamais trop restreinte.

Mon sentiment est qu'à présent, grâce à la dynamique de groupe, nous approchons du stade où les niveaux d'énergie dont relèvent les forces archétypales vont pouvoir être appréhendés. C'est, en majeure partie, le passage de la relation binaire à la relation collective qui permet, à ceux qui cherchent, d'atteindre des énergies beaucoup plus élevées, et donc une expansion de conscience très importante. Mais le principal est que cette recherche n'est plus menée dans un but thérapeutique (et donc n'est pas orientée vers un *problème*), qu'elle n'a d'autre objet que l'exploration créatrice, qu'elle ne tend pas à personnaliser le contenu de la psyché, mais tout au contraire considère tout contenu comme relatif aux niveaux d'énergie.

La dynamique de groupe axée sur la transformation a innové en travaillant directement avec les énergies de la conscience. Lorsqu'on a obtenu une certaine unification, c'est une énergie universelle qui met en résonance tous les participants. C'est la raison pour laquelle on travaille mieux quand l'objectif est assez élevé pour créer une cause commune; le niveau de l'individualité relative est immédiatement dépassé. Donc, il nous faut, pour réaliser une cohérence plus importante dans un travail de groupe, élaborer une dynamique semblable à l'écoute psychanalytique où l'échange n'est soumis à aucune contrainte, mais qui met en jeu activement la totalité du corps-esprit sur le plan énergétique. Tous les participants apprennent, dans ces groupes, à écouter chacun, l'observer, et établir une interaction physique (danse, chant) avec lui, dans une attention ouverte et détachée. Il convient de travailler également directement avec l'énergie, pour que le contenu mis en commun puisse provenir de niveaux de plus en plus profonds.

Chacun de nous exprime le contenu de son psychisme personnel de façon unique. Mais dans la mesure où le contenu est secondaire par rapport à la note vibratoire de la conscience, définir l'unicité d'une personne d'après ce contenu revient à proclamer une identité qui, en fait, n'a pas de réalité. Aux stades énergétiques inférieurs, l'individualité a une certaine tendance à être séparative et particulière. A des niveaux élevés d'énergie, notre comportement, bien qu'il garde l'empreinte de notre nature unique, tend à se faire le reflet de trames communes et à les unifier. Lorsqu'alors l'individu s'exprime, chacun entend sa propre histoire. L'art de diriger un groupe réside, donc, dans l'aptitude à accueillir et intégrer inconditionnellement chaque personne, tout en l'invitant à renoncer à certaines positions séparatives qui limiteraient le potentiel énergétique.

Participer à un groupe d'énergie nous fait peur, tant nous craignons d'infirmer notre individualité personnelle au profit de l'homogénéité d'une identité de groupe. Pourtant, lorsque la consécration de la recherche est dédiée à l'Amour Inconditionnel, chacun se sent conféré une unicité personnelle formidable, et a envie de rendre hommage à l'unicité d'autrui. Il est évident qu'il n'est possible d'instituer une dynamique de groupe transformationnelle que si un certain stade de maturité a pu être atteint. Le potentiel transformateur inhérent à la communion avec d'autres personnes ou avec l'environnement peut être vécu comme une dissolution de soi, si les participants croient que leur affirmation passe par l'exclusion de l'autre, ou s'ils se définissent par ce qu'ils rejettent ou par ce qu'ils ne sont pas. Une telle attitude se résoud dans la peur ou le jugement, et nous la justifions en croyant faire réellement attention à nous.

Nous tous, cependant, sommes amenés à faire face à cette tension. L'impulsion de notre unicité personnelle, née du sentiment de séparation que nous éprouvons, crée, consciemment ou inconsciemment, un obstacle à la promesse d'une société globale.

Lorsqu'intervient la réalisation de soi, il nous paraît alors évident que cette séparation est, tout au plus, une perception relative et que, toujours, nous sommes à la fois tout et partie du tout.

Pour la conscience ordinaire, ce mouvement vers la totalité fait figure d'extinction, de mort. Souvent, c'est notre sentiment de séparation qui, en nous faisant souffrir, nous pousse à vouloir franchir la porte de notre être. Intuitivement, nous savons qu'au-delà nous trouverons une étape ultérieure au simple sentiment de destruction, et, avec foi, nous nous engageons dans la grande aventure intérieure.

La connaissance de soi constitue la grande richesse de tout être humain. Pauvres sont ceux à qui elle fait défaut. Cependant, l'éveil radical, qui élargit cette connaissance, n'en est pas lui-même issu. Je pus réaliser à quel point ceci est vrai lors de mon propre éveil. J'avais derrière moi des années de recherche thérapeutique et un certain travail sur les approches non traditionnelles, telle celle de Gurdjeff. Ma connaissance de moi s'en est trouvée très enrichie, mais j'ai eu néanmoins la nette impression qu'elle n'a pas directement contribué à mon ouverture. J'ai même distinctement saisi à quel point toute mon expérience antérieure, loin d'appuyer ma réalisation, m'avait en fait desservi, en résorbant l'énergie qui aurait dû déclencher le processus d'éveil. Ainsi, d'un certain point de vue, la thérapie freine l'impulsion de transformation. C'est particulièrement vrai lorsqu'elle nous permet de nous échapper de nous-mêmes. Chaque fois, de toute façon, qu'une thérapie est abordée pour guérir, la recherche se limite à comprendre une pathologie sans qu'une relation ne s'établisse dans le sens d'une réelle créativité et d'une vitalisation. Lors de mon éveil néanmoins, je rendis grâce pour chacune des expériences que j'avais pu faire. Ma thérapie a été une véritable soupape, qui a permis à la tension générée par l'énergie montante d'être beaucoup moins autodestructrice qu'elle n'aurait pu l'être. Le déroulement de l'éveil en a été ralenti, et son terme ne s'est réalisé que lorsque j'ai été naturellement prêt. En outre, je n'ai pas eu à faire face à de grosses difficultés de compréhension, dans la mesure où j'avais déjà étudié à fond mes structures psychologiques. La façon dont elles se sont alors révélées m'aurait, sinon, exposé à une limitation extrêmement dangereuse. Je ne fus pas tenté d'interpréter mon vécu en restant au simple niveau psychologique. Cela m'a, j'en suis certain, permis d'explorer mon ouverture avec plus de créativité, et m'a immensément aidé à pouvoir intégrer mon aventure et tout ce qu'elle avait provoqué.

Transmuter les sentiments par l'Intensité et l'Implication Créatrice.

Il est rare qu'une approche transformatrice qui utilise les facultés mentales de préférence à la totalité du corps-esprit pour atteindre les profondeurs de l'inconscient, puisse représenter un gros potentiel d'unification de conscience. La transmutation, dans ce cas, s'opère très progressivement. Il y a une certaine sagesse à rechercher la gradation, mais elle ne permet pas de saisir pleinement la relativité de toute notre expérience personnelle. Elle nous pousse à toujours rester au niveau du contenu de notre vie, *du connu*, et jamais nous ne pouvons atteindre la vitalité nécessaire pour en aborder le contexte plus vaste, *l'inconnu.*

Mais même si une thérapie fondée sur l'égo ne mène pas directement à la réalisation, elle contribue à établir les jalons qui lui permettront de porter ses fruits et de s'intégrer dans notre monde de façon moins destructrice. Il est indispensable que nous apprenions à nous connaître, et que nous passions au crible tout ce qui préside à la qualité de notre rapport à la vie. Pas question cependant d'y trouver prétexte à ressasser nos souvenirs pour tenter de découvrir la raison d'un sentiment. La recherche doit être précise et s'appliquer au contenu immédiat de la conscience, pour nous permettre de le différencier de l'espace inhérent à la Conscience elle-même.

Nous pouvons juger l'immense apport de tout le mouvement psychanalytique en ce qu'il aide les gens à sentir et exprimer ce qu'ils ressentent. Ainsi peuvent-ils se situer, reconnaître où ils en sont, nommer leur état, leur condition, et par là même s'en libérer sur des plans plus profonds. Un état que l'on puisse nommer, actualiser donc, devient un contenu de la conscience, et la connaissance de soi en est automatiquement accrue. S'il nous est impossible de le faire, nous serons sous la domination de tout ce qui reste inconscient, nous y réagirons sans même pouvoir le reconnaître. Imaginons que nous n'ayons pu nous rendre compte que nous nous sentons déconnectés de nous-mêmes. Nous ne pourrons nous empêcher de le manifester sous forme de défense, de colère, d'isolement, d'agressivité ou de rivalité.

Le seul fait, cependant, d'amener quelqu'un à prendre conscience de ce qu'il ressent, conduit souvent à une autre sorte d'illusion : les sentiments ainsi découverts prennent forme de réalité, deviennent un nouvel objet concret sur lequel reporter son attention, une autre image de soi où l'on va se retrouver encore une fois piégé. Il n'est pas rare d'entendre parler de «ma» colère, «ma» tristesse, «mes» blocages et, pire encore, de voir des gens convaincus que ces sentiments étaient entreposés en eux ou qu'ils s'en sont débarrassés. S'ils se remettent en colère, ils vont «travailler sur leur colère», prouvant ainsi que, s'ils ont eu accès à un espace plus vaste grâce à la découverte de leurs sentiments, ils n'ont pas encore saisi celui qui englobe le contenu de leur conscience : l'illusion fondamentale se poursuit; seule sa teneur a changé.

Dans le cadre sans limites de la Relation Créatrice, l'expression des sentiments ou l'aptitude à s'entretenir de sa condition marque le franchissement d'une étape. C'est aux racines mêmes de toute investigation de la vie que se trouve en fait notre créativité. Le processus naturel de la transformation qui, lentement, élève la race humaine vers le Divin, procède en définitive de notre aptitude à donner une forme nouvelle aux sentiments et aux pensées que nous avons pu mettre en lumière. Si, à présent, nous donnons davantage de force à cette expression neuve — certaines thérapies grand public proposent pour ce faire de s'acharner sur un oreiller ou de taper de toutes ses forces sur des annuaires avec un bout de tuyau d'arrosage —, nous allons disposer d'une vitalité et d'une volonté décuplées. Ceci constitue le deuxième vecteur de la transformation d'intensité. Rien d'étonnant à la sensation de liberté et d'épuration qui s'ensuit. Le niveau d'énergie s'est ainsi nettement élevé, et le sentiment «négatif» du départ s'en est trouvé transmuté. On se croit guéri, libéré, voire illuminé.

C'est évidemment bien méconnaître le travail de la conscience que penser ainsi. Malheureusement, beaucoup de professeurs bien intentionnés exploitent cette méprise en employant des techniques cathartiques pour transmuter des sentiments comme la rancune ou la culpabilité, qu'eux-mêmes ont provoqué chez leurs élèves. Bon nombre de maîtres à la mode sont considérés comme des héros par certaine sorte d'individus, grâce au pouvoir qu'ils ont de déclencher sentiments et émotions dans l'auditoire lorsqu'ils parlent. Ces mêmes maîtres, ensuite, encouragent les participants à l'acceptation, ou bien à une confession profonde et cathartique qui permettra de libérer «l'émotion bloquée» ou «l'état négatif». Quelle n'est pas la reconnaissance de l'élève ainsi délivré. Apparemment les intentions du maître sont bonnes, mais pour ce qui est des possibilités nouvelles, une forme d'ignorance en a remplacé une autre. Globalement, on ne peut nier la valeur de l'expérience si on la considère comme une étape du développement, mais elle revient, en fin de compte, à une simple masturbation, qui n'est pas prête de mener à une compréhension nouvelle ou à un sentiment de complétude.

Il faut dire et répéter que l'être humain est lui-même conscience. Chaque fois que l'énergie se re-configure différemment, le contenu — qu'il soit colère, tristesse, joie ou autre — refait surface. Il n'a pas été «conservé» à l'intérieur comme si la psyché était quelque grand flacon. Peut-être peut-on dire qu'il s'extériorise, chaque fois que la structure de la conscience enserre trop étroitement la réalité et transforme la libre énergie de la conscience en un gigantesque pétard, où le contenu psychique intense joue le rôle de la poudre.

Il n'y a pas de raccourci pour s'en sortir. Il n'est besoin que de comprendre le processus, et cette compréhension doit pouvoir embrasser à la fois et le contexte et le contenu de la conscience.

Travailler avec la totalité du corps-esprit

Pour que tout le corps-esprit puisse participer, l'énergie doit être stimulée par la danse, le chant, la parole, la bioénergie — toutes dynamiques qui offrent à la conscience l'occasion de s'exprimer sur chacun de ses modes (connaissance, sensation, sentiment). Il faut ici accorder une place importante au rituel, car il permet à ces modes d'expression de se rejoindre dans un agencement qui transcende les éléments dont il est constitué. Au coeur de tout rituel se retrouvent la Spontanéité Créatrice, l'Intensité et la Consécration qui le sous-tendent. On peut le répéter sans fin, mais pour qu'il soit vivant, celui qui le pratique doit se transcender, pousser sa propre conscience au-delà des éléments formels qui le composent. Le rituel spirituel, en particulier, devient ainsi une source d'émerveillement qui, constamment, se renouvelle. Il faut dire qu'il est rare que nous sachions nous consacrer à un rituel répétitif au point de pouvoir, sans fin, en saisir le mystère, quelle qu'en soit la fréquence.

On dit que lorsque le padre Pio, le grand mystique catholique, célébrait la Grand'messe, le souffle de son inspiration passait sur les fidèles comme une flamme vivante. J'ai eu l'occasion de voir une photographie qui a su remarquablement saisir cette auréole d'énergie irradiant autour du calice qu'il élevait.

Point n'est besoin d'être un mystique pour apprécier la puissance du rituel. Partout il fait partie de la vie. Quiconque a appris à se consacrer et à s'engager à fond dans une activité — jogging ou ski par exemple — pratique un rituel de vitalité. La clé se trouve dans notre aptitude à aller au-delà de la mémoire. Pour nous immerger totalement dans ce que nous sommes en train de faire, nous devons être capable de nous libérer du temps. J'ai créé les exercices de chant et de danse de façon à ce qu'ils puissent rendre consciente la montée de l'énergie, à ce qu'ils donnent accès à une pénétration amplifiée à laquelle participe la totalité du corps-esprit et non l'intellect, l'émotion ou le physique seulement. Ils nous apprennent à débloquer la conscience supérieure et à libérer l'énergie prisonnière des schémas égoïques, tout en préparant le corps-esprit entier à se faire la voie qu'emprunteront naturellement et spontanément les énergies supérieures.

Les rituels plus anciens, telles les danses giratoires ou ceux, plus complexes, de la hutte indienne de sudation, comme le chant nous portent au point où contrôle et lâcher-prise se rejoignent et ne font plus qu'un. Apparaît alors un passage qui relie le soi égoïque et physique à l'être illimité et infini. Ici la psyché s'unifie; nous sommes à même de recevoir et d'exprimer une dimension de vitalité beaucoup plus vaste. Nous sommes initiés à notre nature multidimensionnelle, capables d'avoir accès à une énergie bien plus grande que celle où nous ont confinés nos schémas égoïques habituels. Il est alors indispensable de laisser à cette énergie la liberté d'aller et venir en nous, de vivre à travers nous, car sinon elle risque de se faire morbide, au physique ou au psychique.

Il est essentiel de comprendre que *nos problèmes ne peuvent se résoudre au niveau de conscience dont ils sont issus. Il faut s'élever à un niveau énergétique plus élevé.* La plupart d'entre eux proviennent du fonctionnement autonome des divers modes de conscience. A notre niveau habituel, pensées et sentiments ont tendance à demeurer distincts : nous pensons à quelque chose qui génère ensuite un sentiment (ou vice-versa); ce sentiment, à son tour, va faire naître de nouvelles pensées. La pensée elle-même ne peut aller que jusqu'au point où elle reviendra sur elle-même et se mettra à tourner en rond, mécanisme qui peut se révéler très perturbateur lorsque notre énergie s'élève et se prend au piège. Il nous faut passer à un autre mode d'activation et d'expression pour pouvoir la libérer. Inhérente au mouvement physique ou au chant, existe une non-rationalité qui transcende la pensée ou l'émotion seule. Nous ne pouvons saisir comment se meut notre corps que jusqu'à un certain point, au-delà duquel le mouvement échappe à notre contrôle et naît dans une autre dimension de la conscience, que nous ne pouvons ni évaluer ni reconnaître. Le raisonnement ne peut donc atteindre directement l'espace ainsi mis en fonction, et le corps, engagé dans la danse ou dans tout travail physique, s'exprime librement, sans inhibition aucune. Il en est de même pour le sentiment : la mort, par exemple, ne peut être appréhendée par la pensée; la douleur éprouvée, cependant, nous met immédiatement en contact avec elle, sans que nous puissions l'exprimer. Lorsque tout notre corps participe, ce mouvement global a une véritable valeur de guérison.

Le déplacement vers un niveau d'énergie supérieur est un mouvement vers une unification de la psyché, qui porte à se fondre sentiment, idéation, sensation. Le sens du TOUT en latence, derrière et au-delà de notre expérience de la réalité, commence à émerger. Au stade inférieur, l'intellect a tendance à opérer séparément, sans que n'interviennent nos sentiments plus profonds. Notre vie se trouve fragilisée par la façon dont nous nous impliquons dans nos idées et dans nos émotions. Lorsque l'énergie psychique s'élève, comme c'est le cas au moment où, dans l'exercice de chant, il n'est plus question d'effort mais de se laisser chanter, elle permet la fusion de l'intellect et des états plus profonds. Le coeur s'ouvre, et l'amour de la vie se déverse en nous. Nous pouvons, pendant un court instant, ressentir ce que notre intellect a saisi. Emotions et conceptions se sont unies en une seule et même conscience. Si un comportement névrotique a été instauré au niveau dualiste qui nous est habituel, nous serons, dans cet instant, capables de le comprendre et, par là-même, de le guérir.

Si l'énergie atteint un palier plus élevé encore, la perception sensuelle, la condition physique, la conception et le sentiment se mettent à l'unisson. Le corps devient lumière, baigné d'une conscience à la fois sensitive et intelligente. La pensée est silencieuse, au sens habituel du terme, et l'entendement est vécu au niveau du corps-esprit tout entier. A ce stade s'éveille l'énergie psychique plus profonde, parfois désignée sous le nom de *Kundalini*. Il convient davantage de considérer ce phénomène comme celui d'une vitalité qu'il n'est possible d'atteindre qu'à certains niveaux, plutôt que comme une énergie en sommeil dans le corps. Nombre de maladies physiques, issues d'un plan inférieur et d'états de conscience séparatifs, commencent à se dissiper lorsqu'on est parvenu à l'état d'unité. Le sens du Soi qui fait cette expérience est néanmoins encore présent, et donc séparé d'elle. Il existe des degrés encore plus élevés, auxquels toute réalité, subjective et objective, n'est plus que seule Conscience Divine. C'est ce que l'on nomme l'Illumination.

La physique théorique nous offre un exemple de ce processus d'unification de modes de conscience ordinairement séparés. On pense que les quatre forces physiques de base de l'univers (électro-magnétisme, gravité et force nucléaire à faible et grande puissance) étaient, au moment du Big-bang, unifiées. Pour confirmer cette hypothèse, les physiciens ont conduit des recherches sous des énergies de plus en plus élevées. Pour les atteindre, ils ont fait appel à l'accélération des électrons ou d'autres particules à très haute vitesse, et les ont propulsé les uns contre les autres. Pendant de brefs instants, on a atteint une énergie suffisante pour pouvoir observer l'unification de certaines de ces forces. Le travail se poursuit sur des accélérateur de particules plus grands encore, et encore plus puissants, pour savoir ce qui se produit au-delà.

Cette image de la physique moderne se tournant vers des énergies supérieures pour sonder le passé est pour moi tout à fait émouvante. On arrive ainsi à entrevoir ce temps où l'énergie de l'univers était infiniment plus élevée qu'à présent, et où l'unité dominait sur la diversité. Simultanément, des millions de personnes travaillent, à travers le yoga, la méditation, la psychologie des profondeurs ou la religion, à atteindre des énergies psychiques suffisamment élevées pour unifier la conscience ou voir plus clairement la vie, et aller peut-être jusqu'à l'Illumination. Ce sont, à mon avis, différentes orientations de ce même mouvement qui porte l'homme, individuellement et collectivement, matériellement et spirituellement, vers une énergie supérieure.

Quand les physiciens se servent d'accélérateurs linéaires, le grand accélérateur de l'esprit humain est, lui, basé sur la communion et la mise en relation. Les énergies d'un groupe de personnes qui se fondent en une seule et même conscience accélèrent le déplacement de chacun, à des niveaux où le corps, la pensée, le sentiment, l'intérieur et l'extérieur, le haut comme le bas se mêlent et donnent naissance à des expériences de vitalité entièrement nouvelles.

Les physiciens nous disent que l'univers est en train de se ralentir lentement et, petit à petit, de perdre son énergie. C'est cependant cette même dispersion d'énergie qui produit la diversité de vie qu'on peut voir ici-bas. La synergie de cette vie permet, quant à elle, d'appréhender des stades d'énergie nouveaux et supérieurs, et de faire évoluer la conscience vers d'autres possibilité. Selon les lois de la thermo-dynamique, l'économie fondamentale de l'énergie est réelle; mais c'est ne tenir compte que d'une seule dimension. Quand bien même nous dissipons l'énergie et l'épuisons à un certain niveau, quand bien même nous mourons de maladies issues de pollutions résiduelles de ce mécanisme même qui maintient la croissance de la biomasse humaine, une autre conscience prend forme, qui échappe à notre niveau de pénétration habituelle.

Apprendre à transmuter les énergies. Une expérience d'exorcisme

J'ai créé les exercices que j'utilise dans mon travail pour transmuter l'énergie à partir de découvertes faites spontanément lors de la période suivant immédiatement mon éveil. Ces découvertes me permirent alors de pouvoir garder un sentiment sans cesse renouvelé d'équilibre profond et d'harmonie.

A cette époque, j'étais habité d'une énergie si élevée que s'il m'arrivait de me contracter sur d'anciens schémas psychiques, j'avais l'impression de subir un survoltage énorme. J'avais affreusement mal physiquement. Je me sentais très faible et mes pensées se bousculaient pour essayer d'interpréter tout ça. J'étais alors la proie idéale des idées négatives. Aucune analyse rationnelle ne me rendait ni compréhension ni paix. Il m'était, en fait, impossible de me concentrer sur les moyens analytiques que je connaissais bien. Certaines techniques de méditation m'aidaient à retrouver momentanément un peu de calme. Il faut dire qu'il ne m'était besoin d'aucun effort pour atteindre très vite un état de méditation profonde. Le problème était qu'aussitôt revenu à ma conscience habituelle, j'avais encore plus d'énergie et que mon malaise empirait.

C'est ainsi que m'apparut la loi présidant à tout éveil de conscience : une énergie que l'on n'engage pas dans un processus de création et de transmission devient morbide. En cette toute première phase, je découvris que la façon la plus simple et la plus directe de canaliser l'énergie était physique. Je recouvrais une sensation de paix si je marchais, et plus particulièrement quand je gravissais des collines en accélérant le pas. A cette époque également, j'eus fortuitement l'occasion d'éprouver l'immense pouvoir du chant. Je quittais une cliente que j'avais déjà vue quelques semaines auparavant. Elle souffrait d'hépatite et de dépression chroniques, et ses plus récentes rechutes s'étaient produites à la suite d'exercices intensifs de méditation bouddhiste. Elle menait, en fait, une sorte de compétition spirituelle avec son compagnon, tout en exerçant son métier de professeur dans une grande université. Elle disait que plus elle méditait, plus elle attirait à elle ses étudiants. Ils venaient lui faire part de leurs problèmes et s'en allaient ensuite totalement allégés, la laissant de plus en plus affaiblie. Elle me confia alors, et après bien des hésitations, qu'elle sentait en elle deux esprits maléfiques. Une atmosphère oppressante et sombre avait, à ces mots, envahi la pièce. Immédiatement, une voix puissante en moi-même intima silencieusement : «Partez !». A l'instant même, nous fûmes traversés par une onde de chaleur et elle éclata en sanglots. Elle écrivit, quelques semaines plus tard, pour me remercier et demander un second rendez-vous. Son hépatite avait cessé et elle se sentait merveilleusement bien. Elle avait mis fin à sa relation amoureuse, avait modéré ses méditations, et projetait de changer de métier pour passer dans l'industrie privée. L'expérience s'est avérée être un véritable exorcisme, et il semblait que ma conscience nouvellement éveillée l'eût compris et en fût tout-à-fait capable (ma conscience ordinaire en était, quant à elle, très étonnée, et s'en effrayait même quelque peu). En remontant dans sa voiture pour s'en aller, ma cliente me demanda si j'avais idée des forces que j'étais en train de manipuler. Je fus sur le champ terrorisé. Je n'en avais en fait aucune idée, du moins pas dans mon entendement extérieur.

Spontanément, alors qu'elle s'éloignait, je me mis à chanter de toute mon âme, chanter la peur qui me tenaillait, chanter mon besoin d'être aidé. Peu m'importait d'être dehors, devant la maison, dans un quartier plutôt calme. Comme dans un opéra de Wagner, je me laissai tomber à terre (sans l'avoir décidé, ni même y avoir pensé). J'entendis tout à coup ma voix se réverbérer sur les arbres, comme si je m'étais soudain trouvé bien au-dessus de l'endroit où je me tenais. Simultanément, l'énergie, à travers moi, se fit doux murmure, et je fus envahi d'un calme et d'une paix absolus. Quelque part, le côté mélodramatique de ce qui venait de se passer me fit sourire. C'est ainsi que j'appris que la peur, ou toute autre disposition, n'est qu'une configuration de l'énergie, et n'a en soi aucune réalité. Cette même énergie qui se manifeste sous forme de peur ou de haine est aussi celle de la paix, de la générosité et de l'amour. J'avais abordé ma peur de façon nouvelle, en me mettant spontanément à la chanter (Implication Créatrice) avec une passion très réelle

(Intensité); l'énergie s'en est trouvée libérée et transmutée. «Je» me suis alors retrouvé totalement calme, et quelques instants seulement avaient suffit.

Je me mis à considérer la peur avec un respect nouveau. L'émotion qu'elle engendre pourrait bien représenter le niveau d'énergie le plus élevé que l'on arrive à vivre tout en restant passivement soumis à la structure égoïque de base. Je parle de *passivité* parce qu'en général, la peur nous saisit lorsque nous ne sommes pas totalement actifs; elle nous tombe dessus quand nous ne sommes plus absorbés par ce que nous faisons. C'est exactement le contraire pour la fureur. Elle représente le niveau d'énergie le plus élevé que l'on puisse atteindre lorsqu'on est actif et soumis à la structure égoïque de base. C'est la raison pour laquelle il n'est pas rare de voir une personne au comble de la peur réagir trop fort et basculer sur l'autre pôle, celui de la rage destructrice. Plutôt que basculer sur l'autre pôle, j'avais transmuté l'énergie : je m'étais spontanément placé en mode actif et avais ainsi fusionné avec l'énergie de la peur. A l'instant de fusion, la partie de moi qui était effrayé devint Accord, la peur disparut et devint espace. C'est elle qui avait agi comme une porte qui s'ouvre sur l'Etre — à un niveau d'énergie plutôt élevé ! En cet instant d'Etre, intérieur et extérieur ne sont plus qu'un. Dans une mesure moindre, c'est un phénomène très semblable à celui de mon éveil. Je pris alors conscience que mon éveil avait ménagé un passage entre les dimensions, me donnant accès à de nombreux pouvoirs tout à fait extraordinaires, mais sans que mon entendement ordinaire ne l'ait pris en compte.

J'apprends à présent à pouvoir maintenir continuellement la porte ouverte.

Je me mis à chanter mon immédiateté chaque fois que je me trouvais seul dans les collines. En quelques minutes, j'étais élevé à un espace de silence et de paix. Mon chant était authentique, en ce sens qu'il était émanation de mon état présent et que je le menais jusqu'au moment où il échappait à toute conscience et à toute préméditation. J'imagine que c'est ce pouvoir de faire sauter le cocon de l'énergie de base qui fait du chant ou des psalmodies le pilier central des rituels religieux et même militaires. Lorsque que je regarde en arrière, je me rends compte qu'en fait, ce jour-là, dans mon jardin, j'avais, pour la première fois, fait l'expérience de la prière.

La prière est un total abandon de soi, au point que l'instant même prend figure de Divin Vivant. Il me fallut peu de temps pour remarquer que si ce mouvement créatif d'abandon de soi ne se met pas en place aussitôt que la dynamique concernée devient consciente, cette dernière va tomber entièrement dans le domaine de l'espace-temps psychologique et ne sera pas aussi rapidement débloquée. Si, au lieu de chanter directement, j'avais attendu et m'étais mis à analyser la situation en me demandant ce qu'il fallait faire, la peur m'aurait tenu pendant des heures. Toute action entreprise n'aurait alors été que réaction à ma peur.

C'est la Grâce qui présida à cette première expérience de transmutation. Ce fut une toute autre affaire que de maîtriser cette pratique qui exigeait, et exige toujours, une conscience de soi extrême et une attention immense. C'est une discipline qui a pris, dans mes travaux comme dans mon évolution personnelle, la place centrale; elle est le coeur de toute prière et de toute méditation. J'ai appris récemment que, chez les Bouddhistes tibétains, on la nomme «Le Sentier de la Délivrance».

La plupart des gens ignore totalement à quel point est relative la réalité de leurs états d'âme, et ne sait vivre qu'en fonction de ses humeurs. C'est pourtant loin d'être inévitable. Les exercices pratiqués par Laura et son groupe avaient pour but de permettre l'expérience directe d'autres possibilités. Nous pouvons apprendre à transmuter l'énergie de n'importe quel état. J'ai pris l'exemple de la peur, mais c'est la même chose pour la tristesse. Elle appartient à un rayon précis d'énergie, en dehors duquel elle ne peut exister. Elle provient éventuellement d'un manque, mais apparaît le plus souvent avec ce que je nomme «La maladie du Yin», où elle témoigne d'une trop grande ouverture, d'une trop grande transparence, sans que l'énergie ait été incarnée dans une expression créatrice. Quelle qu'en soit l'origine, le développement de la dynamique énergétique va transformer cette sensation de tristesse. Il faut, du moins au début, arriver à faire, avec cette énergie, quelque chose qui soit spontané, chanter par exemple (Implication Créatrice). Evidemment, on peut penser que chanter sa tristesse va lui donner plus encore de réalité et davantage d'emprise. Si, cependant, vous mettez dans votre chant de plus en plus d'énergie (Intensité), en la plaçant non point dans le volume mais dans l'attention — une attention absolue à chaque nuance de votre ton à chaque changement de note —, vous pourrez, à un certain moment, franchir une porte au-delà de laquelle vous et l'énergie de votre tristesse ne serez plus divisés. A cet instant, le sentiment de tristesse disparaîtra : il sera gaieté ou simplement quiétude. Quoi qu'il devienne, l'énergie sera plus pure et votre conscience aura changé.

Si, comme c'est le cas en occident, nous analysons perpétuellement nos états d'âme, nos passions ou nos peurs, nous nous condamnons à nous retrouver piégés, jusqu'à ce que nous ayons pu les reconnaître comme énergie en développant l'attention nécessaire. Cette énergie libérée, lorsqu'enfin nous l'avons transmutée, peut se révéler très vaste. Plus nous approfondissons notre recherche intérieure, plus les processus que nous pouvons observer se font subtils et inclusifs, car il existera toujours des dynamiques supérieures à notre pénétration. En libérant l'énergie du connu, nous nous déplaçons vers l'inconnu de notre domaine intérieur. Notre conscience, inéluctablement, se fait plus profonde, et ainsi font notre humilité et notre compassion. Si, maintenant que nous sommes capables d'accéder à des stades de conscience plus élevés, nous continuons de consacrer à nos émotions de base une énergie excessive, il nous faut considérer cette indulgence comme le témoin de notre dépendance à des intensités qui nous sont familières. Nous nous autorisons à vivre à un niveau inférieur où ces états douloureux attirent à eux notre attention. A un stade plus élevé, notre attention se porte sur une dimension de conscience beaucoup plus subtile. Nous devenons alors aptes à extérioriser le contenu psychique dès sa naissance, et pouvons apprendre à libérer l'énergie en une vitalité radieuse.

Le processus, au début, va s'avérer assez lent, car nous sommes habitués à définir notre identité selon notre expérience et, en portant davantage attention à ce que nous observons, il nous semblera lui donner plus de substance encore. Ce n'est pas facile : porter une attention soutenue à une expérience agréable tend à lui donner moins de relief, alors qu'une expérience désagréable en prendra, elle, davantage. Cette égalisation de notre vécu est signe, néanmoins, que nous approchons réellement une dimension subtile plus universelle. Avec davantage de pratique, nous arrivons à saisir beaucoup plus vite l'instant où le contenu se révèle à la conscience. Nous commençons alors à pénétrer les niveaux de conscience collectifs où règnent les archétypes, les schémas mêmes qui définissent l'humanité. Arrivés à ce stade, nous avons, depuis longtemps déjà, appris à libérer l'énergie de nos dynamiques psychiques personnelles, et à la manifester directement et immédiatement en une présence rayonnante.

Sur notre chemin, nous ne pourrons éviter de nous arrêter sur de nombreuses configurations. Nous n'avons pas le choix. Sans savoir nous contenter d'observer, nous nous sentirons poussés à dire «ceci est bien réel, je suis vraiment ainsi». Mais *c'est une loi fondamentale de la Conscience que d'être — en la totalité de notre nature — plus grands que tout ce que nous pourrrons jamais identifier ou extérioriser*. Quoi que nous nommions vérité, quel que soit le prétexte à ce voyage entrepris, le but envisagé (peut-être connaître Dieu, Jésus ou Bouddha), nous sommes à jamais infiniment plus que ces entités archétypales. Nous emprisonnons notre nature plus vaste si nous nous identifions à ces idées ou à ces buts, qui ne sont que le contenu de notre conscience.

Dès l'instant où nous pouvons intégrer directement ces énergies comme faisant partie de nous, tout se débloque et nous vivons notre nature divine. Ce nouveau sens du soi, cependant, aussi vaste et profond soit-il, est lui aussi relatif.

Je suis toujours étonné de voir des gens qui ont vécu de profondes expériences s'en servir pour rationnaliser une nouvelle identité personnelle. Ils deviennent «professeur» ou «guérisseur»; mais en personnalisant l'énergie, ils se replacent immédiatement dans le carcan rigide de l'implication de soi. L'expérience de la réalisation qui fut la mienne a certainement changé la référence de base de ma conscience, et ma vie, sur le plan du rôle et des aptitudes, a radicalement changé; mais elle n'a en rien déterminé une nouvelle identité relative. La totale dissolution des références personnelles de l'égo lors de l'éveil dément à tout jamais le mythe du soi qui devrait pouvoir se définir par son implication. L'une des sentences de l'Evangile selon Thomas le dit très clairement : «Les renards ont leur tanière et les oiseaux leur nid, mais le Fils de l'Homme n'a nulle place où poser sa tête et prendre du repos». Aucune expérience, par conséquent, et moins encore la réalisation, ne peut servir de base à un renouvellement de l'identité personnelle si elle est séparative. Nos aventures, dans la mesure où elles nous permettent de communier avec autrui et de comprendre notre monde, ont une grande valeur. Mais c'est précisément ce renouvellement qui peut nous faire dire avec certitude qu'il n'est pas ce que nous sommes. L'identité est totale lorsque l'expression naturelle de notre unicité nous éclaire, et que nous sommes en Accord avec la vie. Cette identité privée que nous cultivons avec tant de soin — qu'elle paraisse élégante, sage ou spirituelle —, est, par contre, une véritable bastille énergétique qui nous sépare de l'immensité de notre Etre et de l'humilité de l'ordinarité. Cela revient à vivre tel un animal dans un terrier.

Libérer notre attention est la plus belle des réalisations. Sans elle, il ne peut exister d'implication créatrice dans la vie : nous ne pouvons que toujours répondre et réagir à l'influence de notre humeur ou du monde qui nous entoure. Lorsque quelqu'un vient me voir pour un conseil, la première chose dont je m'assure est qu'il puisse garder conscience de lui-même dans sa douleur. Si tel est le cas, alors je l'encourage à ne pas s'en détourner, à ne pas se laisser prendre au piège d'une interprétation finie de ce qui se produit, et le désespoir se fait différent. C'est cette acceptation de soi qui, elle-même, représente l'Implication Créatrice, et c'est ici que commence le processus de transmutation. Mais s'accepter n'est pas être content ou heureux au sens commun du terme.

Le bonheur, en fait, est loin d'être la meilleure des conditions pour l'approfondissement de la conscience. Il ne peut donc certes pas être le but de la transformation. Tel qu'on le vénère généralement, il implique surtout sécurité matérielle et estime de soi, d'où une certaine imperméabilité et des conditions de sensibilité et de disponibilité réduites. La souffrance, quant à elle, fait généralement évoluer ceux qu'elle blesse. Elle touche une vitalité plus profonde qui s'éveille, accompagnée d'une sensibilité accrue. Cette sensibilité permet de s'étonner davantage, mais, dans une égale mesure, augmente également l'aptitude à souffrir. Si, cependant, nous restons capables de nous observer, si nous pouvons être spectateurs de notre souffrance, nous saurons progressivement en transmuter la structure pour qu'elle devienne étonnement. Tous nous souffrons à certains moments, mais la souffrance en soi n'est pas un mal; elle commence à être destructrice dès l'instant où nous nous identifions à elle. Ceci est d'ailleurs vrai de toute identification, qui limite immédiatement notre vitalité. De bien des façons la souffrance est préférable au bonheur, car il nous est encore plus facile de nous identifier à un état de bien-être où nous relâchons toute notre attention. Au moins, lorsque nous souffrons, nous cherchons à en comprendre la raison et notre attention s'en trouve éveillée.

Même une énergie négative ou néfaste qui, apparemment, provient de l'extérieur, est susceptible d'être transformée. Si elle provient, par exemple, d'une personne qui nous menace, elle peut être transmutée et se faire calme, sans provoquer blocage ou réaction, au point même de dévier la violence. Je me souviens d'un homme de ma connaissance qui a dû quotidiennement franchir un piquet de grève. Chaque jour, les grévistes le poursuivaient et le menaçaient. Ils tentèrent même de brûler sa voiture. C'était, la plupart du temps, assez effrayant; mais un beau matin, il sentit son coeur s'ouvrir spontanément. A son grand étonnement, leur haine l'emplit d'amour; il en ressentit un immense bonheur, à la limite de l'ivresse. De ce jour, les grévistes cessèrent de faire attention à lui.

Bien sûr, le cas est rare, mais il n'en représente pas moins une possibilité tout à fait réelle, et accessible en permanence.

Bien qu'elles n'aient pas impliqué la violence en soi, j'ai souvent vécu des aventures de cette sorte. Je me souviens, entre autres, d'une partie de football où je m'étais rendu. Un but marqué en prolongation fit gagner le match à son équipe. La foule était debout et exultait. Sous la force absolue de l'énergie collective, je me suis retrouvé dans un état semblable à celui des Samadhi. Il m'arrive la même chose dans les aéroports, et dans toute situation où l'énergie émotionnelle est très élevée. En premier lieu ce n'est pas toujours agréable; mais cet état se transforme vite en méditation profonde qui, généralement, calme les personnes qui sont juste alentour. De cette même veine relève l'attention, parfois positive et parfois fort négative, que provoquent certains groupes spirituels par leur apparence inhabituelle (cheveux longs, vêtements particuliers). Pour ceux qui y croient suffisamment pour s'en nourrir, cette attention est susceptible de devenir source effective de vitalité. Il est possible qu'au départ, ces groupes n'aient d'autre intention que celle de symboliser leur foi et d'établir une identité globale pour leur propre compte. L'attention, néanmoins, qu'elle soit intérieure ou extérieure, est énergie; et il serait stupide de penser qu'elle ne devrait être que positive. Les personnes vraiment religieuses sont capables de libérer cette énergie et d'en faire un véritable bienfait pour tous. Très peu de religieux, hélas, reconnaissent cette possibilité; et au lieu de se servir de leur force pour donner pouvoir à une conscience plus large, ils l'utilisent au profit de l'identité séparatiste de leur congrégation.

Le processus de la transformation requiert une importante quantité d'énergie. Pour pouvoir en disposer, nous aurons à la libérer des niveaux relatifs d'identité, au fur et à mesure qu'aura été abordée et réalisée une partie de plus en plus importante de notre potentiel. Au cours des séminaires, il est étonnant de voir à quel point les participants sont épuisés pour avoir simplement essayé de garder une attention soutenue pendant une heure. Ils n'ont pas l'habitude de s'imposer ce genre d'exercice, sauf en de rares moments d'intense concentration mentale et physique. On n'a rien sans rien. Nous ne pouvons espérer maîtriser une attention qui nous permette de franchir les limites du contenu ordinaire de la conscience si nous ne nous y sommes pas totalement consacrés. Le simple fait de ne le faire qu'à l'occasion, donc naturellement et sans efforts, veut dire que nous nous accoutumons à une vitalité très limitée. Si nous croyons pouvoir changer sur les bases d'une telle vie sans conscience et axée sur le confort, et nous pensons capables d'atteindre ainsi des stades supérieurs d'énergie et de vitalité, nous ne sommes pas seulement naïfs, mais également arrogants.

Importance de l'ancrage. Le problème de l'hyper-sensibilité

Chaque chose, dans la vie, fait partie d'un tout. L'énergie nécessaire au développement de l'attention qui, au premier abord, nous paraît épuisante, nous revient sous forme de rayonnement et se transmet à tous les niveaux de la vie. Rien ne se perd. Tout ce que nous faisons va bénéficier d'une vitalité et d'une liberté plus importante. Il nous est possible de transmuter littéralement la substance de notre conscience aussitôt qu'elle émerge, pour la faire rayonner en toute activité ou situation sous forme de pure présence. Rien encore ne transparaît à l'extérieur, mais dans cet espace, chacun atteint une complétude plus élevée. Ceci suppose une compréhension totalement renouvelée de ce que sont la vitalité et le service. La plupart des gens vénère la vitalité *dans le faire*, rarement *dans l'être*. Communément, l'homme aborde la vitalité avec une mentalité de «battant» qui génère l'énergie en considérant toute chose comme un défi à relever. Il faut toujours qu'il y ait quelque chose à contester et à changer. Il est inévitable qu'à ce niveau, vitalité et affirmation entraînent dans leur sillage une quantité impressionnante de constructions et de destructions. Il en est de même pour le service, que nous en sommes, dans notre monde, venus à considérer comme quelque chose que l'on *doive faire*. Nous verrons plus loin si tout ce «faire» est réellement utile.

Quant à moi, la plus forte énergie et le sentiment d'être le plus complet me viennent lorsque je me détends simplement dans le calme. C'est comme si une porte s'ouvrait sur la conscience, laissant circuler un courant qui me traverse, tel un nectar de paix et d'accomplissement. La vie semble être imprégnée de douceur, le temps coule tranquillement, chaque inspir est une célébration, une douce extase; le corps se détend, le mental est calme, la différence entre extérieur et intérieur, entre ce qui respire et ce qui est respiré, s'atténue. Jamais tranquillisants occasionnels ou drogues psychédéliques, testées lorsque j'étais plus jeune, ne m'ont apporté, et de loin, sensations aussi riches. Que je sois fatigué ou perturbé par un problème, un court instant suffit pour me remettre d'aplomb. S'il arrive que mes difficultés passagères demeurent présentes, je puis les considérer avec force et sans douter. Quiconque se trouve alors en ma compagnie ressent la même chose et retrouve aussi son équilibre.

Il ne faut cependant pas abuser de ce nectar. J'ai remarqué que si je reste trop longtemps dans cet état, j'en accuse une espèce de surcharge, comme si mes circuits physiques avaient reçu trop de courant. Lorsque nous apprenons à faire dériver vers nous les énergies supérieures, il est donc très important de sustenter le soi ordinaire avec les énergies auxquelles il est accoutumé. L'exercice et le travail simple — jardinage ou sculpture par exemple — me permettent de plonger en toute sécurité dans le courant et de le soutenir sur un laps de temps prolongé lorsque je travaille en séminaire.

La vie moderne, en général, nous offre beaucoup d'occasions d'explorer notre conscience, mais elle diminue aussi notre capacité à rester ancrés au niveau du corps. Ceci crée un problème, à mesure que nous intégrons davantage d'énergie. Autrefois, la cruelle rudesse de la vie quotidienne obligeait naturellement le corps à participer aux énergies de l'éveil alors que, de nos jours, un tel ancrage naturel se fait plutôt rare. Il est nécessaire que chacun mette en oeuvre une discipline particulière impliquant un travail manuel, de l'exercice, de la danse ou du chant, qui entraîne le corps dans le processus de transformation.

Si nous sommes bien reliés à la terre, l'attention fait partie de nos aptitudes physiques, de notre nature ordinaire d'être humain. Quand nous avons tendance à nous installer dans notre corps subtil et à attribuer davantage de valeur aux expériences psychiques et énergétiques qu'à notre ordinarité physique, nous ne pouvons maintenir notre attention à ce dernier niveau et risquons de perdre notre ancrage. L'élévation énergétique peut se manifester alors sous forme d'hyper-sensibilité ou d'allergie.

Notre corps semble, en souffrant, nous rappeler vers la terre, vers la chair. Tout à la fois personnellement et professionnellement, j'ai une grande expérience de l'hyper-sensibilité. Certaines personnes développent une hyper-sensibilité à leur environnement parce qu'elles ont grandi plus vite que leurs structures vitales, auxquelles elles restent néanmoins inconsciemment liées, si bien que tout accroissement naturel de l'énergie se manifeste chez elles par une dynamique morbide. En débloquant la structure (lâcher-prise au niveau du mariage, du travail) et en apprenant en même temps à libérer l'énergie selon des voies qui atteignent le corps-esprit tout entier, on peut atténuer sensiblement l'allergie. Chez d'autres personnes, c'est la quête spirituelle elle-même qui engendre l'hyper-sensibilité. En activant les états supérieurs, l'aspirant se met à se consumer. Lorsque sa conscience s'élève ou sort du corps et s'installe au niveau subtil, la forme physique perd son aptitude à intégrer cette transcendance en cours, et la sensibilité cellulaire crée des schémas morbides de résistance et de rejet. Cette même énergie, cependant, ancrée plus directement dans le corps, sert de base à une forme de sensibilité qui portera l'être à sublimer la chair, à se transfigurer sans aucune morbidité. L'énergie morbide devient, dans ce cas, vitalité nouvelle et rayonnement.

On peut considérer l'être humain comme un canal entre ciel et terre. Nous avons tendance à vivre les premières expériences des énergies supérieures au niveau psychique, si nous ne sommes pas bien reliés à la terre. Les visions et les sentiments extatiques qui les accompagnent sont, pour nous, manifestations de l'illumination. Si nous sommes, au contraire, bien ancrés, il est possible qu'à l'abord de ces mêmes énergies, nous ne sentions quasiment rien, ou seulement une agréable clarté. Une personne moins ancrée peut, elle, connaître l'extase, mais aussi bien se sentir terrifiée par un sentiment d'annihilation ou de dissolution. L'ancrage, cependant, n'est pas nécessairement synonyme de densité ou d'indisponibilité. Lorsque l'on est bien relié à la terre, on peut être très ouvert aux énergies, sans qu'elles se manifestent par de puissantes expériences psychiques. Il n'est alors besoin que de transmettre l'énergie pour ainsi contribuer à stabiliser tout le milieu énergétique. Il est un fait que les meilleurs des guérisseurs ont fermement les pieds sur terre et ne sont pas particulièrement sensibles aux énergies subtiles en ce qui concerne leur propre corps, à cause justement de cet ancrage.

Nous pouvons, certes, faire de grandes expériences psychiques lorsque nous passons aux stades supérieurs de l'énergie sans être bien ancré dans notre corps et dans la vie ordinaire; mais nous ne serons capables d'incorporer que très peu de cette force de transformation. Il est de notre devoir de nous ouvrir davantage pour devenir plus conducteurs et plus rayonnants, tout en approfondissant le rapport que nous avons à notre nature humaine de base. Nous serons alors à même, dans cette vitalité ordinaire et terrestre, d'assimiler des énergies de plus en plus hautes, sans que notre corps ne s'en trouve affaibli.

L'hyper-sensibilité, qui pousse tant de chercheurs spirituels hors de l'immédiateté de leur vie, dans ce que l'on pourrait considérer comme un mouvement d'implication narcissique, est en fait une échappatoire au stress de l'incarnation. Il est indispensable d'enraciner les énergies supérieures plus pleinement dans le corps-esprit. Automatiquement la conscience qui s'éveille devient plus sensible. Nous prenons conscience que l'air, le ciel, les arbres, toute la psycho-sphère, y compris les dérivés de la technologie humaine, ne sont autres que nous-mêmes. A ce niveau, nous acceptons de plus en plus ce qui demeure étranger à notre conscience de base. L'hyper-sensibilité qui s'érige en réaction est une conséquence de la dichotomie entre ce grand oui à la conscience universelle et le refus simultané au niveau de base. De ce schisme peut naître une forme d'implication narcissique, processus réducteur visant à essayer d'éliminer les éléments du stress de l'environnement psychique et physique pour protéger la nature de base. L'approche médicale traditionnelle, et même celle de nombre de guérisseurs holistiques et psychiques, fonctionne ainsi. Ici, l'on considère que le pouvoir est extérieur à la personne (il serait dans le facteur de stress).

Cette manière de penser renforce la séparation sujet/objet. Je ne nie pas l'existence de certaines toxines à éliminer de notre environnement; mais la plupart d'entre nous ignore ce pouvoir qui est nôtre de transmuter ces facteurs de stress.

Mon approche personnelle (qui a très bien réussi à un petit nombre de patients atteints d'hyper-sensibilité sévère, et à beaucoup de personnes modérément sensibles) vise à augmenter la conductivité du corps-esprit aux énergies supérieures. Elle inclut les dynamiques de groupe et les exercices dont nous avons précédemment parlé, qui nous permettent d'aborder une énergie plus élevée et de l'exprimer à travers nous. Une large part (si ce n'est la totalité) de l'hyper-sensibilité est la manifestation d'un schisme ou d'une distanciation entre le niveau d'énergie vécue et la capacité d'intégrer cette énergie dans la vie quotidienne. Ce phénomène disparaît purement et simplement aussitôt que l'on parvient à unifier les deux niveaux et à les mettre en harmonie. J'ai vu des personnes allergiques à presque tout, tant que la dichotomie subsistait, ne plus manifester aucune sensibilité une heure plus tard, parce qu'elles avaient réunifié leur être.

Ma méthode insiste sur la nécessité d'aborder des niveaux d'énergie qui ont été fortement réprimés. Ces énergies participent généralement de l'élément Feu (colère, franchise, rage, pouvoir). Une fois qu'il a établi l'accès à cet élément Feu, l'individu est apte à ancrer les énergies supérieures et, automatiquement, l'hyper-sensibilité se transmute en vitalité et présence.

Le problème, avec ce genre d'approche, est que tout le monde n'a pas envie de scruter l'inconnu de son être. Nous préférons souvent que les autres nous prennent en charge, ou se servent de leur propre énergie pour éliminer des facteurs de stress extérieurs. Cette approche, si elle réussit à beaucoup, signifie néanmoins que l'on dépense en fait une énergie considérable pour s'empêcher de vivre. Elle est un processus adolescent de rejet et de contrôle, qui sustente l'individuation ou la reconnaissance de soi. Elle suppose une peur telle, que le lâcher-prise pour une vitalité plus grande ne peut même pas être envisagé. Seules les personnes dont l'amour de la vie et le désir de connaître leur totalité sont plus grands que leur peur de la maladie sont susceptibles d'éprouver toute l'efficacité de mon travail. Nous tous avons parfois besoin de suivre un régime ou d'éviter certains facteurs de stress. Mais ce mouvement tient tout autant du désir de revenir à un plus grand équilibre que d'une limitation. Nous voyons ici l'importance de la consécration sous-jacente, qui va déterminer la façon dont nous aborderons ce problème : cherchons-nous à grandir pour pouvoir intégrer notre sensibilité croissante (Dieu est amour) ou, au contraire, cherchons-nous à éliminer tout ce qui menace notre identité de base (Dieu est courroux) ?

Au-delà du positif et du négatif

Le processus de la transformation nous apprend à la fois à élever les énergies de la conscience, et à relâcher la prise de l'égo sur la réalité. L'égo (en libérant les structures psychiques cristallisées) et l'énergie (en changeant la note de la conscience) interviennent tous deux pour desserrer ce poing fermé. Nous travaillons sur nous-mêmes pour déraciner peurs et préjugés, étroitesse ou paresse, jusqu'à ce que nous soyons plus ouverts et moins répressifs. Tout ici est Devenir ou purification de la nature. Les possibilités sont infinies, mais il est indispensable de comprendre que, si nous avons appris à faire la différence entre une préhension égoïque ouverte ou fermée, nous n'avons pas fondamentalement changé. A un stade de travail plus avancé encore, nous apprenons à désamorcer le pétard, en cessant de nous identifier au contenu. C'est principalement le développement de notre attention méditative qui va libérer l'énergie. Sans cesse nous cherchons à débloquer une dynamique particulière, jusqu'à ce qu'elle n'ait plus le pouvoir de nous contracter. En bout de course — et cet aspect ne peut être ni appris ni donné — nous trouvons le mystère de la réalisation, la discontinuité qui mène à la Totalité.

Dans les exercices de danse et de chant, la focalisation porte sur l'unification de la conscience, condition optimale pour atteindre l'énergie la plus élevée. Nous demeurons cependant fermement ancrés dans notre corps-esprit. Il est possible, comme ce fut le cas pour Laura, que la structure psycho-énergétique de base se débloque, tout simplement. Mais même s'il n'en est pas ainsi, notre conscience prend de l'ampleur et devient plus inclusive dès que notre énergie s'élève. Nous approchons de cette limite subtile entre la forme et le sans-forme, le connu et l'inconnu. C'est ici que l'on ressent le plus la force de l'inspiration, de la beauté et du sens profond. Même si cet état ne dure qu'un instant, et qu'ensuite nous devions retrouver notre niveau habituel d'énergie, notre vitalité a acquis une nouvelle référence, et notre aspiration une autre qualité.

Il faut bien comprendre que l'aptitude à transmuter les états de conscience n'est pas une nouvelle technique pour changer ce qui nous déplait ou accentuer ce qui nous plait. De même, elle n'est pas non plus une nouvelle façon de guérir; elle doit être plutôt considérée comme une étape du développement, au cours de laquelle nous apprenons à connaître mieux notre véritable nature, qui est Conscience. Pouvoir passer d'un état énergétique à un autre nous apprend la relativité de toute réalité. Rien de ce que nous vivons ne peut être considéré comme réel au sens final ou absolu. Nous acquérons, dans ce processus, fluidité et transparence, en cessant de plus en plus vite de nous identifier aux divers états émotionnels ou sentimentaux, qui, alors, ne font que nous traverser sans plus nous définir.

Ce point de vue diffère tout à fait de celui qu'enseignent la pensée positive et les écoles des sciences de l'esprit, qui considèrent certains états comme totalement positifs, et définitivement préférables à ceux que l'on dit négatifs (et qui sont considérés comme tels par toute la collectivité), sans aborder le contexte plus vaste de la Conscience. Il est naturel à notre moi égoïque de faire référence à une réalité positive et négative; mais ceci témoigne d'une ignorance fondamentale, elle-même génératrice de souffrances. Certaines conditions sont, certes, positives et préférables à d'autres. La douleur et la souffrance, quant à elles, sont évidemment déplaisantes et indésirables; mais tout autant que le pôle positif, le pôle négatif permet l'accès à une conscience et à un potentiel plus profond. En ce sens, ils sont identiques.

La pensée et l'affirmation positives ont leur place et leur valeur en ce qu'elles permettent de s'initier au déplacement des énergies de la conscience. Elles contrebalencent notre identification au négatif. Mais passer d'un état négatif à un état positif n'est qu'un inversement des polarités, et non un mouvement vers les énergies supérieures. Il se peut que nous nous trouvions momentanément mieux sur le pôle positif, mais le bien-être est superficiel. La spiritualité du pôle positif s'appuie sur la peur des gens, sur leur incapacité à affronter la mort. Il est, certes, séduisant d'apprendre à pouvoir modifier son état pour se sentir au mieux de sa forme et de sa maîtrise. Cependant les racines mêmes de la religiosité se trouvent peut-être dans le profond abandon de soi-même né de la contemplation de la mort. Ces approches, par conséquent, ne procèdent à mon avis d'aucune spiritualité. Elles sembleraient surtout dévier l'impulsion de transformation, si ce n'est qu'en apprenant aux gens à passer d'un état négatif à un état positif, elles instaurent la première étape où ils vont apprendre à transmuter l'énergie.

Lorsque nous prenons conscience qu'il nous est possible d'aborder une énergie de plus en plus subtile par n'importe lequel des deux pôles, notre compréhension change; très peu de gens, néanmoins, sont tentés d'engager une relation créatrice à leurs états positifs, tant il est vrai qu'ils sont, dans ces conditions, généralement inconscients. Ce sont plutôt les états négatifs qui nous poussent à vouloir faire quelque chose. Le manque d'attention à l'état positif (qu'il faudrait sacrifier pour une conscience plus vaste, mais moins agréable peut-être dans l'immédiat) provoque le revirement à l'état négatif. Isaac, dans l'Ancien Testament, l'exprime précisément lorsqu'il dit : «Les vallées seront rehaussées, les montagnes et les collines abaissées... pour faire dans le désert une avenue toute droite vers notre Dieu». Pour pouvoir passer à une énergie plus élevée, nous devons nous libérer de l'attachement, au positif comme au négatif.

A ce stade, le processus entier de la transmutation passe de l'acte d'attention volontaire à quelque chose de beaucoup plus profond et mystérieux. Dans la mesure où aucun état, aucune condition n'ont de réalité absolue, le besoin de transmuter devient complètement inutile et la vie est simplement vécue comme elle vient. On y pourrait voir l'acceptation passive d'un être moins conscient, mais c'est en réalité très différent, parce qu'on est libéré de toute réaction. Le contenu de la conscience se fait jour, mais l'énergie s'en libère spontanément — ce qui ne veut pas dire qu'il n'y ait plus ni douleur, ni colère, ni sentiment de malheur; tout peut se produire, mais disparaît à peine né. La conscience, à ce niveau, a en outre une qualité unique. Les forces mêmes qui briseraient tout un chacun deviennent, dans l'individu, rayonnement profond lorsqu'il ne résiste plus ni ne tente de modifier sa vie. Il est difficile d'en faire une description évidente, mais le fait est — aussitôt que nous en avons pris conscience — que nous ne maintenons plus notre vécu, ni ne lui résistons. On peut alors dire en toute honnêteté que chaque chose est telle qu'elle est. La différence n'existe plus entre positif/négatif, spirituel/non-spirituel, réel et irréel. Même le besoin de transmuter l'énergie d'un état particulier perd son sens. Nous pouvons ainsi être tristes, car la tristesse n'est autre que la Réalité dans toute sa perfection pré-existante.

Quant à moi, je plonge dans cet état et en sors en permanence. J'ai voulu, à une époque, maintenir à tout prix l'idée qu'il est la condition ultime; mais il m'est apparu que plus j'y restais, plus se dessinait une subtile tendance à la désincarnation : je quittais mon corps et ma santé s'en ressentait. Il s'avéra donc nécessaire de permettre à ma nature d'homme de s'exprimer à part égale, en établissant un va et vient entre les deux conditions. Créant ainsi une contrepartie à mon vécu transcendant, j'en acquiers une profondeur nouvelle.

Il est trop facile de penser que les états de conscience supérieurs représentent la transcendance de toutes les conditions antérieures; mais si l'on imagine un panorama de toutes les possibilités existant simultanément en un seul tableau, alors chacune d'entre elles, désirée ou non, évoluée ou pas selon nos critères relatifs d'évaluation, contribue en fait à l'expression du Tout. La transmutation doit, par conséquent, être considérée comme une étape, qui, une fois atteinte, permet de concevoir l'abandon de cette capacité même, pour aborder de nouveau la vie sans prétention ni recherche. Ceci peut être vécu comme une chute, mais je crois qu'on ne peut l'éviter. Il est possible que le mythe de Lucifer ne fasse pas allusion à l'action mauvaise, mais exprime plus précisément l'un des processus les plus appropriés du déploiement psychique, même s'il est déconcertant (au sens littéral du terme).

CHAPITRE SEPT

Le corps-esprit divin et le canal verbal

Il y a le corps que nous connaissons tous par notre conscience sujet-objet. C'est le corps dont nous prenons conscience à travers nos sens, et que nous voyons lorsque nous nous regardons dans une glace. C'est un corps conditionné par notre expérience de la vie et notre contexte familial et culturel; il vit dans notre mémoire et intègre les nouvelles expériences par l'intermédiaire des impressions déjà acquises. C'est un corps que nous connaissons par la déduction et l'examen logique, celui que développe l'éducation, que la médecine dissèque et soigne. Mais il existe aussi un autre corps, dont peu de gens ont directement connaissance. Je l'appelle le «corps divin». C'est la vitalité dont l'essence n'est ni conditionnée, ni limitée; le reflet même du principe de vie. Les convictions et les concepts cumulés par le corps-esprit ne font plus pour lui référence. La conscience sujet-objet s'y trouve transcendée et, avec elle, tous les schémas d'énergie définis en même temps que son développement.

La structure de l'égo est un schéma d'énergie fondée sur la conscience sujet-objet. Ce début de mort à l'âge de deux ans dont Laura nous fit part est tout à fait révélateur. Son ouverture lui permit de saisir que, même à l'âge de deux ans, le développement égoïque est déjà suffisant pour amorcer une contraction qui va nous priver de notre pleine vitalité. Mais lorsque le développement égoïque est intégré dans une conscience plus large, la réalité physique s'anime, elle aussi, d'une façon nouvelle. Survient alors littéralement une transsubstantiation où le corps, conditionné par l'identité personnelle, cède sa place à celui qui est fait à l'image de Dieu. Notre être est, à divers degrés, conscient à chaque instant de ce corps divin, et le découvre dans sa totalité au moment de la réalisation. On peut concevoir le processus de transformation comme une aptitude à passer aisément du corps égoïque au corps divin. Pour moi, c'est le sens même de la santé.

La façon dont nous habitons notre corps (nos mouvements, la qualité de notre voix) reflètent dans une large mesure notre conductivité énergétique et notre vitalité. Dans la danse ou dans le chant, l'énergie s'affranchit à l'instant où nous atteignons une vitalité libre de toute obstruction. Cette énergie libérée n'est pas seulement psychique : une large part du corps-esprit est également concernée. L'effet d'intégration se propage à tous les niveaux de notre être : psychologique, préverbal et même cellulaire. Au moment, donc, où, dans la danse ou dans le chant, nous abordons cet espace d'Accord, nous saisissons immédiatement tous les aspects de notre comportement qui, auparavant, échappaient à notre conscience. Dans le même instant, nous nous apercevons que notre dos est guéri ou que quelque incapacité physique chronique a tout simplement disparu. Nos mouvements se font différents et ont bien plus de grâce et de fluidité.

En fait, nous sommes en train d'unir la chair et la Conscience, de fondre la Conscience et la chair. Dans ce processus, l'illumination spiritualise le plan physique, tout autant que les plans psychologique et théorique. Une si grande partie de notre spiritualité me semble rester au niveau des voeux pieux ! Que d'hypothèses élégantes et de spéculations visionnaires nées d'instants de transcendance, qui ne dépassent pas le stade mental ou émotionnel ! Sans doute ces spéculations sont-elles précieuses, dans la mesure où elles ont généré une Implication Créatrice qui va nous offrir de nouvelles perspectives sur nous-même. Mais le coeur de la transformation relève de l'art d'incarner ces idées. La conscience supérieure doit aller plus loin qu'une compréhension intellectuelle : elle doit s'intégrer dans notre vitalité cellulaire pour faire de nous un être humain qui rayonne.

Le pas radical qu'il faut franchir est celui qui, du niveau mental, nous fait passer à la pleine vitalité psycho-physique. Il est infiniment plus difficile de vivre cette énergie jusqu'à lui permettre de transmuter notre corps et notre nature sexuelle, émotionnelle et physique, qu'il ne l'est de théoriser sur le potentiel de transformation. Autant il est facile de croire, autant le chemin qui nous mènera à l'actualisation physique de notre conviction pour qu'elle devienne vitalité, est long et ardu.

Plus l'énergie s'incarne, plus le processus tout entier de l'éveil devient paradoxal. Au niveau mental, tout peut sembler très clair et l'action à entreprendre évidente; mais en pénétrant plus avant dans le coeur de notre être — que je considère comme le centre de gravité de la conscience —, toute évidence se perd. Les mathématiques nous offrent une excellente analogie. La mathématique est un système logique magnifique qui se suffit à lui-même, et ses applications sur le plan technologique sont relativement directes. Mais l'étape suivante, celle de l'intégration de ce pur concept dans notre culture, est très complexe.

Si nous prenons la mathématique pure comme une dimension mentale qui, du point de vue de sa consistance interne et de son universalité, approche d'assez près la transcendance, nous pouvons dire qu'elle est l'un des niveaux les plus purs de l'incarnation du Divin. Réciproquement, nous pouvons également dire qu'elle est la plus haute intégration de la matérialité dans le domaine de la transcendance. Mais que se passe-t-il à mesure que cette mathématique pure descend les échelons de la matérialité vers le corps de l'humanité ? Elle prend forme de pouvoir technologique sur l'environnement et fournit de nouvelles machines, de nouveaux instruments. Son interaction avec la vie se fait de plus en plus complexe et, bientôt, ce qui fut découverte théorique idéale permettant d'intégrer et de réconcilier toutes les ramifications de la pensée, devient facteur de conséquences profondes pour chaque être humain aux plans philosophique, psychologique, émotionnel et physique. Et voici que la valeur de la découverte est à présent extrêmement discutable, parce qu'au niveau du corps, celui de la réalité physique, toute possibilité supérieure ne peut s'exprimer que sous forme de polarité, de dualité fondamentale. La théorie de la relativité et l'énergie nucléaire en témoignent. Si la théorie est élégante et simple, sa matérialisation est à la fois créatrice et destructrice.

Si nous essayons d'étudier la vie et de nous engager dans un processus de transformation, il nous faut y impliquer notre être autant qu'il nous l'est possible. L'éveil de l'homme doit atteindre l'être tout entier, il doit être corporel et cellulaire, engager la nature émotionnelle et sentimentale autant que ce qui relève du mental et du transcendant. Une réalisation qui s'appliquerait au domaine physique et cellulaire tout en allant jusqu'à l'Infini et l'Eternel, ne peut être exprimée correctement à un niveau particulier de conscience. Peut-être peut-elle se transmettre en partie sous forme de paraboles et, chez une personne sensible, s'exprimer quelque peu par l'intermédiaire d'un individu réalisé; mais jamais elle ne peut se manifester pleinement, pour la raison précise qu'elle est paradoxale, impliquant à la fois l'esprit et la matière. Elle s'incarne partout à la fois dans la vie, mais le corps, la culture humaine, en prennent très lentement conscience. Le principe de croissance ou de transformation qu'elle induit est holistique et non pas linéaire ou quantifiable. Pour la même raison, la réalisation n'a pas d'application directe; elle ne peut servir ni le bien, ni le mal, pas plus qu'elle n'est un moyen approprié de se construire — disons psychologiquement —, ni ne peut être un instrument de destruction. C'est pourquoi nous commettons une grave erreur en essayant d'interpréter les écrits mystiques au seul niveau mental ou psychologique. Ces écrits relatent des expériences vécues au coeur de l'être, sur un plan qui englobe tout à la fois le corps, le mental et la conscience subtile. La seule voie qui nous permette de les comprendre est celle de l'expérience personnelle directe, et c'est ce qu'ils nous proposent, loin, bien loin de cette épouvantable expression du négatif et du positif que nous impose une lecture à un niveau de conscience très limité.

Dans notre exploration de la conscience et notre conception de la spiritualité, nous devons nous mettre à impliquer notre corps-esprit tout entier. A ce point de vue, où la transformation engage la totalité de l'être, notre tâche va consister à mettre autant de conscience que possible dans tout ce que nous faisons. Les exercices de chant et de danse nous apprennent à dépasser les limites de notre stade d'énergie habituel, en nous mettant en Accord de façon créatrice. Mais ils nous apportent autre chose, car ils nous permettent d'incarner cette énergie dans une expression physique active.

Plus subtile encore est notre aptitude à exprimer verbalement les états supérieurs. Je ne veux pas parler ici d'une quelconque description, une fois que nous sommes revenus au niveau de conscience ordinaire, ou d'élaboration de théories et cosmologies diverses résultant de notre expérience. Si elles sont un moyen d'intégrer le processus de transformation, elles témoignent aussi de l'abîme qui sépare l'expérience directe des états supérieurs et le niveau d'énergie que nous pouvons réellement assimiler dans notre vie quotidienne. En d'autres termes, le processus se compose de deux étapes, la première étant d'accéder aux énergies supérieures, la seconde de les ramener à notre niveau habituel. Il est donc extrêmement important d'apprendre à exprimer l'immédiateté de ces états supérieurs. C'est notre voix qui va nous permettre de faire passer l'énergie pour la transmettre à ceux qui nous écoutent.

La voix est peut-être l'activité humaine la plus complexe, car elle implique simultanément la coordination physique et l'élaboration mentale. Le langage lui-même relève de la conscience sujet-objet; nous ne pouvons parler si nous n'avons pas préalablement élaboré un égo qui fonctionne. Nous nous sommes identifiés en tant qu'individus séparés. S'il nous est possible d'accéder aux plans où la conscience se trouve unifiée par une énergie plus élevée, l'exprimer en revanche — ou même le penser — nous ramène aussitôt au niveau de base où est né le langage. A ce niveau, nos mots véhiculent l'ébauche la plus sommaire de cette énergie originelle. Ce n'est, cependant, pas la seule possibilité : le langage peut être aussi le véhicule de l'énergie supérieure. Tout comme dans l'exercice de chant, on peut parler sans aucune préméditation. La voix sert alors à accéder davantage à soi-même par les mots, les images et la qualité tonale, à combler le fossé entre conscience de soi et immédiateté.

Le discours ordinaire dépend du temps : il s'appuie sur le souvenir ou a trait au futur. Jamais il n'est original. Il copie, imite toujours quelque chose. Les énergies supérieures ne peuvent s'exprimer, quant à elles, que dans une originalité totale. La voix se fait extension de la pure attention. Elle fait son chemin à l'intérieur de notre être; elle est recherche active et, de fait, réponse elle-même. Les mots qui se déversent par notre bouche parlent de l'infini, de ce qui jamais n'a été exprimé. Il est extrêmement difficile d'apprendre à parler ainsi, car il s'agit d'être simplement soi-même. Il s'agit d'accéder à la spontanéité, qui se manifeste chaque fois que notre esprit fonctionne en dehors de la conscience de soi. En effet, il s'agit d'être soi-même, mais à un niveau de conscience beaucoup plus subtil et universel.

Lorsque nous pénétrons les niveaux de conscience plus profonds, le fossé se creuse entre ce que nous comprenons ou sentons avec une attention passive et ce que nous pouvons activement communiquer. C'est ce fossé, précisément, qu'il nous faut aborder si nous voulons résoudre le problème que pose le report de notre savoir et de nos aspirations supérieures dans notre vie au jour le jour.

Bien des gens atteignent les niveaux plus élevés, sans pour autant être capables de les généraliser à tout leur être. Ces états restent alors liés aux seuls niveaux de conscience où ils sont nés. C'est comme si l'on voulait enseigner la médecine à un étudiant ivre. Il se souviendrait du cours chaque fois qu'il recommencerait à boire, mais, à jeun, ne se rappellerait rien.

C'est exactement ainsi qu'agit l'impulsion de transformation. Elle a une réalité profonde au niveau où nous en faisons l'expérience, mais si elle s'est déclenchée, comme souvent, sur une étincelle spontanée de la Grâce, ou a été provoquée par l'élévation des énergies lors d'un séminaire, il est quasiment impossible de retrouver ce savoir, cette consécration, dès que l'on est revenu à la conscience ordinaire. Ceci se produira beaucoup plus rarement si nous apprenons à incarner directement les états supérieurs dans le verbe.

Lorsque quelqu'un exprime son immédiateté, il génère une vitalisation qui peut être immense. C'est l'une des acceptions de l'expression «parler les langues» ou du terme «canaliser». Celui qui parle doit avoir abandonné sa conscience de base pour convier à se manifester une conscience plus profonde. Ce n'est pas tant un don spécial qu'une discipline ou une méditation sur le chemin qu'emprunte la conscience supérieure pour s'actualiser. Tout acteur connaît la puissance qui émane de l'instant où la distance se fond entre le verbe et lui, et où le texte, même s'il a été mémorisé, ne reflète plus que l'autorité intérieure. La représentation s'impose, le jeu se fait art, et l'acteur, vitalisant tous les spectateurs, est une porte qui relie les dimensions entre elles. Mais bien plus grande encore est l'énergie quand la source est complètement spontanée, émanant du plus profond de notre être.

La relation qui unissait Jésus et Pierre démontre bien l'importance que revêt l'aptitude à laisser s'exprimer par notre intermédiaire la conscience supérieure. Jésus demande : «Qui dis-tu que Je suis ?» et Pierre répond : «Tu es le Christ, Fils du Dieu Vivant !». Jésus, alors, dit à Pierre à quel point il est béni car : «Ce n'est pas ta propre nature, mais mon Père qui t'a révélé Sa Vérité». C'est sur ce «rocher» que Jésus a voulu construire son église.

Je soutiens que le rocher n'est pas l'expression littérale, «Tu es le Fils du Dieu Vivant», mais le lieu dont elle provient. Ayant, pendant des années, conduit les gens aux énergies supérieures, je suis bien conscient de la difficulté de leur apprendre à exprimer verbalement ce niveau. Il faut être à la fois si entier, et cependant si abandonné, pour que la voix mystique arrive spontanément et que nous puissions exprimer avec une clarté toute simple des choses que jamais auparavant nous n'aurions cru savoir un jour ! Il y a alors dans notre discours un sens d'autorité qui, sans aucune pompe ni pédanterie, communique une force vivante, très émouvante pour qui l'entend. Vers la fin du séminaire, beaucoup de gens manifestent, par moments, un tel degré de communication que la pièce devient comme un creuset d'ineffables présences. Leur coeur est grand ouvert; la soupape de la vitalité fonctionne à plein. Il est là le «rocher» où construire l'église d'une vie plus vaste, et non pas dans les mots nés à ce moment-là. Si notre regard se tourne vers la profondeur, notre langage se fait extatique et requiert un vocabulaire de l'extase. A ce stade, chacun de nous peut regarder son voisin et dire : «Tu es le Fils (ou la Fille) du Dieu Vivant». Et la voix, lorsqu'elle se tait, laisse à la personne une aura de paix.

De plus en plus nombreux sont ceux qui, de nos jours, apprennent à exprimer verbalement les énergies supérieures. Cette expression, écrite ou orale, semble souvent canaliser une information, dont la source ne provient pas de soi. Pour ce faire, le «canal» met en veille sa conscience de base et devient le véhicule d'une autre dimension de conscience. Dans certains cas, souvent associés à un rituel ésotérique ou occulte, on se sépare de sa conscience de base en entrant en transe profonde; celui qui parle ne se rappelle rien de ce qu'il a dit. La source est considérée comme d'un autre monde, entités extra-terrestres ou personnes décédées qui «travaillent» pour l'humanité depuis «l'autre côté». Les guillemets que je pose ici n'expriment pas mon septicisme, mais je dois avouer que cette interprétation, cette conviction, ne me sont pas naturelles. Si je n'ai aucune intention de leur retirer leur crédit auprès d'autrui, je mets des guillemets pour préciser la place spéciale qu'elles tiennent dans la compréhension commune.

La nature occulte de la communication avec l'au-delà n'a pas d'âge et a toujours eu une grande influence sur de nombreuses personnes. La plupart des gens n'imagine pas à quel point le procédé est universel; ils ne pensent pas à considérer le poète, le scientifique, le musicien, le leader inspirés comme un canal. Les considérations occultes se sont saisies du phénomène, et la théorie de la source venue d'un autre monde semble parfois plus vraisemblable et avoir plus d'importance que celle qui présentera les faits dans des circonstances plus banales. Cette impression n'est, en fait, pas dépourvue de bon sens, dans la mesure où un bon canal fait vraiment preuve de pouvoirs qui dépassent l'ordinaire. Lorsque commence la communication, on ressent souvent une forte énergie, et la matière rapportée prend un sens très personnel. On a le sentiment que ces entités nous voient et nous comprennent réellement, ce qui nous porte d'ailleurs à leur attribuer de grands pouvoirs et donc une grande sagesse. On ne prend pas en considération le fait que chacun est, dans une certaine mesure, en liaison télépathique avec tout le monde, et que cette tendance s'élève naturellement lorsque l'on met en veille sa conscience ordinaire et que l'on aborde les niveaux supérieurs.

Le phénomène paraît tout à fait magique à celui qui, pour la première fois, assiste à une transmission de ce genre, et notre débutant se sent un besoin impératif d'attribuer à cette expérience une vérité accrue. Sans doute avons-nous rompu le cordon ombilical avec nos parents biologiques, mais celui qui nous lie à une autorité «supérieure» particulière, qui nous guiderait et nous aiderait à comprendre notre rôle dans l'univers, est toujours là.

Le phénomène du canal a néanmoins une grande importance. Il est le reflet d'un accroissement d'énergie dans notre psyché collective. De plus en plus de gens, donc, vont se voir exprimer spontanément les niveaux de conscience supérieurs. Il ne faut pas contrer le phénomène, mais au contraire l'encourager. Il est cependant essentiel de savoir lui appliquer une sage discrimination, car il n'est pas nécessaire, pour se faire canal, de renoncer à notre part dans l'activation de cette énergie générée par l'abandon de la conscience personnelle. Dans la mesure où, justement, nous abandonnons notre espace personnel, nous allons éprouver le besoin de personnaliser l'énergie supérieure et de l'attribuer à une source particulière. Sur le plan du développement, je veux bien admettre l'intérêt de cette division de notre conscience, qui permet de séparer la nature humaine de base et la compréhension supérieure, et peut ainsi prévenir une éventuelle inflation de l'égo. Mais elle limite, par la même occasion, notre côté humain, infirmant l'élément transformateur de tout ce qui peut ainsi être rapporté. Nous ramenons de notre expérience une forme-pensée sans corps qui, dans toute sa profondeur et sa sagesse, ne peut témoigner de compassion, car la compassion n'existe que dans l'union de la chair et de l'esprit. Si nous pouvons incarner l'énergie, de canal, nous devenons source.

Il arrive parfois que le fait de devenir canal se manifeste spontanément. Pour qui ne lui est pas familier, le phénomène peut s'avérer tout à fait perturbant, au point que nous pourrions croire qu'une conscience supérieure et étrangère a envahi la nôtre, tant est incroyable la puissance de l'énergie supérieure. (Lors de ma propre expérience, l'énergie avait vraiment une force supérieure; je ne l'ai cependant jamais considérée comme étant étrangère et j'ai, au contraire, immédiatement commencé à l'intégrer directement). On peut parfaitement comprendre que l'on en arrive à attribuer cette conscience qui nous «envahit» à quelque être extra-terrestre ou venu du monde des esprits. Il est courant que les individus susceptibles de s'ouvrir de cette façon n'aient pas beaucoup d'expérience dans l'exploration profonde de la conscience de soi. Sans doute ont-ils fait un effort sincère vers une transformation personnelle, mais ils l'ont fondé sur ce qu'ils croyaient devoir être, plutôt que sur une prise de conscience méditative.

La tendance à personnaliser l'énergie provient ici d'une méconnaissance des racines de l'identité personnelle. On personnifie l'énergie pour l'identifier, et par là même protéger son propre état égoïque de base. C'est sans doute un processus très naturel, mais il n'en demeure pas moins que la pratique de la méditation sur la conscience de soi nous l'épargne automatiquement. Il faut donc aborder la «canalisation» avec prudence (d'un point de vue mystique), car cette protection inconsciente de notre identité propre provoque un court-circuit ou une dérivation dans le cours de la réalisation et de l'incarnation. Plutôt que de nous laisser porter vers une discontinuité et une renaissance radicales, nous restons au niveau d'une source qui, souvent, nous offre vision et sagesse supérieures, que nous payons cependant au prix d'une transformation fondamentale, car celle-ci n'est probablement pas envisagée comme une possibilité. Il peut donc être sage de considérer le phénomène de canal comme une manifestation naturelle du processus d'éveil, un état intermédiaire de l'incarnation entre la conscience égoïque et la pleine réalisation.

Il y a, à mon avis, une forme supérieure de canal qu'il est possible de développer par une discipline consciente. Il nous faut d'abord comprendre que les niveaux supérieurs de conscience ne dépendent pas des structures limitatives de la conscience personnelle. Ils s'étendent bien au-delà de notre sens de l'identité ordinaire. C'est donc comme une technique yogique, plutôt que comme un pouvoir occulte, qu'il convient d'aborder l'exploration de l'ouverture aux énergies développées. La technique est ancienne et a fait ses preuves. La prière soufi consiste à simplement ouvrir son coeur dans l'instant, et permet qu'ainsi la voix puisse exprimer l'amour de Dieu. Lorsque l'on a appris à s'ouvrir selon cette pratique, on peut avoir accès à une énergie immense. Les toutes premières églises chrétiennes ne se contentaient pas de reconnaître la glossalalie (parler les langues). Elles encourageaient vivement le phénomène comme étant un moyen d'accéder aux énergies supérieures. Je me range cependant derrière Paul, qui affirmait que cette technique n'a d'intérêt que si l'énergie canalisée est universellement comprise par autrui. J'irai même plus loin : nous devons, en outre, bien saisir que, par là, nous exerçons une qualité naturelle de notre conscience, et devons éviter de mystifier notre technique en invoquant «l'Esprit Saint».

A mon avis, à vouloir personnaliser l'énergie, on infirme ce mystère réel qu'est le fait d'être humain et vivant. Puisque je n'ai jamais renoncé à ma nature humaine pour me faire un canal de ces énergies, je tiens à dire combien il est important de ne pas assujettir la conscience de soi à l'énergie supérieure. La conscience de soi se fait dormante au moment de la réalisation transcendante de soi, mais il n'est question ni de la fermer, ni de la nier. C'est à mon avis la plus grosse difficulté que posent les enseignements transmis par un médium. Outre que l'apparence magique de cet enseignement conduit beaucoup de gens à lui conférer sagesse et infaillibilité, il est impossible de traduire effectivement les états de conscience supérieurs au niveau plus proprement terrestre. Cette méprise prend encore davantage d'ampleur lorsque l'on quitte le plan humain ordinaire pour avoir accès aux enseignements. L'«entité» qui parle ne se soucie pas du paradoxe et des contradictions qu'implique toute appréhension des niveaux supérieurs par rapport aux autres niveaux de la nature humaine. Ces niveaux, dans le processus du canal, se positionnent tout à fait différemment par rapport à ceux que met en place la réalisation.

Ainsi, toute transmission par un canal contient une certaine sagesse, mais cette sagesse est désincarnée. Sans doute la personne qui canalise les énergies en sera-t-elle, petit à petit, imprégnée et induira-t-elle progressivement un stade d'énergie plus élevé; mais l'enseignement lui-même crée la méprise. Sans corps, il est facile de prêcher l'amour, le non-attachement et la maîtrise. Avec un corps, il faut beaucoup plus d'honnêteté et de compassion, car aucun enseignement, sous sa forme littérale, ne pourra jamais toucher notre totalité.

Je suis particulièrement attentif à chacun, dans mes cours, lorsqu'il apprend à exprimer verbalement les énergies supérieures. Jamais je ne laisse entendre que cette forme de communication puisse être sagesse en soi, ou qu'elle puisse conférer la vérité définitive sur la nature profonde de celui qui l'exprime. Je l'enseigne plutôt comme une technique qui permet d'incorporer plus pleinement les énergies supérieures. A ce stade, la communication ne sert plus à essayer de transmettre une information identique d'un individu à l'autre, ou à tenter d'accéder aux énergies supérieures pour résoudre ses problèmes; elle serait plutôt un moyen d'apprendre à célébrer davantage ce qu'est la nature humaine. Elle aide à évoquer le sens, ou à porter vraiment l'auditeur au niveau de conscience d'où émerge le verbe de celui qui s'exprime. Aucune garantie, ni besoin d'ailleurs, que le sens en soit interprété littéralement — que l'auditeur comprenne exactement ce qui a été dit. L'orateur jouerait plutôt le rôle d'un catalyseur, sous forme d'Implication Créatrice, qui offrirait à l'auditeur de nouvelles possibilités, sans définir ce qu'elles doivent être.

C'est une communication qui est, en quelque sorte, sphérique plutôt que linéaire; elle n'exprime pas la vérité en tant qu'absolu, mais relève davantage du Principe de Relation, qui permet de susciter constamment de nouvelles possibilités en chacun. La profondeur de ces possibilités est fonction de celle de notre réalisation, et du degré où notre communication arrive à en faire passer l'énergie. Il m'est arrivé de parler ainsi spontanément de l'énergie, et qu'un physicien s'approche de moi pour me dire comment il venait de résoudre soudain un problème très subtil sur lequel il avait beaucoup travaillé. Il n'est pas rare que les gens signalent qu'ils ont ressenti de la chaleur ou ont guéri en m'écoutant. Ce ne sont évidemment pas les mots que j'ai employés, mais l'énergie émise qui avait joué ce rôle. Nous devons néanmoins apprendre à nous servir d'un vocabulaire aussi précis que possible pour essayer d'exprimer les idées très difficiles et très subtiles. Ce n'est pas parce qu'il est absolument nécessaire que les autres comprennent la même chose que nous. Ceci, plutôt, nous rendra d'autant plus aptes, lorsque nous essaierons d'exprimer les énergies supérieures, à les transmettre. Elles seront alors réellement incarnées dans le monde vivant.

CHAPITRE HUIT

Le chant de Théodora

Est-ce l'amour qui blesse
Ou bien la blessure crée-t-elle l'amour ?
L'espoir et l'aspiration,
Oui, même de la totalité,
Me blessent.
Comment puis-je servir ? pleure l'âme.
Oui, mais comment pouvez-vous ne pas le faire ?

Richard Moss

Théodora était une femme avec qui j'avais eu, lors d'un séminaire, un échange d'énergie très profond. La nouvelle de sa mort — d'un cancer du sein — apporte un contraste violent à l'histoire de Laura. Théodora aussi avait connu un changement d'énergie, très différent de celui de Laura. Le jour suivant, elle avait pu observer une réduction notable de l'inflammation au niveau du sein, et un retrécissement des nodules lympathiques sous l'aisselle. Le changement énergétique n'était cependant pas aussi spontané et profond que celui de Laura (1). Je ne fus donc pas surpris d'apprendre,

---

(1) Je me base ici sur le critère purement subjectif du souvenir que je puis avoir de leur présence énergétique respective, au moment de leur ouverture et dans les mois qui suivirent. Je sais qu'il est absolument impossible d'en comparer réellement le sens ou la profondeur. Sur le plan de la conscience supérieure, toutes deux étaient à jamais entières, que ce soit avant ou après leur changement, et ici, le critère de profondeur n'a aucun sens.

quelques mois plus tard, le regain de la maladie qui, en fait, s'était même étendue.

Elle est morte environ un an après notre première rencontre, malgré cette brève rémission et l'espoir qu'elle laissait entrevoir. Théodora était une personne remarquable, et sa disparition m'emplit de tendresse et d'un sentiment de perte.

Pour parler de l'ouverture énergétique de Théodora qui a, je crois, entraîné sa rémission momentanée, j'ai besoin de comprendre plus précisément ce que fut mon expérience avec elle. Ce sont évidemment des données subjectives et, en tant que telles, limitées. Mais c'est la seule façon de procéder, étant donné que nous parlons ici d'une dimension que l'on ne peut aborder selon des méthodes scientifiques traditionnelles. Je ne parle pas seulement d'impressions superficielles, mais plutôt d'une appréhension profondément intuitive de la présence de Théodora et de la façon dont elle toucha ma conscience.

Avant tout, j'éprouvai immédiatement de la sympathie pour Théodora. Elle rayonnait d'intelligence et de beauté. C'était une chanteuse d'opéra en vogue. Elle avait un immense talent, qui lui avait valu une reconnaissance rapide. Elle avait fait le voyage depuis l'Europe pour venir au séminaire. Je me sentais flatté et avais à coeur que son expérience fût la plus riche possible. Ceci aurait dû être le premier signal m'avertissant que j'étais en train de perdre mon impartialité. J'étais évidemment séduit, et rétrospectivement, il est aisé de voir que je ne demandais qu'à l'être. Je me sentais néanmoins en même temps repoussé. Théodora avait une auto-détermination puissante; elle voulait ne s'appuyer que sur elle-même, ce qui est admirable, mais émettait un message double. D'une part, elle disait : «Aidez-moi, je suis prête» et, de l'autre, elle avait déjà déterminé ce qu'elle voulait qu'il se passe, et ce qu'elle pensait avoir besoin d'apprendre. J'éprouvais un sentiment de fragilité. Son auto-détermination avait quelque chose de plus que l'habituel degré de contrôle.

Théodora suscita en moi une sensation de richesse spirituelle, comme si elle avait connu — ou était sur le point de connaître — la totalité transcendantale. Peut-être était-ce un effet de sa mort imminente. Je sentais quelque part l'attrait de cet aspect supérieur; je le sentis passer dans sa voix lorsqu'elle chanta. Ce côté-là s'offrait à moi et à la vie elle-même pour s'unir à quelque chose au-delà de ce monde. Cependant, lorsque nous devenions proches, une force équivalente nous séparait et imposait la distance. Elle exprimait un désir de contrôle et son intention de rester sur son point de vue. La façon même dont elle envisageait de soigner son cancer s'en ressentait. Elle avait refusé tout traitement traditionnel et préférait essayer certaines approches plutôt exotiques. Peut-être pressentait-elle qu'une ablation aurait ruiné sa carrière — et cela, effectivement, aurait très bien pu arriver. En ce sens, elle accordait plus d'importance à son talent et à sa carrière qu'à sa vie. Mais il y avait autre chose. On aurait dit que son cancer avait une signification profonde — qu'elle en avait besoin et n'y renoncerait que lorsqu'autre chose aurait pu le remplacer. Il m'apparut que Théodora ne recherchait pas seulement la guérison. Elle voulait une prise de conscience. Ceci la rendait plus attirante encore et ma relation envers elle s'en trouva moins inconditionnelle.

J'essayais de comprendre et de résoudre ce jeu subtil d'attraction-répulsion qui me tenait, chaque fois que j'avais affaire à elle. Je me rendais compte que j'étais à la fois attiré et intimidé par sa beauté et son talent. Je savais que j'attendais d'elle cette réponse énergétique que j'éprouve avec beaucoup de participants, et que je ressens sur le plan énergétique comme la continuation de mon être propre et de mon corps. La profondeur et la possibilité que je savais présentes me poussaient à m'impliquer personnellement. Je me mettais, de ce fait, en conflit direct avec une sagesse plus profonde qui, elle, savait que je ne pouvais l'aider pleinement s'il en était ainsi. Théodora était un mets magnifique qu'il ne m'était pas permis de goûter tout à fait.

Je savais aussi que lorsque je me trouve dans certain état, je n'en suis pas seul responsable; je suis un reflet de la dynamique énergétique de l'autre. Qu'en était-il de Théodora qui, tout à la fois, invitait et repoussait, s'ouvrant en permettant tous les espoirs et se refermant en même temps ? Elle ne pouvait, de toute façon, laisser se fondre avec son moi personnel cette vaste profondeur énergétique que je ressentais. Je comprends rétrospectivement que son cancer était le terrain de bataille sur lequel elle avait entrepris cette intégration, et j'ai le sentiment qu'elle le savait.

Et tout à coup, elle s'ouvrit. Comme l'énergie du séminaire devenait de plus en plus subtile, son contrôle d'elle-même commença à se dissoudre. Elle s'agita tout d'abord et invoqua toutes sortes de questions mentales pour juguler son énergie. Mais elle n'y put rien et en fin de compte perdit tout contrôle. Le sentiment de séparation s'effaça et, pendant un court moment, je pus goûter la promesse qui attendait depuis toujours. Mais Théodora, en devenant disponible sur le plan énergétique, éprouva une terreur sans nom.

A l'inverse de Laura qui s'était ouverte à un sentiment d'Accord, à une dimension qui va bien au-delà du domaine de l'identité et du soi personnel, Théodora s'ouvrit à la dissociation. Elle avait accès à une dimension supérieure, tout en demeurant cristallisée autour de son identité personnelle. Sur le plan du moi égoïque, ceci revient à se sentir, sans l'avoir voulu, dissous ou annihilé.

Je ne sus que longtemps après qu'elle avait déjà connu cet état. J'appris qu'on l'avait considérée comme schizophrène et qu'elle avait été hospitalisée plusieurs fois entre dix-huit et trente ans. Ces épisodes furent caractérisés par une terreur existentielle qui la paralysait. Sa vie se dispersait à chacune de ces manifestations. Vers trente-cinq ans cependant, elle s'engagea totalement dans le chant, et sa carrière s'épanouit à toute vitesse. Sa terreur alors disparut, et cette nouvelle vie durait depuis quatre ou cinq ans lorsque le cancer fit son apparition.

Théodora ressentit ce retour de la terreur existentielle durant le séminaire comme un échec, une terrible régression. Elle était encore imprégnée de son vécu antérieur, et ceci provoqua une interprétation négative et effrayante de cette expérience essentiellement nouvelle déclenchée par les énergies du groupe. C'était pourtant cette possibilité même — dépasser sa structure psycho-énergétique de base — qui l'avait décidée à venir; mais quand elle perdit contrôle et dut renoncer à ses limites habituelles sous la force de l'énergie qui s'élevait, Théodora se sentit une nouvelle fois submergée Elle manquait de la foi nécessaire pour aller plus loin, pour faire confiance à une expérience aussi épouvantable et se permettre de la considérer d'un oeil neuf, malgré son auto-détermination par ailleurs si puissante. C'était, en fait, la force de son égo qui avait établi cet espace si terrifiant; elle ne pouvait pas lâcher prise.

Comme dans le passé avec ses docteurs et thérapeutes, elle se tourna vers moi désespérément pour que je l'aide. Si j'avais eu connaissance de son passé, peut-être aurais-je insisté pour lui faire comprendre à quel point était claire et pleine l'énergie qu'elle ressentait, et l'aurais-je encouragée à s'appuyer davantage sur ce qu'elle était en train de vivre. Mais déjà j'avais perdu mon impartialité, j'étais personnellement impliqué; je me sentis poussé à intervenir et à essayer de l'aider. Ignorant un malaise intérieur qui m'aurait enjoint de ne rien faire, j'accordais mon énergie sur la sienne pour intensifier et affiner la qualité de son espace, et peut-être l'aider à passer le cap. En même temps, je la faisais respirer profondément. Je n'avais jusqu'à présent procédé ainsi qu'une seule fois, et l'intervention alors fut complètement spontanée, sans aucun caractère d'urgence. Elle s'était avérée tout à fait appropriée. C'est en fonction de ce souvenir que cette fois-ci j'intervins, mais avec un sentiment d'urgence.

Je comprends pourquoi les gens croient que les démons existent. Au vu de l'énergie qui la traversait et de sa terreur, on aurait pu croire qu'il se produisait quelque chose de diabolique. Derrière l'apparente intensité de sa panique, il y avait cependant quelque chose en elle de plus vrai, de plus disponible. Sur le plan énergétique, elle était totalement ouverte et stimulée, davantage probablement que lorsqu'elle chantait. Si nous sommes bien préparés et arrivons à laisser l'expérience se dérouler naturellement, c'est lors d'une ouverture de cette sorte qu'est susceptible de se produire une nouvelle intégration des énergies. Théodora, cependant, ne put abandonner son point de vue égocentrique, sans que ce fût un choix conscient. Il arrive que le processus se déroule ainsi.

Prenons l'exemple du morceau de sucre plongé dans l'eau chaude. Ce morceau de sucre représente l'identité au niveau égoïque. En tant que sucre, il peut se résoudre dans son essence et bientôt se fondre à l'eau et emplir tout l'espace. Mais il peut aussi s'accrocher à son identité de morceau et se sentir détruit. Certains Soufis nomment cet espace «couloir de la folie». Théodora y était enfermée. Jamais elle n'aborda, comme Laura, ce sentiment transcendant d'intégration. D'après mon expérience, il est impossible d'aller plus loin si le centre de la conscience n'a pu se libérer de la dynamique égoïque. Il y a tout simplement trop d'énergie en provenance de la Conscience indifférenciée ou incréée pour le réceptacle de l'égo de base. Les énergies de Théodora, en s'élevant, l'avaient conduite aux limites de sa structure égoïque; mais son souvenir de ces périodes de schizophrénie était trop vif pour qu'elle puisse lâcher prise. Elle ne pouvait avoir confiance.

Avec mon aide, Théodora put atteindre la paix, et ce fut pour elle merveilleux, nouveau et libérateur. Mais je savais déjà que cette paix n'était pas aussi profonde qu'elle aurait pu l'être. Elle était en paix, mais elle avait dissipé ou déchargé l'énergie au lieu d'en transcender la dynamique dans un niveau supérieur. Ce calme était celui qui suit un orgasme, celui qui conclut un travail intensément cathartique. Elle avait retrouvé son contrôle, bien qu'à un niveau de vitalité plus pur; mais la porte qui s'était entrouverte au milieu de la panique s'était déjà refermée.

Pour altérer la conscience, on a beaucoup utilisé les techniques visant à créer la tension jusqu'à l'obtention d'une détente presque explosive. Ces techniques s'appuient sur l'hyper-ventilation, de longs moments d'assise dans le calme, les psalmodies ou le jeûne. J'ai, à un moment ou à un autre, fait appel à toutes ces méthodes dans mes travaux, mais, même si j'ai employé semblable procédé avec Théodora — qu'elle-même aurait considéré comme efficace, j'ai des réserves à émettre. Si ces techniques contribuent effectivement à améliorer la conductivité énergétique, c'est dans le même esprit que ces exercices intensifs entrepris pour fortifier nos muscles. Ce sont des techniques qui développent concentration et volonté en vue du lâcher-prise, et permettent d'apprendre à pouvoir supporter les énergies supérieures. Toutes ces approches, donc, font appel au vecteur transformateur de l'Intensité et élèvent l'énergie; mais elles ont tendance à être considérées comme une fin en soi. L'expansion momentanée de la conscience passe pour un progrès spirituel et nous détourne d'une vitalité plus intense.

Qui plus est, la profondeur et le potentiel de réalisation dépendent subtilement du contexte que crée notre état de conscience lorsque nous abordons intentionnellement ces pratiques. Le désir même d'altérer sa conscience est une forme d'auto-manipulation, et donc une réaction contre sa condition présente. Le changement alors obtenu repose, en vérité, sur un fondement bien chancelant. Si un espace «nouveau» a pu se faire jour provisoirement, il était déjà prémédité et pré-programmé en vue d'un certain résultat. Il n'est donc pas susceptible de provoquer une nouveauté ou une liberté vraie, puisque l'égo a gardé inconsciemment le contrôle de l'opération. C'est une toute autre chose de découvrir spontanément ce même procédé, car on aborde alors avec créativité l'instant de la transformation. Il est tout à fait possible que ce soit justement la clef qui permette à l'énergie de se libérer et d'avoir accès à une note fondamentalement nouvelle. Cette clef a ici pour nom Implication Créatrice. Enfin, la conscience du guide intervient, elle aussi, subtilement pour donner aux possibilités leur configuration. C'était donc ma propre intention consciente de faire quelque chose qui avait conditionné l'expérience de Théodora.

Théodora me téléphona quelques jours après le séminaire pour me dire que son médecin avait confirmé que ses nodules lymphatiques n'étaient plus sensibles au palper, et que sa tumeur au sein avait considérablement diminué et n'était plus enflammée. Je la poussai encore une fois à lâcher-prise et lui suggérai qu'il serait peut-être plus sage qu'elle s'accorde une période de «flottement» pour permettre aux nouvelles possibilités de faire surface, au lieu de s'en retourner immédiatement vers son foyer et sa carrière. Elle acquiesça mais n'en fit rien. Neuf mois plus tard environ, lorsqu'elle m'appela de nouveau, elle était chez elle et avait épousé son compagnon. Elle avait évoqué la difficulté que lui posait la relation avec cet ami, dont la carrière commençait juste à s'épanouir, et était pour lui primordiale. Il n'avait pas le temps, ou le désir réel, d'être à ses côtés et de la soutenir dans l'épreuve de son cancer. Pourquoi alors se sont-ils mariés ? Jamais nous ne le saurons. J'imagine que l'intensité et la vitalité émotionnelle de leur relation était indispensable à Théodora, comme autant de substituts à son ouverture profonde et à sa douleur existentielle. Dès les premières semaines de son mariage, son cancer se réactiva furieusement et gagna du terrain. Elle avait mal et la tumeur originelle était grosse comme jamais. De nouveau, elle cherchait à se battre contre la maladie. Mais à cette époque, son énergie la fuyait déjà.

Elle se sentit trop faible pour assister à un autre séminaire et aborder une nouvelle opportunité de lâcher-prise. Elle y avait renoncé et avait recouvré son contrôle, envisageant à présent les rayons et la chimiothérapie. Mais il était trop tard.

Je crois qu'avoir aidé Théodora à purger l'énergie de sa peur bouleversante n'était pas un service à lui rendre. Rétrospectivement, je pense qu'il eût peut-être été préférable de la laisser vivre cet état, malgré la terreur, pour lui permettre d'y trouver sa propre issue. Quand je pense à l'amélioration, impressionnante mais brève, provoquée par cette courte expérience, je suis enclin à croire que ce débloquage cathartique a réellement court-circuité une crise salutaire. Mais tout comme le passage du seuil mystique est fonction de la Grâce, n'est-ce pas Elle aussi qui permet que la porte ne s'entrouve qu'à moitié, ou même reste close ? Il n'y a vraiment aucun moyen de savoir où est la vérité. Si, donc, j'eus souhaité qu'il en fût autrement pour Théodora, je ne l'en tiens pas et ne m'en tiens pas responsable. Mais j'ai cependant des regrets : il est difficile de ne pas en avoir, lorsqu'on sait à quel point sont précieux les passages essentiels, et que toutes les forces nécessaires à un profond changement ont enfin convergé, sans que nous soyons capables d'aller pleinement à leur rencontre.

Théodora n'a-t-elle vraiment fait qu'une partie du chemin ? A-t-elle manqué son plein potentiel ? Le retour de son cancer et sa mort ne me servent-ils pas d'arguments pour le prouver ? Il est si facile, tentant même, de procéder de la sorte. C'est une hypothèse qui me fait frémir, car elle fait équivaloir santé avec justesse et réussite, et donc maladie avec échec. Elle met également sur le même plateau de la balance transformation radicale/guérison et accomplissement, et ceci ne peut être. C'est la Grâce ! Nous faisons néanmoins toujours inconsciemment la même chose : vouloir nous battre contre la maladie. S'il y a un vainqueur, ce doit être la santé. Mais je sais que c'est un point de vue trop restreint.

La maladie fait partie de la santé. Elle n'en est pas l'opposé. C'est un nouveau paradoxe. Nous ne pouvons comparer une personne à une autre lorsque nous abordons la totalité de l'instant. Je mets en parallèle les expériences réciproques de Laura et de Théodora, en vue uniquement d'établir une relation profonde entre le passage par la discontinuité de conscience et le rétablissement du corps-esprit. Je suppose même qu'il existe des degrés dans la discontinuité, et que la réponse psycho-physique en subit l'influence. Mais cette différence ne nous permet aucunement de juger plus avant la valeur intrinsèque ou la réussite de la vie d'autrui.

Jamais je n'ai rencontré personne plus inspirée que Théodora. Sa valeur intrinsèque n'est pas remise en cause du fait qu'elle n'a pas fait le pas que j'aurais souhaité lui voir faire. Je ne puis, après tout, pas chanter comme elle, et ne puis justifier ma réalisation. Elle s'est produite. Peut-être m'y suis-je préparé toute ma vie sans le savoir, peut-être même y ai-je consacré plusieurs vies; et alors ? Le sens de la vie de quiconque ne peut être évalué sur le plan relatif; il doit être apprécié dans sa totalité intrinsèque. Si nous considérons que Théodora a échoué parce qu'elle aurait pu aller plus loin (c'est-à-dire guérir), nous regardons vraiment sa vie par le petit bout de la lorgnette.

Il est aussi dangereux que bienfaisant, pour une conscience ordinaire, d'essayer de saisir ce que l'on veut dire par «Conscience supérieure». Le «bon» côté, c'est que l'on met en avant une possibilité qui n'est pas l'extension linéaire du point où nous en sommes actuellement. Le «danger», c'est qu'en évoquant cette possibilité, nous la comparons avec ce que nous sommes ou avons été pour, souvent, le dévaluer. Observer la vie est une chose; tirer des conclusions (le perfide, «par conséquent») en est une autre. On peut raisonnablement penser que la réalisation s'accompagne souvent d'une guérison. Mais dire que «par conséquent», nous devrions travailler en vue d'une réalisation qui nous permettrait de guérir n'est pas acceptable. C'est une attitude qui restreint, en fait, notre relation à la vie, et qui, par là, infirme notre aptitude à vivre pleinement et à atteindre la réalisation.

Rejeter un aspect de l'existence pour atteindre un autre état de conscience n'est pas le genre d'équilibre qui puisse permettre de passer à une conscience supérieure. C'est, je crois, s'exposer à la résistance, à l'angoisse et à la douleur, que vouloir aborder le potentiel supérieur en dévaluant celui qui est nôtre.

Paradoxal est le chemin de la vitalité radicale, et le plus difficile sans doute est que, pour atteindre la totalité, il nous faut être total. C'est la raison pour laquelle la guérison profonde — de soi-même ou de l'humanité — ne peut s'appuyer sur un postulat de problème ou de maladie. Elle ne peut être abordée que lorsque nous prenons conscience que nous sommes tous déjà entiers depuis toujours.

En puisant dans mon expérience, j'aurais pu aider Théodora par d'autres voies. La dernière chose dont elle avait besoin était mon implication émotionnelle. Mon aptitude à agir comme une porte ouvrant sur la transformation s'en est trouvée diminuée. Je comprends après coup cet amour profond que j'ai éprouvé pour elle. Je vois que cet amour, dont les racines plongeaient dans une dimension totalement impersonnelle, se faisait trouble au niveau d'une implication plus personnelle. La confusion est facile, et nombre d'entre nous se laissent prendre. Nous sommes attirés l'un vers l'autre par un chant intérieur profond de reconnaissance. Nous sentons l'un l'autre le rayonnement de la vitalité, la porte de l'âme qui s'ouvre sur une dimension hors du temps, par l'intermédiaire peut-être de notre force vitale ou de la profondeur de notre douleur. Nous lui répondons différemment. Nous l'appelons beauté ou Grâce. L'empathie qui naît alors peut devenir désir d'aider ou de réconforter. Peut-être même sommes-nous incapables de nommer ce que l'autre a éveillé en nous. Nous sommes attirés, et, sans saisir l'origine de ce chant, essayons de lui répondre personnellement.

On est parfois très solitaire lorsque l'on enseigne. Même avec les amis qui m'entourent, j'essaie toujours de lutter pour ne pas franchir la limite où l'implication personnelle risquerait de trahir une possibilité plus profonde. Toujours j'essaie d'accorder les deux termes, car mon désir le plus profond est d'y parvenir. A n'importe quel moment, cependant, la relation peut devenir trop dépendante, confuse; et l'objectivité, le détachement, qui nous permettraient d'atteindre un niveau où nous tous serions plus créatifs, peuvent me faire défaut.

Ma rencontre avec Théodora s'est produite au début de mes travaux. Je ne savais pas alors aussi pleinement qu'aujourd'hui que le pouvoir le plus profond ne se situe pas dans ce que je fais, mais dans ce que je suis. Je savais que Théodora avait besoin d'amour, je savais que, s'il n'a pas franchi l'étape de la vitalité supérieure, cet amour est trop séparatif. Mais elle ne pouvait trouver en moi l'amour qui lui fallait. Il devait jaillir spontanément d'elle-même. Si le temps nous avait permis de développer cette relation entre nous, peut-être cette Grâce aurait-elle suffi pour la sortir de sa terreur. Je ressens dans nombre de mes relations une profonde connection mystique d'amour et de confiance, immédiatement perceptible, se manifestant après que nous ayons passé un peu de temps ensemble. Je ne fais rien d'actif qui puisse la provoquer. C'est plutôt la spontanéité de leur reconnaissance et de leur amour qui semble leur permettre d'aller plus profondément en eux-mêmes. La réalisation de mon Etre est peut-être, quelque part, l'agent de cette qualité de relation. Mais ce n'est rien que je crée consciemment.

Je me demande si Théodora aurait été à même d'atteindre cette qualité de relation, avec moi ou avec un autre. Elle avait toujours fait preuve d'une auto-détermination puissante. Jamais elle ne s'était laissée aller à être vraiment vulnérable, à dévoiler son intimité. Oh, je crois qu'elle savait ce qu'est l'amour. C'était cette force qui l'avait conduite à se vouer à la créativité et à la beauté. Mais elle était trop impersonnelle pour pouvoir ancrer l'amour plus mystique, qui a besoin d'une relation au sens dévotionnel. J'imagine que sa dévotion à son fiancé, malgré l'égoïsme dont il fit preuve, était sa manière à elle d'essayer d'honorer le besoin de connaître cet amour — de lui donner un espace où il puisse éclore. Mais Théodora n'avait pas le temps.

Son cancer était une bombe à retardement dont l'horloge égrenait les heures, et elle cherchait désespérément (nous cherchions ensemble) une solution, avant que tout ne soit en place pour qu'elle explose.

Je compris plus tard, lorsque sa maladie refit surface et que j'examinai de plus près mes actes, que j'avais cherché à lui apporter cette qualité de relation. Mais je n'étais pas clair. Je voulais être son ami et refusais cependant de reconnaître l'amour personnel que je lui portais. J'essayais, en compensation, de l'exprimer dans mon travail, sous forme de catalyseur d'énergie. J'aurais dû me rappeler mes cours de biochimie. Jamais un catalyseur ne se consume dans la réaction. Un catalyseur efficace est simplement présent, et c'est une intégrité supérieure qui mélange les ingrédients et induit le résultat.

CHAPITRE NEUF

Propos sur le cancer et la schizophrénie

Au premier abord, il semble vraiment injuste que Théodora n'ait pu, en définitive, venir à bout de son anxiété paralysante, se servir de son immense potentiel de créativité, et enfin avoir accès à une vie réussie et pleine d'intérêt, que pour mourir d'un cancer. S'il est courant que le cancer tende à se manifester sur une période de un à cinq ans après une perte importante, nous avons apparemment ici affaire à la dynamique opposée. D'un point de vue conventionnel, la vitalité et la santé de Théodora allaient de toute évidence en s'améliorant. Son cancer fut-il juste une autre épreuve, ou bien a-t-il une relation avec la résorption de sa schizophrénie ? Si, comme je l'ai dit, une vitalité accrue manifeste une transformation effective, alors pourquoi le cancer ? Pourquoi a-t-elle connu une rémission temporaire, puis est-elle retombée malade ? Qu'est-ce qui, dans la nature de sa terreur et la solution toute proche, représentait pour elle ce pouvoir de guérison ?

Précisons d'abord que, pour moi, le terme «vitalité accrue» signifie ici expansion multidimensionnelle de conscience, sans nécessairement parler de l'apparente vitalité que dégagerait la carrière d'un chanteur professionnel, ou de l'activité extérieure que l'on associe si souvent à la notion de vitalité. La vitalité est, par-dessus tout, un attribut de la conscience lié à l'énergie et à la limite, à l'individualité et à la transcendance de soi. Je pense que cette peur intense correspondait à l'ouverture des limites de Théodora. Elle était au seuil de l'éveil, là où l'égo individuel se dissout dans une dimension plus vaste, et où l'identité personnelle se consume en se fondant dans sa source numineuse. Peut-être ceci ressemble-t-il à cette dissolution des limites survenue à plusieurs reprises dans sa vie, cette prétendue schizophrénie — tout à la fois cauchemar et profond appel de son âme.

«D'abord, il y a un arbre et la montagne; puis il n'y a pas d'arbre et pas de montagne; et enfin il y a encore une fois l'arbre et la montagne». Cette parole Zen s'imposa à mon esprit lors de mon ouverture. Encore que l'on puisse l'interpréter à différents niveaux, elle me semblait résumer succinctement ce que j'étais en train de vivre. Elle fournissait à mon intellect une référence mystique qui s'avéra représenter une force vitale. J'avais vécu (nous vivons tous) à un niveau de conscience où les objets de la conscience, l'arbre et la montagne, ne sont pas remis en cause. Puis il n'y eut tout à coup plus de «je» distinct de ces objets; ils existaient certes toujours — je pouvais voir les montagnes et les arbres — mais ils étaient soudain devenus moi-même. Ils n'existaient plus comme objets en soi. La conscience sujet-objet reprit ensuite son rôle dominant, et la montagne et l'arbre redevinrent des objets. Mais dès lors, tout avait changé et je savais l'illusion que représente le sens de séparation inhérent à la conscience ordinaire. La réalisation m'a apporté inspiration et capacité de vivre à nouveau, mais elle fut aussi l'une des expériences les plus difficiles et les plus bouleversantes qu'à mon avis un être humain est susceptible de vivre.

Je crois bien que c'est une expérience qui se produit sans cesse à différents degrés. Lorsque le niveau est très profond, elle provoque un choc existentiel important, que peu de gens peuvent intégrer sans être aidés. De toute évidence, l'approche médicale traditionnelle et l'assistance psychiatrique sont une tentative d'intégration. La religion, dans son sens le plus profond, le plus ésotérique, est une autre approche de la même dimension.

Je puis, quant à moi, témoigner de l'aide profonde que m'ont apporté l'art religieux et l'écriture mystique lorsque j'ai plongé tout à coup dans le cours de la réalisation. Je me souviens m'être étendu et avoir écouté *le Messie*, le soir de mon ouverture.

En le choisissant, mon ami avait fait preuve d'une intuition formidable. J'entendis soudain clairement ma propre expérience décrite en un langage hautement symbolique. Le sens en était clair. Des phrases comme «Toute guerre est achevée, toute iniquité pardonnée» révélaient la paix intérieure qui m'avait envahi un moment, quelques mois avant mon ouverture, lorsque tout allait bien et que la vie me paraissait facile. «Les vallées seront rehaussées, les montagnes et les collines aplanies, les chemins escarpés seront adoucis et droits seront ceux qui étaient tortueux. Faites pour notre Dieu une route droite dans le désert...» me parlait de ce moment où je renonçai à m'identifier aux hauts et aux bas émotionnels de la vie. Cette phrase portait en elle le sens de ma propre expérience, où j'accordais mon attention à l'espace de ma conscience et non plus à son contenu. Elle décrivait ce passage transitoire qui débouche sur l'ouverture et la réalisation, ou bien sur une discipline et un style de vie continus.

Enfin, des phrases comme : «Qui se tiendra debout lorsqu'Il paraîtra car Il est comme le feu d'un chaudronnier...» et «Dans cette chair, nous verrons Dieu...» décrivaient la façon dont «J'» avais été tout bonnement submergé par l'énergie, au point qu'à aucun niveau mon identité personnelle ne pouvait se sentir sécurisée. Chaque facette de mon identité, de mon contrôle, de mon amour de moi était impitoyablement soumise à l'éclairage d'une vitalité absolument neutre et détachée. Dans la mesure où j'étais attaché à une quelconque structure relative de conscience, ou m'y identifiais fortement, je me sentais brûler comme dans le feu d'un chaudronnier jusqu'à ce que je lâche prise. Je pouvais sentir s'éveiller la totalité de mon corps sous cette force.

Chaque cellule vivait et le courant qui illuminait le moi physique passait, tantôt trop puissant, tantôt indiciblement doux et élevant. Cette oeuvre musicale que j'avais tant de fois entendue sans jamais la comprendre, tout à coup situait le contexte de tout ce qui m'arrivait; et là, allongé sur le sol, je goûtai l'énergie même de la musique qui me transportait vers l'union, la paix et la gloire.

Bien des gens ne savent pas apprécier l'héritage immense que représentent l'art, la pensée et le rituel religieux, comme autant de repères qui nous permettent d'intégrer le processus d'éveil et de le porter à maturation. Ceux pour qui la conscience mystique et religieuse n'est d'aucun secours auront beaucoup de difficultés à vivre une ouverture de cette sorte. Certains pourront trouver dans les médicaments et l'hospitalisation le salut de leur vie. Mais toutes les dépressions ne sont pas une solution.

Les soins psychiatriques qu'a reçus Théodora l'ont, de toute évidence, aidée à donner un sens à son intégration, d'un point de vue fonctionnel et comportemental, ainsi qu'en témoigne sa carrière. Je me demande, néanmoins, si ce niveau d'intégration permet une compréhension suffisante de ce que sont le potentiel humain et les forces qui nous dirigent dans la vie. J'imagine que Théodora a, en fait, été presque toute sa vie en quête de cette impulsion de transformation. Elle était, je pense, au seuil de l'état intermédiaire de l'espace «plus de montagne», où le soi égoïque retourne se fondre dans la conscience indifférenciée au cours du processus d'éveil. Etant donné sa jeunesse et l'absence d'un modèle de sagesse qu'elle aurait pu invoquer, le combat a dû être terrible. La profondeur très esthétique de son être était à mon avis plus proche du mysticisme que de l'art, encore qu'ils soient d'essence similaire. S'ancrer dans le domaine artistique suffisait à rétablir une vie fonctionnelle et, en de nombreux aspects, inspirée; mais cette expression artistique ne pouvait combler la pleine profondeur de sa vitalité.

Je me demande si une identité fonctionnelle, aussi réussie soit-elle, payée du prix de l'impulsion mystique, a jamais permis l'intégration. Cette intégration ne peut être attestée que par le seul changement de la note de conscience, naturellement suivie d'une expression nouvelle de la vie. Comme nous l'avons vu, c'est l'une des opérations les plus mystérieuses et difficiles à comprendre ou à aborder. Au cours du séminaire, Théodora, une nouvelle fois, s'est tenue au seuil de l'énergie nouvelle. La simple et brève approche de cet espace à suffi pour immédiatement libérer sa vitalité plus profonde et, nous le savons, déclencher une guérison partielle de son cancer.

Cancer et schizophrénie, mécanismes de haute-énergie

Le changement vers un niveau supérieur d'énergie passe toujours par une perte momentanée de nos limites. Au cours de ce changement, toute la nature psycho-physique se réorganise, se reconstitue à différents degrés, par rapport à un archétype de vitalité. J'imagine que cette reconstitution *peut* atténuer ou guérir n'importe quelle maladie, sans pour autant vouloir en faire une nouvelle modalité de traitement. Je souhaite plutôt attirer l'attention sur un phénomène qui se produit continuellement : nous sommes en échange constant entre la structure de base de la conscience sujet-objet (le corps égoïque) et les dimensions supérieures (le corps divin). Le style de vie de tout individu sera plus ou moins transparent, permettant plus ou moins cet échange et l'accès à une vitalité plus profonde. Si l'on est relativement dense ou cristallisé, la vitalité s'exprime sous une forme moins immédiatement liée à une totalité plus profonde. Ceci me paraît être l'un des fondements du cancer. De même, une très grande réceptivité aux dimensions plus vastes accompagnée d'une incapacité à condenser de façon adéquate un sens de l'identité personnelle, présente aussi des difficultés. J'y vois l'un des fondements de la schizophrénie.

Je me suis intéressé à la relation entre cancer et schizophrénie après mon propre éveil. Je me souviens de statistiques intéressantes qui démontraient que les schizophrènes n'ont un cancer que pour un quart, voire un cinquième de la population générale.

Je me suis alors demandé si cette relative immunité au cancer manifestée par les schizophrènes pouvait avoir un rapport avec le fait que leur ouverture énergétique est différente. Au cours de mes travaux, j'avais lentement acquis une expérience de plus en plus importante de ces deux catégories de maladies. Dans les premières années qui suivirent mon ouverture, un grand nombre des clients privés que je reçus en consultation avait un cancer. Mon travail avec eux s'appuyait sur un dialogue méditatif et intuitif, et sur un échange direct d'énergie.

A la même époque, je fus nommé médecin «spirituel» au Saint-George Homes, organisme destiné aux jeunes schizophrènes et autistes. Bien que la majeure partie de mon intervention concernât le personnel soignant, j'eus quelques contacts avec les jeunes.

Leur ouverture énergétique me stupéfia. Je les vis, lorsque je m'approchais d'eux, aligner leur corps comme pour faire de leur énergie un bouclier. Il était évident que, bien que leur fonctionnement personnel fût grandement désorganisé, ces enfants avaient une sensibilité exceptionnelle. Il était clair également pour moi qu'ils vivaient à un niveau d'énergie supérieur à celui des individus «normaux» qui travaillaient pour les aider à fonctionner. Je remarquai que l'énergie la plus élevée entraîne toujours l'énergie inférieure. Ainsi, si l'équipe soignante voulait avoir un plus grand impact sur les enfants, elle devait pouvoir accéder à un niveau d'énergie supérieur. Nous décidâmes donc d'organiser une fois par semaine un séminaire et, certains week-ends, des retraites pour faire travailler l'équipe sur l'énergie de groupe. A la suite des retraites, l'équipe soignante arrivait à rester plus centrée autour des enfants, et ceux-ci se montraient plus coopératifs, en présence d'une équipe fonctionnant à un niveau d'énergie plus élevé.

Par opposition à ces enfants schizophrènes, les personnes cancéreuses que je voyais avaient une sensibilité beaucoup moins développée. Elles étaient bien ancrées dans le monde, très fonctionnelles, mais on aurait dit que toute l'énergie supérieure résidait dans leur cancer plutôt qu'en eux-mêmes.

Ce que nous appelons *cancer* est un phénomène extrêmement diversifié. De fait, il n'y a en réalité aucune définition simple de la maladie, parce que celle-ci ne suit aucun schéma particulier si ce n'est celui des métastases. La métastase — l'aptitude de la tumeur à s'étendre, de diverses façons, aux autres parties du corps — est le seul phénomène reconnu qui puisse définir cette entité multiforme qu'est le cancer. Mais la métastase elle-même est un mystère. Il est des cas où, de toute évidence, le cancer s'étend par simple expansion locale, ou bien se transmet par le sang ou la lymphe. Mais il y a tout un aspect de l'expansion qui ne peut s'expliquer ainsi. Il est induit par le sens même du mot métastase. *Meta* signifie «se déplacer au-delà», «venir après, succéder». J'y vois une explication transcendante et transformatrice. Le mot *stase* implique un état stable; ainsi *métastase* signifie «dépasser ou transcender un état stable», et c'est ce qui se produit parfois : la maladie apparaît dans d'autres parties du corps, alors qu'il n'existe aucune forme de contact connue. Ceci me fait penser à la façon dont les idées jaillissent en divers endroits du monde en même temps, sans qu'il y ait eu de contact extérieur.

Il est évident que le cancer est une force de transformation qui se manifeste au niveau physique. Il se produit une discontinuité de la dynamique normale selon un nouveau processus énergétique. Dans *The I That Is We*, j'établis que le cancer est une maladie de haute énergie. Les cellules cancéreuses disposent elles-mêmes de pouvoirs inhabituels. Outre la rapidité à laquelle elles se multiplient, elles sont capables de communiquer avec les cellules normales et de les utiliser pour se relier. Les cellules cancéreuses peuvent s'adjoindre des cellules immunisées, de sorte que la réaction inflammatoire qui s'ensuit va isoler la tumeur. Elles ont le pouvoir de créer des vaisseaux sanguins supplémentaires autour de la tumeur pour la nourrir. La liste de ce dont elles sont capables est stupéfiante.

Dans certains cancers, les gènes se transforment pour déclencher une croissance anormale des cellules. Ces «gènes», appelées *oncogènes* lorsqu'ils déclenchent le cancer, ont pour fonction normale spécifique de limiter la croissance. En présence d'un cancer, c'est comme si un signal avait été donné pour transcender la limite d'âge et permettre cette croissance. Cette limitation est tellement fondamentale à la vie que ces mêmes gênes que l'on trouve dans l'homme existent également dans le moucheron.

Dans toute spécialisation, on assiste à une affirmation du potentiel individuel. Ceci s'applique tout autant aux cellules du corps qu'aux personnes impliquées dans la société comme faisant partie d'un tout. Lorsque l'amibe a évolué en une forme de vie multi-cellulaire, elle a perdu une grande partie de sa liberté et de son potentiel. Il en est de même pour celui qui, en se spécialisant dans un travail particulier, contribue à améliorer les possibilités de son entreprise, mais sacrifie grandement sa liberté et son aptitude à exprimer toute la gamme de son énergie.

La spécialisation implique, en un sens, que l'on se condamne à vivre à un niveau énergétique inférieur. Ce n'est cependant pas nécessairement vrai, si chacun de nous contribue à élaborer la possibilité d'une énergie supérieure, qui pourra s'épanouir grâce à notre effort collectif (multi-cellulaire). Cependant, je suppose que ni l'individu moyen, ni la société en général, n'ont connaissance du potentiel qui permet d'incarner l'énergie la plus élevée possible. Comme Laura, nous nous cristallisons littéralement sur l'identité lorsque nous grandissons.

Dans le cas du cancer, la cellule a un métabolisme très élevé, se divise rapidement, et par conséquent reste immature et peu différenciée. Si nous considérons que les énergies supérieures (l'impulsion de transformation) cherchent à s'exprimer dans une existence incarnée, il se peut qu'une cellule immature soit davantage à même de répondre au réveil de l'énergie qu'une cellule arrivée à maturité, qui, elle, a perdu la plus grande partie de sa liberté. La gamme d'énergies à laquelle cette dernière peut prétendre est strictement limitée. Elle ne pourrait, dans le cas contraire, pas jouer son rôle particulier dans le fonctionnement global.

Il est possible que les cellules cancéreuses restent ainsi indifférenciées pour ne pas perdre leurs forces dans un système énergétique moins élevé. En d'autres termes, la seule possibilité d'incarnation réside, pour l'énergie supérieure, au niveau de la cellule primitive, du fait que la vitalité est totalement soumise à ce tout que représente le corps. Nous pouvons concevoir ce processus comme une barrière dimensionnelle entre le développement du cancer et le corps dit «normal». Le cancer ne peut rechercher la différenciation, car ceci reviendrait à ralentir l'énergie. Ce n'est pas possible. Autant chercher à faire passer la chaleur de quelque chose de froid à quelque chose de chaud. Il est donc nécessaire que le corps tout entier puisse passer à un niveau d'énergie plus élevé. Il peut alors absorber rapidement le tissu aberrant et l'expulser; l'élan d'aberration se trouve stoppé parce que la maturation ne signifie plus invalidation.

Nous pouvons nous faire une idée tout à fait précise des énergies du processus cancéreux en regardant celles que nous dépensons pour lutter contre la maladie au niveau de la médecine traditionnelle. Parce que nous refusons de voir que le cancer ne représente pas autre chose que notre propre vitalité cherchant à s'exprimer, nous continuons de l'attaquer comme si c'était une intervention étrangère. Considérons les milliards de dollars dépensés chaque année, la physique de haute-énergie, la bio-génétique, la pharmacopée complexe, élaborées spécialement pour cette «maladie», qui n'ont finalement abouti qu'à un progrès mineur. Celà démontre à l'évidence que l'énergie nécessaire pour influencer, légèrement seulement, le processus cancéreux est énorme. Et notre influence restera minime si nous persistons dans cette approche. Nous nous servons de plus en plus de l'énergie de la conscience collective extérieure (voyez sur combien de personnes s'appuie le développement de la bio-génétique ou des rayons d'électrons à haute énergie pour bombarder le cancer) pour combattre une maladie qui est, à mon avis, l'expression intérieure de notre vitalité collective croissante. Nous sommes en train de lutter contre nous-mêmes.

La schizophrénie est, elle aussi, un processus de transformation qui concerne, quant à lui, le niveau mental. Les limites de ce niveau s'en trouvent repoussées. Si la transformation physique, dans le cas du cancer, ne fait pas écho à la vaste globalité de tout l'organisme, la transformation mentale, dans la schizophrénie, ne renvoie pas un sens de l'identité établi. Le processus cancéreux crée une transformation qui se limite au corps égoïque, sans que le corps divin n'intervienne pour apporter à l'énergie son espace et un contexte de globalité. La schizophrénie, pour sa part, induit la transformation dans le corps divin, sans que le corps égoïque puisse lui apporter le concours de ses limites et sa forme.

Tout comme le cancer, la schizophrénie est une maladie de haute énergie, et les traitements jusqu'ici proposés n'ont pas davantage de succès. On peut évidemment dire que l'on a réussi, dans la mesure où, avec certains médicaments, on arrive à obtenir un minimum de fonctionnement. Au Saint-George Homes, on soigne la schizophrénie sans aucun médicament, ou vraiment avec le minimum absolu. Ceci demande une énergie, une organisation, un sens de la prévision et une planification colossales. Il est nécessaire de littéralement créer une structure qui puisse englober les patients et les diriger de manière créatrice. A la fin de la journée, la plupart des malades ont à peine été influencés, alors que l'équipe soignante est complètement épuisée, écartelée, et doute de sa propre santé mentale.

Si le cancer n'est qu'un processus moléculaire, transmis parfois génétiquement ou provoqué par une intervention chimique, virale ou autres stimuli, pourquoi ne présente-t-il un risque que pour un cinquième des schizophrènes ? Ceux-ci sont exposés à ces mêmes toxines, pollutions et radiations que nous soupçonnons être à l'origine de la maladie. Pouvons-nous croire que Dame Nature, lorsqu'elle implanta cette aberration qui génère la schizophrénie, accorda quelque immunité contre ces dangers pourtant nouveaux ? Il nous faut, lorsque nous employons le terme «cancérogène», également parler du niveau d'intégration consciente de l'individu. Nous retrouvons ici la vieille discussion sur le pouvoir de la maladie face à la résistance de celui qui l'accueille, mais avec une acception entièrement nouvelle du concept de résistance. Il est intéressant de noter que la schizophrénie paranoïde présente quelque part une plus grande réceptivité au cancer que les autres formes de schizophrénie. Peut-on envisager que les paranoïdes, dont les limites de l'égo (corps égoïque) sont moins infirmées, atteignent la limitation énergétique générale de la population cancéreuse ?

Cigarette et ouverture énergétique

Il y aura, bien sûr, toujours une expression physique de la maladie quelle qu'elle soit; mais cela ne veut pas nécessairement dire que la cause se trouve dans le domaine physique. La conscience n'est pas seulement énergie ou quelconque éther subtil. Elle est tous les degrés de l'Existence en même temps. La réalité physique est un niveau d'expression, le mental est une autre réalité. Le plan auquel nous reconnaissons une cause sous-jacente dépend d'abord du niveau de notre prise de conscience. Il est, par exemple, définitivement prouvé que la cigarette est liée au cancer. Au niveau physique, on pense que ceci résulte des goudrons, de la chaleur et des autres produits de la combustion du tabac. De ce point de vue, le meilleur «soin» pour le cancer du poumon, l'emphysème, ou le cancer de la bouche, serait d'arrêter de fumer. Evident et logique.

J'ai cependant remarqué que l'acte de fumer atteint une autre dimension. Lors de mes travaux, nous explorons les états supérieurs de la conscience et atteignons une plus grande ouverture énergétique. Je puis, dans un état profond, sentir le niveau de la relation énergétique qui s'établit lorsque j'approche un participant. Plus l'ouverture et la conductivité de chacun grandissent, plus la relation s'approfondit. Immanquablement, quand les fumeurs sortent pour fumer une cigarette et reviennent ensuite, je sens qu'ils se sont quelque peu refermés. J'ai remarqué que le tabac a tendance à induire une densité énergétique plus prononcée, qui aide à mieux sentir ses limites et accroît le sens de la séparation. Mais, par la même occasion, il diminue la participation à ces niveaux d'énergie qui reflètent directement notre communion avec autrui et notre propre globalité. Dans ce cas, nous nous coupons d'une vitalité plus profonde, ou peut-être laissons-nous cette vitalité s'exprimer sans ce rapport direct à la totalité qui fournit le contexte nécessaire à une croissance saine. La racine même du mot *santé* est «total», «entier».

J'ai dans l'idée que les gens qui fument ont une sensibilité déjà très développée, et ont recours à la cigarette pour s'ancrer, particulièrement dans les lieux où les énergies sociales se diffusent. Et c'est, à un niveau différent, l'une des «causes» du cancer que de constamment ramener à un degré inférieur, où l'énergie peut être contenue, une dynamique de l'être fonctionnant à un état élevé. La solution, alors, ne consiste pas tant à faire peur aux gens pour qu'ils cessent de fumer, au moyen de campagnes publicitaires effrayantes. Nous sommes plutôt confrontés à un choix inspiré : cesser pour aimer.

Fumer nous prive de l'héritage de notre conscience supérieure. Si on fume, on ralentit le potentiel de communion où tous les êtres humains peuvent se sentir élevés. Beaucoup de gens cessent de fumer pendant les séminaires, parce que l'énergie du groupe devient si cohérente qu'inconsciemment, ils n'éprouvent plus le besoin de s'en défendre. Une fois que les gens ont réalisé que jamais ils n'ont besoin de se défendre — du moins pas au sens habituel —, ils peuvent accepter davantage le malaise dont les protégeait l'acte de fumer. Ils prennent conscience que, par leur disponibilité, ils contribuent à l'affinement et à l'élévation de tous. On s'arrête plus volontiers de fumer si on a un but inspiré que si l'on nous fait peur. Si nécessaire, on peut fumer en choisissant consciemment de le faire (sans en prendre l'habitude) parce que l'on ressent le besoin de se limiter. Mais ce n'est plus alors le rituel habituel de séparation. Il est quand même étonnant que fumer soit justement considéré *et* comme un signe d'individualité *et* comme celui d'une intégration sociale. Cependant, cela diminue vraiment la possibilité de connaître le goût sacré de la vraie communion humaine.

L'assymétrie de la schizophrénie

On retrouve souvent, chez les schizophrènes, une immense disponibilité énergétique, avec peu ou pas de défenses. La différence entre le schizophrène et le mystique est que, bien que tous deux soient ouverts aux états multi-dimensionnels, le mystique a déjà établi le sens du «je» personnel. Ceci lui permet de maintenir un point de référence personnel relativement stable lorsqu'il atteint les dimensions supérieures. La structure égoïque est sublimée, donnant naissance à la vitalité mystique. Sans un sens du «je» fort et intégré, le continuum élargi submerge et fragmente la conscience égoïque affaiblie. Ce sens du «je» intégré manque aux schizophrènes, qui ne peuvent se définir que selon le milieu psychique en éternelle mouvance. Ils sont comme des sphères dont le centre ne serait pas fixe. Ils s'approchent de l'état mystique où aucun processus émotionnel ou intellectuel n'a de vraie réalité au regard du Soi. Mais les fluctuations du périmètre (le milieu psychique) ne sont pas symétriquement transmises au reste de la sphère, ce qui serait le cas s'il existait un point central continu de référence (une forte conscience de soi). Le centre, tout au contraire, bouge constamment et la structure énergétique — base de l'identité — passe son temps à former des schémas grandement assymétriques.

J'ai nettement ressenti cette assymétrie la première fois que j'ai examiné le champ d'énergie d'un jeune schizophrène de Saint-George Homes. Le champ avait une très forte réponse, mais on aurait dit qu'il en manquait des morceaux : au lieu de s'étendre plus ou moins symétriquement tout autour de la tête, comme j'avais pu l'observer auparavant chez beaucoup d'autres personnes, il était très irrégulier. En comparaison, une conscience mystique s'étend beaucoup plus symétriquement et maintient une relation à la fois au centre et au périmètre. L'individu moyen ressemble davantage au mystique et répond à peu près symétriquement, si ce n'est que sa disponibilité reste limitée. Dans ce cas, l'ancrage dans la conscience de base est si fort que l'on demeure relativement imperméable aux influences énergétiques.

En de multiples occasions, des personnes schizophrènes furent invitées aux séminaires : je les faisais asseoir et leur demandais comment ils se sentaient. C'était après huit jours au moins de travail, et le champ énergétique était déjà bien développé et hautement cohérent. Immanquablement, les invités schizophrènes évoquaient une sensation d'être dans un bain chaud, ressentant la pièce comme fluide ou fondue, et remplie d'énergie. Tous appréciaient. (Cette forme de sensibilité m'est à présent naturelle depuis mon ouverture, mais pour la moyenne des individus il faut habituellement que le séminaire soit très avancé, et parfois même plusieurs séminaires, avant qu'ils n'aient atteint un stade où ils peuvent directement sentir la présence énergétique de l'environnement agir sur eux). Grâce à cette cohérence de l'énergie du groupe, le champ d'énergie lui-même apporte un sens de continuité et de limite aux schizophrènes. Il fut un jour comparé par l'un d'eux à une matrice. C'est, je crois, une matrice où les schizophrènes pourraient trouver l'aide dont ils ont besoin pour s'individualiser. Dans un tel environnement, ils seraient capables de maintenir un sentiment consistant du moi personnel, suffisamment longtemps peut-être pour élaborer un centre stable de conscience de soi. Par la même occasion, la conscience de ceux qui créent cet environnement aurait déjà atteint un niveau où la sensibilité intérieure du schizophrène pourrait être naturellement respectée.

Il est cependant extrêmement difficile, dans notre culture, de maintenir un milieu psychique aussi cohérent. Dans les sociétés plus restreintes, l'énergie collective est beaucoup plus intégrée et se maintient davantage; les individus schizophrènes sont mieux acceptés, et jouent souvent un rôle d'artiste ou de maître spirituel. Notre société, dans sa vastitude et sa multiplicité, est au contraire très diffuse et disjointe; elle est ainsi constamment l'occasion d'émergence d'états d'être nouveaux et mal intégrés. Pour compenser, le schizophrène, qui veut se créer une identité, a tendance à rechercher l'intensité, généralement sous forme de douleur physique et émotionnelle. Il provoque en général la résistance, et force l'environnement à établir des limites, souvent par suppression et confinement. Si on masse un schizophrène, on ne peut que constater le lourd blindage musculaire. Les muscles sont contractés en permanence. C'est par ce moyen que le schizophrène, dont les limites n'existent pas vraiment, reçoit de son corps une réponse qui l'aide à trouver une référence pour pouvoir dire : «je suis».

Du fait de la grande perméabilité de leurs limites psychiques, certains schizophrènes peuvent faire preuve d'une intuition et d'une empathie immense. Si cependant leur «je» n'est pas centré, ils ne peuvent parvenir à se distinguer nettement de leurs émotions, ou à s'en servir de façon équilibrée. Cette même perméabilité porte en elle un énorme potentiel créatif, qui parfois touche au sacré. Les enfants de schizophrènes semblent tirer bénéfice de leurs relations avec ces parents peu rigides, et sont souvent particulièrement doués.

Il y a longtemps que l'on a noté la corrélation qui existe entre le génie, la créativité, l'expérience mystique et la schizophrénie. C'est le côté positif de leur ouverture énergétique, le côté négatif étant évidemment cette identité personnelle fragmentée et si souvent tourmentée. C'est à mon avis cette ouverture qui permet leur immunité relative contre le cancer. Ils sont en connection quasi directe avec la Totalité, et ce qu'ils perdent dans leur identité en morceaux, ils le retrouvent dans l'harmonie régénératrice que leur offre cette même connexion.

Les personnes atteintes de cancer avec lesquelles j'ai travaillé font preuve, au contraire, d'un sens des limites et d'une stabilité beaucoup plus développés. En règle générale, je n'ai pas retrouvé cette sensibilité aux dimensions subtiles qui caractérise les schizophrènes. Chez eux, le sens du «je suis» est bien développé. Ils sont orientés vers le contenu et les structures de leur vie — les idées, la famille, la carrière, etc. Pour la plupart, ils ne se servent pas, comme le font les schizophrènes, inconsciemment de leur corps pour situer leur identité dans la tension musculaire en s'infligeant eux-mêmes des blessures. Ils n'ont, souvent, pas de conscience réelle de leur corps, si ce n'est en tant qu'instrument pouvant servir leurs intérêts particuliers, jusqu'au moment où se déclare la maladie. En fait les cancéreux ont en général remarquablement échappé aux autres formes de maladie. Si le schizophrène a beaucoup de mal à différencier sa réalité intérieure de la réalité extérieure, le cancéreux n'a pas ce genre de problème. Il considère les deux dimensions comme tout à fait distinctes, et a nettement tendance à vouloir maintenir l'énergie à l'intérieur, sans qu'elle puisse s'exprimer à l'extérieur. Il atteint donc rarement cet état de submersion psychique qui empêche le schizophrène de fonctionner. C'est le signe pour moi d'un certain taux d'imperméabilité aux énergies d'une conscience plus profonde, qui tendent justement à dissoudre nos limites, et donc à déstabiliser notre identité. Cette fermeture du champ énergétique contribue à maintenir une identité stable ou un sens du «je» qui n'est pas aisément perturbé.

Par deux fois, j'ai invité en même temps à un séminaire une personne atteinte d'un cancer et une de schizophrénie. Toutes deux répondirent aux questions du groupe, après quoi nous passâmes à l'échange d'énergie rituel. L'interview offrait un moyen d'aborder les invités, l'échange d'énergie en était un autre. Ce furent les seules fois où l'échange d'énergie put être comparé, et le contraste était tout à fait saisissant. Dans les deux cas, la présence du schizophrène augmenta énormément le sentiment de vastitude et de communion du groupe. Il paraissait incapable d'ériger la moindre limite, fût-ce la plus légère, pour résister à l'échange d'énergie, et son ouverture, en fait, induisit vraiment le groupe à un espace plus large. Ce fut également le cas lors de l'interview, même si le contenu était loin d'être linéaire et n'avait aucune chance de provoquer un sentiment d'identification personnelle.

Néanmoins, dans cet état d'expansion généré par le séminaire, les participants trouvèrent que le schizophrène les inspirait inexpliquablement. Ils dirent avoir ressenti un sentiment d'amour allant s'approfondissant pendant l'interview, et, lors de l'échange d'énergie, un sentiment de facilité et d'expansion immense. Lorsque je demandai de préciser le sens du terme *amour,* ils le décrivirent comme le sentiment d'être moins séparés, plus unifiés, en plus grande communion.

L'échange verbal fut aussi très riche avec l'invité atteint d'un cancer, mais de façon très différente. Tous les participants se sont immanquablement complètement identifiés à lui. Ils amenèrent sur le tapis leurs histoires personnelles et parlèrent de ce que leur avaient apporté leurs souffrances. Ce qu'ils percevaient comme le courage de cet invité les inspirait. Quand le schizophrène réfléchissait l'espace de leur être, le cancéreux, lui, se faisait miroir de leurs épanchements psychologiques. Le premier semblait ouvrir une porte sur l'immédiateté intemporelle de l'instant, alors que le second générait un reflet profond de soi-même, espace dans lequel les participants se souvenaient de leur propre vie, avant de se tourner vers le futur avec une détermination toute neuve. Au cours de l'échange habituel d'énergie, le champ énergétique parut plus dense : le schizophrène, lui, s'y était simplement joint en l'agrandissant; mais on eut davantage l'impression, avec la personne cancéreuse, d'avoir à travailler pour pouvoir atteindre la communion. Le champ énergétique se fit intensément chaud, comme si l'énergie devait vaincre une résistance, ou se trouvait prisonnière d'un espace plus petit. Au cours de ces échanges, les participants évoquèrent aussi des sentiments d'amour et de beauté, mais dont le caractère était nettement plus émotionnel ou sentimental. J'ai remarqué qu'en présence de l'invité cancéreux, les participants, bien que l'échange d'énergie les ait portés à une expansion très nette, avaient tendance à être plus fermés et à s'impliquer personnellement davantage.

Cancer, schizophrénie et transformation collective

J'exposais, il y a quelques années, ces observations lors d'un congrès sur la psychologie transpersonnelle. Un psychiatre vint à moi et me dit que je l'avais aidé à élucider un problème douloureux sur lequel il méditait, à propos de l'une de ses clientes schizophrènes. Après l'avoir reçue en thérapie pendant un bon moment, il la déclara «guérie». Peu de temps après cependant, elle fut atteinte d'un cancer. Le grand trouble de ce psychiatre provenait de la différence. Lorsqu'il soignait sa cliente pour sa schizophrénie, leur relation était belle et aimante; mais lorsque le cancer apparut, cette femme sembla s'éloigner de lui et même le détester. Cette image poignante de mouvements oscillatoires entre schizophrénie et cancer, illimité et limité, entre amour et haine, recèle un message vital pour l'homme moderne.

Le manque de limitation dont est atteint le schizophrène n'est pas simplement une maladie. Il représente une forme particulière de l'impulsion de transformation dans le milieu psychique de notre époque. C'est l'un des moyens, à mon avis, qu'a choisi la nature pour injecter dans l'expérience collective humaine des possibilités nouvelles, un espace plus vaste, et une plus grande place pour l'amour. En ce sens, l'amour est cette force qui déjà unit tout ce qui semble disparate et même conflictuel. Il met à terre les distinctions relatives qui servent de base à la séparation et rétablit un sentiment de totalité et de continuité. Il est un principe de vie, et non pas le sentiment que nous connaissons à un niveau humain très personnel et limité. Connaître l'amour, être une présence en qui l'amour prospère, permet d'agir comme une porte entre le moi personnel et la vaste conscience de l'incréé. La schizophrénie est l'image même de ce potentiel, elle est cette sensibilité qui place notre monde à la fois à l'extérieur pour que nous puissions l'utiliser et le changer, et à l'intérieur de nous-mêmes pour que nous puissions le sanctifier.

Le cancer, au contraire, fait appel aux forces de stabilisation qui freinent le changement et l'empêchent de se produire trop rapidement. L'impulsion de transformation ne consiste pas seulement en la prise de conscience de l'unité, mais inclut aussi le retour de cet état vers un nouveau degré d'incarnation. Et c'est notre limitation égoïque qui permet l'affirmation du «moi» sur lequel va se bâtir cette incarnation nouvelle. Par conséquent, l'identité est également sacrée. Il y a une sagesse dans chaque forme de vie. Lorsque le changement intervient trop vite, il devient, aussi sûrement que la rigidité et la cristallisation, également maladie. C'est dans les racines les plus profondes de la vie que naissent ces forces qui ralentissent le changement et qui exigent, pour qu'il soit salutaire, qu'il soit en relation avec le grand tout. Si une seule cellule doit se transformer, ce doit être en connexion énergétique avec chacune des autres cellules. Tel est le rayonnement de la vie, qui n'éclaire pas seulement à l'extérieur, mais brille aussi à l'intérieur et unit chaque partie à toutes les autres parties. Pour ne pas être déformés par toutes ces forces transitoires qui altèrent notre milieu, pour conserver notre stabilité, nous nous réfugions dans une individualité et une séparativité sur-dimensionnées. Elle nous déconnectent d'une sensibilité plus profonde, et nous considérons alors le changement comme quelque chose que nous pouvons construire à l'intérieur de notre propre disposition temporelle.

Ainsi nous attaquons notre monde, le conquérons, retenons les rivières, utilisons toutes les sources d'énergie, et emplissons notre environnement de gâchettes, prêtes à faire partir un niveau de changement pour lequel nous ne sommes pas encore prêts, car il n'est pas relié au tout. La sensibilité est le prix dont nous payons ces forces qui stabilisent notre identité. L'individu est enfermé en lui-même, et le monde est dehors. L'énergie ne peut se réaligner que dans l'instant de discontinuité qui permet la réalisation, de sorte que toutes les forces, intérieures et extérieures, puissent se rallier à une continuité qui les englobe.

La façon dont nous considérons le cancer et la schizophrénie en dit long sur notre société et ses valeurs. La schizophrénie insuffle un don spécial d'irrationalité. Dans les sociétés primitives, elle ramenait les gens plus près d'une spiritualité fondamentale. Elle parait l'ordinaire de mystère, et reliait le statu quo au sens du sacré qui le sous-tendait. Mais dans notre monde, on révère la rationalité, l'individualité — mesurées en termes d'accomplissement personnel — davantage que la mise en relation effective avec autrui. La sensibilité schizophrénique est donc ici une dynamique pathologique vouée à la souffrance. Le cancer met, à l'inverse, l'accent sur la résistance que l'on opppose à la rapidité du changement. Ici, la force créatrice se déploie, mais sans se relier à cette totalité spirituelle plus vaste qui unit les hommes entre eux et au monde qui les entoure. Le cancer réfléchit la force gravitationnelle de l'identité et de la structure, sans qu'intervienne la Grâce de la vision transcendante. La schizophrénie réfléchit, quant à elle, la Grâce de la vision transcendante, sans pouvoir lui conférer la pesanteur de l'identité et de la forme. Toutes deux réfléchissent le mouvement de l'énergie supérieure qui traverse notre monde, et le déséquilibre de base de notre époque.

Le cancer exprime le besoin d'une meilleure conductivité, d'un assouplissement des limites qui créent l'identité, de sorte que chaque individu puisse fonctionner avec un sentiment plus direct de sa relation au tout. La schizophrénie exprime le besoin d'une conductivité moins forte; elle recherche cette identité qui nous permettrait d'établir le contact et de garder le respect du transcendant. Le schizophrène est à la porte de la transformation, mais ne peut la franchir parce qu'il n'a pas les moyens de définir une identité adaptée à notre milieu collectif habituel. Le cancéreux lui aussi atteint ce même seuil, mais l'énergie est prisonnière de son corps; il ne peut recevoir une vitalité nouvelle parce que sa structure énergétique est trop dense. Pour lui, la folie peut même évoquer davantage la mort que toutes les rigueurs d'un traitement médical — dont la structure et la rigidité paraissent mortelles à une dynamique schizophrène. Si nous refusons de regarder ces deux processus sous l'éclairage de la transformation de conscience, nous continuerons à les considérer comme des pathologies sans rapport avec un schéma collectif qui les englobe, et ne saurons pas saisir ce reflet de nous-mêmes qu'est leur véritable sens.

Tout ceci pose question sur la façon dont la médecine aborde ces deux dynamiques. Systématiquement, le cancéreux est isolé ou placé parmi des personnes atteintes, elles aussi, de cancer, parce que l'approche de la maladie et des problèmes qu'elle pose est mécanique et nécessite une technologie de plus en plus poussée. Pour des raisons différentes, on isole également les schizophrènes. Mais chacun tirerait bénéfice d'un contact naturel avec l'autre. Je pense qu'un véritable traitement du cancer devrait représenter un mouvement, de la part de l'individu et de la société tout entière, vers la non-limitation et la conductivité qui caractérisent la schizophrénie. De même, un traitement de la schizophrénie gagnerait à être comparé à ce mouvement vers la limitation qui est le propre du cancer. Ces mécanismes, cependant, ne sont pas conscients; ils sont antérieurs à la dynamique consciente et ne peuvent être correctement saisis par des efforts conscients. Une approche plus directe pourrait consister à permettre à ces personnes d'être autant que possible en relation. Mettons-les ensemble, au lieu de les placer dans des hôpitaux différents ou de leur procurer des facilités complètement dissemblables. Ceci peut manquer de réalisme dans le cas où le schizophrène est extrêmement perturbé, ou le cancéreux très malade et affaibli. Mais si les circonstances s'y prêtent, je pense que tous deux sont l'un pour l'autre une façon naturelle de se soigner.

Un autre regard sur Théodora

Nous pouvons à présent mieux saisir ce qui s'est passé pour Théodora. Il est possible que, lorsque son identité personnelle fut enfin suffisamment forte, ses limites égoïques aient alors été imperméables aux forces rayonnantes et dissolvantes d'une conscience plus vaste. A mesure que sa carrière la mettait au contact du monde, elle s'éloignait de son «moi» profond. Sa peur existentielle cédait du terrain, mais cela a pu être le signe d'un revirement, où, d'une ouverture trop prononcée, elle passa à un état de moindre ouverture. Les énergies plus profondes demandaient cependant à pouvoir continuer de s'exprimer et le firent finalement sous forme de cancer. Elle avait vécu toute sa vie sur le fil du rasoir, entre ouverture trop grande et densité trop forte. Sa carrière de chanteuse était quelque part une solution presque parfaite, car tout à la fois elle lui apportait la discipline et les buts dont elle avait besoin pour rétablir les limites de son égo, et lui permettait d'atteindre un espace approfondi de pseudo-unité qui la nourrissait lorsqu'elle chantait. L'envol si rapide de sa carrière n'était pas seulement dû à la beauté de sa voix; elle dégageait également une présence qui captivait son auditoire et tendait à l'unifier. Je suis certain que l'énergie collective de son auditoire lui renvoyait une telle force, qu'alors elle pouvait dépasser ses limites égoïques en toute sécurité. L'acte même de chanter lui offrait la structure qui lui permettait d'ancrer l'énergie supérieure. L'élévation des énergies induites par une représentation en public peut créer pour l'artiste une réelle dépendance vis-à-vis de son travail. Il ne se sent vivant et vrai que lorsqu'il joue devant un large public, et qu'il concentre l'énergie sur un potentiel supérieur. Si l'énergie du jeu jamais ne se transforme en une expansion générale de la conscience, qui permette à l'acteur d'être spontanément humble et d'avoir des relations tout à fait ordinaires, elle peut le consumer. Drogue et alcool entrent alors en jeu et permettent de maintenir le niveau ou de diminuer la sensibilité.

Le mystère de l'éveil

La question qui se pose est de savoir ce qui, spécifiquement, est à l'origine du processus d'éveil quand arrive l'instant de discontinuité. A cette question je ne peux répondre que par des suppositions. Tout d'abord, le processus d'éveil n'est pas l'apanage d'une seule personne. Il se produit tout le temps chez chacun de nous. Cependant, au cours d'une vie et parmi une population donnée, peu de gens atteignent réellement l'ouverture mystique profonde. Une phrase de l'Evangile selon Thomas dit : «Je vous choisirai, un sur mille, et deux sur dix-mille, et ils se lèveront comme un seul». Elle montre la rareté et l'universalité du processus. La prise de conscience elle-même et la conscience réalisée sont très semblables d'un individu à l'autre; d'après mon expérience, la probabilité et la profondeur de l'éveil sont impérativement en corrélation avec le niveau énergétique de l'individu. Ceci, généralement, implique une vie d'intensité, de créativité et de service, avec la possibilité de se tenir dans sa propre lumière, tout en étant capable d'avoir avec les autres des rapports profonds. Le séminaire puise dans l'énergie du groupe et accélère, de toute évidence, le potentiel d'éveil en chaque personne. Ce phénomène d'énergie collective, surélevant chez chacun le potentiel de transformation, nous montre que le niveau total d'éveil est obligatoirement lié à la conscience collective. L'énergie de la société s'élève lorsque nous nous agrandissons et sommes davantage connectés les uns aux autres.

Simultanément, de plus en plus de gens sont amenés vers l'instant où ils pourront passer à un nouveau stade d'énergie.

L'interconnexion et la taille croissante de la société sont grandement liées à la révolution scientifique. On peut considérer le processus scientifique tout entier comme une énorme main octroyant la Grâce à l'humanité, élevant l'énergie et la conscience globale. Cependant, comme toute Grâce, l'énergie est neutre et peut s'exprimer également de façon créatrice ou destructrice.

L'une des conséquences de cette énergie, en général élevante, est que, parfois, des individus peu ancrés dans leur moi égoïque peuvent se sentir poussés vers la schizophrénie. Au contraire, ceux qui sont fortement limités par leur conscience égoïque forcent l'énergie à s'exprimer sous forme de cancer.

Mais ceci n'explique toujours pas pourquoi certains sont «choisis» pour un éveil plus profond. Je crois que notre sensibilité innée a un rôle à jouer. J'ai aussi remarqué que la souffrance — au sens existentiel du terme, et non pas la douleur qu'on s'inflige à soi-même — semble être liée à l'éveil. Ce n'est pas seulement que la souffrance puisse nous conduire à chercher plus profondément, mais aussi qu'elle est le reflet de la profondeur de notre sensibilité sous-jacente. Une telle souffrance implique que nous soyons assez ouverts et conducteurs. Nous résonnons aux énergies qui résident au-delà de la structure égoïque. Cependant, il faut aussi être bien ancré dans la structure pour établir une relation personnelle à la souffrance. Dans tous les cas, je ne crois pas que l'étincelle de l'impulsion transformatrice puisse relever du seul hasard, ou s'allumer sans y avoir été invitée. En considérant le genre d'expériences accessibles à l'homme, on peut difficilement nier l'existence d'une âme, de quelque aspect plus profond en soi, qui aurait son propre rythme de développement et sa propre aspiration. Peut-être ce programme s'accélère-t-il quand la technologie pousse de plus en plus notre monde vers une société à fonctionnement global. Je crois aussi que le temps de l'ouverture peut être dangereusement accéléré par les efforts spirituels mal guidés, des traumatismes vitaux sévères, ou l'usage de stupéfiants. Mais même si nous attribuons à l'âme grandes sagesse et bienveillance, qui permettent à cette provocation de n'être jamais néfaste, il n'en demeure pas moins que lorsque se produit en nous l'ouverture, nous ressentons une dévastation temporaire.

CHAPITRE DIX

Perturbation ou transformation ?

Dans l'exemple de Laura et de Théodora, nous assistons à deux niveaux différents de transformation physique apparente. Pourquoi ? Pourquoi le cancer de Théodora a-t-il réapparu après sa brève rémission, et a même pris alors une allure plus virulente .

Pourquoi les gens, lorsqu'ils essaient quelque chose, réussissent-ils la première fois mieux que l'on aurait pu l'espérer, et beaucoup moins bien ensuite ? Quelle est la nature de la chance du débutant ? Pourquoi les traitements médicaux sont-ils souvent efficaces dans un premier temps, puis le sont moins par la suite ? Si je ne pense pas qu'il puisse exister de réponse satisfaisante à ces questions, on peut trouver une explication partielle en s'appuyant sur la différence entre transformation fondamentale et ce que nous appelons *perturbation énergétique.*

La transformation fondamentale est un déplacement radical dans la structure énergétique. C'est une vibration nouvelle qui s'installe lorsque l'ancien système a, d'un bond, atteint le palier d'énergie supérieur. Comme nous l'avons vu, cet événement peut être suivi de changements majeurs dans le corps-esprit : une guérison à la fois physique et psychologique, la naissance d'un ordre de créativité entièrement nouveau, et un éveil de la conscience mystique. La transformation provoque l'apparition d'un nouveau système énergétique, dont la sensibilité plus grande génère à son tour un amour plus vaste. On peut dire, en ce sens, que le nouveau système réfléchit une totalité plus inclusive qui, bien qu'elle soit plus sensible, est aussi beaucoup plus stable. Ceci a alors un sens profond, car l'individu en transformation est capable de faire face à des situations très provocantes, tout en restant merveilleusement ouvert et compatissant. Plus significatif encore : cette transformation n'est pas un changement superficiel, qui simplement s'ajoute à la dynamique de vie antérieure pour introduire quelque modification de point de vue, ou de valeur. C'est un changement qui crée une dynamique de vie entièrement nouvelle.

Le concept de perturbation, au contraire, concerne une catégorie de changement différente. La perturbation est un changement temporaire au niveau de la conscience, qui conduit pour un temps le corps-esprit à faire preuve d'aptitudes différentes. Lorsque notre système énergétique est perturbé, nous pouvons, un bref instant, vivre ce qui se produit lors d'une transformation fondamentale. Il est possible qu'alors se manifestent des phénomènes tels qu'une guérison rapide, des perceptions et des compréhensions nouvelles, et même un approfondissement des valeurs mystiques. Lorsque nous sommes élevés à une énergie supérieure par un agent extérieur qui nous inspire, tel un séminaire sur la transformation, un livre, une personne ou une crise particulièrement intense, la conscience égoïque de base est temporairement perturbée, projetée au-delà de son équilibre de base. Pendant qu'ils sont dans cet état «altéré», les gens manient les énergies de façon différente, et arrivent ainsi à ne pas renforcer les dynamiques anciennes. A ce stade, un problème peut n'avoir plus de sens, ou une maladie entrer en rémission ou en latence.

Il n'y a pas, cependant, déplacement fondamental. Nous revenons par la suite à l'équilibre familier et à la vibration ancienne de notre être, selon un équilibre homéostatique essentiel du corps-esprit qui, d'ordinaire, nous protège des changements excessivement rapides. Ce mécanisme, cependant, résiste également sans discrimination à toute transformation, et nous ramènera à une condition d'énergie familière même si, ce niveau rétabli, nous nous retrouvons mourant ou malheureux. Plutôt que d'avoir trouvé une vibration nouvelle de conscience, nous découvrons que s'est ouverte une fissure dans l'ancienne structure, qui nous permet d'espérer une possibilité plus profonde. Nous sommes, pendant un temps, ouverts et vulnérables. S'instaurent alors une discipline et une conviction nouvelles, ou renouvelées. A ce moment-là, le noeud de la maîtrise de soi se relâche et nous nous ouvrons à l'expression d'une vitalité plus intense. Selon l'engagement de l'individu, la fissure peut continuer de s'élargir jusqu'à ce que se produise un changement fondamental; mais elle se referme le plus souvent petit à petit. Le vieux système s'y habitue et apprend à s'accomoder du changement.

Les régimes chroniques en sont un exemple saisissant. A la première tentative, le patient arrive à perdre du poids, mais le regagne et se rend compte que ses nouveaux kilos sont encore plus difficiles à perdre. D'abord, le système de base n'est pas adapté à la perturbation provoquée par la diminution calorique, ni à l'élévation de l'énergie psychique générée par la focalisation de la volonté et le rituel du régime. La volonté doit soutenir de plus en plus cette énergie parce qu'au bout d'un moment, le rituel du régime n'est plus ni nouveau ni excitant. A ce stade, l'énergie psychique est déjà neutralisée et les vieilles habitudes deviennent littéralement irrésistibles. Dans le même temps, le corps s'est adapté et est devenu capable de retenir un plus grand nombre de calories. Le poids, donc, revient plus vite encore et devient encore plus difficile à perdre. C'est un exemple classique de changement dû à une perturbation initiale, accomodée par la conscience au niveau physique et psychologique. De ce fait, les efforts qui répétent ces mêmes perturbations n'ont aucun succès. Il faut trouver une nouvelle façon de perturber l'énergie.

Il importe beaucoup que le système perturbé puisse aller vers une transformation fondamentale. L'instant de la discontinuité radicale est imprévisible, et se manifeste en outre rarement. Beaucoup plus courant est le processus de perturbation. La vaste majorité de tous les efforts entrepris en vue de la transformation tend, en fait, à tomber dans la catégorie des perturbations, où l'on retrouve toute une gamme d'effets qui va des états de conscience altérés aux effets de la chimiothérapie. Diverses sortes de forces, que nous avons ou non recherchées, provoquent différents degrés de perturbation. Nombre d'entre elles sont bénéfiques (entendre par là qu'un médicament qui vient à bout de la maladie crée une perturbation au profit du système énergétique de base). La plupart des perturbations n'induit cependant pas la possibilité d'une transformation. De toute évidence, nous ne pouvons vouloir que chacune des bactéries ou chacun des médicaments puisse provoquer une transformation permanente. Lorsque le cas se présente, c'est généralement la mort qui s'ensuit. L'aptitude à s'accomoder d'une perturbation est donc l'une des forces de la structure énergétique; mais elle est aussi la force de base qu'il nous faut apprendre à vaincre en perspective d'une transformation de la conscience. Sans discontinuité radicale de conscience, il ne peut y avoir de vibration nouvelle. Une perturbation a cependant ceci de valable que l'effet de cumulation tendra à ouvrir et à fluidifier la conscience. Notre consécration se trouve subtilement influencée chaque fois qu'une perturbation offre un aperçu sur les dimensions supérieures, vers lesquelles, petit à petit, un tournant va prendre forme. A mon avis, ceci constitue une condition favorable à la réalisation.

Une perturbation de conscience accompagnée, à quelque degré que ce soit, d'une guérison physique et/ou d'un changement psychologique, n'aura que rarement une suite, une fois que nous aurons réintégré notre cadre de vie familier. Nous ne nous rendons pas compte, au moment où nous rentrons à la maison, où nous retrouvons famille et amis et reprenons le rôle qui nous est habituel, qu'aussitôt nous nous réinsérons dans notre ancienne conscience, et que l'énergie supérieure induite est vite dissipée. Pour nous tous qui sommes en quête de l'impulsion transformatrice, c'est l'un des dilemmes les plus fondamentaux qui puissent se poser. Il faut que toute notre vie puisse y participer. Dans le cas contraire, un conflit grave se met en place, et l'aspect — quel qu'il soit — qui se trouve le plus constamment renforcé prend le pas et abolit tous les autres.

Immanquablement seront renforcées les valeurs collectives d'où provient ce conditionnement auquel nous avons été soumis durant la majeure partie de notre vie. Comment la nouvelle énergie pourrait-elle espérer les vaincre ? J'ai vu des gens qui, après avoir participé à un séminaire et éprouvé une vitalité plus élevée, ont fait une dépression parce qu'ils ne pouvaient intégrer cette énergie dans leur contexte familial. Avec tristesse, nous renonçons à l'ouverture sur ces possibilités plus vastes; ou bien nous nous reprochons amèrement d'avoir échoué. Ce n'est pas un échec, mais tout simplement l'interaction éternelle de la «Gravité» et de la «Grâce», ainsi que l'a démontré Simone Weil. Je définis la Gravité comme une attirance vers la conscience de base, renforcée du poids des structures (famille, travail) dans lesquelles a évolué cette conscience. La Grâce, quant à elle, est attirance vers la conscience supérieure, qui naît lorsque nous développons notre attention aux possibilités plus élevées, et appliquons à nos relations une nuance nouvelle de communion. Le Christ évoquait cette même opération en disant : «Tout ceux qui obéissent à mon Père, dans le Ciel, sont ma famille». Il voulait, par ces mots, faire comprendre que l'énergie supérieure ne fait pas de distinction comme le fait la conscience de base. Les relations personnalisées telles que «ma femme, mon enfant, ma mère» sont issues du développement de l'égo, et proviennent d'un potentiel énergétique moins évolué. Notre famille, pour la conscience supérieure, n'est pas nécessairement notre parenté, mais représente plutôt tous ceux qui, en nous, provoquent un sentiment très profond de vitalité et lui rendent honneur.

Un stade nouveau d'énergie génère une vie nouvelle et une conscience radicalement différente, qui met en valeur la qualité et la vocation de toutes les relations. Ceci dit, il n'existe aucune formule pour y parvenir, et le développement se fait naturellement. Cette conscience nouvelle semble souvent s'opposer à nombre de sentiments et de besoins profondément enracinés. Il n'est cependant pas question de les ignorer purement et simplement. Je ne parle donc pas de renoncer volontairement à la famille et aux vieux amis, mais de se sentir inspiré, suffisamment pour s'engager à adopter des comportements qui, intuitivement, rendent hommage à la plus haute énergie à tout instant. Ceci, en pratique, embrasse une dynamique de polarités (espace personnel/responsabilité familiale, besoins individuels/besoins collectifs, prise de responsabilité à un niveau d'énergie tel qu'engagement social ou professionnel, discipline et volonté/permissivité et abandon) et n'a rien d'une simple résolution prise en tronquant l'une ou l'autre de ces forces dynamiquement opposées.

Après mon ouverture, je sus immédiatement que la femme qui partageait ma vie ne pouvait plus me convenir. Ne voulant rompre complètement, je déménageais dans une autre chambre pour que puisse s'instaurer une nouvelle forme de relation. Il me fallait constamment jongler avec la tendance à m'immerger et m'attacher de nouveau, et celle qui me poussait à m'éloigner et renoncer. Mais aujourd'hui, nous vivons l'un et l'autre une amitié créatrice. Chacun peut évidemment opter pour une infinité de possibles, mais nous prenons finalement conscience qu'il est vain de vouloir rejeter une relation personnelle au profit de quelque alternative née de notre imagination. Si nous suivons notre énergie, nous atteignons une vitalité radicale qui nous transporte à l'orée de ce qui se passe dans l'instant et nous permet de rester présent, quoi qu'il puisse arriver. L'attraction gravitationnelle de nos schémas familiers va néanmoins maintes fois contrer ce mouvement vers les possibilités plus vastes. Nous avons, certes, appris à accéder à une énergie supérieure, mais nous devons maintenant trouver le style de vie qui nous permette de nous y accorder.

C'est, me semble-t-il, le problème qu'a dû affronter Théodora. Sa découverte avait provoqué une perturbation profonde, sans pour autant que sa note personnelle ait changé. Il existait néanmoins une évidente possibilité pour que son ouverture se poursuive et s'approfondisse. Elle reconnut avoir eu envie de s'acheter une voiture de sport rouge et de parcourir les Etats-Unis. Elle se voyait travailler ça et là, servir dans les restaurants, chanter dans les églises. Elle aurait vécu sa vie au jour le jour (exactement le genre de vie qui permet de rester dans l'immédiateté de l'instant, et donc dans une énergie supérieure générale). Elle ne permit cependant pas que cette fantaisie devînt réalité. Comme nous le savons, elle rentra chez elle et épousa son fiancé; et sa maladie, très vite, fit un retour spectaculaire.

Se pose à présent la question de savoir pourquoi le cancer de Théodora refit surface avec une violence accrue. Sa guérison transitoire provenait d'un changement qui l'avait subtilement ouverte et augmentait sa capacité d'accéder à une énergie amplifiée. Dans cet état de perturbation, sa maladie n'avait plus besoin de se manifester, puisqu'elle était canalisée vers une totalité plus vaste et plus cohérente. Mais lorsqu'elle retourna à son ancienne vie, la maladie, qui appartenait à sa «complétude» antérieure et en représentait une partie, reprit son activité avec une puissance plus grande encore. Je crains que l'amplification de son ouverture n'ait alors servi qu'à mieux alimenter la maladie.

Je dois dire, encore une fois, qu'il n'y a aucun moyen de savoir si la décision que prit Théodora fut mauvaise. Elle aurait pu suivre cette envie de voiture de sport, et la maladie réapparaître de toute façon. Le fait est que le potentiel qui permet d'aborder, puis d'intégrer une énergie nouvelle, a besoin souvent, du moins au début, d'un espace particulier dans lequel il puisse se renforcer. D'après mes observations, plus nous pouvons nous éloigner de notre contexte familier, mieux nous nous en portons. Ce n'est pas tant une histoire d'abandon qu'un engagement dans quelque chose de nouveau. C'est la raison pour laquelle les gens ritualisent traditionnellement leur nouvelle affiliation spirituelle en se rasant la tête ou en portant des habits spéciaux. En un sens, ceci revient seulement à substituer un niveau d'identité à un autre. Pour beaucoup de gens cependant, une identité nouvelle et fortement définie, qui symbolise et incite à se manifester la nouvelle orientation, a beaucoup d'importance. Mais même dans ce cas, il faut reconnaître combien il est difficile de vaincre nos schémas familiers d'attachement et d'identification de soi. La vieille structure est plus que capable de se réaffirmer, en dépit des changements de costume et d'habitation.

Médecine traditionnelle : perturbation

Les bénéfices temporaires que l'on peut obtenir à partir d'une perturbation de la conscience ne sont pas propres à mon seul travail, mais reviennent à tout travail, y compris celui de la médecine traditionnelle. Tout comme l'énergie d'un groupe de personnes peut générer une force qui perturbe la conscience de base, le médicament est, lui aussi, un agent perturbateur. Il peut être spécifique — c'est le cas de l'antibiotique qui perturbe suffisamment la bactérie pour provoquer sa chute —, ou avoir pour but d'accroître la réponse naturelle biologique du corps. Dans les deux cas, sa capacité à agir de façon appropriée et prévisible reflète notre intelligence scientifique, qui à son tour témoigne d'un certain degré de prise de conscience. Cette intelligence est néanmoins encore relative, car elle se limite toujours à l'idée que l'identité humaine est faite de corps séparés, et que la maladie est un agent extérieur ou étranger.

L'examen du seul être humain pris individuellement ne permet pas de comprendre aisément certaines maladies comme le cancer. J'évoque dans *The I That Is We* (1), l'hypothèse selon laquelle le cancer est une maladie qui reçoit son pouvoir d'une énergie collective. Ce potentiel de croissance inscrit dans l'individu est activé lorsque l'énergie s'élève sans être soutenue par le sens de la totalité de la vie. Comme nous en avons déjà parlé, la complexité et les interconnexions de notre société, à mesure qu'elles s'accroissent, élèvent notre énergie collective. La plupart des gens restent néanmoins inconsciente de cette dynamique et conserve une orientation de vie fondamentalement trop personnelle et trop «petite» — comme, par exemple, la conviction que la force repose sur la protection de notre territoire (famille, nation) davantage que sur une ouverture à la communion avec une plus grande partie de l'humanité. Si nous n'affinons pas notre interrelation spirituelle et sociale, pour pouvoir manipuler de façon appropriée cette énergie qui s'élève, nous créons une croissance de haute énergie dans un système de basse énergie. L'épidémie du cancer réfléchit l'image d'une dynamique collective dans laquelle nombre d'individus vivent une énergie beaucoup trop forte pour leur pouvoir conducteur.

Notre pouvoir de perturbation sur le processus cancéreux chez l'homme a un succès limité, et tous nos efforts s'adressent invariablement à l'intégrité de base du corps plutôt qu'ils n'instaurent un stade d'intégrité entièrement nouveau. Ceci signifie que, lorsqu'elle aborde des défis comme le cancer, notre conscience de ce qu'est la nature de l'être humain part d'un point de vue trop étroit. Pour que cesse cet état d'équilibre où le cancer est un corollaire naturel (et non une maladie distincte de notre nature humaine de base), *toute* l'humanité devra passer par une transformation fondamentale. La simple perturbation de l'individu ne suffit pas. La

---

(1) «Ce Je qui en réalité est Nous»; op. cit.

prise de conscience doit être culturelle; la transformation doit être culturelle — bref, il faut une nouvelle façon de vivre.

En fait, je ne m'exprime pas correctement. Ce n'est pas une nécessité, car notre recherche sur cette maladie prouve déjà à quel point nos habitudes, nos valeurs, nos procédés industriels nous font du mal. Au niveau de la société, nous pensons pouvoir atténuer les risques de cancer en mettant l'accent sur la prévention (c'est-à-dire en cessant de nous exposer à ce qui peut en être cause). Je crains que nous regardions les choses par le petit bout de la lorgnette; ces «causes» proviennent de notre niveau de prise de conscience actuel, qui refuse de reconnaître l'interrelation qui lie toutes choses entre elles. Fièrement, les journaux annoncent l'augmentation annuelle du P.N.B. (Produit national brut), l'accroissement de la population de Los Angeles... et moi, qui vis à Owens Valley, où, impitoyablement, on pompe l'eau du sol et la dévie des torrents, asséchant les lacs et tuant toute vie sauvage, je suis anéanti par tant d'aveuglement. On commence à se dire que le cancer est une bénédiction, qui nous force à jeter un regard sur nous-mêmes. Je crains que rien ne sache nous réveiller, si ce n'est l'accroissement de la souffrance humaine.

Les efforts que nous déployons pour prévenir le cancer n'agissent, en fin de compte, qu'au niveau de la perturbation, parce que nous refusons de considérer un contexte plus vaste (je dois croire que nous pourrions le faire si nous en faisions le choix). Nous continuons d'essayer de jongler avec nos comportements pour pouvoir atteindre des buts à court terme, nous continuons de penser que le cancer et la plupart des maladies touchent des corps séparés, et nous concentrons d'abord nos efforts sur chaque personne au lieu d'en faire autant globalement pour toutes. Ceci revient à s'immerger dans le contenu de la conscience, sans jamais prendre conscience de la Conscience elle-même.

Essayons de comprendre ce que prévention veut réellement dire à un niveau beaucoup plus profond. Littéralement, le terme signifie «venir avant». La prévention, en ce sens, implique d'appréhender le stade plus fondamental qui «vient avant» notre niveau présent de prise de conscience. Elle est donc vraiment Transformation ou Réalisation. Quels que soit notre peur ou les efforts accumulés en vue d'une perturbation, ils ne guériront pas le cancer. Nous changerons (sommes d'ores et déjà changés) lorsque, comme Laura, nous prendrons conscience de notre unité fondamentale. Un médicament est à même de perturber la conscience individuelle ou le corps-esprit; mais si son effet agit séparément de la réponse totale de l'individu à la vie tout entière, aucun médicament ne peut complètement déplacer l'état énergétique de base. Comme j'en ai parlé dans *How Shall I Live* (2), des médicaments comme ceux que l'on utilise en chimiothérapie affectent cependant si fortement notre sens du bien-être qu'ils peuvent, tout comme la chirurgie, jouer le rôle d'une porte ouvrant sur un potentiel profondément transformateur.

Je n'émets aucune objection envers l'utilisation de la chimiothérapie, ou de toute autre de ces procédures très intrusives qu'est capable d'employer la médecine mécanique. Ce qui me préoccupe, c'est que nous utilisons une force extrêmement puissante sans avoir procédé à la préparation spirituelle adéquate, sans capter le plein potentiel transformateur que peut induire ce genre d'expérience. La chimiothérapie est une intrusion majeure à l'intérieur du temple de notre être. On pourrait la considérer comme une initiation, un rite de passage socialement reconnu où l'on rendrait honneur à ceux qui prennent ces médicaments comme à des pionniers de l'inconnu. Au lieu de lire sur la notice quels sont la nature et le dosage — déterminés selon des statistiques régulièrement mises à jour par la communauté médicale (expérience

---

(2) *How Shall I Live* : («Comment je vivrai»); Celestial Arts, 1985. op. cit.

physiologique gigantesque) — des médicaments qu'il prescrit, le médecin pourrait être le coeur d'un rituel profondément transformateur. Chaque patient expérimentant la vitalité — non seulement pour lui-même mais pour tout le monde — pourrait en recevoir reconnaissance. Nous saurions faire honneur à la gamme complète du changement institué par ces agents puissants. Nous serions prêts à capter et à amplifier chacune des facettes de cette vulnérabilité, de cette ouverture toutes neuves, pour qu'elles se fassent source de conscience et de vitalité nouvelles. Dans un tel contexte, les médicaments revêtiraient l'aspect d'un rituel de transformation sociale et spirituelle et en seraient immanquablement plus efficaces. La notion de séparation s'en trouverait largement dépassée, et nous aurions du même coup trouvé un moyen de vitaliser le corps tout entier, rendant alors inutile, ou presque, l'utilisation d'agents aussi toxiques.

Drogues et transformation

Certains ont espéré que les drogues psychédéliques conduiraient à un éveil du sens de la globalité. Ceci *a* été le cas pour de nombreuses personnes. Il a même été prouvé que les découvertes qu'elles ont amenées ont pu déclencher une guérison — mais elles ont aussi provoqué des psychoses. D'après mon expérience, la transformation suscitée par l'utilisation de ces drogues, toute valable soit-elle, n'est pas du même ordre que celle qui résulte de réalisations spontanées. On peut franchir un seuil grâce à elles; beaucoup l'ont fait. Comme lors d'une opération chirurgicale, d'une chimiothérapie ou de toute crise profonde, chacun grandit en accord avec la consécration qui préside à l'expérience lorsqu'elle s'engage. Mais jamais je n'ai rencontré une personne «transformée» par l'utilisation de drogues psychoactives qui fût en mesure d'éveiller autrui grâce au rayonnement de son être. La discontinuité que provoque la drogue n'est pas identique à celle de la réalisation. La vision et la pénétration nouvelles sont réelles, mais semblent ne pas poursuivre leur chemin au-delà des dimensions mentale, psychologique et émotionnelle.

A mon sentiment, l'utilisation des drogues psychédéliques dans le processus de transformation a, au mieux, un résultat très limité, et je recommande vivement de ne pas en faire usage. Au début de l'aventure, il *existe* une ou deux occasions, peut-être, où ces agents peuvent avoir un rôle à jouer. Mais nous courons ensuite le risque de nous laisser prendre par une course à l'intensité et piéger par la notion de but à atteindre. J'ai, en outre, observé des milliers de gens sur le chemin de la transformation, et remarqué que ceux qui utilisent, ou ont utilisé, beaucoup de drogues sont généralement moins aptes à intégrer et à supporter une énergie plus élevée, comme si leur structure psychique était consumée et qu'elle ne puisse plus la soutenir. Une petite expérience n'induit pas, à mon avis, ce genre de conséquences. Mais une utilisation fréquente les entraîne automatiquement. En ce qui me concerne, je sais que la folie guette celui qui fait appel à des agents psychoactifs sans discipline consciente. Le risque est moindre si l'on agit en toute conscience, mais une discipline consciente induit l'attention à l'instant présent et provoque par elle-même une élévation de conscience, qui détourne alors du désir ou du besoin de toute drogue.

Il vaut beaucoup mieux ne pas changer et rester ordinaire que continuer à rechercher l'intensité induite par la drogue. A moins qu'elle ne soit reconnue et consacrée en pleine conscience, cette poursuite est souvent une forme subtile de rejet, face à la simple banalité de la vie. Il est possible qu'on ne puisse l'éviter dans notre monde; on peut néanmoins y voir non seulement un manque de maturité élémentaire, mais aussi notre obsession collective de parvenir plus vite à ce que nous recherchons.

Derrière le besoin de prendre de la drogue se cache une défiance subtile de l'existence. C'est une consécration inconsciente qui, avec ces drogues, provoque une perturbation trop rapide, potentiellement destructrice, et trop peu reliée à une globalité plus profonde pour permettre une transformation durable de la conscience.

A drogues psychédéliques différentes, dynamiques différentes. Certaines d'entre elles (comme la populaire «ecstasy») sont moins susceptibles d'entraîner des psychoses. Les contacts qu'elles permettent sont souvent extrêment agréables et les rendent donc très attirantes. Quelques thérapeutes prétendent même qu'elles peuvent servir à améliorer les relations, mais je suis vraiment très sceptique sur ce point. Si elles arrivent à provoquer un sentiment illusoire d'amour mystique, j'ai aussi remarqué qu'elles diminuent progressivement, chez ceux qui l'utilisent souvent, l'aptitude aux relations profondes. L'amour est quelque peu immature et régresse aisément au stade de l'attachement romantique, voire du détachement. Rien, dans cet amour, ne parle de la souffrance et du paradoxe que porte en soi toute relation mature, du sacrifice, du lâcher-prise des habitudes, qui permettent de vivre réellement ce qui est. Ceci tend à enfermer la conscience dans un besoin de sensations intenses et de gratification immédiate. La plus grande limite du potentiel transformateur de toute drogue est cette déviation vers l'intensité et la sensation — qui tiennent lieu de sens, de profondeur ou d'amour. La conscience n'arrive pas, alors, à accepter sa dimension banale.

L'usage de ces drogues serait rare, dans un type de société qui considèrerait comme source du potentiel humain le plus élevé notre interrelation globale et notre aptitude à nous réunir dans une synergie énergétique, élevant de manière naturelle la conscience. Cependant, dans notre monde actuel, dans des circonstances très spéciales, et en accord avec le mystère propre à la Vie, l'utilisation de psychédéliques peut être précieuse, et participer à la force qui met en marche le mouvement vers la transformation du monde.

Vitalité et souffrance

Les médicaments tels que ceux que l'on utilise aujourd'hui en chimiothérapie et l'armada pharmaceutique de la médecine moderne perturbent l'énergie de base du corps-esprit. Ils suppriment les symptômes et c'est un bienfait temporaire. Dans la perspective d'une transformation, cependant, s'ils nous permettent souvent de supporter notre état de base, ils n'ont pas la possibilité de changer eux-mêmes notre niveau de vitalité. En fait, en aidant les individus à supporter leur état de base au lieu de les pousser à rechercher la transformation, nous interférons, me semble-t-il, avec l'impulsion transformatrice. Il est possible qu'ainsi nous incitions les maladies plus insidieuses et universelles, comme le sida ou l'annihilation thermo-nucléaire, à se manifester. Il *existe* une compensation naturelle à la souffrance et au doute, en ce que souvent ils accroissent notre aptitude à partager et à interagir avec autrui avec plus de respect et d'amour. Dans *How Shall I Live*, je démontre que, lorsque nous infirmons le potentiel naturel de transformation inhérent à la maladie, nous dérobons à la société l'un des mécanismes qui visent à développer la conscience spirituelle. Nous remettons sans cesse sur pied l'ancien équilibre et provoquons, par là-même, une déstabilisation plus forte encore, ou une force transformatrice qui va émerger dans une autre dimension, et donc nous échapper. En appliquant trop étroitement notre notion de traitement au problème de la maladie au lieu de l'envisager sous l'angle d'une transformation de la conscience de base, nous sommes en train de créer une humanité dont la maladie fondamentale — l'illusion de la séparation, du «moi» — nous confronte à la destruction de notre monde.

La médecine n'en est, évidemment, pas seule responsable. Ainsi fonctionne notre approche en long et en large de toute activité humaine. Chaque fois que l'énergie se fait trop intense, nous nous libérons de cette pression transformatrice en repoussant plus loin les limites extérieures. C'est ainsi que nous avons grandi sur les plans technologique et scientifique et conquis la réalité observable, que nous avons créé de plus grandes interconnexions et acquis un niveau d'énergie sociale plus élevé, sans que nous ayons pu étendre dans la même mesure notre capacité d'aimer ou d'exister tous ensemble comme un seul être global. C'est une capacité qui ne peut germer que du processus mort égoïque/renaissance, et d'un changement qui transformera nos prises de conscience. En ce sens, l'anéantissement thermonucléaire représente l'image collective de cette mort/renaissance, comme une accumulation du refus d'un changement fondamental porté à une puissance très élevée.

Aussi longtemps, donc, que nous n'aurons pas compris la dynamique égoïque de base et porterons nos efforts sur la perturbation passagère, la complétude de la vie nous échappera. Bizarrement mal à l'aise et insatisfaits, nous allons notre chemin et tentons d'aller mieux, en confondant perturbations transitoires et altérations avec changement véritable. Mais, vite, l'équilibre de base reprend le dessus et l'ancienne dynamique réapparaît. Nous en avons un aperçu constant avec les médicaments et le phénomène de «tolérance». Le terme convient bien, puisqu'il signifie que la conscience de base a appris à tolérer et à intégrer la perturbation induite qui l'a, un moment, aidée à fonctionner différemment. Ce n'est pas ce que nous recherchons; nous voulons plutôt une force perturbatrice qui, soutenue par une orientation axée sur une vie globale, invite la Transformation à se manifester. Nous devons pénétrer plus profondément dans notre souffrance existentielle.

Voilà la médecine du futur. Elle ne sera pas une médecine destinée à ramener inconsciemment le guerrier sur le champ de bataille de la vie, mais plutôt une force spirituelle à travers laquelle les amoureux de la vie deviendront plus entiers. C'est une médecine qui reconnaîtra la valeur, importante pour la santé, que représentent le doute, la vulnérabilité et notre capacité à faire face au paradoxe, à la tension et au stress. Une médecine qui ramène à l'état énergétique égoïque de base est vouée à l'échec car, ce faisant, elle perd contact avec la globalité et entretient la maladie dans des dimensions plus subtiles. La médecine, comme toute tentative humaine qui respecte la totalité et s'adresse à une vitalité radicale, doit introniser une conscience plus vaste. Même si la vie devient plus confortable pour tous, il doit donc se produire un stress compensatoire, un besoin de transformer et d'assumer notre rôle, comme des individus spirituellement conscients et capables de soutenir des énergies élevées. Nous devons arriver à connaître la Vie comme un amant l'aimée. La seule et unique ordonnance que l'on puisse établir pour la santé de l'humanité tout entière est de reconnaître ce choix, et de nous préparer, nous et notre monde, à accomplir ce pas.

CHAPITRE ONZE

Le potentiel de transformation des thérapies en vogue et des enseignements spirituels

Quand un homme de bien prend conscience qu'il vaut mieux être entier qu'être bien, il s'engage sur un sentier juste et étroit, en comparaison duquel sa droiture antérieure fait figure de douce licence.

John Middleton Murray

Le bon outil placé en de mauvaises mains fait du mauvais travail.

Franklin Merrell-Wolff

J'ai beaucoup parlé des façons de perturber l'énergie, sans mentionner certaines des méthodes et des techniques que propose de nos jours la médecine alternative et holistique. Il n'entre pas dans mes vues de comparer ni d'étudier à fond leur contribution. Je souhaite plutôt commenter brièvement leur possibilité de provoquer une transformation radicale.

Lorsque nous entamons un programme de découverte de soi et d'ouverture émotionnelle dans le cadre d'une approche d'auto-guérison, tels ceux que mirent en place les docteurs

Carl et Stéphanie Simonton, et qui, depuis, ont été repris par beaucoup d'autres, nous perturbons notre conscience de base. Pour ce faire, l'on s'appuie sur des méthodes faisant appel à la méditation et à des exercices de visualisation, qui fonctionnent de pair avec une thérapie psychologique destinée à libérer les émotions «bloquées». Ces programmes ont connu un large succès en ce qu'ils aidaient les gens à se sentir mieux et, dans les premiers temps du moins, Simonton a relevé une augmentation de rémission des maladies. Beaucoup de gens ont d'abord déclaré avoir pu se guérir eux-mêmes avec ces techniques. A l'instar des autres traitements cependant, la maladie refit fréquemment son apparition. L'utilisation des visualisations en vue de soigner a semblé n'être plus efficace. Comme avec les médicaments, s'est installée une tolérance.

C'est dans le degré d'implication des personnes concernées qu'il faut rechercher le succès physique transitoire de ces techniques, qui permit d'altérer temporairement leur schéma énergétique de base. La nouveauté de l'approche était stimulante, et la foi puissante dans l'efficacité des techniques était une bonne source de focalisation pour la conscience et l'énergie générée. De nouvelles relations, le support du groupe et les valeurs et comportements nouveaux créaient, pour un temps, une communauté de haute énergie. Je pense que tous ces facteurs combinés, auxquels il faut ajouter la plus grande disponibilité de l'individu que sa maladie a ouvert, tendaient à induire une nouvelle vibration de conscience. Elevée, l'énergie déclenchait la rémission des symptômes.

Cependant, le contexte dans lequel on explore une technique, quelle qu'elle soit, a autant d'importance que la technique elle-même. Et dans ces approches, le contexte reste dans une dynamique visant à combattre le problème, où la visualisation et la conscience psychologique servent à lutter contre la maladie de la même façon que les médicaments de la médecine traditionnelle. Le contexte, donc, demeure cette ancienne conscience sujet-objet et l'on ne peut espérer que perturber temporairement une maladie qui, elle-même, est une conséquence de cette forme de conscience.

On nous demande, par exemple, de visualiser les cellules saines en train de combattre les cellules malades, le bon médicament en train de lutter contre la vilaine maladie. L'énergie est générée sur un principe qui scinde en deux la psyché et oppose l'une des parties à l'autre. Placer deux énergies en compétition permet d'obtenir beaucoup d'énergie, mais savoir comment unifier les deux équipes dans une même dynamique génère une énergie bien plus forte. En envoyant les cellules saines combattre les cellules cancéreuses, nous créons en nous un sentiment de puissance et de contrôle qui brièvement nous mobilise vers une énergie plus élevée. Mais cette énergie s'affirme sur l'existence de la maladie tout autant que sur le potentiel de victoire. La conception globale d'une maladie comme le cancer nous échappe, alors qu'elle pourrait justement représenter une force de guérison. Le cancer est là pour nous demander de prendre conscience de notre totalité, ainsi que le fit Laura, au lieu de continuer à partir en guerre à l'intérieur même de notre psyché pour créer une sensation de vitalité. Les visualisations de cet ordre ne peuvent donc que perturber temporairement le système de base. Elles ne peuvent être réellement transformatrices puisqu'elles sont nées de méthodes essentiellement réductrices qui, du Tout, font plusieurs parties qui luttent entre elles. Dès que nous relâchons notre effort pour renforcer le positif face au négatif, ou cessons d'affirmer l'idéal positif, la partie exclue reprend sa place, soit au même niveau, soit (comme ce fut le cas pour Théodora) avec une énergie décuplée et à un niveau plus subtil.

Ici sont utilisés les vecteurs transformateurs de l'Implication Créatrice et de l'Intensité (volonté), mais manque le troisième vecteur, celui de l'Amour Inconditionnel, où patient, maladie et contexte thérapeutique ne font qu'un. Les techniques de visualisation proposées par Simonton et d'autres thérapeutes visent à domestiquer les capacités naturelles de guérison, mais ne reconnaissent pas le contexte plus vaste dont elles proviennent. Elles sont issues d'une discipline yoguique et impliquent la maîtrise de chacune des facettes du corps-esprit. La concentration ainsi induite génère évidemment de l'énergie, laquelle va altérer la dynamique du corps-esprit. Mais si l'énergie naît de visualisations qui s'appuient sur une conception médicale traditionnelle des défenses corporelles, elle est une nouvelle fois l'image de l'ancien mode de conscience. Je crois que jamais une thérapie orientée vers la résolution d'un problème ne peut être réellement transformatrice ni holistique. Son orientation même infirme la définition de la vie. Si vraiment il existe quelque chose d'holistique, c'est bien la vie elle-même, vécue pleinement pour elle-même. La volonté de vivre n'est que ça, une étreinte avec la vie, et non une guerre contre la maladie.

Lors d'un récent séminaire, un médecin, à l'écoute de ces principes, déclara que ceux qui arrivent à domestiquer leur volonté pour combattre leur maladie souvent réussissent. Il soignait justement une femme de cette façon et voulait savoir ce que j'aurais moi-même fait pour elle. Ma réponse fut que je me contenterais, avec elle, d'être présent. Pourquoi, lui demandai-je, éprouvait-il le besoin de la mener à lutter contre la mort ? Avait-il profondément envisagé sa propre mort ? Avait-il considéré toute cette mort que, justement, nous générons, pour avoir vécu notre vie sans vouloir faire face au vide existentiel qu'elle provoque ? En toute chose il existe une relation compensatoire, et je lui suggérai qu'un thérapeute, s'il veut pousser son client vers la vie, doit pénétrer plus profondément sa propre mort, non pas en acceptant l'expérience par le biais de la maladie du patient, mais en abordant sa propre mort égoïque. De cette façon, il pouvait aider sa cliente. De cette relation sans obstruction, naîtrait un amour plus grand (pas forcément guérisseur) pour tous deux. J'ai suggéré qu'il pouvait y avoir une certaine violence dans une relation créée à partir de son incapacité à se confronter à la mort, se déguisant sous forme d'un combat pour la vie de sa cliente. Ceci n'est pas l'amour. Toujours l'Homme s'est battu pour la vie, et chaque jour il voit grandir le potentiel de mort !

La transformation et le besoin de résultats

Le besoin de résultats et de techniques pratiques, facilement saisissables et utilisables, est l'un des meilleurs boucliers pour repousser l'inconnu et refuser d'explorer les possibilités nouvelles. C'est le bouclier qu'on m'a opposé lorsque, au cours de la «grande visite» dans un centre médical important, j'exposai mes idées nouvelles sur la transformation et la santé. Mon discours provoqua grands intérêt et stimulation, mais lorsqu'il fut question de le mettre en pratique, ceux-ci retombèrent nettement.

La question essentielle que posaient les médecins était : «Comment vais-je faire pour que ça marche ? Comment vais-je pouvoir appliquer ça à mes patients ?». Beaucoup de guérisseurs, aujourd'hui, font écho à ce cri qui a ses racines dans notre compassion, dans notre aspiration à la totalité. Les docteurs, les thérapeutes, les prêtres, tous ceux qui sont au service de la communauté se demandent «comment puis-je aider ?». Il existe un besoin de dépasser les limites de l'expérience formelle. Notre concept d'aide est cependant en majeure partie basé sur quelque nouvelle technique, quelque nouvelle compréhension. Nous pensons que notre ignorance des faits, quels qu'ils puissent être, nous empêche d'avancer, et exigeons davantage de recherches. Nous nous demandons si notre approche n'est pas trop étroite, et lui ajoutons alors d'autres techniques. Même les médecins traditionnels adjoignent à leurs méthodes habituelles des conseils, des vitamines, des méditations, des herbes et même la marche sur le feu. Bien que chaque nouvel apport comble un certain vide ou crée une nouvelle possibilité subtile, et que l'impulsion soit très sincère, l'*idée* même qu'un quelconque remède extérieur va faire la différence, nous détourne de la vérité fondamentale de l'ignorance.

Nous voulons aider; souvent nous ne savons comment. La vérité repose justement dans ce sens d'incomplétude et c'est important, car c'est ce qui nous mène à l'immédiateté de l'instant. La notion du besoin d'avoir davantage de connaissances est un concept, un raisonnement. Donc, sans cesse, nous nous tournons vers le raisonnement — qui, en soi, est irréel ou partiellement réel — au lieu de franchir le seuil de notre vérité immédiate. Il existe beaucoup de façons de soigner, traditionnelles ou pas, basées sur des données scientifiques ou sur l'intuition; mais la vérité vraie réside dans notre souci, et dans l'éternelle question «comment puis-je l'appliquer à mes patients ? Comment puis-je faire davantage ?». C'est ce que nous ignorons, et non nos tentatives pour résoudre nos doutes, qui représente la porte enfouie et délaissée ouvrant sur une dimension plus profonde de notre nature humaine; une dimension dans laquelle la vulnérabilité, la compassion et l'humilité nous rassemblent.

Ceci ne veut pas dire que nous devions tourner le dos à la science, aux herbes, à l'intuition ou à la canalisation des énergies; tous font, sans aucun doute, partie de notre recherche de vie; mais le fait d'affronter cette question en scrutant les abysses de notre ignorance illumine notre âme, et se fait rayonnement dont s'imprègne notre échange.

Une prise de conscience transformatrice ne peut être «appliquée». Nous devons travailler sur nous-mêmes, travailler pour faire émerger de l'immédiateté de nos propres vies cette vitalité plus profonde. Lorsque nous l'avons compris, l'art de la guérison que nous pratiquons devient un marche-pied sacré, grâce auquel nous sommes capables (et avons le privilège) d'extérioriser la conscience en éveil, lui permettant de s'incarner en nous-mêmes et dans notre monde. Lorsque nous avons compris que la santé vient simplement de l'élévation de notre conscience, et commençons à changer le contexte de la pratique médicale, le travail devient un culte; notre sentiment d'imperfection, notre désir de faire davantage ne nous aveuglent plus. Dans l'humilité née de notre conscience grandie, nous faisons de notre mieux. L'inconnu, cependant, demeure, et nous porte plus totalement dans l'immédiateté de la relation de soin. De là vient l'inattendu, l'art véritable de la guérison.

La conscience sans éveil se résume, tout au contraire, à un sentiment de séparation entre technique et praticien, et à l'incapacité de voir que l'efficacité de toute technique repose sur la présence rayonnante du praticien. Cette conscience-là considère que la maladie ne fait pas partie de la globalité du malade; elle essaie donc de modifier la maladie au lieu de renforcer la totalité. C'est la même chose pour celui qui demande juste qu'on lui indique comment se soigner, et suit n'importe quel régime qui est censé conduire au résultat souhaité : inconsciemment, il est en train de se battre contre la maladie au lieu de renforcer sa totalité. De ce combat ne peut naître qu'une victoire temporaire, parce qu'on l'a engagé à ce même niveau de conscience dont est issue la maladie.

La médecine moderne et le monde de la recherche s'appuient sur le mythe du résultat pratique et quantifiable, qu'ils devraient cependant équilibrer avec le sentiment du mystère de la vie, auquel il faut adjoindre l'envie de jouer avec des idées et des comportements nouveaux, qu'il est difficile de quantifier et même d'évaluer. La géométrie de Reimean, par exemple, si elle fut considérée comme intelligente, ne parut pas importante aux mathématiciens du XIXème siècle; c'est cette «intelligence» pourtant, dont se servit Einstein pour ses travaux sur la relativité. De même, dans notre recherche de santé, devrions-nous avoir envie de faire le prochain pas dans la vie sans savoir où il va nous conduire.

C'est précisément ce que fit Norman Cousins. Dans son livre «*Anatomie d'une maladie*» (1), il raconte qu'il s'est lui-même guéri d'une maladie sérieuse en regardant des films

(1) Norman Cousins, Anatomy of an Illness.

qui le faisaient rire. Il suivit aussi son propre régime, eut une excellente relation de travail avec un médecin, et reçut de sa famille un soutien et un amour immenses. Mais Mr. Cousins avait spontanément et complètement suivi son intuition. Ce faisant, il agissait sans jamais savoir réellement ce qu'il était en train de faire, pourquoi il le faisait, et si cela allait marcher. C'est l'essence même de la Relation Créatrice et de l'Intensité appliquée au processus de guérison. Sa méthode lui permit d'accéder à une certaine énergie et de l'exprimer. Son obstination et sa persévérance étaient l'expression de son être inné. Il n'était pas tant en train de combattre une maladie, que de l'utiliser comme un tremplin pour la vie.

Mais voici qu'à présent, sur le succès qu'il obtint, on organise des séminaires complets, basés sur le rire considéré comme une technique de guérison; c'est, à mon sentiment, une erreur. Quelle merveille si nous pouvions enseigner l'admirable unicité de Mr. Cousins, sa capacité à être lui-même et à se nourrir de ses ressources les plus profondes. Mais je ne crois pas qu'on puisse l'enseigner. Nous pouvons plutôt rayonner et inspirer cette possibilité, si elle vit en nous; mais en fin de compte, chaque personne doit trouver ce qui, en elle-même, lui fait écho. Croire que nous pouvons apprendre aux autres comment faire ce qui nous est arrivé spontanément, avec notre propre Grâce, et nous attendre à ce qu'ils en éprouvent les mêmes effets, revient encore une fois à réduire le tout en un procédé pratique, tout en perdant l'énergie qui, justement, représentait la force de guérison la plus profonde.

Englober le paradoxe

Une vitalité radicale n'est pas quelque chose que nous puissions *faire* — c'est plutôt une façon d'*être* qui reconnaît le paradoxe de la vie. Or, il existe aujourd'hui nombre d'enseignements pseudo-spirituels qui sont incapables d'englober le paradoxe.

Ils visent à reprogrammer la pensée pour pouvoir en obtenir un sentiment de puissance. Pour résoudre le dilemme de la souffrance, on nous apprend à penser positivement et à visualiser le monde que nous voulons créer. On bâtit des églises autour de ces enseignements et l'on donne des cours que l'on peut étudier, chez soi ou en groupe. Nous apprenons ainsi à exercer les pouvoirs subtils de la pensée et c'est de cette façon que le monde est censé retrouver sa totalité. Je ne veux pas nier la valeur de ces enseignements, qui permettent d'améliorer l'estime de soi et le bien-être; mais je trouve qu'il est important de démontrer comment ces approches dites transformatrices peuvent, comme toute conviction, faire obstruction à une transformation radicale.

Spontanément, je suis prudent lorsque j'entends parler de «vérités» révélées dans des états de conscience supérieurs, que l'on veut appliquer rationnellement à ce que l'on vit au niveau de conscience ordinaire. La réalisation donne naissance à une compréhension et à une sagesse nouvelles. Mais elle n'est pas une méthode destinée à acquérir cette compréhension. Lorsque nous revenons à notre conscience ordinaire et essayons de lui appliquer «les vérités supérieures», nous normalisons la réalité (comme dans la mathématique de l'électro-dynamique). Nous pouvons, dans une certaine mesure, exercer ces pouvoirs nouveaux pour faire fonctionner la vie, pour qu'elle nous convienne, pour que tout aille bien. Mais la peur ruine une consécration ainsi orientée. Nous considérons notre manque de pouvoir comme un mal, plutôt que de le concevoir comme une manifestation de l'omniprésence divine. Ce genre de développement, qui nous mène à rechercher la puissance, nous apprend, en un sens, à «jouer à Dieu».

Nous éprouvons momentanément un sentiment de sécurité et sommes plus compétents pour manifester nos besoins.

Mais au lieu de donner sur la paix, que nous serions en droit d'attendre après avoir saisi la cohérence inhérente à l'Existence, notre démarche tourne très aisément à une escalade du besoin de contrôle. Nous ne sommes pas poussés par le sens de la quête de la vie, mais seulement par la recherche d'un instrument qui permette que ça marche. C'est comme si notre vie avait été une erreur avant que nous n'ayons connu la «loi» qui nous a montré comment la rendre juste.

Notre peur refait habituellement surface dès que nous nous approchons du seuil de la transformation et avons à nous confronter à l'espace «plus de montagne» du non-faire existentiel. Ceux qui ont programmé leur mental avec des affirmations, au lieu de cultiver l'aptitude à se tenir dans leur propre lumière, vont, à ce moment-là reculer devant la Grâce de la transformation. Les personnes qui se sentent attirées par la pensée positive et les affirmations, souvent ne se sont jamais senti suffisamment de puissance — comme si jamais il pouvait y en avoir suffisamment pour l'égo !

Il ne faut pas sous-estimer la valeur de ces techniques, qui peuvent fournir à certaines personnes des instruments exterieurs permettant de déclencher l'Implication Créatrice. La plupart des gens, néanmoins, après avoir suivi quelque temps ces approches, ressentent le besoin d'aller au-delà, et reconnaissent que leur vie n'a été que provisoirement mise en valeur par le contraste avec leur idéation habituelle. D'autres s'en trouvent prisonniers, et en cas de stress font appel à ce qu'ils ont appris au lieu d'accroître leur capacité d'aimer, s'empêchant inconsciemment d'approfondir leur relation à eux-mêmes et à autrui. Tout ceci a un côté irréel et étrange; c'est un déni du corps et du pôle négatif de l'existence, une négation qui engendre la superficialité, la rigidité, et la défense.

Pourquoi avons-nous si peur de nous engager plus avant dans notre propre expérience lorsque nous nous trouvons devant l'inconnu ? On n'apprend pas la connaissance profonde comme une matière indépendante de nous-mêmes; elle naît de notre vitalité radicale, et mieux vaut pour elle ne pas savoir comment aller plus avant plutôt que suivre un programme pré-établi.

Il y a un monde de différences entre la pensée consciente, la compréhension et l'affirmation dites illuminées que l'on croit être les siennes propres, et l'état de vitalité rayonnante qui ne peut naître que de l'expérience directe. Qui pourrait douter qu'une lecture quotidienne de pensées inspiratrices puisse générer une idéation nouvelle, qui finit par changer la qualité de l'attention ? On y trouve un appui qui permet de répondre de façon nouvelle, de s'ouvrir à la vie comme on le souhaite. Mais le sentiment de bien-être et de force renouvelée que nous en tirons n'est que perturbation transitoire, et non pleine incarnation de l'énergie supérieure. Quelle illusion dans la sensation d'éveil éprouvée, lorsque nous avons réussi à modifier la réalité en changeant l'orientation de notre conscience ! Quelle arrogance dans le refus de s'abandonner ! L'abandon de soi ne laisse aucun choix, ne permet aucune certitude. De cette incertitude naissent la foi, l'humilité et la force intérieure, si essentielles à l'abord du changement fondamental.

L'amour est la grande ordonnance, le grand remède de nombre d'enseignements spirituels à la mode, qui clament haut et fort que leur message est une nouvelle révélation de celui du Christ. Ils disent qu'il nous faut apprendre à voir l'amour partout, et que ceci nous permettra de racheter toutes nos relations et d'apporter l'harmonie à notre monde. Qui pourrait les contredire ? Ceci suppose, cependant, que l'amour est quelque chose que nous puissions et devions faire; et de nouveau, nous nous trouvons atteints dans ce que nous sommes, nos douleurs, nos doutes, nos questions. Une fois de plus, nous nous heurtons à la confusion entre prise de conscience plus élevée et conscience de base ! L'amour *est* la nature de la Réalité, qui nous permet de rencontrer la totalité au seuil de chaque expérience. Tenter de faire se produire l'amour est, en fait, l'antithèse de l'amour, et mène obligatoirement à diviser les forces de la vie. Il se pourrait que ce soit la raison pour laquelle plus nous «essayons» d'aimer, plus nous nous mettons en colère et réprimons notre vitalité.

Ces doctrines nous enseignent réellement que l'amour de Dieu et l'amour égoïque de l'homme sont différents, et que lorsque nous atteindrons l'éveil, nous pourrons saisir la réalité de l'amour de Dieu en toute chose. C'est la promesse apportée par la vie du Christ (celle en vérité de tout éveil radical) : chacun peut connaître (et connaîtra finalement) cette réalité divine, et sera fait entier dès cet instant. Si ces préceptes s'en tenaient là, on pourrait admettre qu'ils décrivent justement le phénomène de transformation. Mais ils vont plus loin et nous proposent de vivre dès à présent cette qualité d'amour, grâce à quoi nous serons délivrés de la douleur et des combats que nous infligent les illusions créées par notre égo. Aucune d'elles n'ayant, d'après eux, de réalité (seul l'amour est réel), nous avons donc le choix entre un chemin de paix et de joie et le combat, la maladie et la souffrance, puisque tous deux conduisent en fin de compte à l'instant de transformation. Si ce choix existe, alors la sagesse veut que nous options pour le chemin de paix et de joie.

C'est ce qui, effectivement, semble être sage; mais mon expérience en matière de transformation ne le confirme pas. D'après ce que je sais, nous sacrifions une partie importante de notre vitalité si nous tentons de faire une séparation entre joie et paix d'une part, et douleur et combat d'autre part. Le malaise peut s'en trouver momentanément apaisé, mais cela n'a rien à voir avec la transcendance née de la compréhension et de la Grâce, processus qui, obligatoirement, implique que nous n'ayons pas de réponse. J'entends sans cesse ceux qui étudient ces préceptes parler de vérités spirituelles et de grandir. Mais quand je suis en leur présence, je ne le ressens aucunement comme une réalité. Rien ne s'en est incarné. Suivre ces enseignements n'infirme cependant pas forcément la vitalité. L'intuition mystique ne peut qu'être utile à l'éveil collectif. Nous devons néanmoins, lorsque nous nous tournons vers ces enseignements spirituels désincarnés, également rester conscients de notre désir secret d'obtenir un changement fondamental qui corresponde à nos vues. Nous croyons embrasser le divin, mais inconsciemment notre approche même est une négation de l'action divine de la Grâce, qui agit en nous lorsque nous sommes vides, que nous doutons, et sommes incapables de fonctionner comme nous l'entendons.

Toute révélation — mystique ou spirituelle — spontanée est vraie et cohérente au niveau auquel elle est transmise et reçue, mais peut n'être pas vraie et cohérente lorsqu'elle est interprétée à tout autre niveau autre que celui-ci. Peu importe que la source soit plus ou moins lumineuse. Nous devons comprendre que ces enseignements se transmettent rarement directement au niveau ordinaire de conscience lorsque nous tentons de les vivre.

Une fois qu'une personne a développé l'aptitude à passer à un silence profond qui transcende le mental ordinaire et le fonctionnement intellectuel — étape naturelle du développement sur le chemin de la réalisation de soi —, elle est à même d'exprimer des témoignages merveilleusement poétiques et profonds. Ce stade d'expression où se manifeste la sagesse a une dimension extatique, un niveau profond d'intégration et de synthèse des aspects de la vie, que la conscience ordinaire ne peut percevoir comme un tout uni et intégral. Mais rien, dans cette sagesse, ne dit qu'il est facile de vivre ces vérités au niveau ordinaire de conscience. La tentative même de vivre un idéal d'amour, de sagesse et de compassion génère les éléments opposés de colère, de désespoir et d'égoïsme. C'est pourquoi je laisse à tout le monde la possibilité de voir tout ce dont est faite ma vie personnelle. Je ne tente jamais de séparer enseignement supérieur et vie quotidienne. Si je ne puis encore vivre ces vérités alors même que je les professe, je dois en même temps admettre la distance qui existe entre mental supérieur, prise de conscience intuitive, et ce qui a pu être pleinement incarné dans mon existence ordinaire.

C'est la raison pour laquelle une relation immédiate et continue avec une personne qui a réellement directement accès aux niveaux de conscience supérieurs a tant de valeur. Elle nous permet non seulement de voir cette personne comme l'incarnation de la transcendance, mais de voir aussi son humanité (ce que, grossièrement, je nomme souvent «la sainteté du derrière»). Les enseignements spirituels qui ne sont pas incarnés par un modèle vivant ne peuvent être confrontés au paradoxe immédiat et à la gageure que pose une relation réelle. Mais, du fait que ce genre de relation ne sera pas accessible à tout le monde avant que nous ne soyons authentiquement capables de nous voir les uns les autres comme des êtres Divins, la plupart des gens devra faire appel aux livres pour découvrir le mysticisme. Il est donc très important de bien examiner le contexte global de connaissance que nous pouvons trouver dans les livres, et d'aborder leurs révélations avec prudence et discrimination. Je crains que sans cela, les révélations récemment transmises, telles celles qui figurent dans *A course in miracles* ne deviennent le fondamentalisme du Nouvel-Age. Nombre de gens parlent déjà des vérités transmises comme d'un nouvel Evangile et s'abstiennent ainsi d'affronter l'Inconnu.

Il y a, dans *A course in miracles*, une grande pénétration, mais elle n'est pas ancrée dans la vie telle que nous en faisons l'expérience et la vivons. L'enseignement fut transmis par une femme qui, après avoir consacré sa vie à la quête spirituelle, devint suffisamment pure pour pouvoir communiquer une compréhension supérieure. Elle ne pouvait cependant le faire à partir de sa pleine nature; elle devait d'abord se dédoubler de sa conscience personnelle. De son propre chef, elle n'acceptait ni ne vivait ces enseignements. Elle s'en serait arrêtée là si son collègue, qui ne pouvait lui-même accéder à une telle pénétration, ne s'en était senti inspiré. Il se fit alors le devoir de les enregistrer pour une éventuelle publication. D'où un second dédoublement. *A course in miracles* a nécessité la synergie de deux personnes dont aucune ne pouvait incarner ses enseignements. C'est en fait un enseignement sans incarnation. Il parle des hauteurs d'où il fut transmis, mais aussi nous met en garde contre les problèmes qu'une personne moyenne rencontrera en essayant de vivre ces enseignements. A ce prétendu message du Christ manque la souffrance du Christ, la tension dynamique entre nature humaine et nature divine. Il perpétue chez l'étudiant ce même dédoublement entre humanité et divinité. La souffrance de l'homme, le combat et la soi-disant négativité sont niées (on les dit sans réalité, ce qui est vrai du point de vue de la conscience supérieure) et ne sont pas reconnus comme faisant partie du principe d'incarnation.

Ces enseignements ont pour effet, là encore, de créer une perturbation passagère, fondée sur un agrandissement tout à fait valable de la perspective selon laquelle on considère sa propre nature et la relation que l'on établit avec la vie. On éprouve temporairement un sentiment de lucidité et de liberté, parce que le centre de la conscience a quitté la réalité matérielle pour aller vers le transcendant. Mais l'incarnation porte en elle paradoxe et tension, qui se manifestent lorsque ces deux forces se rencontrent. Inévitablement l'étudiant se retrouve pour de bon dans une dimension où le paradoxe est supprimé ou bien n'est pas exprimé.

Du fait que les préceptes comme ceux qu'expose *A course of miracles* restent au niveau d'une spiritualité mentale ou théorique, ceux qui s'y attachent ont une connaissance restreinte du courant de la vie, des forces énergétiques, et du fonctionnement de la vitalité lorsque la conscience supérieure s'éveille dans le corps. La maladie est une tragédie ou une leçon, qu'il est nécessaire d'aborder par la prière, l'amour, et le changement d'attitude. Cette approche, toute noble soit-elle, divise cependant l'esprit et le corps, et ne nous permet pas d'avancer plus avant vers la transformation radicale. Je reconnais, néanmoins, que ces enseignements induisent une progression naturelle qui nous mène à participer plus rapidement à l'impulsion de transformation. Ils peuvent, si on les suit en profondeur, représenter une excellente préparation à un bon travail transformateur, car ils ont déjà mis en place le stade d'une nouvelle appréhension de soi-même. Ils nous ont permis de considérer nos réactions émotionnelles habituelles avec recul et perspective, et contribuent ainsi à renforcer la maîtrise de soi nécessaire à une recherche mystique plus profonde.

Le pouvoir de toute révélation canalisée que nous puissions approfondir par nous-mêmes dépend du degré auquel nous essaierons de la vivre. Si nous l'appliquons irréprochablement (c'est-à-dire si nous persistons, dans les moments où nous ne savons comment faire ou ressentons qu'il nous est impossible d'y arriver), elle aussi pourra nous conduire au seuil de la transformation. Le potentiel ne se trouve pas dans les préceptes, mais dans celui qui les applique. Si on les aborde comme ça, par curiosité, on aura tendance à n'y faire appel que lorsque l'on se sentira mal ou quand on manquera de clarté ou d'inspiration. C'est une bonne façon de se consoler, mais la conscience s'en trouve très peu grandie. Il est généralement plus facile de continuer à chercher, de continuer à modifier notre conscience, de continuer à suivre le programme dans l'espoir de devenir plus grand, qu'il ne l'est de juste se contenter d'*ETRE*.

La puissance d'un précepte spirituel s'éveille, et a même le pouvoir de se transcender elle-même, lorsque ce précepte se fait façon de vivre, particulièrement lorsqu'il devient le dessein de toute une communauté. C'est pourquoi certaines entreprises, comme celle des Alcooliques Anonymes, dépassent largement une approche basée sur l'affirmation et la pensée positive, même si elles s'en servent intensivement. C'est la façon de mener les réunions de groupe qui induit la force transformatrice majeure, car on demande aux gens d'ouvrir leur coeur et de se mettre à nu devant le groupe. Ce genre de procédé, en combinaison avec le système des Douze

Marches, renforce la capacité de vaincre l'accoutumance à l'alcool. Il ne s'agit pas seulement «d'être soi-même tous ensemble»; on fait aussi appel à la totalité spirituelle et à la dignité de vivre dans son intérêt propre, celui de la famille, et de la société.

Les Alcooliques Anonymes embrassent les trois vecteurs de la transformation. C'est l'un des exemples les plus heureux des principes religieux appliqués à un résultat social. Les alcooliques eux-mêmes sont des gens très sensibles; c'est pourquoi l'effet engourdissant de l'alcool leur devient si nécessaire. Cette sensibilité a une autre face : une spiritualité inconsciente, une ouverture et une disponibilité aux dimensions supérieures. Le principe des Alcooliques Anonymes (que certains considèrent comme un dogme) s'inspire de ce sentiment religieux enfoui, ou de cette inclination spirituelle. Il offre une structure qui permet d'intégrer l'impulsion de transformation. Il propose de procéder à un examen de soi (Relation Créatrice), devant un groupe, et avec l'énergie du groupe (Intensité). Ce principe fonctionne de la même façon pour chacun des membres qui donne, avec amour, sa présence pour affirmer cette totalité sous-jacente, qui toujours émerge lorsque l'oppression de l'alcool s'allège. Cet amour est à la fois un soutien et un instructeur impitoyable. Il est donc équilibré.

Si j'ai une critique à émettre envers les Alcooliques Anonymes, c'est que la puissance de leur procédé occasionne elle-même un besoin. Celui qui s'est engagé devient dépendant de sa situation même d'alcoolique, qu'il considère comme une condition et une justification nécessaire pour pouvoir continuer à participer à la communauté. Je crois, en fait, qu'il est nécessaire de se libérer de cette auto-définition par l'alcool pour pouvoir se développer pleinement, et que l'on doit pouvoir considérer l'alcool comme un aspect de la vie qui peut s'avérer utile en certaines occasions. Il est nécessaire, aussi, d'être vigilant sur un autre point : le développement spirituel peut créer, pour certains, une autre dépendance. J'ai travaillé avec plusieurs personnes qui, après avoir réussi à venir à bout de l'alcool, s'adonnaient à une méditation si excessive qu'ils commençaient à se désincarner, ce qui se révéla presque aussi destructeur que l'alcool.

Le succès des Alcooliques Anonymes fait aussi leur faiblesse. Ils sont spirituellement axés sur une réalisation, mais ne veulent que la réalisation d'une condition plus saine. Ils ne dépassent pas ce point de vue et ne vont pas chercher plus avant dans le processus total de la conscience. Cependant, du point de vue de la transformation radicale, ceci représente déjà un tremplin.

Partout où l'enseignement spirituel sert de base à une activité sociale, l'énergie supérieure s'incarne. *A course in Miracles*, par exemple, a inspiré les travaux du Dr. Gérald Jampolsky portant sur les enfants mourants. Bien que j'aie déjà discuté des limites qui, à mon sentiment, sont inhérentes à ces préceptes, je ne puis nier la valeur d'inspiration qu'ils portent en eux, spécialement lorsqu'ils nous aident à considérer de plus près la vie et la mort. Le domaine de la mort est un terrain réellement fertile pour la croissance personnelle. Là, au moins, on rencontre un aspect du non-faire, un aspect qu'il est un peu plus facile de pénétrer chez autrui que chez soi-même en son propre processus de mort/renaissance psychique. D'abord, nous sommes confrontés au fonctionnement du non-faire «du dehors» chez quelqu'un d'autre, avant de, progressivement, le considérer en nous-mêmes. Le simple fait de se trouver dans ce contexte revient à être «défait», si l'on veut être vraiment honnête avec soi-même, regarder le prestige subtil qui entoure ce genre de travaux, et examiner profondément ses propres motivations.

Si, en fin de compte, nous arrivons à mettre de côté tous les préceptes, à cesser de faire du prosélytisme pour tout système de croyance, et à simplement *être*, nous nous retrouvons dans un lieu où nous devons servir, mais aussi nous «dé-faire» et renaître. Il existe peu d'opportunités aussi belles de jeter un regard sur nous-mêmes face à celui qui va mourir, et de comprendre que ce que nous lui demandons, nous devons vouloir le faire nôtre; que si nous lui demandons d'essayer de changer et d'accepter un nouvel espoir — même si ce n'est pas celui de guérir —, cela peut très bien signifier que nous n'acceptons pas notre propre sentiment d'impuissance, notre propre peur de nous «dé-faire», notre propre angoisse de la mort-renaissance. Ce sont des instants qui nous conduisent devant l'abîme de ce qui *est*, qui nous conduisent à abandonner tout contrôle, toute connaissance, qui nous poussent à nous contenter d'être et, peut-être, à saisir l'ultime acceptation et la paix que la mort peut offrir.

CHAPITRE DOUZE

Une relation sans obstacles

Parce que l'amour de Dieu est en moi, il peut venir vers vous d'une direction autre et particulière, qui serait impraticable s'Il ne vivait en moi; et parce que Son amour est en vous, il peut venir vers moi, ce qui ne pourrait se faire s'il en était autrement. Et parce qu'Il est en nous deux, Dieu peut voir grandir sa gloire

Thomas Merton

Aujourd'hui, grâce à ce que j'ai appris au sujet de Théodora et d'autres, j'essaie de demeurer neutre chaque fois que je procède à un échange d'énergie avec une autre personne. S'il y a ne serait-ce qu'un soupçon, dans ma conscience, que je puisse agir à partir d'un désir de réalisation, ou de quelque idée sur ce qu'elle est ou devrait être, je sais que je ne puis la servir. Plutôt que de me retirer, j'observe simplement mon degré d'implication, jusqu'à ce que l'interaction redevienne spontanée et sans préméditation aucune.

Chaque fois que, lors de mes travaux, sont intervenus guérison radicale ou éveil, la dimension supérieure a paru s'ouvrir spontanément. Ma vision de la vie s'en est trouvée profondément changée. Mon intention n'y avait en rien participé. Même lors de l'échange rituel d'énergie, où l'on désire entrer en état de communion profonde avec l'autre, je ne me sens pas bon juge pour évaluer la profondeur ou la richesse de ce qui se passe. Des guérisons se sont produites sans que j'aie été conscient qu'il était arrivé quelque chose; et s'il advient que je me rende compte d'un phénomène inhabituel, je me sens pris dans le processus; ce n'est pas moi qui le provoque. Chaque fois que je m'applique trop, que je souhaite qu'une chose se produise ou que je veux «faire» quelque chose pour l'autre, je sais que mon implication est personnelle. J'ai obtenu des résultats quand même, comme si le travail en profondeur opérait en dépit de mon orgueil et de ma présomption; mais jamais, en de telles occasions, ne s'est ouverte la porte du grand mystère de la relation.

La seule trame commune aux changements profonds qui ont pu se produire a consisté en une attention impersonnelle de ma part. J'ai pu, auparavant, apprécier la personne concernée, et même éprouver pour elle de l'affection. Ce sentiment, souvent, m'a été retourné, mais ce n'est pas forcément le cas. Il ne s'est rien passé de tel avec Laura, par exemple. Toute personnalisation a disparu au moment où l'alchimie de guérison ou de transformation est à son maximum. L'interaction, quelle qu'elle soit, est totalement spontanée. Et lorsque le contact est extrêmement fort, le sentiment que j'ai de moi-même est si ordinaire que je pourrais aussi bien être en train de faire la vaisselle. Le sens égoïque, en effet, perd alors toute son activité ou se trouve en arrière-plan, comme il peut l'être à l'instant de la réalisation. La vigilance est totale, mais les fonctions habituelles de la conscience (personnaliser, juger, étiqueter, vouloir) ne sont pas opératives. S'il subsiste ne serait-ce qu'un besoin de confiance, l'interaction ne peut atteindre sa pleine profondeur.

Il importe peu qu'il se passe quelque chose ou que rien ne se produise dans cette relation, parce que la partie de la conscience normalement concernée par des résultats ne dirige pas l'expérience. On pourrait se demander : mais comment parvenir à cet état ?

Encore que la question en elle-même soit déjà un obstacle, il nous faut considérer la globalité de notre vie pour essayer de trouver une réponse. Lorsque nous apprenons à abandonner toute préoccupation, tout besoin quant à la signification que peut apporter notre expérience subjective, cette sorte d'attention se développe progressivement. Elle accompagne l'approfondissement inhérent au processus de transformation, et n'est pas quelque chose que l'on puisse acquérir, comme un pouvoir ou une fin en soi.

La relation est maintenue au niveau sujet-objet (c'est-à-dire professeur à élève, patient à thérapeute) sitôt que se manifeste implication ou motivation. Il peut y avoir transfert d'énergie, la conscience peut changer, les symptômes également, car les possibilités de modifier nos états de conscience sont infinies; mais jamais je n'ai vu se produire une transformation fondamentale dans de telles conditions.

La relation est sans obstruction aucune à l'instant de la transformation radicale. La conscience de soi n'intervient pas entre le soi et l'être. Elle n'est présente que sous l'aspect d'un témoin purement détaché et n'a aucune force affirmative. Lorsque, entre deux individus, se met en place une relation sans obstruction, tous deux se sont dégagés de leur conscience sujet-objet. C'est la forme de relation la plus extraordinaire. Elle peut être considérée comme un archétype en ce sens qu'alors, chacun voit l'autre comme lui-même, tout en reconnaissant sa totalité. C'est l'expérience, inéffable et indescriptible, d'aimer son voisin comme soi-même; c'est Dieu qui voit Dieu, c'est la relation très profonde qui unit gourou et disciple, où amant et bien-aimée ne font qu'Un.

Je doute que quiconque, aussi initié soit-il, puisse prévoir le moment où une telle relation pourrait se produire; elle est cependant accessible à tous. Ceux qui ont déjà profondément pénétré en eux-mêmes la connaissent et souvent jouent le rôle d'éveilleur, ou ont la possibilité d'élever autrui. Ils sont comme une porte entre les dimensions. L'initié est tout à la fois présent au jeu immédiat de la vie et à la conscience profonde. Inévitablement il amène à une conscience plus élevée celui qui se met en interaction avec lui. Cette induction, cependant, n'est ni intentionnelle ni désirée, dans le sens d'un devoir ou d'une capacité à exercer. C'est simplement une fonction inhérente à une condition plus éveillée.

Nous n'atteignons cet archétype de l'union sans obstruction qu'à de rares moments. La grande majorité des relations reste à l'intérieur de cette coquille, qu'à divers degrés façonne la conscience sujet-objet. L'instant du partage de ce festin sacré avec une présence rayonnante dépend de l'extension de notre transparence aux dimensions profondes. D'une relation à l'autre, selon notre disponibilité mutuelle, nous nous dilatons ou nous contractons; nous rencontrons divers niveaux de conscience et diverses possibilités pour établir la communication, la compréhension, et guérir. Cependant, quel que soit le degré d'illumination d'un individu, si la personne qui lui fait face ne s'ouvre pas, l'interférence de ce moi limite la possibilité énergétique de la relation. Et puisque nous sommes, en fait, le miroir l'un de l'autre, si l'un n'a pas abandonné ce sentiment du moi, l'autre en sera peu ou prou limité. Il est hors de question, dans pareille situation, de blâmer ou de juger la personne qui n'a pu s'ouvrir. Ce qui est en l'un est en l'autre.

Prenez, par exemple, la relation entre un guérisseur et son patient. L'identification du thérapeute en tant que tel (ou en tant que moyen de transmettre la guérison) ajoutée à l'envie du patient d'être guéri représentent une implication mutuelle, une forme de relation déjà obstruée. Il arrive souvent que le guérisseur, lorsqu'il opère, transcende brièvement cette obstruction par l'attention qu'il apporte à son travail; mais si le patient reste lié à son désir de guérir, le potentiel transformateur (ici, le guérisseur) reste limité. J'ai entendu certains guérisseurs dire que si leurs soins n'avaient pas atteint leur but, c'est parce qu'à quelque niveau inconscient le patient n'était pas prêt, ne désirait pas le changement. D'autres se sont reproché de n'avoir pas été disponibles, ou suffisamment purs. Si le premier paraît arrogant et humble le second, il n'en demeure pas moins que tous deux n'ont pas vraiment saisi la nature d'une relation sans obstruction. C'est le paradoxe qui se pose à toute relation thérapeutique. Il est inévitable que soient définis les rôles et les buts à atteindre et c'est justement ce qui, tout à la fois, crée la relation et la condamne à demeurer scindée. Lorsqu'une guérison néanmoins intervient, elle provient d'une relation obstruée, certes, mais beaucoup moins qu'à l'ordinaire. Aussi extraordinaires soient-ils, guérisseurs et guérisons sont relativement nombreux, en comparaison de cette fleur si rare qu'est l'éveil en la présence de l'Autre.

Venir à l'autre et lui offrir mon énergie pour l'aider à guérir me fait penser à une crucifixion. Je vais vers autrui dans l'amour, mais ressens une violence subtile faite à mon être profond, car pour partager mon don, une séparation doit intervenir avec autrui. C'est précisément la raison pour laquelle je ne me permets plus de focaliser mes travaux sur la guérison ou la transformation comme une fin en soi. Tout mon travail consiste à développer la confiance en soi et la réciprocité de conscience, pour que nous puissions, de plus en plus profondément, percer les illusions qui limitent notre vitalité. Dans la mesure où chacun prend conscience, nous nous guérissons l'un l'autre.

Une relation sans obstruction

Que deux personnes ou davantage parviennent ensemble à une attention sans obstruction, où le soi ne s'implique pas, est l'un des plus grands miracles de la vie. J'ai compris, finalement, que mon implication face à mon patient cancéreux, déprimé, avant mon premier éveil, m'a permis de prendre en charge sa dépression. Sept ans plus tard, c'est exactement la qualité de relation opposée qui a amené une réalisation plus profonde, que j'ai appelée «Devant Abraham (ou Jésus) Je Suis».

Ce fut un mouvement subtil, qui, du sentiment d'un «moi» exerçant son activité de professeur et espérant faire grandir autrui (ou l'exigeant secrètement), me conduisit à me considérer comme le Principe d'Etre, en qui la vie est en éternelle transformation. J'animais, à cette époque, un séminaire pour un petit groupe d'élèves avec qui j'avais travaillé sur une période relativement longue. Le groupe était, un matin, en train de tourbillonner, pratique popularisée par les derviches de la tradition Mevlevi. C'est un exercice, à mon avis, très intéressant, car il entraîne la totalité du corps dans un mouvement vers les profondeurs de la conscience. Si l'on est bien équilibré sur le plan énergétique, on peut, en principe, l'effectuer sans aucun effort. D'autres personnes sont, elles, capables d'y appliquer une grande volonté, ou une certaine forme de concentration, propre à la pratique de l'athlétisme, leur permettant de tourner assez aisément. Pour la plupart cependant, les gens ne l'intègrent pas naturellement, perdent contrôle et peuvent même être malades. J'ai remarqué à quel point le fait de perdre ainsi le contrôle des opérations stimule l'ouverture énergétique.

Alors que le groupe tourbillonne, je reste présent et attentif. Ce jour-là, une femme, qui naturellement à tendance à s'engager de tout son coeur dans ce qu'elle vit, perdit rapidement contrôle et tomba. Je l'encourageai à se relever et à trouver son équilibre entre contrôle et perte de contrôle. Irritée par mon intervention, elle se releva «pour me montrer». Elle retomba de nouveau et, cette fois, vomit. Je lui demandai pour qui elle agissait ainsi. Elle se releva et tomba à nouveau, cette fois à quelques mètres de moi. Je la regardai sans pensée particulière. Elle se mit à ramper vers moi sur le sol et je vis qu'elle pleurait. Alors même que je réalisai ce qu'elle faisait : elle était en train de verser des larmes sur mes pieds et de les embrasser.

Rien au monde n'était plus naturel et plus approprié. Ses yeux se levèrent pour rencontrer les miens, et tous deux nous plongeâmes dans l'infinité de nos êtres. Je pris conscience que nous avions atteint un archétype. Je tenais le rôle de Jésus face à Marie; j'étais Ramakrishna pour Vivekanda. L'instant était intemporel, un instant de pur être; et cependant, également, un instant très ordinaire. Nous ne connaissions ni émotion, ni jugement, ni réaction, ni embarras, et le moment passa aussi simplement qu'il avait commencé. Elle se releva et se remit à tourbillonner; mais elle était à présent une toute autre personne : son dos était cambré, son port de tête altier, ses bras se tendaient avec grâce et ses mains étaient en parfait équilibre. Sur la pelouse drue et irrégulière qui descendait en pente douce, elle tournait très rapidement, sans jamais chanceler, perdre l'équilibre, ni même sortir d'un cercle qui n'excédait pas le mètre-carré. J'ai vu danser Baryshnikov et d'autres excellents danseurs, mais jamais je n'ai assisté à un mouvement plus rayonnant que le sien.

Je ne cherche pas à m'impliquer une nouvelle fois dans une histoire de «miracle» mais, plus que toute autre, cette interaction m'a montré combien l'attention — plus que le désir ou l'intention — représente le coeur de toute relation. Cette femme s'est éveillée à l'instant où la relation entre nous s'est dégagée de toute obstruction. Cet éveil s'épanouit pendant les quelques jours qui suivirent; sa réalisation fit son chemin de plus en plus profondément, jusqu'à, finalement, la rédemption du choc profond qui, dans son enfance, l'avait physiquement estropiée pour la vie. Elle connut alors un état d'Illumination tel qu'il transporta plusieurs personnes dans une dimension transcendante. Le courant se mit à circuler, et elle aussi eut à aborder la période difficile d'intégration et de mise en place d'un nouveau style de vie.

Aujourd'hui, elle excelle à replacer quelqu'un dans le jeu et dans l'espièglerie de la vie. C'est son don le plus précieux. J'ai observé ceux qui ont ainsi fait l'objet de son attention; elle les revêt de costumes et les conduit à prendre conscience des limitations que leur impose l'image qu'ils se font d'eux-mêmes. En quelques minutes, ils se déplacent différemment et occupent l'espace avec une confiance et une vitalité toutes neuves. Sans aucune tendance religieuse, elle génère une aura de dévotion, espiègle mais profonde, un amour de la vie.

L'éveilleur et son rôle

Un instant de relation sans obstruction éveille le potentiel transformateur le plus profond. Si le thérapeute qui vit dans ma conscience avait suggéré à cette femme, lorsque nos yeux se rencontrèrent, de comprendre sa propre puissance, ou lui avait inspiré une réponse plus classique, cette relation eût été limitée. Elle eût été thérapeutique, pleine de pénétration peut-être, mais pas transformatrice. *Une attention sans aucune obstruction est le plus grand cadeau que nous puissions partager avec autrui.* Elle développe cette conscience non-violente, non intrusive, non manipulatrice, autour de laquelle s'articule une psychanalyse réussie ou tout autre bonne thérapie. Elle instaure un espace dans la conscience où peuvent éclore les possibilités nouvelles. Elle échappe cependant à toute théorie psychologique ou technique thérapeutique. Une attention libérée et dégagée de tout obstacle génère la force qui induit les résultats thérapeutiques. L'aptitude à engager une relation sans obstruction est une conséquence naturelle du processus d'éveil et, dans la mesure où elle existe chez quelqu'un, cette personne peut jouer auprès d'autrui le rôle d'éveilleur. J'ai rempli ce rôle à divers degrés auprès de nombreuses personnes, mais, pour moi, le plus grand bonheur fut de pouvoir amener des gens à un tel niveau d'attention dégagée de toute obstruction, qu'eux-mêmes ont pu en faire autant pour d'autres individus.

Toute personne, pour autant qu'elle ait accordé son identité à la dimension hors du temps, de l'espace, et de la causalité où repose la réalisation, peut remplir le rôle d'éveilleur ou de guérisseur. Point n'est besoin pour ce faire de s'être éveillé au sens mystique. Un choc, un stress profond, ou l'initiation d'une personne qui a accès aux énergies élevées peuvent momentanément provoquer l'ouverture. A tout instant, il est néanmoins possible d'engager des relations consacrées à un principe supérieur.

Lorsque, donc, nous assumons le rôle de guérisseur ou participons avec d'autres à un rituel sacré, nous avons de ce fait accès à l'énergie supérieure. Celui qui a une conscience de soi-même relativement faible (parce qu'il est impliqué dans des relations au jour le jour) peut momentanément accéder à une certaine ouverture qui lui permettra d'être un bon guérisseur psychique. Ceci peut en partie provenir d'aptitudes sous-jacentes que l'on retrouve en chacun, et également être induit par l'ouverture des personnes qui participent à l'échange. Le plus important, je crois, est le Principe de Relation lui-même. C'est la dimension dont les Ecritures Saintes font mention, où : «lorsque deux, trois ou davantage seront assemblés en mon nom, je me tiendrai parmi eux» (Jean, 18 : 20). Partout où l'on s'assemble naît l'énergie. Elle peut être minime et diffuse, comme lors d'une soirée entre amis, ou riche et profonde, comme entre individus unis dans un esprit d'abandon à l'existence. L'énergie de la foule représente le Principe de Relation à un niveau. Un groupe de prière en communion profonde représente ce même Principe à un autre niveau.

Beaucoup de gens, de nos jours, explorent toutes sortes de façons de soigner, dont le Reiki, le «Touch for health», la polarité et le massage. Au cours de ces recherches, ils apprennent à atteindre des états de conscience altérée et à transférer les énergies. Le succès de ces approches va bien au-delà du désir d'alléger la souffrance. Il provient également de l'impulsion collective qui pousse l'homme à trouver des voies lui permettant de sonder les dimensions subtiles de la relation. Nombreux sont ceux qui se sentent attirés par le travail sur les énergies de guérison, simplement parce qu'il leur apprend comment s'ouvrir aux dimensions supérieures. Nous avons fait du sport pour apprendre ce que nous avions besoin de savoir sur la maîtrise du corps, mais il nous faut d'autres moyens pour pouvoir maîtriser l'attention aux dimensions subtiles.

Les diverses formes de guérison sont une étape sur le chemin de la maîtrise, mais elles ne nous mènent pas nécessairement à la relation sans obstruction. Systématiquement, ceux qui les étudient parlent de la profondeur des relations, mais en même temps acquièrent une nouvelle forme d'identité qu'ils établissent sur leur savoir tout neuf. Le Principe de Relation sous-jacent reste dans ce cas aussi obstrué et inconscient qu'auparavant. Comme déjà nous l'avons vu, le sentiment fondamental de séparation demeure ce qu'il était, à cause de cette scission paradoxale entre soignant et soigné. Le paradoxe ne s'en tient pas à cette dimension; il réside justement là où l'on évoque les énergies supérieures. L'énergie, au lieu de provenir d'une attention dégagée, tire son origine d'une identification à un symbole. Celui-ci peut avoir pour nom Dieu, Source Universelle ou ce que l'on voudra; il génère effectivement l'énergie quand l'attention se tourne vers lui. Mais il entretient la sempiternelle illusion qui veut que la Source Supérieure soit extérieure à l'expérience en cours; c'est l'éternelle division de l'esprit et de la matière, des cieux et de la terre.

Je réalise aujourd'hui que la plus forte de mes responsabilités consiste à rester moi-même. Le potentiel qui permet la relation sans obstruction est un principe éternel. La mise en pratique est paradoxale : le simple fait d'essayer de rester ouvert impose des limitations à la condition première de disponibilité. Il m'a donc fallu sept ans, après mon éveil initial, pour me rendre pleinement compte que je suis moi-même ce Principe de Relation qui éternellement est accessible. Il n'est question ni d'effort, ni même de faire. Entrent ici en jeu la conscience, la connaissance de soi. C'est tout simplement une qualité de détachement, que Franklin Merrell-Wolff a décrite comme «indifférence élevée». Toutes mes préoccupations touchant à la disponibilité, à guider correctement autrui, à ne pas faire de mal — et tout ce qui en découle au niveau de mes actes — n'interviennent en rien dans cette disposition innée à être présent sans obstruction. C'est la disponibilité qui, seule, détermine l'aptitude à faire jouer la fonction d'éveil ou de transformation. Je puis mettre autrui face à une conscience plus pleine et initier en lui une attention plus profonde en restant présent, mais je ne fais rien de plus. Ce que chacun peut recevoir de moi ou de quiconque est justement fonction de sa propre attention. Si cette dernière est ancrée dans la conscience sujet-objet, et que l'on me voit comme un ami, on reçoit de l'amitié. A voir l'égoïsme, on se trouve pris au piège du besoin de contrôle et de la défiance. A me considérer comme un guérisseur, on obtiendra la guérison, et ainsi de suite...

Mais si, ne serait-ce qu'un instant, la conscience de l'autre transcende tout, notre relation peut être alors source d'éveil. Et je m'y sens moi aussi élevé, car il n'est pas de relation plus riche que celle où autrui se joint à moi dans le Courant, pour que tous nous puissions participer au grand mystère.

Aujourd'hui, donc, je n'interviendrais certainement pas comme je le fis pour Théodora. Si j'éprouve, comme alors, inquiétude et sentiment d'urgence — et cela m'arrive parfois —, je reste simplement attentif. Ceci ne signifie certes pas que je reste passif; je fais appel à des exercices et à d'autres activités qui intensifient l'énergie et conduisent chacun au bout de ses limites, mais je crois profondément à la totalité de tout individu et ai foi dans ce réglage naturel qui le porte, en son temps, au seuil de la possibilité radicale. Nul besoin, par conséquent, d'accélérer les choses. Je m'abandonne de plus en plus profondément à tout ce que je vis jusqu'à ce que, tout à fait spontanément, je me mette à parler ou à entreprendre quelque action.

Comme le chant de Laura, ces mots, ces actes arrivent simplement et ne cherchent ni à établir, ni à changer une situation. C'est simplement une relation créatrice à l'instant. Et elle peut amener, comme pour la femme qui tourbillonnait, pratiquement toutes les possibilités.

CHAPITRE TREIZE

La porte de la solitude

Lorsque vient la nuit et que toi aussi tu es sombre,
étends-toi et décide d'être sombre.
Lorsque vient le matin et que tu es toujours sombre,
Lève-toi et décide de dire au jour:
"Je suis toujours sombre".
Il est stupide de jouer un rôle avec le jour et la nuit.
Tous deux riraient de toi.

Khalil Gibran

Initiation et aventure de toute une vie, que d'incarner cette impulsion transformatrice pour accroître notre conductivité et pouvoir intégrer les énergies supérieures ! Le dilemme ne peut être résolu de façon simple. Pas de formules toutes-faites, pas de comportements à adopter, pas de valeurs auxquelles adhérer; les possibilités d'incarnation sont infinies. Une vitalité radicale exige que nous renoncions à toute croyance religieuse formelle, à tout code d'éthique. Il n'est besoin que d'une redécouverte permanente de la conscience qui a donné naissance à nos convictions. Ceci implique, à mon avis, pénétration, observation continuelle de soi, relation créatrice à soi-même et amour grandissant envers notre propre vérité (y compris nos doutes). Un seul principe de base fondamental : nous ne parviendrons pas à un nouveau stade d'intégration uniquement selon nos vues. Nous ne pouvons être passifs : il nous faut tendre vers un but, une vision, comprendre profondément notre consécration; mais l'impact de la vie ne nous influence jamais plus que nos rêves ou nos efforts. Nous devons apprendre comment tirer de nous-mêmes nos propres leçons, là où personne ne nous a montré comment faire.

Cette façon d'appréhender les choses nous fait sortir du cadre gagner/perdre, réussite/échec, et nous ramène à l'immédiateté de la vie telle qu'elle se présente. Elle crée une dynamique qui ouvre la porte à de nouvelles possibilités de façon équivalente, que nous ayons ou non atteint nos objectifs. Aucun jugement n'intervient alors; seule se manifestent l'attention et une relation créatrice à l'immédiateté de la vie qui toujours s'approfondit.

Pour cette conscience flexible et fluide, la réussite finale et le bien-être n'ont aucun sens. Toujours l'attention nous mènera en des lieux dont nous n'avons pas connaissance, et altèrera notre relation à tout ce que nous pensons savoir. Elle ne nous donne aucunement la sensation d'être invincible ou en sécurité. Non, nous ne sommes pas en train de nous tromper; mais nous abordons le stade suivant du paradoxe, en nous heurtant à la porte de la frustration, où nous enchaînent nos désirs. Par delà cette porte nous attend une conception entièrement nouvelle de la vie, une re-considération de qui et de ce que nous sommes. Là, nos efforts, même s'ils ont abouti, nous mettent forcément face à un tableau plus vaste encore, devant lequel notre sentiment de doute va s'approfondir toujours davantage. Mal à l'aise, nous savons que nous ne nous sommes pas trompés, que cette tension, loin de témoigner d'une erreur, n'est que la manifestation du paradoxe. C'est notre incapacité même à saisir la vastitude de la vie qui accroît notre conductivité énergétique, et nous aide à approcher une relation sans entraves.

Exceptionnel, en vérité, est celui qui peut reconnaître consciemment la valeur de ce combat et, qui, loin de vouloir échapper à son malaise, sait choisir la voie transformatrice de l'abandon de soi qui, progressivement, va desserrer la structure de sa conscience extérieure et lui conférer de l'espace. Il est essentiel de comprendre cette nécessité, de la voir, et d'offrir ensuite sa vie à la possibilité inconnue, sans aucune garantie de résultat. Nous sommes ici devant la porte de la solitude car, passé le seuil, descend le chemin où la motivation se coupe de plus en plus des sources extérieures.

Au début de l'aventure, le sentier semble mener vers une conscience plus importante, vers de plus grands pouvoirs psychiques, vers la sagesse. Son intérêt paraît plus évident et d'autres font avec nous le chemin. Mais, progressivement, à mesure que ce chemin se fait relation existentielle à notre propre immédiateté, le vide s'accroît autour de nous, autour de notre vie, de notre travail. Si nous ne franchissons pas le seuil de la solitude, ce vide devient facilement désespoir. Nous recherchons la confirmation d'autrui, son approbation, sa reconnaissance; nous regardons autour de nous pour voir si d'autres en sont au même point, pour nous assurer que nous sommes sur la bonne voie. A tout ceci il faut renoncer, car finalement, le voyage n'est plus celui d'autrui et son but devient le notre. Et il n'y a aucun moyen de savoir si nous avons pris le bon chemin.

Ainsi se révèle le voyage de l'éveil, de compréhension en compréhension, de consécration en consécration, toujours allant s'approfondissant. En fin de compte, nous restons seuls, entourés généralement de ceux que nous aimons et d'admirateurs touchés par le rayonnement de notre relation profonde à la vie, qui voudraient croire qu'il provient des certitudes ou des valeurs qu'évoquent nos paroles. Souvent ils craignent cette souffrance qui est, parfois, si évidente; car plus nous nous sommes engagés dans la solitude, plus nous assumons le poids de la vie. La moindre de nos méditations nous renvoie à notre totale ignorance, à laquelle fait écho l'appel de notre coeur vers l'élévation et l'accomplissement de toute vie. Telle est la porte de la solitude. Nous restons dans notre seule lumière, reliés à ce qui est, sans pouvoir nous détourner de quoi que ce soit, car tout exprime le Dieu Vivant. La situation exige une intégrité telle que, sans cesse, nous demandons : «Pourquoi moi ? Comment suis-je parvenu jusqu'ici ?». Le rayonnement est également angoisse sur le visage des saints. Au point où nous en sommes, notre compréhension a dépassé notre capacité à opter pour ou contre. Nous vivons notre immédiateté, sans plus savoir si nous sommes ou non aimés, sans plus pouvoir agir en toute certitude. Nous agissons à partir de notre état de complétude, craignant même que nos prières puissent être refus de la vérité immanente de Dieu. Clairement nous voyons que jamais nous n'avons eu le moindre contrôle sur notre vie, que tout effort pour qu'il en fût autrement n'a conduit qu'à nous diviser en nous-mêmes. Nous nous abandonnons librement à la vie : plus de regard en arrière, plus même le souci d'être accepté ou compris; nous demeurons ouverts, dégagés de toute entrave, et en paix.

Il en est peu qui puissent atteindre la porte de la solitude, si ce n'est à l'approche imminente de la mort, et encore : sans préparation consciente, tout le monde n'est pas prêt à embrasser toutes les possibilités de transcendance propres à ces derniers instants. Quelle peut être cette préparation ? Provient-elle de livres ou est-elle transmise par des enseignants ayant atteint quelque réalisation plus profonde ? Ici aussi l'on retrouve un cercle vicieux. Pour quelle raison nous sommes-nous mis à chercher ? Serait-ce le refus de quelque chose, dans notre vécu, que nous nous sentirions incapables d'affronter ? Si nous avons trouvé réponse à cette question, nous pensons sans doute que nous savons où nous allons et ceci, le plus souvent, contribue à toujours maintenir notre point de vue. Comment ce genre d'approche pourrait-il nous aider à rechercher la crise, cet instant de discontinuité fondamentale qu'il nous faut toujours aborder seuls ? C'est comme la crise que peut déclencher le remède homéopathique : elle s'avère souvent pire que le mal et, au lieu d'admettre que c'est justement un indice de guérison, bien des gens vont trouver un autre médecin ou prendre un autre remède pour la contrer.

Je connais intimement le dilemme «ma volonté contre la Tienne», où l'amour de soi s'oppose à l'amour de Dieu et à celui de nos frères humains. Ce dilemme est finalement le suivant : avons-nous suffisamment développé notre égo séparatiste pour, à présent, entreprendre en confiance le voyage qui mène à l'Unité ?

De tout ce que j'ai pu accomplir depuis mon éveil, rien n'a fonctionné comme je le prévoyais. Si, il y a des années, on m'avait dit que mon travail allait s'organiser autour d'une évolution qui me conduirait, en fin de compte, à vivre en étroite association avec un groupe de personnes unies par une vision commune, je me serais esclaffé. Même à présent, il y a en moi quelqu'un qui, toujours, a envie de partir en guerre contre notre groupe. Notre relation, si elle est inspirée, est aussi très difficile. La délimitation entre individu et groupe s'exerce sur chacun des aspects de notre vie et, sans cesse, nous force à reconsidérer notre consécration face aux besoins de nos multiples natures. La contradiction est à l'ordre du jour. Immenses sont la créativité et l'inspiration, profondes et douloureuses les remises en question. Celui dont la conscience n'est encore qu'adolescente a ses demandes, le Gandhi a les siennes. L'engagement envers le processus collectif ouvre à jamais une brêche dans l'espace personnel. A notre manière, et au travers des difficultés rencontrées par notre groupe d'individus liés par une vision commune, nous retrouvons le socialisme sur les chemins de la démocratie, le communisme sur ceux du capitalisme.

La raison la plus forte qui me pousse à poursuivre cette démarche se situe peut-être dans ce cheminement qui, pas à pas, m'a permis d'honorer tout ce qui semblait, à ma conscience, être le plus réel. Si nous avons choisi une certaine direction, en accord avec une introspection profonde et avec notre recherche, pourquoi, lorsque les choses se font difficiles, devrions-nous penser que nous nous sommes égarés ? Il est inévitable que, tout au long de cette évolution, nous remettions parfois en cause la sagesse et les bases mêmes de notre groupe. Certains se sont joints à nous, puis sont repartis; mais nous avons finalement compris que nous n'avions pas vraiment de choix à faire. Il devient, en fin de compte, évident que tout choix mène au non-choix; et il s'avère alors parfaitement inutile de passer d'une orientation à l'autre au gré de besoins ou de sentiments qui, de toute façon, changent tout le temps.

Je ne sais rien qui puisse générer plus vite ouverture multi-dimensionnelle et transparence que de faire don de notre vie les uns aux autres dans la lumière d'une consécration à une plus vaste compréhension.

Longtemps j'ai médité sur cette déclaration : «Il n'est pas de plus grand amour que celui d'un homme qui renonce à sa vie pour son frère». Souvent, on l'interprète comme le choix de mourir pour l'autre — et je suppose que ce peut être effectivement un corollaire de l'amour profond; mais il est rare que l'on ait à mourir pour autrui, et quand le cas se produit, l'acte est probablement issu d'une impulsion subite née d'une forte conviction. Il me semble qu'agir ainsi impulsivement et définitivement demande beaucoup moins d'efforts que le simple fait d'assumer à tout bout de champ sa propre consécration et celle d'autrui dans l'immédiateté de la vie quotidienne. D'un instant à l'autre, d'une interaction à la suivante, nous devons faire le choix de nous engager dans la relation ou de nous en défaire. Sans cesse nous décidons de placer notre confort et nos intérêts au-dessus de ceux d'autrui, de laisser nos convictions et nos habitudes rationaliser notre incapacité à atteindre une communion sans entraves. C'est particulièrement vrai en cas de difficultés, et plus nous souffrons, plus nous voulons que tout se passe comme nous l'aimerions; mais tant que nous chercherons à vivre selon nos propres vues, l'ancienne dynamique poursuivra son règne.

Je crois que sacrifier sa vie pour un frère ou une soeur ne concerne en rien la mort physique, et en tout se rapporte à la mort égoïque. Nous renonçons à aborder toute relation en nous réservant le droit d'échouer, nous abjurons la liberté de ne chercher que notre confort et la satisfaction de nos besoins, en dédaignant toute sensibilité et tout contact avec ceux qu'ils affectent. Nous avons commencé à sacrifier notre vie pour nos frères humains lorsque nous avons enfin pris conscience que chacun de nous est unique, et que si nos besoins sont semblables, ils sont aussi différents, et doivent laisser le champ libre à la diversité, que la seule puissance ne peut être l'unique critère déterminant la répartition des énergies et des ressources et que, sur ces bases, nous envisageons les conséquences de notre plaisir et de notre liberté. Chacun de nous doit franchir la porte de la solitude pour que, sans être influencé par les valeurs et convictions collectives, notre réflexion engage notre rapport à la vie en ces termes : «Je ne me soustrairai pas à une relation ouverte, honnête, vulnérable. Toujours j'écouterai, toujours je chercherai à comprendre le point de vue d'autrui et de mon mieux, toujours, je serai disponible, pour lui autant que pour moi». Nous nous engageons alors sur une voie où l'amour de Dieu et de notre voisin transmute la substance même de notre nature humaine.

Si cependant nous considérons notre comportement comme noble, comme l'expression de valeurs élevées, comme ce qui devrait être, nous retombons dans les filets de l'égo et de ses fins. L'égoïsme de l'homme n'est que le reflet d'une densité et d'une séparation plus accentués; il est l'expression naturelle de la relation à un niveau énergétique moins élevé. Une énergie qui s'exprime à un stade supérieur n'est ni meilleure, ni plus vraie, ni même plus sage; elle est tout simplement inéluctable. Que nous devions lui obéir ne fait pas de l'amour de Dieu et de notre voisin le plus grand des commandements; en fait nous lui obéissons de tout temps, il est fondamental et préside à l'évolution de l'éveil de la Conscience.

Un commandement n'est pas une injonction, il est expression de la Loi. L'orientation qu'il semble affirmer n'est ni action noble, ni sacrifice. Elle reflète simplement la qualité de relation qui à la fois maintient l'énergie supérieure et la réfléchit.

Aimer Dieu, c'est embrasser l'Inconnu et l'Incréé. Ce n'est pas quelque chose que nous puissions faire : nous y sommes appelés par la nature même de notre conscience. Le temps n'existe que par l'intemporalité, et toutes les mesures n'existent que par ce qui ne peut être mesuré. Chacun de nos actes, chacune de nos intentions, de nos discriminations, de nos nouvelles découvertes exprime notre amour de Dieu. En aimant notre voisin comme nous-mêmes, nous abordons une relation sans entraves, nous sommes propulsés dans une conscience en expansion, par la dissolution des limites entre nous-mêmes et autrui. C'est la façon la plus directe et la plus puissante d'atteindre une vitalité amplifiée — nature même de tous les efforts de l'homme qui, lentement, conduisent la race humaine vers des rapports de voisinage plus vastes. Petit à petit, des quatre coins de la terre, tout un chacun commence à participer directement à tout ce que nous faisons et tout ce que nous sommes.

Il faut, pour affronter la porte de la solitude, une dévotion et une volonté immenses. La dévotion est un sentiment qui permet d'approcher, plus que ne le permettent la raison ou la conviction, l'Inconnu. Elle croît naturellement à mesure que nous prenons conscience de notre incapacité à maintenir une relation à la vie dégagée de tout obstacle. Nous voyons notre faiblesse, notre fragilité, et la violence de notre condition psychique, les conflits qui naissent des différents besoins des divers aspects de notre psyché, et en sommes troublés. Ce trouble nous rend humbles et l'humilité nous dispose à la dévotion. Nous sommes à la fois attentifs et abandonnés; nous abordons la vie avec nos rêves, mais sommes aussi transpercés par la réalité de la vie. Nous choisissons de respecter nos convictions mais n'en sommes pas le champion, ni ne sommes soulagés par la vertu de notre cause. L'arrogance subtile et l'auto-justification qui, inévitablement, habitent nos efforts, nous blessent; et quoi que nous fassions, nous savons que nous ne savons finalement rien. Alors nous pouvons commencer à aborder la vie avec dévotion.

La volonté est cette force avec laquelle nous nous engageons et nous concentrons pour rester présents à l'instant immédiat quoiqu'il exige. On ne vient pas à bout des schémas énergétiques moins conducteurs en se détournant de l'adversité ou en se désintéressant du jeu quand il ne nous plait plus. Tout le travail accompli dans les années soixante-dix par «Est» et d'autres groupes, qui insistaient particulièrement sur la responsabilité personnelle, a mis en place un niveau de maturité propice à l'élaboration du travail profond qui nous conduit à nous laisser digérer par la vie. Pour éviter de nous laisser écarteler par le processus de transformation, nous pouvons nous engager dans un style de vie qui va lui-même affaiblir la structure du contrôle égoïque. En acceptant notre solitude, nous nous soumettons à l'impulsion transformatrice qui vient du plus profond de notre âme.

Toute quête spirituelle approfondie amène à comprendre l'immense valeur de la soumission, qui témoigne de l'engagement de l'aspirant. Padre Pio, le grand mystique stigmatisé pendant presque cinquante années, était adoré de ses paroissiens et, de par le monde, des millions de gens venaient le voir. Lorsque ses supérieurs hiérarchiques lui intimèrent de renoncer à guider la foule et à recueillir les confessions, lui, qui aimait tant cet aspect majeur de sa tâche, s'y soumit sans hésiter ni se plaindre.

La soumission n'est possible que lorsque nous avons nous-mêmes pris conscience d'une attitude fondamentalement plus sage, qu'il ne nous est possible de connaître que lorsque nous n'avons pas le choix. Peu de gens, dans notre monde, se mettront de leur propre gré dans une telle situation. La transformation, cependant, l'exige de nous à une certaine étape de notre développement. Il ne s'agit pas seulement de soumission à quelque autorité extérieure. Nous nous plions parce que nous avons compris qu'à un moment donné, il ne nous est plus possible de vivre en imposant nos conditions à la vie. Ceci admis, se poser la question du choix et du libre-arbitre revient en réalité à s'interroger sur sa relation la plus profonde à la vie. C'est ici que nous pouvons voir notre consécration, et que se révèle alors notre choix de nous engager sur la voie de la superficialité ou, au contraire, sur celle de la profondeur. Parce qu'il n'est pas aisé de le discerner, la volonté ne peut plus être considérée comme simple application soutenant un processus jusqu'à sa conclusion naturelle. De conclusion il n'y a pas, et la volonté qu'il nous faut aborder pour aller plus avant dans les profondeurs de l'être n'est pas semblable à cette autre volonté que nous éduquons pour résister à la vie au profit de nos fins personnelles. Elle est réel abandon de soi-même à autrui, où gagner au sens égoïque du terme n'existe plus. Et c'est elle qui permet à la volonté supérieure de se manifester.

(Je n'ai aucunement l'intention de me montrer absolutiste en disant ceci. Je connais trop bien mes propres limites, les moments de ma vie personnelle où j'éprouve simplement le besoin de renoncer et de me reposer. Mais je le fais dans un souci d'équilibre, et parce que je comprends que si je veux être suffisamment détendu pour pouvoir maintenir avec autrui une relation sans entraves, je dois donner à mon corps et aux autres niveaux de mon être l'espace qu'ils réclament).

La pensée occidentale se méprend profondément lorsqu'elle considère que l'égo de base doit être déraciné pour que l'illumination puisse se produire. Ceci ne peut être, car si vraiment l'égo devait être détruit, nous ne pourrions fonctionner dans le monde et notre illumination n'aurait aucun sens. L'égo n'est pas quelque chose de mauvais ou d'archaïque; d'ailleurs, il n'est pas du tout une *chose*. Il est la base de notre conscience sujet-objet, le lieu de l'identité nécessaire au développement de la conscience de soi. On peut aborder une conscience plus vaste parce que l'égo se fait simplement passif ou inactif, mais pas parce qu'il a été détruit.

Tout le monde en a fait peu ou prou l'expérience en pratiquant un sport ou en faisant l'amour : vous êtes totalement conscient mais ne contrôlez en rien ce qui se passe. Le soi égoïque reste inactif pendant ce bref instant. La preuve en est que dès que vous pensez «j'ai bien réussi», ou sitôt que vous tentez consciemment d'intervenir, la magie cesse. Dans cet état, les énergies de l'ancien «moi» sont consumées dans l'énergie de l'Etre, plus vaste et plus libre. Ces moments d'équilibre réparateur entre faire et non-faire, entre volonté et abandon, sont en quelque sorte des mini-réalisations, semblables à la réalisation mystique sur une échelle beaucoup plus petite et moins multi-dimensionnelle. Il est donc clair que la transformation ne requiert pas la destruction de l'égo, mais demande que nous apprenions à le laisser passif dans nos engagements envers la vie, sur une portée de plus en plus vaste, afin de conserver notre conductivité pour les degrés élevés de vitalité.

Le développement de la maîtrise de soi se trouve grandement facilité si l'on connaît quelqu'un, vivant ou mort, dont la vie offre un exemple de potentialités plus élevées (ceci paraît contredire ce que je disais plus haut sur le cercle vicieux que risque d'entraîner une relation de cette sorte, mais il n'en est rien. Nous abordons ici l'autre aspect du paradoxe). Ce modèle n'a pas forcément à nous dire ce que nous devons faire. Les meilleurs maîtres ne le font, en fait, jamais; il vaut infiniment mieux qu'ils puissent éveiller en nous un sentiment d'amour. Rien n'active davantage l'impulsion transformatrice que de tomber amoureux de quelqu'un dont l'existence même nous pousse à nous connaître, et à ne pas reculer quand se présentent les grandes épreuves. A la fin, cependant, chacun doit se retrouver seul et sans garantie aucune. Aussi intensément notre modèle nous a-t-il aidés, l'élément-clé ne se trouve pas en lui au moment où nous ne savons plus rien. Seuls l'amour et la foi que nous avons développés peuvent intervenir. Peut-être notre modèle a-t-il été le symbole de cet amour, et même la raison qui nous poussa à ouvrir si profondément notre coeur. Immense, sans doute, fut sa contribution à l'avènement de notre nouveau stade de vitalité. Son énergie peut même nous sembler présente encore dans l'épreuve. Mais s'il demeure présent comme un objet de notre conscience, notre réalisation n'a pas passé le seuil de notre conscience symbolique et n'a pas atteint son plein essor.

L'histoire de ce grand sage Indien que fut Saint Sri Ramakrishna illustre bien ce qui vient d'être dit. Il vénérait profondément la Mère; il s'était entraîné à la voir avec tant de détails, et éprouvait à son égard une telle dévotion, qu'elle fut bientôt Tout pour lui. A tout moment, il se pâmait dans une béatitude transcendante, emplie des visions de la Mère. Un yogi, finalement, lui fit comprendre que s'il voulait aller plus loin, il lui faudrait abandonner cette Mère tant aimée. Ramakrishna fut très troublé. «Mais comment ?» demanda-t-il. Le saddhu nu saisit un tesson de poterie et le lui plaça entre les yeux. La vision extatique de la Mère aussitôt s'effaça, et Ramakrishna atteignit un degré de réalisation plus élevé.

Si celui qui est réalisé peut agir comme modèle énergétique jusqu'à un certain point, nous devons nous retrouver seuls au moment de la réalisation. Alors l'amour que nous avons saisi en fréquentant notre modèle inspirateur, et que nous avons porté en notre conscience à son sens le plus élevé, demeure pour nous son plus beau cadeau. A l'instant de la discontinuité fondamentale, c'est l'essence même de cet amour — et non notre dévotion ou notre identification à une personne particulière — qui initie le mouvement vers la dimension supérieure. Passé ce cap, notre modèle peut retrouver son rôle, nous inspirer encore et nous stabiliser, nous aider à déterminer l'orientation que nous souhaiterions appliquer à nos nouvelles énergies; mais en fin de compte, le degré auquel nous saurons partager notre réalisation, son originalité et son ajustement au monde, sont fonction de notre aptitude à franchir le seuil de la solitude et à nous tenir dans notre propre lumière.

CHAPITRE QUATORZE

Cercle de résonance et méditation sacrée

Retombant en douceur vers l'intérieur,
Un champ de chaleur se concentre,
Mains électriques,
Souffle vivant,
Conscience en phase,
Reliant l'intérieur et l'extérieur,
Moi et Toi.

Et là, l'autre attend,
Et il est moi.

En silence, nous nous assemblons
En une union palpable, magnétique, antique,
hors du temps,
Connu et inconnu,
Connu maintenant et pour l'éternité,
Mais pas ici en particulier
Interprétations infinies,
S'émerveiller suffit.
J'en reste là...

Richard Moss

En l'être humain, le potentiel de conscience sera toujours vécu individuellement; mais la possibilité de l'incarner proviendra du collectif tout autant que du seul individu. Les états supérieurs de conscience n'appartiennent pas à quelqu'un en particulier, ni ne représentent l'accomplissement d'un seul être. Ils grandissent dans le champ de conscience qui, au bout du compte, émane à la fois de nous tous, et d'autres données.

Dans mon travail, je fais appel à deux modes d'expression pour provoquer une unification de l'énergie : le cercle de résonance et la Méditation Sacrée. Tous deux impliquent finalement la même qualité d'attention, mais le premier ne revêt pas l'aspect formel de rituel propre au second. Pour le cercle de résonance, un groupe de personnes s'assemble, assis ou debout, en se tenant légèrement la main. A chacun il est demandé d'accorder son attention intérieure au plus profond sentiment d'être qu'il puisse intuitivement ressentir. Le terme *résonance* s'applique à la conjonction et à l'amplification de l'énergie des participants dans une optique de cohérence ou d'unité.

Pour que la résonance puisse s'accomplir, il faut accepter de renoncer à tout ce qui occupe notre espace personnel (quelque soit le degré de l'astreinte) et de se laisser glisser dans l'Etre. Chacun de nous est si déphasé par rapport à autrui, au niveau habituel où la conscience est définie par l'égo, que les énergies à ce stade émettent une véritable cacophonie, empêchant toute possibilité supérieure de se mettre en place. Il n'est pas question de les conjuguer telles quelles. Imaginez une équipe composée de grandes vedettes qui jouerait chacune pour elle-même. Par contre, l'énergie d'un groupe de gens, même les plus ordinaires, lorsqu'elle est unifiée, excède de loin celle d'individus isolés quelle que soit leur envergure. Aussitôt que l'on relâche ses préoccupations personnelles, on tend naturellement à se projeter dans une dimension plus universelle. Ici, la vibration commence à se construire d'elle-même. Aucune aptitude particulière n'est requise. Tout ce qu'il faut est un peu de temps, et le désir de s'appuyer sur une portée plus profonde.

Grâce au cercle de résonance, chacun sent son corps s'énergétiser rapidement; certains le ressentent sous forme de chaleur, d'autres sous forme d'un silence d'une qualité toute particulière, ou de paix. Il peut aussi arriver que certains malaises, peu sensibles d'ordinaire, s'intensifient au point de, tout à coup, se manifester violemment. C'est pourquoi l'on conseille toujours de s'asseoir aussi confortablement que possible. La conscience s'altère sous l'effet de l'amplification d'énergie, et rapidement le groupe peut, sous la conduite d'un guide expérimenté, être amené à aborder des dimensions de perception entièrement nouvelles. Lorsque ce cercle de résonance prend fin, l'énergie acquise se dissipe vite; mais j'ai remarqué qu'il en reste toujours quelque chose. Lors de mes séminaires, j'accorde à cet exercice une durée allant de quelques minutes à une demi-heure, voire davantage. Je l'utilise au début et à la fin de chaque session, et toutes les fois qu'il est besoin de centrer sa conscience. Nous nous mettons aussi en résonance avant chacun des repas. J'ai étudié des formes de séminaires dont l'unique activité se résume au cercle de résonance. L'effet en est profond et en quelques jours, chacun se trouve à un niveau de conscience élevé. Au fur et à mesure, l'énergie s'harmonise de plus en plus rapidement. Immédiatement après une mise en résonance profonde, le sens du temps fonctionne au ralenti, les autres sens sont amplifiés, et il est très aisé d'établir un contact profond avec l'entourage. Si, cependant, cette résonance dépasse une certaine limite, une réaction de défense naturelle s'instaure. Les participants font preuve d'irritabilité psychique et éprouvent le besoin de se refermer ou de se protéger d'autrui. C'est comme lorsque l'on va prendre une douche chaude après s'être longtemps exposé au soleil : l'eau paraît brûlante. L'énergétique approfondie d'un groupe, du collectif, se met à éroder les limites individuelles. C'est une excellente leçon sur l'interface entre vécu individuel et collectif, et sur la discipline à acquérir pour pouvoir supporter des niveaux d'énergie de plus en plus élevés. Cette démarche sert donc à accélérer l'élevation spirituelle qui permettra à toute la race humaine d'arriver à maturité, tout en restant une occasion de commencer à explorer consciemment la mise en marche d'un processus d'évolution.

En tant qu'animateur de séminaire et conférencier qui toujours veille à mettre son être à l'unisson de l'énergie du groupe (contrairement à l'enseignement didactique), je vis systématiquement à un niveau d'énergie beaucoup plus élevé qu'il ne m'est naturel de l'être au niveau égoïque. En fait, ce fut l'attrait de cette énergie plus élevée qui, au départ, me poussa à construire ma vie autour de l'étude des énergies de groupe. Cela n'a cependant pas été facile. Il m'a fallu discipliner ma conscience pour qu'elle soit ferme et toujours plus profonde. A présent, je considère tout ce que je fais en fonction de son effet sur la conscience : mon activité me permet-elle de garder un équilibre naturel tout en maintenant une exposition prolongée aux énergies supérieures ? Ma vie est consacrée à un corps collectif qui dépasse de loin ma sphère personnelle, et les deux corps doivent, à mon avis, être honorés de façon différente.

Le corps collectif est inspiré, impersonnel, visionnaire, capable de transmuter tout propos personnel. Il est en outre doté d'un pouvoir exceptionnel de contact, à la fois avec les gens et avec l'environnement dit inanimé. Son énergie vibre à très haute fréquence. Sa note est très haute, très pure, et consume la substance du corps-esprit personnel. Dans la plupart des traditions, le corps spirituel est considéré comme supérieur à l'homme ordinaire. Dans les travaux de Shankara, l'un des plus grands védantistes, le corps physique était considéré comme un «sac d'os et de déjections». L'orientation des saints chrétiens n'en différait pas. A l'opposé, la conscience de Walt Whitman est empreinte d'une qualité très différente. Il a chanté l'homme ordinaire avec autant d'éloquence que sa contrepartie supérieure. Ma propre orientation se rapproche, semble-t-il, davantage de la sienne. L'énergie supérieure vit toujours en moi lorsque je suis avec des gens unis autour d'un intérêt commun quel qu'il soit, mais je maintiens l'équilibre, en ne permettant pas qu'on lui accorde plus de valeur qu'aux expériences ordinaires de la vie. En prenant le temps de marcher dans la montagne, de faire un travail manuel qui fait transpirer et tonifie les muscles, et en acceptant sans m'en plaindre ces périodes qui paraissent si terre-à-terre que je n'ai plus aucun sentiment d'avoir jamais connu niveau plus élevé, je célèbre l'homme ordinaire.

Peu de gens, néanmoins, auront une réelle possibilité d'apprécier l'une ou l'autre de ces orientations sans avoir vécu directement les différents niveaux d'énergie qu'elles concernent. Une simple réunion d'amis peut servir de support à l'expérience de la résonance. Si tous, vous vous tenez la main en orientant ensemble, au même moment, votre esprit vers un vécu plus profond de votre être, l'énergie va s'accélérer et se faire cohérente. Au rythme de quelques rencontres hebdomadaires, vous allez prendre progressivement conscience de votre potentiel d'évolution. Cette dynamique est une base de guérison mutuelle. Elle renforce l'intuition profonde, augmente la sensibilité et le sentiment d'unité avec autrui ou avec notre monde, accroît la relation télépathique et accroît notre force vitale. Point n'est besoin d'asseoir cette relation sur une quelconque association à un dogme. Il suffit d'abandonner tout intérêt personnel — c'est-à-dire de dégager notre attention du contenu de notre conscience —, pour laisser s'exprimer cette intuition radicale qui va nous transporter dans l'espace de la Conscience même.

Contentez-vous de rester simplement assis avec vos amis. Si vous vous sentez mal à l'aise, changez de position. Vous pouvez aussi, si vous le souhaitez, conserver cet inconfort et vous en servir comme moyen d'accéder à une conscience plus profonde. Le cercle de résonance n'a pas de règles établies. Il n'y a pas de manière de procéder; c'est une recherche qui va elle-même nous offrir un enseignement profond, dans la mesure où nous serons parvenus à renoncer à toute expectative et aurons su observer ce qui se passe.

La méditation sacrée

Il est dit que si l'on sait comment le regarder, on peut voir l'univers dans un grain de sable.

Rien, au cours de mon développement, n'a eu plus grande importance que le rituel relationnel que j'en suis venu à appeler «Méditation Sacrée». Il est, pour moi, la quintessence de toute recherche et implique ce qui, exprimé verbalement, paraît absurde : une relation identique et simultanée à soi, à Dieu et à une autre personne. C'est une opération qui altère le niveau de conscience habituel, à un point tel qu'elle permet virtuellement de sonder la frontière où la conscience sujet-objet se rompt et où l'individu se retrouve dans une dimension nouvelle qui touche au Divin même. Comme en toutes choses néanmoins, ce sont la disponibilité et l'engagement selon lesquels nous aborderons l'expérience qui vont déterminer l'étendue des possibilités. Souvent j'affirme que quiconque peut saisir l'extraordinaire vulnérabilité propre à la recherche de transformation, et pratique la Méditation Sacrée trois à quatre fois par semaine, en sera radicalement métamorphosé. Rien, cependant, ne le garantit. Il existe de puissants canaux et guérisseurs spirituels qui, s'ils pénètrent un espace identique plusieurs fois par jour des années durant, n'en sont pas pour autant éveillés. Je présume qu'ils n'intègrent pas le processus de l'attention consciente.

Toute expansion de conscience, toute spiritualité doivent prendre racine sur la scène humaine et s'exprimer dans notre capacité à vivre, toucher, communiquer et partager ensemble. En ceci mon travail, du début à la fin, s'appuie sur la relation. Mais il ne s'agit pas simplement de relations au sens commun, visant à satisfaire un besoin de compagnie et d'intimité. Je fais allusion au domaine de la relation sans entraves, où l'univers peut se révéler dans un grain de sable, de même que Dieu, ou notre voisin. A ce stade, toute relation transforme notre façon d'arpenter cette terre; elle rend humble l'homme que nous sommes, tout en le sanctifiant.

Dès que je commence à travailler avec un groupe, je m'emploie à nous conduire tous ensemble à un niveau d'énergie où nous toucherons cette richesse de relation. A ma connaissance, il est peu de démarches qui puissent inspirer davantage, et tourner ainsi notre contemplation intérieure vers le miracle de la vie, notre consécration vers notre totalité et celle de l'humanité. On atteint habituellement ce stade lors de ce rituel soigneusement orchestré de relation énergétique que j'ai appelé «Méditation Sacrée».

Visualisez deux personnes (il est possible qu'il y en ait davantage) : l'une est allongée sur une table, yeux clos, détendue; l'autre se tient près de la table en état de concentration profonde; ses mains survolent la personne étendue, la touchant légèrement ou ne la touchant pas du tout. Dans un

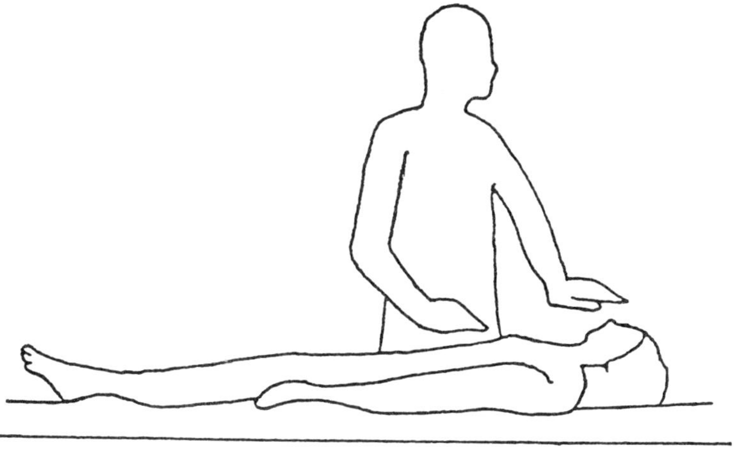

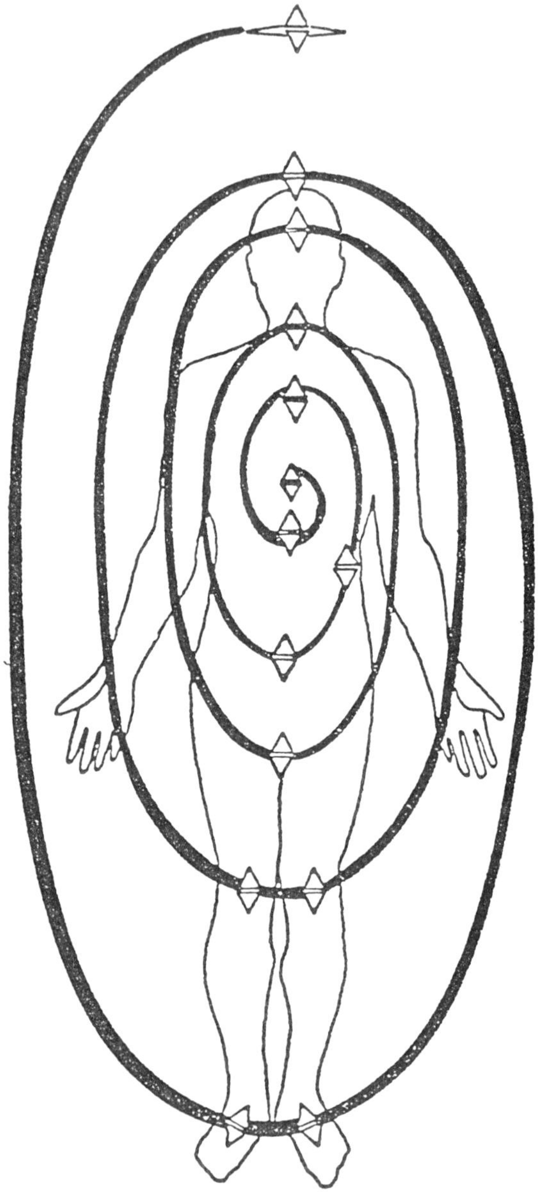

séminaire, chaque personne est d'abord réceptrice, puis apprend ensuite à utiliser activement la conscience en ce sens.

C'est en 1975 qu'avec Brugh Joy a pris forme la Méditation Sacrée. Brugh avait redécouvert l'ancien procédé de l'échange d'énergie. Lui-même s'était exercé à activer sa conscience de façon particulière pour arriver à émettre l'énergie par les mains. Il avait appris à se sensibiliser aux champs d'énergie qui enveloppent le corps, et s'était mis à pratiquer l'échange d'énergie avec d'autres personnes, selon un schéma qu'il appelait la Spirale. Dans son enseignement, ceci représentait une sorte de thérapie dite «d'équilibrage d'énergie». La Spirale permettait un contact successif avec chacun des chakras; elle partait du Coeur, au milieu de la poitrine et progressait vers le Plexus Solaire, la poitrine supérieure, la rate, l'abdomen inférieur, la gorge, la base de la colonne vertébrale, le front, les genoux, le haut de la tête (Couronne), les pieds, et finalement, l'espace au-dessus de la tête qui situe les énergies trans-personnelles. (Voir le schéma).

Sur ce canevas, j'ai greffé une ouverture, un échange intuitif, et une fermeture. Une fois la Spirale mise en oeuvre selon ce processus, on place intuitivement les mains sur le corps au-dessus d'emplacements spécifiques. La mise en oeuvre elle-même débute par une invocation — temps consacré à l'intuition, moment d'approfondissement —, schéma qu'en fin de processus nous inversons pour instaurer la phase de fermeture où l'interaction rituelle s'achève.

La Spirale est, à mon avis, une façon tout à fait unique d'approcher les énergies subtiles des chakras, en particulier parce qu'elle permet d'échapper à la vision conventionnelle qui veut que la kundalini se mette en mouvement du bas vers le haut, puis redescende. D'après mon expérience, l'énergie s'éveille en fait partout à la fois et ne suit aucun canevas particulier. Il me semble, en outre, beaucoup plus intéressant d'aborder le processus d'éveil en termes de sphéricité plutôt que de linéarité ou de hiérarchie, ainsi que l'enseigne communément la tradition. Ce mouvement, partant du coeur et progressant à la fois vers le bas et vers le haut, selon un mouvement de spirale allant toujours s'élargissant, peut aussi être visualisé comme une sphère de conscience qui s'étend à partir du coeur. Certains mystiques sont convaincus que le coeur est l'origine première et le lieu où réside la conscience ultime. Il me semble important d'insister ici sur le fait que ce «coeur» n'est ni l'organe physique ni même un emplacement spécifique du corps. Tel que je l'entends, le coeur transcende ce genre de considération et joue ici un rôle de métaphore, de concept sur lequel se focaliser pour considérer la relation entre les chakras d'un oeil nouveau. En imaginant que la sphère s'étend progressivement à partir du coeur — centre symbolique de l'être —, nous pouvons envisager un processus d'évolution beaucoup plus dynamique, où les centres supérieurs et inférieurs sont tous concernés simultanément par l'expansion continue d'un champ de polarités dynamiques en mouvement. Voici qui nous permet d'envisager un développement spirituel où corps et esprit, sexualité et spiritualité, pouvoir et amour, raison et intuition vont de pair, au lieu de nous sentir obligés de nous vouer à l'un ou à l'autre de ces aspects selon que nous les jugeons supérieurs ou inférieurs. En ce sens, et c'est l'essence de tout mon enseignement, le développement de la conscience n'est pas progression linéaire; il est expansion de la sphère, qui nous permet de maintenir une relation d'équilibre dynamique entre les forces universelles qui augmentent tout à la fois sur les plan matériel et subtil.

Par delà ces considérations, je trouve que toute cette notion d'anatomie ésotérique des énergies subtiles a peu d'importance. Elle en avait auparavant, dans la mesure où «j'»avais besoin de me rassurer quant à l'existence d'un fondement rationnel où appuyer ce que j'entreprenais. Mais la notion de relation énergétique repose aujourd'hui sur des bases beaucoup plus mystiques. Pourquoi faire appel à une anatomie ésotérique quand l'aspect le plus sacré de la relation relève de son essence même et non pas d'une action ? Bien trop souvent, la fascination qu'exerce la notion de chakra est source de distraction pour la conscience de base, qui se met dès lors à établir des diagnostics fondés sur une pathologie du corps subtil. Nous avons, une fois encore, inventé une nouvelle litanie mentale qui nous sépare les uns des autres et nous éloigne de l'immédiateté de notre expérience. S'il est évident qu'il est utile de comprendre le corps subtil, personne ne sait réellement ce qu'est finalement un chakra ni ce qui, à ce niveau, est vraiment sain ou approprié. A mon sentiment, il serait plus sage de poursuivre notre exploration profonde à l'intérieur de notre être et dans la complétude toujours présente de la vie, en laissant la connaissance des dimensions subtiles émerger comme une conséquence de notre recherche. Cette connaissance-là est sagesse et non distraction. Me revient l'injonction : «Cherche d'abord le Royaume des Cieux et le reste te sera donné de surcroît».

A ce jour, jamais je ne me suis vraiment éloigné de ce schéma de la Spirale pour la forme extérieure du rituel, parce que mon passé médical m'avait déjà démontré l'énorme importance de la cohérence dans l'apprentissage de la sensibilité subtile. J'ai appris à toujours aborder un patient du même point de vue, et à progresser dans un examen selon un schéma spécifique. Cette cohérence a pour effet d'éliminer certaines variables, que les positions du corps ou les écarts d'humeur pourraient faire intervenir au cours de l'examen. Si, par exemple, l'impatience ou l'importance de soi pouvaient inciter quelqu'un à changer au hasard le cours de l'examen, et qu'il se produise une altération au niveau des résultats observés, cette altération pourrait aussi bien provenir du patient que de l'attitude de celui qui a procédé à l'examen. La cohérence tend à diminuer ce genre de risque. Un chirurgien à la retraite, qui avait exercé et enseigné l'anatomie en Amérique du Sud, m'a parlé de son expérience, que jamais je n'ai oubliée. A cette époque, électro et écho-cardiogrammes n'existaient pas. Les stéthoscopes eux-mêmes étaient tout juste des tubes effilés. Son professeur de cardiologie insistait pour que ses élèves écoutent toujours les sons du coeur selon un procédé spécifique. Il plaçait l'oreille sur la poitrine du patient et la déplaçait de trois centimètres chaque fois, tout en restant totalement concentré. Grâce à ce système, le cardiologue avait une impression très précise, qui ne concernait pas seulement le coeur du malade, mais également ses reins et sa vie émotionnelle. Là, pour la première fois peut-être, j'entendais parler d'une expérience comparable à celle qui peut nous faire découvrir l'univers dans un grain de sable.

En conservant cette cohérence dans mon approche, ce qui avait pris forme lors de mon interaction médicale s'est progressivement métamorphosé en Méditation Sacrée. En observant ce rituel, j'ai vu apparaître toujours davantage sur l'écran de ma conscience ma propre réalité intérieure, tout autant que l'unicité de chacune des personnes qui le partageait avec moi. La fixité de la forme permettait que devienne claire la subtilité de l'expérience, sur ce fond de consécration sous-jacente d'amour inconditionnel.

La première ruse de l'égo qui m'ait été révélée fut la présomption que la personne qui me faisait face *demandait* quelque chose, et que je pouvais en être le noble serviteur ou canal. Il devint clair que l'énergie est toujours présente et que le rituel n'est que prétexte à impliquer un niveau d'attention où elle peut se manifester davantage dans notre conscience. Se tenir près d'un autre être humain, c'est être le pôle actif d'un Principe de Relation dont il est le pôle récepteur. Une évaluation des identités relatives n'avait (n'a) aucun sens. Progressivement, le processus tout entier est devenu une cérémonie.

Le culte de la Méditation Sacrée défait notre identité personnelle relative et quelque peu illusoire. Le saut que nous fait effectuer la Méditation Sacrée, lorsque nous l'avons comprise, fait profondément changer le contexte où les identités relatives d'une interaction (soignant/soigné, thérapeute/patient) n'étaient jusqu'à présent jamais remises en question. C'est un culte plus qu'un équilibrage thérapeutique ou énergétique et, à mon avis, une clé pour la compréhension de notre époque. Sans cette clé, nous continuerons à aborder l'énergie à travers notre rôle relatif, alors qu'il existe de tout temps à notre disposition un niveau de relation plus profond. La Méditation Sacrée est une investigation sur l'illusion de soi-même face à autrui, dans la mesure où c'est justement cette illusion qui génère la séparation et donc limite l'énergie de la relation. Il m'est apparu petit à petit, chaque fois que j'entamais une Méditation Sacrée, qu'en réalité je n'échangeais l'énergie avec personne. Comment savais-je qu'il y avait quelqu'un, là ? Je voyais la personne, la touchais, la sentais mais réfléchissez : quand vous vous endormez, la personne qui est auprès de vous y est-elle toujours ? Oui, me direz-vous; mais comment pouvez-vous le savoir ? La réponse est «Par déduction». Il est peut-être néanmoins plus exact de dire que c'est à l'instant précis où nous nous éveillons, et prenons conscience que nous-mêmes sommes là que, simultanément, l'autre l'est également. En d'autres termes, à l'instant où nous réintégrons la conscience sujet-objet, nous ressentons le «je suis» du principe personnel et en même temps exactement, se mettent à exister (pour nous) tous les objets de notre réalité, qu'ils soient considérés comme matériels ou psychiques. La personne avec qui nous procédons à l'échange d'énergie est un objet de notre conscience relative, et nous faisons erreur lorsque nous imaginons que nous sommes en train de lui faire quelque chose. La seule relation qui puisse exister intervient entre notre propre attention et la Conscience Elle-même.

Voici que commence à se profiler la porte de la Méditation Sacrée. Là, nous portons une attention totale à l'immédiateté de ce que nous vivons — sans nous disperser dans les sensations, phénomènes énergétiques ou visions personnelles — et perdons donc la conscience de l'autre en tant qu'objet. En nous engageant dans cette expérience où l'autre personne se trouve incluse, nous sublimons notre propre sensation d'être (en tournant de plus en plus profondément notre attention vers le mystère infini que sont Dieu ou le grand Vide), et l'énergie qui nous unit à «l'autre» le sublime également dans ce même mouvement. Lui aussi se trouve, de ce fait, élevé à une autre dimension. Si l'on est capable de développer une attention particulièrement intense, on peut ainsi devenir uni à l'instant dans la présence de l'autre, au point de l'élever à un état temporaire de Réalisation (Samadhi). J'en ai fait l'expérience avec de nombreuses personnes.

Il est encore une autre considération à envisager pour pouvoir apprécier pleinement la Méditation Sacrée. Nous avons connaissance de Dieu exactement de la même façon qu'autrui lorsqu'il devient objet quand nous nous éveillons à la conscience sujet-objet.

De nouveau, posez-vous la question : «Dieu est-il présent lorsque je dors profondément ?» La réponse, toujours par déduction, sera : «oui». Mais elle ne veut pas dire grand chose, puisque nous n'en faisons pas l'expérience. Dieu s'éveille à notre intérêt et à notre attention immédiats à l'instant précis où nous nous éveillons à nous-mêmes. La Méditation Sacrée fait donc appel à un saut radical au niveau de l'intuition, par lequel nous émettons simplement l'hypothèse que ce que nous vivons (à savoir la totalité de notre conscience, dont la personne avec qui nous partageons, dans ce rituel, toutes nos sensations, nos espoirs, nos pensées et nos distractions) n'est autre que le Divin vivant. Notre pénétration s'engage alors avec dévotion dans une reconnaissance profonde, entraînant avec elle cette autre personne qui fait partie de notre champ de conscience. Plus profondément encore, il se produit en nous comme une inversion : au lieu d'interagir avec ce que nous vivons ou d'y réagir, nous nous y projetons tout simplement de plus en plus. Il peut ainsi arriver un moment où la conscience n'est plus qu'un seul champ d'attention unifié, tout empreint de présence vivante. La main de celui qui transmet l'énergie de l'attention à l'autre personne peut alors paraître embrasée (1). Le mental est si calme que la moindre pensée paraît aussi distincte qu'une bulle de bande dessinée en deux dimensions. La respiration se ralentit et se fait si paisible que le mouvement même qu'elle provoque semble porter l'environnement tout entier en un flux vivant. Un certain inconfort physique se manifeste parfois lorsque l'on atteint cet état de conscience mais, une fois l'attention unifiée, le corps resplendit d'un bien-être béni.

La Méditation Sacrée est, de toute évidence, ce que son nom implique exactement : un état de méditation et d'adoration profondes. Cette méditation est basée sur la relation. La personne qui la partage avec nous est vivante *en nous*. Le moindre de ses soupirs provoque une explosion de sensations qui vont traverser tout notre être. Point n'est besoin de toucher l'autre dans la Méditation Sacrée. Ce pourrait même être source d'obstacles, dans la mesure où un sentiment de séparation, d'extériorisation, risque d'intervenir. Sans réel contact physique, nous atteignons donc ce qui, pour la plupart, est l'état de méditation le plus profond et, en même temps, le degré de communication le plus élevé que nous ayons jamais connus. Sans qu'aucun mot n'ait été prononcé, la communion est totale. Le plus léger mouvement de l'attention a un effet immédiat sur le champ d'énergie et sur notre état de conscience. Une pensée soudaine nous traverse, qui approfondit le sens de la relation, et la personne, allongée sur la table, tremble ou se met à pleurer. Au plus léger mou vement d'une main, nous pourrions sentir que nous cares-

(1) Dans mon ouvrage *How Shall I Live* (Celestial Arts, 1985), je décris pas à pas la technique qui conduit à un tel état dans le chapitre : «The Energy Embrace».

sons l'univers. Dans notre corps, nous savons que notre vitalité s'est immensément élevée et purifiée.

Recherche sur le Principe de Relation

Lorsque m'apparut la bénédiction immense que m'apportait cette forme d'échange avec autrui, je voulus que d'autres pussent aussi connaître une opportunité semblable. Pour en faciliter l'accession, j'attendis le moment où, dans mes séminaires, chacun eût atteint une énergie plus élevée : il est alors plus facile de libérer l'attention et de se mouvoir sur un mode nouveau. Plus que n'importe quel mot que je pourrais employer, ma voix et ma présence ont le pouvoir d'induire ce genre de dimension. Le souffle joue un rôle très important dans le changement de l'attention. Le champ de conscience se charge de présence ou de sensations subtiles lorsque l'on inspire et expire en fonction de lui, en restant détendu mais concentré. Naît alors la possibilité de ressentir la connexion qui nous relie à ceux qui résident au-delà de notre conscience ordinaire. Ce n'est pas différent de ce sentiment de connexion dans la phase post-coïtale lorsque l'on a fait l'amour, où les amants se sentent projetés l'un dans l'autre et acquièrent une dimension beaucoup plus vaste.

Il existe de nombreuses façons d'introduire cette recherche. On apprend d'habitude à échanger les énergies en imaginant que la Source Supérieure est là, et est tout simplement à notre disposition. En l'invoquant et en la visualisant en train de se déverser en nous, longer nos bras et sortir par nos mains en direction de l'autre personne, chacun peut apprendre à canaliser l'énergie pour soigner et équilibrer. On peut combiner à cette approche la visualisation de diverses couleurs ou fréquences énergétiques. Toute relation qui implique la connaissance d'une dimension supérieure a un tel pouvoir inspirateur, qu'une petite préparation suffit généralement à la plupart des gens pour atteindre ce nouveau degré d'expérience. Ils sont capables de sentir de puissants courants énergétiques les traverser ou, éventuellement, de voir le champ aurique autour du corps. L'expérience de l'énergie n'a cependant, à mon avis, pas l'importance que peut revêtir la qualité de l'attention avec laquelle nous nous engageons, qui, elle, dépend de notre consécration. Plus notre consécration est subtile, plus la relation se charge d'un aspect «sacré» qui, finalement, joue chez le méditant un rôle transformateur.

Il m'est arrivé de me sentir mal à l'aise lorsque j'ai commencé à enseigner l'échange d'énergie. De qui me moquais-je ? Cet échange avec un autre être humain n'était, en fait, qu'un des très grands privilèges de la vie. J'avais le don d'offrir, quand l'autre avait celui de recevoir. Il me semblait quelque part malhonnête de m'ériger moi-même professeur ou guérisseur pour pouvoir engager ce genre de relation, et erroné d'apprendre à autrui à faire de même. Bien que je sois, à un certain niveau, l'enseignant, la Méditation Sacrée est un don, et non une thérapie. Si la guérison peut intervenir en tant que résultat de l'énergie générée, la vraie relation est celle qui unit l'amant à l'aimée.

La Méditation Sacrée nous enseigne le Principe de la Relation : là où deux personnes ou davantage sont assemblées et orientent leur attention vers la Conscience elle-même (ou vers tout autre concept — Dieu, le Christ — qui puisse symboliser l'espace dont provient toute expérience), la vitalité se donne à profusion,et chacun emplit l'autre d'une bénédiction vivante.

Pratiquer régulièrement le rituel de la Méditation Sacrée pourra changer notre idée sur la réalité de l'être humain, car le rituel nous transporte dans la grande aventure de la conscience, fondée sur la relation à l'humanité tout entière. A la différence de nombreuses formes de méditation orientale — tournées vers l'intérieur ou vers le pôle subjectif de la conscience, et donc très difficiles à intégrer à la vie extérieure —, la Méditation Sacrée s'adresse à la fois à l'intérieur et à l'extérieur. L'extérieur est symbolisé par l'autre personne (ce voisin qui est nous-mêmes) et l'intérieur est notre champ de conscience tout entier, le Divin, l'Incréé et l'Inconnaissable. Il se dégage quelque chose d'extrêmement puissant autour de personnes assemblées en une telle forme de méditation.

Lorsqu'en fait nous considérons les diverses façons d'accéder à l'éveil aujourd'hui, trois voies essentielles apparaissent. La première est spontanée, comme le fut mon propre éveil à Lone Pine; elle est néanmoins relativement rare et ne peut être abordée par aucun agissement personnel. La seconde est celle de l'induction : une personne éveillée peut communiquer l'éveil à autrui. C'est la voie du gourou qui octroie la Chakti au disciple. Elle comporte cependant certaines limites. D'abord, elle nous conduit à parer l'autre d'aptitudes spéciales et à admettre, en ce qui nous concerne, une position inférieure. Ceci ne vise en rien à nier le rôle de l'enseignant éveillé, ni la valeur d'une vraie dévotion mutuelle entre élève et enseignant; mais il faut en considérer le caractère exclusif, et savoir que seules des relations particulières peuvent donner pouvoir à l'énergie supérieure. S'il en est ainsi, les quelques êtres éveillés qui sont aujourd'hui sur notre terre ont un gros travail à accomplir. Qu'un individu éveillé se croie tenu d'agir ainsi témoignerait, en outre, d'un degré de réalisation assez limité.

Mais il existe une troisième voie qui implique le Principe de Relation (cette qualité d'énergie induite par la pureté de notre attention à autrui), et fait partie intégrante de la Méditation Sacrée. En abordant la Méditation Sacrée, nous sublimons la pensée même d'être ou n'être pas éveillé. Il n'y a plus de professeur ou d'élève, de soignant ou de soigné; ne demeurent que les circonstances particulières dans lesquelles on peut accéder aux énergies supérieures. Ici, nous voyons que c'est la qualité même de notre relation qui a le pouvoir d'induire l'éveil de la conscience. *Finalement, il n'y a rien d'autre à donner ou à recevoir que l'amour.*

La Méditation Sacrée concerne toutes les formes de relation. Elle est un outil puissant, qui nous permet d'explorer les limites les plus reculées de notre être, et qui nous fait tout à la fois amant et aimé. Face à l'autre, nous ne sommes ni supérieurs ni inférieurs, pas plus que meilleurs ou pires. L'individu que la conscience extérieure jugerait le plus impropre pourrait bien être justement celui avec qui nous pourrons accéder au stade de vitalité le plus extraordinaire.

Aborder la Méditation Sacrée, c'est s'engager dans la grande aventure des possibilités supérieures de l'homme. Nous incitons à se manifester l'éveil aux nouvelles dimensions de conscience et les pouvoirs nouveaux, tout en les vivant à un niveau d'égalité fondamentale, et dans un mouvement d'humilité vraie, où l'énergie la plus élevée ne demande pas à corps et à cri un rôle particulier à jouer, ni n'a besoin de pouvoir sur autrui. Pourquoi nous faudrait-il attendre qu'autrui soit malade pour nous autoriser à établir une communion plus profonde avec lui ? Quand nous ne sommes rien, mais sommes tout aussi pour notre frère humain, l'énergie se fait beaucoup plus pure et nous porte beaucoup plus près de la vraie vitalité.

Amant et aimé, tel est l'homme nouveau. J'ai envie de rire quand je pense au prix que nous payons médecins et thérapeutes, alors qu'eux-mêmes reconnaissent en fait à quel point l'échange avec un patient ouvert peut être enrichissant. On pourrait aussi bien demander, à ceux qui se sentent authentiquement poussés à soigner et à servir, de payer pour avoir le privilège d'entrer en communion avec autant de monde. Mais chacun de nous en a l'opportunité. Les thérapeutes, guérisseurs et autres serviteurs spirituels ne devraient pas — et heureusement ils ne le sont pas — être les seuls à en profiter. Tous nous pouvons nous éveiller à la profondeur qui préside à notre relation à autrui. Ceci n'a rien à voir avec l'exercice ou l'intelligence tels que nous les concevons d'ordinaire. Tous les êtres humains ont hérité de cette aptitude à développer l'attention et la conscience. Un conducteur d'autobus qui saurait garder une conscience ouverte et sans obstruction mériterait le prix nobel de la paix tout autant que ces saintes personnes qui ont contribué à aider leur prochain et sont devenues symbole du bien sur cette terre. L'humanité a besoin de ces symboles, mais l'image du service ou de la sainteté a, grâce à cet honneur rendu à des personnes bien particulières, acquis une connotation de *faire,* plutôt qu'elle ne démontre qu'*être* est le service le plus profond qui soit. Nous perdons de vue que la relation préside à toute chose, et qu'une personne ouverte, si elle est élevée par l'attention d'autrui, est aussi elle-même source d'élévation. Quel que soit le monde qui demain sera nôtre, c'est ensemble que nous le construirons; et sa vitalité la plus grande n'interviendra que lorsque les dirigeants seront des serviteurs et les serviteurs des dirigeants.

CHAPITRE QUINZE

L'énergie sexuelle et l'enjeu de l'intimité

Ceux qui ne sont pas allés à Namia pensent parfois qu'une chose ne peut être à la fois bonne et terrible».

C.S. Lewis

Longtemps, dans l'histoire humaine, sexualité et enfantement ont été considérés comme des fonctions sacrées impliquant une grande responsabilité, vis-à-vis de soi-même, du conjoint, et du groupe social. Les gens étaient conduits à aborder ces fonctions avec maturité et sensibilité. Dans la tribu africaine Mbuti, on encourage la découverte sexuelle comme étant un corollaire normal de l'adolescence. L'enfantement, cependant, est considéré comme relevant de la responsabilité de l'âge adulte. S'il y existe donc une grande activité sexuelle pré-maritale, elle est toujours soigneusement et volontairement contrôlée. Il est très rare qu'une grossesse intervienne avant que l'on soit prêt à assumer ses responsabilités d'adulte (1). On avait compris les dangers de la liberté sexuelle comme ceux de la répression bien avant que l'homme ait élaboré les soi-disant découvertes de la psychologie

(1) Turnbull Colin : The Human Cycle, Simon and Schuster, 1983.

moderne. Mais il faut un processus de socialisation hautement cohérent et sensibilisé aux étapes du développement humain individuel, pour que chaque génération puisse comprendre l'aspect sacré de la fonction sexuelle et le vivre. Il faut aussi pouvoir accepter la diversité des sensibilités individuelles et considérer avec sagesse les besoins et les possibilités de la société considérée en tant que tout.

Cet aspect est, dans notre monde moderne, abordé sommairement, si tant est qu'il le soit. Notre approche de la sexualité est, au mieux, écartelée entre les valeurs et les croyances des religions et sous-groupes ethniques divers. Par ironie, nous en sommes, dans toute cette confusion, quelque peu venus à croire qu'il existe une approche juste de la sexualité, sans réel consensus sur ce qu'elle pourrait être. Nos traditions religieuses proposent une certaine direction, mais leurs dogmes sont source de répression plus souvent que de compréhension, ce qui conduit nombre de gens à la rébellion. Nous avons rarement, dans notre société, une relation spontanée à notre sexualité, et sommes toujours en réaction. Nous nous évaluons constamment en fonction des habitudes de notre milieu social particulier et de la poussée transformatrice que représente la «réalité» créée par les médias. Nous refusons de considérer l'ambiguïté psychologique et existentielle qui, toujours, a entouré la sexualité, et s'est amplifiée avec l'avènement de religions fondées sur la transcendance de l'homme. Jamais le dilemme de la sexualité ne s'est trouvé dans un contexte transformationnel aussi vaste, où notre aptitude individuelle à réguler, élever et épurer notre expression sexuelle est indissociablement liée à la maturité et à l'éveil de la conscience.

Lorsque nous regardons la vie des grands de ce monde, nous voyons en fait que quasiment tous ont eu maille à partir avec la finalité sexuelle. Ce combat est notre héritage, mais il exige bien davantage qu'une adhésion à des croyances dogmatiques. Il nécessite une recherche intelligente et sensible sur nous-mêmes, sur nos relations, et surtout sur notre consécration à la vie. En bref, nous avons inconsciemment rejeté l'aspect profond de la sexualité et en sommes diminués sur le plan énergétique.

Peut-être les maladies sexuellement transmissibles, qui deviennent une raison primordiale de contention sexuelle dans notre monde contemporain, en résultent-elles. Ceci laisse présumer à quel point la sexualité a perdu sa connexion avec la santé et la vitalité de la société.

Si nous essayons de comprendre ce qui est arrivé à la sexualité, notre impression dominante est celle d'une fragmentation et d'une déconnexion. Il y a le plaisir sexuel, il y a la relation, la conception, la famille, et l'on en est arrivé à considérer chacun de ces concepts comme des aspects séparés de la vie, que l'on pourrait, de son propre gré, choisir ou rejeter. Nous avons, par l'emploi de moyens chimiques ou mécaniques destinés à prévenir une naissance non désirée ou une surpopulation, séparé inconsciemment l'impulsion sexuelle de la conception, de l'engagement relationnel, de la famille et donc de la société. Grâce à la médecine moderne, la naissance de l'enfant est également devenue routine, et n'est plus cette grande force transformatrice qu'auparavant elle représentait pour tous, et pour la femme en particulier. Ceci signifie que nous avons plus ou moins séparé sexualité et nature humaine. Nous sommes à même d'aborder l'énergie sexuelle par des voies que jamais auparavant nous n'avions pu emprunter, mais avons créé une nouvelle forme d'intimité sexuelle où l'individu n'a aucun sentiment de sa relation au monde qui existe au-delà de son propre corps.

La possibilité de vivre la sexualité sans les conséquences de la naissance est l'exemple le plus frappant de l'aptitude humaine à interférer avec les forces de la vie et à perturber le système énergétique humain, aux niveaux à la fois individuel et collectif. Notre santé, dans cette circonstance, n'en paraît pas affectée de façon évidente; la puissance de l'effet des contraceptifs modernes nous échappe; nous prenons la pillule, faisons des injections, implantons des appareils, ligaturons les trompes, et vaquons à nos occupations sans grande conscience d'un quelconque changement. Mais quelque chose a été profondement bouleversé. Ce qui change, c'est ce qui *peut* être, ce qui peut nous arriver, à nous et par nous. Notre rapport au temps, à l'espace, aux probabilités futures s'en trouve transformé et implique une réorganisation de nos énergies. Plus significatif est le changement qui s'opère dans la façon dont nous établissons les échanges avec autrui, et dans la manière dont les énergies de notre conscience personnelle interagissent avec notre nature collective.

Soustraire l'énergie à ses conséquences naturelles, comme ceci s'est généralisé, permet à présent d'affirmer la sexualité comme étant l'un des aspects de la personnalité. C'est ce que, communément, l'on nomme «la libération sexuelle». Ce changement est l'un des plus importants qui soient survenus dans les cent dernières années, et il aurait pu être le plus grand s'il avait été accompagné d'une conscience égale de la globalité de la vie.

La libération sexuelle équivaut souvent, selon ce que j'ai pu observer, à une exagération de la sexualité génitale. De ce fait, l'homme ou la femme dits «libérés», répriment souvent le besoin et la possibilité d'une relation plus profonde, se fermant par là même à un potentiel de conscience supérieur. Le bien-être provisoire généré par le relâchement sexuel devient soupape de sûreté, permettant d'amoindrir les tensions existentielles qui exigeraient, en vérité, une conscience et une transcendance de soi plus profondes. En dissipant ainsi l'énergie, on amoindrit l'aptitude à engager plus pleinement la conscience. Cependant, si la libération sexuelle manifeste un sens accru de l'autonomie personnelle et une capacité à affronter et prendre en charge sa propre destinée sexuelle, elle peut devenir un contexte précieux pour l'aventure de la conscience.

La sexualité et le rôle de l'attention

Lorsque la conscience croît, la sexualité change. Elle se fait plus riche et tout à la fois source de controverses. Quand l'energie se libère sous forme d'attention rayonnante, les fantasmes qui accompagnent le processus sexuel (et la vie en général) commencent à perdre leur pouvoir d'induire des comportements; comme de tout contenu de la conscience, l'on devient simple spectateur de ses fantasmes. Ils peuvent continuer à soutenir la rencontre sexuelle si nous décidons d'agir consciemment sur eux, mais il peut aussi clairement nous apparaître que la sexualité, bien que totalement naturelle, ne diffère pas des autres comportements. La sexualité se fait choix, un choix profond; et la façon dont nous faisons ce choix influe énormément sur notre conscience. Il ne nous est possible de commencer à maîtriser l'énergie sexuelle qu'à travers notre conscience, et il n'est ni question de tirer davantage de plaisir de l'expérience, ni question de se tourner vers le célibat.

Tout ce qui relève de la sexualité doit être considéré à la lumière de notre consécration à la vie, et nous devons observer tout ce que nous avons appris, en abordant notre espace sexuel avec vigilance, ouverture et honnêteté.

Réfléchissez : est-il possible d'avoir un rapport sexuel génital lorsque l'esprit est vide ? Pouvons-nous avoir des fantasmes sexuels sans, simultanément, déplacer l'énergie sur un mode sexuel ? Peut-il y avoir une intimité personnelle qui ne démarre pas comme un fantasme ? Si c'est le cas, à quel moment décidons-nous que le fantasme doit s'incarner dans quelque forme de comportement ? Si c'est le contraire, pouvons-nous à présent observer la libre énergie de l'attention se condenser dans une dynamique sexuelle, émotionnelle ou autre ?

J'observe constamment , quant à moi, le jeu de l'attention. Un fantasme sexuel provoque une condensation d'énergie dans le pelvis, une excitation et une tension générale dans le corps. C'est comme si je m'étais déplacé d'un corps plus spacieux et plus subtil dans un corps plus petit, que je vis plus intensément. La focalisation se porte invariablement sur la personne qui est l'objet de mon fantasme. Lorsque je suis, au contraire, simplement au niveau de l'attention naturelle ou quand je contemple la vie d'une personne inspirée telle que Lincoln, Martin Luther King ou Simone Weil, l'énergie se fait plus vaste, et silencieuse. Se produit parfois une douleur au niveau de la poitrine, et la focalisation de ma pensée est largement poussée vers la vie et l'humanité à un niveau plus large. Je ne juge ni ne préfère l'un ou l'autre de ces états, mais observe seulement la façon dont l'énergie se meut lorsque l'attention se déplace.

C'est une exploration très intéressante pour quiconque apprécie profondément la sexualité, et néanmoins, se demande s'il existe un autre moyen de vivre une communion intime avec l'être aimé. Faites l'expérience de ce qui se passe lorsque vous êtes ensemble avec un partenaire, et laissez le sentiment de l'énergie sexuelle se construire. Avant, cependant, d'atteindre l'orgasme, abandonnez tous les fantasmes ou les pensées sur ce qui vient ensuite : restez complètement présents au sentiment de la communion et de l'énergie. Aussitôt que votre attention personnalise l'énergie (le sens de «mon» corps et de «son» corps indique que l'attention est personnalisée), laissez-la dépasser ce niveau. Nous sommes grandement — peut-être instinctivement — conditionnés à exprimer l'énergie génitalement lorsqu'elle devient «sexuelle». Mais sous un autre angle, ce que nous appelons énergie sexuelle est, en fait, un mode d'attention. Si nous libérons notre attention de la dynamique génitale et demeurons présents à l'énergie, quelque chose d'autre commence à se produire.

Exciter l'énergie sexuelle puis libérer l'attention de façon à ce qu'elle ne soit plus personnalisée est l'une des anciennes techniques du taoïsme et du yoga tantrique. Nous pouvons apprendre à atteindre l'excitation à l'intérieur et à l'extérieur, puis à nous détendre en une qualité d'attention ouverte, un sentiment de vivre la conscience en tant qu'énergie, là où le «Je/Toi» se met à se dissoudre. Ce n'est pas un exercice à commencer par hasard ou brutalement, car il conduit à détruire les limites existant entre les états de conscience. Dans la tradition, c'était le but du yoga de se défaire progressivement de ses limites de façon hautement disciplinée.

Pour ce faire, le yoga, par des pratiques spécifiques basées sur la concentration mentale, les postures corporelles, le chant, la prière et le travail désintéressé, génère une énergie supérieure. La sexualité, de toute évidence, est l'un des moyens naturels d'exciter l'énergie. Certaines pratiques yogiques ont, par conséquent, utilisé l'énergie sexuelle dans ce but. Mais elles peuvent être très dangereuses si on les soustrait à leur contexte plus élevé. Seuls ceux qui se dédient sérieusement à leur transformation et s'impliquent plus profondément dans leurs relations — en un désir de considérer l'autre en tant qu'être divin, tout en renonçant à le prendre comme le simple objet d'un besoin — devraient se permettre d'explorer ce domaine. Le pouvoir qui en découle (car, une fois certaines techniques apprises, l'on peut, avec grande puissance, initier son partenaire à des dimensions entièrement nouvelles de l'extase sexuelle) est dangereux. Il faut être préparé à l'éventualité d'une altération accélérée de son schéma de vie actuel et de la relation, base même de ce qui est parfois menacé lorsque les énergies montent. L'élévation de l'énergie sexuelle (de l'énergie en général) ne peut être contenue en toute sécurité dans le creuset d'un pouvoir fondé sur l'égo. On a cependant intrinsèquement tendance à relier à la sexualité le pouvoir égoïque (puissance et impuissance). Si votre motivation sous-jacente, dans votre recherche d'élévation de l'énergie, relève du pouvoir personnel et de l'inflation du moi, la déflation qui en résultera lors de l'ouverture transformatrice peut, en vérité, se révéler terrible. Comme pour la transformation tout entière, nous devons nous préparer à porter à l'énergie une consécration suffisamment large pour lui permettre sa pleine expression.

A un certain point des premières étapes de l'ouverture, nous traduisons la sensibilité énergétique en une attraction sexuelle. J'ai souvent pu remarquer combien une femme, qui est ouverte énergétiquement et ne pense même pas au sexe, devient extrêmement stimulante pour beaucoup d'hommes, qui sont incapables de reconnaître l'énergie autrement que comme une force sexuelle. C'est également vrai d'hommes qui, lorsqu'ils s'ouvrent, deviennent très évocateurs pour les femmes. Il existe donc une phase critique, où une sexualité complaisante peut court-circuiter le développement supérieur. L'appel à l'intimité sexuelle est néanmoins plus fort, plus délicieux, et a souvent plus que jamais une intégrité profonde. Il faut être pleinement maître de son autorité pour dire «oui» ou «non» à la sexualité et rester présent aux conséquences. En un sens, la sexualité elle-même ne constitue pas le problème. C'est l'attachement romantique qui, souvent, est utilisé pour rationaliser la rencontre qui, une fois de plus, fait de l'autre l'objet de la contemplation fondamentale, obstruant par conséquent un processus plus profond.

Nombre d'individus qui commencent leur quête d'une conscience plus élevée s'enlisent dans leurs combats émotionnels, parce qu'ils ne peuvent s'empêcher de personnaliser l'énergie, ou de se laisser séduire par l'attraction qu'autrui peut exercer sur eux.

Une solitude et un besoin de compagnie incroyables s'infiltrent dans notre société. Peu d'individus, donc, sont réellement à même d'examiner leur consécration à un niveau suffisamment profond pour pouvoir exercer une autorité vraie sur la sexualité et la relation. Dès qu'ils ont commencé à s'ouvrir, ils veulent immédiatement ancrer l'énergie dans l'intimité. Presque tout le monde doit affronter ce combat. Nous avons besoin de nous focaliser sur notre capacité unique à faire face à ce dilemme. Je ne puis dire si l'on devrait encourager la personnalisation ou l'éviter lors du processus d'ouverture; je suggère plutôt que nous apprenions à nous observer, tout en poursuivant continuellement nos recherches sur la nature de notre consécration. De cette façon seulement, nous pourrons avoir une relation consciente à ces forces ontogéniques universelles, pour qu'elles deviennent la source par laquelle nous développerons notre propre potentiel unique.

La tension transformatrice de la sexualité et de la spiritualité

Après mon ouverture, une aptitude à communiquer entièrement nouvelle s'éveilla en moi. Il me semble souvent que le simple fait de me trouver en présence de certaines personnes est une expérience «sexuelle». Peu importe que ces personnes soient homme ou femme, leur apparence, leur façon de vivre, ce qu'elles font, ou même si je les aime; si, sur le plan énergétique, elles sont disponibles, nos énergies se fondent en un sentiment de présence et abondent. Sans cesse je «fais l'amour» avec ceux qui m'entourent, selon leur aptitude à établir un rapport énergétique. Point n'est besoin de mots, ni même de se connaître. A certains moments, l'Existence elle-même est l'Amante, et la sexualité est une «relation sans fin», l'essence même de la vie. Je ne me dirige pas moi-même vers une sorte d'expérience quelle qu'elle soit, et n'en recherche aucune. Je m'abandonne lorsque je sens que l'énergie s'intensifie. Le seul fait de porter son attention sur le courant qui s'éveille le rend plus pénétrant. C'est comme si la Vie, l'Aimée me prenait. Dans cet état, à travers le processus même d'Etre, la conscience (tout ce qui est, dedans et dehors) n'est plus que vitalité. L'oiseau, de l'autre côté de la fenêtre, chante en moi, et le jeu de la lumière sur les feuilles a lieu dans mon être même. Pour décrire un corps avec justesse, on peut dire qu'il est conscience perpétuelle et inséparable de l'Existence.

Lorsque notre attention ne personnalise plus automatiquement l'énergie, et que, dans la présence de l'autre, nous célébrons la totalité de l'existence, la sexualité transcende le corps, et en particulier la dynamique génitale. L'abandon du désir de posséder l'autre est intrinsèque à cette expérience. Quand notre sens de l'être et de l'identité est dédié à l'existence de l'autre, et que celui-ci devient «notre» époux, notre «amant», il est impossible de le connaître dans une dimension supérieure; mais la séparation entre «moi» et «l'autre» commence à se dissoudre lorsque nous atteignons des stades de conscience plus élevés; et nous prenons conscience que notre échange se produit dans la Grâce. Aucun effort de notre part n'a mené l'autre à nous ni ne le maintient là. C'est la Grâce qui a fait cet instant d'échange, c'est aussi la Grâce qui peut y mettre fin. La relation, de cette façon, se fait mystère, non-faire, réalité; elle n'est pas seulement une autre forteresse de notre égo, une autre façon de sécuriser notre identité. Nous ne sommes pas amants l'un de l'autre, mais sommes reliés à quelque chose de beaucoup plus vaste, et objet d'une dévotion qu'exprime notre relation. C'est le début d'une relation consciente, ou de ce que j'appelle «l'amitié».

Il se produit cependant une personnalisation de l'énergie à l'instant où nous choisissons de commencer une amitié, avec ou sans intimité sexuelle. Nous ne pouvons être personnellement séparés ou assimilés par le courant. La véritable amitié incarne le plus haut degré de la réalisation dans l'immédiateté d'une relation humaine. J'ai découvert que, pour cette raison, la véritable amitié est l'un des dons de la vie les plus rares, les plus riches, et les plus purs.

On pénètre une dynamique où l'autre a le même droit sur notre être que Dieu. Il n'y a plus de possibilités d'abandon ou de défense; c'est pour moi un niveau de relation beaucoup plus élevé que celui qui existe entre guru et disciple, entre élève et professeur, entre guérisseur et patient. Il est en fait beaucoup plus facile pour moi d'être professeur, inspirateur, éveilleur ou guérisseur, qu'ami. Etre un ami, c'est intégrer ces rôles à une relation ordinaire, et reconnaître pour le moins qu'ils existent tout autant chez l'ami. On ne peut plus se réfugier en sécurité dans le détachement protecteur et la puissance du sentiment d'identité et de but qu'octroient les rôles supérieurs.

J'ai, des années durant, insisté sur la distance à maintenir dans le rôle d'enseignant, qui assure un équilibre et une pondération que permet rarement l'amitié. S'appuyer sur son rôle d'enseignant est cependant, à mon avis, une forme de couardise, en comparaison de l'amitié. Etre un ami relève d'une dimension réellement sainte, pleine de paradoxes, car il ne peut être question de prétendre une minute à l'intimité d'un échange personnnel si, à la minute suivante, on se retranche dans le détachement impersonnel d'une conscience supérieure. Nous serons mis à l'épreuve sur notre aptitude à accepter les limitations et conflits intrinsèques à notre nature humaine. Nous ne pouvons compter sur la sagesse qui nous est conférée lorsque nous atteignons les niveaux transcendants, car une profonde amitié humaine ne se vit pas à ces seuls niveaux. Il ne me semble pas non plus que ce soit le degré auquel le potentiel humain le plus élevé ait à s'incarner.

En décidant de passer du plan universel au plan personnel, nous entamons, pour la première fois peut-être, une relation consciente. Nous pouvons avoir eu auparavant toutes sortes de relations, qui n'étaient cependant jamais réellement conscientes, parce que nous n'étions pas à même de prendre des distances vis-à-vis du contenu de notre conscience (éveil du sentiment sexuel, fantasme de besoin, d'aversion, d'affection, d'échange). Nous passons notre temps à personnaliser inconsciemment l'énergie, c'est inhérent à la nature humaine de la conscience sujet-objet. Mais celui qui a accès à l'universel peut échapper à ces fantasmes tout en vivant une relation intime. Dans cette position, le choix de s'engager pleinement dans une relation intime est un sacrifice immense et cependant, me semble-t-il, inévitable, car nous

nous soumettons une nouvelle fois à la cacophonie de l'impulsion et de la passion. Si la relation devient sexuelle, c'est pire encore. L'énergie sexuelle, de par sa nature, exige et affirme la dualité masculin-féminin, moi-toi. A ce stade, le sens de l'amour universel de la présence sublime s'éclipse et, inévitablement, la relation se fait plus conditionnelle et possessive. Même si le sexe génital peut exprimer un amour très profond, il peut aussi nous arrimer à un état de division et de dépendance, fléau de tout amour.

Par une réglementation rigide du domaine de l'intimité, la spiritualité traditionnelle tend à éviter ce genre de difficulté. C'est comme si nous avions peur de pénétrer dans les écuries : comme Hercule, nous préfèrerions y envoyer un grand flot purificateur ou bien, à un niveau plus commun, nous aimerions ignorer l'intimité, en faire un domaine interdit. Il me semble qu'un développement spirituel total demande à ce que nous ne nous refusions pas prématurément aux risques et aux défis que propose l'intimité sexuelle, sous prétexte de servir des aspirations censées êtres spirituelles. L'incarnation, même si la perte de pureté est inévitable, ne naît pas au niveau supérieur; elle naît là où se rencontrent le supérieur et la vie quotidienne, en une révélation incessante de possibilités. Plus loin nous poussons l'amitié confiante, plus profonde est notre aptitude à nous mettre à l'unisson, et plus contraignantes sont les forces qui créent la séparation et la dépendance. C'est le dilemme transformateur, la tension radicale de la relation consciente. Il doit y avoir distance, et il n'y en a pas néanmoins. Chaque acte sexuel génital devient sacrifice, abandon sacré de soi, «petite mort», comme parfois on l'appelle (la «grande mort» étant l'offrande de l'identité égoïque à l'Unicité). La sexualité, à ce stade de la relation, est devenue ce qu'elle doit être dans une vie consciente : une porte de transformation. Nous nous soumettons à la séparation (sans laquelle il ne peut se produire d'impulsion sexuelle) alors même que nous rendons honneur à notre Unicité fondamentale. Rien d'étonnant à ce que tant d'entre nous aient peur de l'intimité profonde, dans la mesure où nous avons laissé nos relations devenir régimentées, mécaniques, définies et distantes ! Plus nous sommes conscients — au sens de pouvoir nous fondre à l'autre, connaître son essence, ressentir sa douleur et sa joie —, plus nous nous consumons et nous offrons en sacrifice à l'instant. En fait, cette peur se fait plus grande encore lorsque l'on devient plus conscient de soi.

Nous pouvons cependant nous trouver profondément purifiés par cette tension radicale, si petit à petit nous choisissons de nous consacrer totalement au mystère de la relation (l'amitié). Que l'amitié soit source de bonheur ou pas n'est plus, alors, un critère de jugement; compatibilité et incompatibilité naissent de la définition du moi égoïque et non d'une relation consciente, car, dans celle-ci, nous abandonnons volontairement toute attitude tendant à rationnaliser le caractère sacré de l'identité perçue. Quelle que soit l'image de nous-mêmes que nous renvoie une relation, elle ne peut pas correspondre à ce que nous sommes en réalité. D'où cette grande tension : pour vivre et partager l'affection, il nous faut nous situer à un certain niveau d'identité personnelle («cette relation est particulière; nous étions faits l'un pour l'autre»), tout en ayant conscience que ce n'est qu'une fiction, équivalente à l'attitude, qui consiste à demeurer distant et réservé.

Paradoxalement, plus nous devenons entiers en nous-mêmes, plus nous allons vers un abandon total. Il ne s'agit pas de s'abandonner à l'autre en soi : ce ne serait qu'une nouvelle façon de se définir en toute sécurité; il s'agit plutôt de s'abandonner à l'Existence, en une vitalité dynamique avec chaque être. Lorsque la relation a atteint cette profondeur, la sexualité se fait de plus en plus insondable; elle peut disparaître ou pas, mais on ne peut l'aborder avec légèreté. A ce niveau, nous pouvons faire appel à la contraception et ignorer le potentiel transformateur de la naissance, sans pour autant dégrader l'initiation transformatrice de la sexualité et de la relation. Une porte de transformation s'est refermée (la naissance), mais une nouvelle porte s'est ouverte, et l'énergie de l'intimité rayonne d'une vitalité neuve et d'une compréhension plus vaste de la vie. Voilà pour moi le véritable sens d'une sexualité libérée : celle qui nous relie profondément à la vie. Une sexualité libérée conduit à l'amitié : telle est la plus haute expression de l'Eros, et non pas la seule aptitude sensuelle.

Les maladies du cycle sexuel

La sexualité, précisément parce qu'elle représente une porte donnant sur une énergie plus élevée, exige beaucoup de respect conscient, d'auto-discipline et de conscience sociale — en d'autres termes, de maturité. L'énergie libérée par la sexualité fait partie du grand héritage que la vie nous a accordé. Nous pouvons, comme lorsque nous nous engageons à servir la vie, nous-mêmes et autrui, la faire rayonner; ou bien, si nous ne sommes pas mûrs, nous en servir comme d'un jouet, nous croyant autorisés à le faire sous prétexte que c'est «naturel». La sexualité, alors, devient une force sans âme et peut bien ouvrir l'accès à cette force opposée qu'est la maladie. Plus nous cultivons le côté facile et disponible de la sexualité sans conséquences transformatrices, plus nous déchargeons notre potentiel énergétique dans une dimension limitée. Là, la tension se concentre sur une dynamique fondamentalement séparatrice. Individualité et sensualité matérielles sont exacerbées et dépassent notre nature sociale et spirituelle.

La force opposée, que représente la maladie, se manifeste pour imposer des limites à la complaisance sexuelle. Etant donné la fréquence des infections génitales, une personne qui n'a même pas eu de promiscuité particulière peut se retrouver touchée : syphillis, gonorrhée, trichomonas, chlamydia et herpès ne sont pas sans conséquences. Puisqu'on peut les traiter par les antibiotiques, ces maladies ont, pour la plupart, été minimisées, malgré les risques importants qui subsistent et l'inconfort qu'elles suscitent. Je suis tenté de dire : «ont été *malheureusement* minimisées», car nous avons trouvé un moyen de neutraliser la force d'équilibre propre à la maladie, de sorte qu'une fois encore, nous pouvons vivre, comme nous l'entendons, notre vie sexuelle.

Ceci n'est d'ailleurs pas tout à fait vrai pour l'herpès, dont l'étendue fait figure de véritable épidémie. Chez certaines populations en particulier, le risque est important. Le virus de l'herpès réside dans le ganglion sacral, et quand la maladie est active, une femme atteinte est à même de contaminer tout enfant qu'elle pourrait porter. Nous sommes encore dans l'expectative quant aux conséquences à long terme de l'herpès et autres virus sexuellement transmissibles.

Il est intéressant de noter que l'herpès tend à s'activer chaque fois que le porteur est stressé, physiquement ou psychologiquement. Or, lorsque nous sommes stressés, l'envie augmente de faire appel à la sexualité pour relâcher la tension. Dans un contexte où, automatiquement, nous aurions tendance à nous tourner vers la sexualité pour relâcher nos tensions, la sécurité nous fait donc justement défaut. Il est possible que cette maladie veuille dire : cherche un autre moyen de te détendre et de retrouver le bien-être.

A présent, nous devons faire face au Sida, la plus nouvelle et la plus destructrice des maladies sexuelles. Sur le plan biologique, le Sida est provoqué par un virus qui entraîne un affaiblissement important du système immunitaire. Sur le plan de la métaphore, le système immunitaire représente l'aptitude du corps à établir des discriminations spécifiques et à dire non : il dit non à tout ce qu'il ne peut identifier comme faisant partie de notre être entier. Dans le cas du Sida, le système immunitaire, soit est incapable de refuser, soit accepte tout sans discrimination, comme s'il n'y avait plus de frontières entre la Personne considérée comme entité consciente et la Personne prise au niveau de la vie élémentale.

Certains professeurs spirituels clament que le Sida est une épidémie prophétique annonçant l'avènement de la conscience humaine supérieure, qu'il est une force de purification indispensable à l'élévation de la race humaine. Je trouve dérangeants ce genre de propos. Pourquoi trouve-t-on si rassurant de considérer la vie terrestre comme une école où l'on apprendrait les leçons qui nous prépareraient à jouer un rôle plus important dans l'univers. La suffisance de ces pensées et l'importance de soi qu'elles dénoncent, le sentiment de «signification» et de sécurité qu'elles proccurent devraient nous alerter sur l'origine égoïque de ce genre d'idéation.

Que toute expérience soit propice à une révélation relève évidemment de la nature même de la conscience; chaque expérience — selon notre conscience —, apporte une nouvelle compréhension. Si l'on en apprend la leçon, il ne s'ensuit pas pour autant que cette leçon soit la *raison* de toute expérience. Nous pouvons, encore ici, saisir cette erreur qu'est l'attribution d'une signification téléologique à un phénomène universel. En rationnalisant les difficultés profondes de la vie comme étant «des leçons qu'il nous faut apprendre», nous nous créons une place dans l'univers, mais nous devons le payer : jamais nous n'apprenons à garder la foi devant l'ineffable mystère de la vie. Tout ce qui en résulte est que notre quête vers les révélations que pourrait nous apporter une force tragique comme l'épidémie de Sida s'en trouve limitée.

Chaque expérience — et spécialement la souffrance — porte en elle un potentiel de transformation, et le Sida n'est pas une exception. Dès à présent, nous reconsidérons nos habitudes sexuelles et en envisageons sérieusement les conséquences médicales, sociales, ethniques et légales. Ce processus est l'image même de nos tentatives, sur le plan social, pour arriver à affronter les peurs profondément ancrées et les conflits de base, quant aux droits de chaque individu, quant à la sécurité privée face à la sécurité collective, quant à la responsabilité de chacun envers l'humanité tout entière. Si une peur importante entoure cette maladie, nombre de gens l'abordent néanmoins avec grand courage et compassion. Chaque fois que l'opportunité nous est donnée d'ouvrir notre coeur et de dire oui, alors que notre instinct le plus profond hurle sa peur, nous sommes au seuil d'une transformation possible.

Bien que nous n'en ayons pris conscience que lorsqu'il a fait son apparition dans les communautés homosexuelles aux Etats-Unis, le Sida de toute évidence n'est pas une maladie d'homosexuels mais concerne toute la race humaine. La question est de savoir si nous, humains, sommes capables de vivre cette relation intime profonde, sans entraves, qui mène à une totalité spirituelle et à une vitalité rayonnante. C'est notre aptitude à aimer qui témoigne de notre complétude, et l'amour grandit quand nous avons abandonné à notre plus vaste nature humaine nos définitions de nous-mêmes séparatives. Notre définition de nous-mêmes se base sur notre jeunesse ou notre âge avancé, notre santé physique ou notre invalidité, la couleur de notre peau ou nos attirances sexuelles. Toutes ces considérations perdent leur sens dès que l'amour et la vitalité prédominent. La profondeur de la vitalité qui nous est disponible est à la mesure du courage nécessaire pour abandonner ces définitions de soi-même, et risquer de s'exposer à la vulnérabilité profonde de l'être ouvert et sans entraves.

Je me demande si l'identité Gay, en tant que force collective, ne sert que les homosexuels ou concerne la société dans sa totalité. Toute identité collective empêche l'individu de manifester la pleine expression de son unicité. Comme c'est le cas pour le Nationalisme, l'auto-définition collective n'a de valeur que dans la mesure où elle amplifie la vitalité. Dans cette aura de persécution qui, chez nous, a entouré l'homosexualité, la création d'une identité collective homosexuelle a contribué à élargir la liberté politique et sociale. Mais lorsque cette même identité devient une autre forme de répression et de limitation de soi, elle représente un obstacle pour l'énergie collective. Il nous faut bien comprendre que l'énergie supérieure est une réalité beaucoup plus vaste que toute identité relative, et qu'elle a le pouvoir de dissoudre, en l'englobant, une définition de soi limitative.

Le processus d'éveil implique que nous affrontions sans relâche nos ambiguités intérieures. Les supprimer ou les considérer comme pathologiques n'est en rien une solution, pas plus qu'il ne peut être bon de trouver sa force au sein d'une identité collective. Il est évident que les fondations de tous nos combats intérieurs reposent sur les forces universelles propres à toute l'humanité. Tous, nous devons nous confronter à l'éclaircissement et à la maturation des tensions féminine et masculine dans notre conscience, et ceci peut s'avérer très douloureux, selon notre propre tempérament, mais aussi selon notre éducation et le contexte culturel. Il est bien rare, cependant, qu'un conflit psychique trouve sa solution dans le choix dans un élément à l'exclusion de l'autre. Personne, du point de vue de la réalisation ou de l'éveil à un potentiel entièrement nouveau, n'est masculin ou féminin. C'est justement à l'instant où la dichotomie atteint sa résolution dans l'état où «masculin et féminin ne sont plus qu'un» (2) que la nouvelle conscience se réalise. Je doute que la préférence sexuelle ait une quelconque influence sur l'aptitude à accéder à cet état. La qualité de notre vie, néanmoins, et en particulier la profondeur et l'intégrité de nos relations, peut exercer une énorme influence sur une ouverture qui portera ses fruits ou s'avèrera, au contraire, destructrice.

Qu'on le veuille ou non, toute identité qui nous sépare de la véritable unicité de l'humanité est, au mieux, une étape

---

(2) The Gospel Acording to Thomas, Harper & Row, 1959. («Evangile selon Thomas».

du développement. Lorsqu'elle devient quelque chose en soi qu'il nous faille défendre, elle peut se faire destructrice. C'est alors une sous-culture qui nous définit, nous ouvrant l'accès à certaines énergies psychiques, mais excluant d'autres aspects, expressément ou inconsciemment. Il arrive que certains membres de la communauté gay aient tendance à exagérer les limitations de la psyché masculine. Les hommes, en général, sont enclins à vouloir exprimer l'intimité au moyen de la sexualité. La conscience masculine tend à une certaine forme d'auto-suffisance ou, plus exactement, à un besoin d'autonomie qui, souvent, s'oppose à l'intimité.

Le refus de forces relationnelles féminines chez certains hommes les pousse à rechercher la promiscuité lorsqu'ils tendent d'atteindre cette intimité. Bien que la promiscuité elle-même ne puisse être considérée comme cause du Sida, elle accroît certainement le risque de contracter et de répandre la maladie.

Dans notre culture, le fait de s'exprimer sur le plan sexuel a souvent tendance à représenter la négation d'une possibilité énergétique supérieure. C'est visiblement le cas lorsqu'on exploite la sexualité à des fins de stimulation ou de sensations (façon d'élaborer une identité rudimentaire), tout en refusant une véritable intimité. C'est cette faiblesse, justement, cette inaptitude à l'intimité profonde et spontanée qui nous rend inconsciemment prisonniers d'une façon de vivre à un certain niveau d'énergie et qui, je crois, cause notre vulnérabilité aux maladies vénériennes. Peut-être le Sida augmente-t-il encore un peu plus le défi qui nous est posé d'adopter des comportements propres à intégrer l'énergie qui s'éveille en nous.

On dit que si nous remontions à cinquante générations, nous découvririons que chaque être humain a des relations consanguines avec autrui, sans exception. Le lien physique qui, tous, nous unit est l'acte sexuel créateur. C'est une réciprocité de la force vitale qui transcende l'individualité et embrasse les générations passées et futures, si la sexualité est naturellement reliée aux cycles humains de la procréation, à l'intimité, à la famille, à la cohérence et à la continuité sociale, plus particulièrement lorsque l'on considère ce cycle comme sacré et chargé du parfum de l'amour. Pour exister, le sexe ne dépend pas toujours du désir de procréation. L'intimité sexuelle qui célèbre la vitalité et l'amitié est réellement l'un des plus grands dons de la vie. Lorsque nous parvenons à reconnaître la sexualité comme un tel don, elle reforme un cycle énergétique à l'intérieur de l'être tout entier, créant un lien d'intégrité avec le monde à l'entour. Cette communion nous élève et nous unit davantage à la vie; nous ne sommes plus ni contractés, ni isolés.

Si nous pouvons sentir l'importance qu'a notre vitalité individuelle pour le potentiel de bien-être de l'humanité tout entière, avons-nous le droit de dissiper nos énergies ? La pureté de notre vibration énergétique individuelle, qui condense la conscience collective, est la base de l'intelligence et de notre aptitude à la créativité, à l'amour et à la pleine relation avec la vie. Quand un grand seuil énergétique de la vie, tel la sexualité, n'a pas été pleinement franchi, quand l'activité sexuelle reste au niveau de la stimulation des sens sans atteindre l'intimité et la communion totales, nous nous rabaissons et gâchons une opportunité de parvenir à un potentiel énergétique plus élevé. Les maladies vénériennes témoignent du peu de compréhension que nous pouvons avoir de ce qu'est réellement l'être humain, et témoignent aussi de l'erreur d'orientation dont nous faisons preuve en abordant cette aventure.

Du point de vue des énergies de la force vitale et de la conscience, l'on peut considérer les maladies vénériennes comme un rejet inconscient ou flagrant de l'inter-connexion avec la totalité de la vie. Ce genre de comportement reflète notre incapacité à affronter le dilemme de la liberté personnelle et les énigmes inhérentes à la vie, qui exigent que nous apprenions consciemment (pas dogmatiquement) à limiter notre liberté pour pouvoir connaître une liberté plus grande. La maîtrise de soi n'a rien d'une répression, mais parce qu'il est souvent difficile de faire la différence, chaque geste vers une maîtrise réelle s'accompagne d'ambiguïtés et de conflits. C'est en fait, notre volonté de nous y confronter et de les accepter qui constitue le processus même de la maîtrise de soi. Il faut soigneusement remettre en question l'illusion qui nous porte à croire que la sexualité est «sans danger» et qu'elle est un droit naturel. Nous ne considérons pas comme un droit naturel de confier une arme à quelqu'un pour blesser autrui. Celui qui n'est pas conscient de la puissance que peut receler tout ce qui relève des énergies de la force vitale, et notamment des énergies sexuelles, a en main une arme dont il se sert, contre lui-même tout autant que contre la société.

La libération sexuelle inconsciente a toujours représenté une perte de discrimination entre les forces centripètes de la conscience (notre nature élémentale instinctive et physique) et ses forces centrifuges (notre nature rationnelle, consciente et Divine). Dans le passé, les conséquences naturelles de la génitalité étaient obligatoirement liées à la survie, au pouvoir et à la prospérité personnelles, à l'estime et à l'importance sociale, tout autant qu'elles créaient l'infrastructure de la société elle-même. Avec la transformation rapide de la structure sociale, le cycle de réciprocité de l'énergie est aujourd'hui radicalement altéré. Cette énergie libérée mais non canalisée devient morbide.

Si, néanmoins, nous cherchons à réguler l'énergie sexuelle avec des injonctions morales, nous courons à l'échec. L'histoire montre, en fait, que toute tentative d'imposer des valeurs morales à une société revient inévitablement à créer une répression et provoque l'attitude inverse. La raison d'un tel effet est qu'un comportement qui ne trouve pas ses racines dans une compréhension spirituelle de façon évidente (appréciation directe des différents niveaux de la force vitale et des autres forces énergétiques) ne peut avoir de signification universelle. Ce comportement devient alors dogmatique ou, pire, provoque une violence qui n'a rien de naturel et supprime la vitalité. Ce qui serait nécessaire, c'est que chacun puisse avoir vécu directement l'éveil de la conscience supérieure et se soit engagé sur le chemin de la maîtrise de soi, en s'appuyant sur un émerveillement croissant devant notre nature d'être humain. Notre attitude doit reposer sur l'expérience vécue directe, pour qu'un sentiment d'inspiration personnelle soutienne notre effort en vue d'accroître notre vitalité. Jamais une éducation principalement axée sur l'homme extérieur ne saura répondre de façon adéquate à ce besoin. Voilà pourquoi nous continuons à nous servir de notre intelligence pour lutter contre les maladies, quand nombre d'entre elles pourraient tout simplement disparaître dans une communauté plus éclairée.

Agrandir le Cercle

Il traça un cercle, dont j'étais exclu —
Hérétique, rebelle, bon à rejeter.
Mais nous savions, l'amour et moi, comment gagner :
Nous traçâmes un cercle autour du premier.

Edwin Markham
Outwitted

On n'a pas encore écrit le mot de la fin sur ce qui est «normal». Il est même impossible de saisir la complexité toujours croissante des relations humaines. On voit de plus en plus ouvertement l'homosexualité et la sexualité en général. On peut, en vertu de ce que nous venons de dire, considérer ce phénomène comme un éveil de l'humanité tout entière, important et créatif. Quel dommage de voir dans le défi du Sida un apparent déséquilibre dû à l'homosexualité, et ainsi passer à côté du tableau plus vaste qui nous montre que la texture des possibilités d'expression de l'être humain se fait de plus en plus complexe et manifeste. Si, cependant, nous prenons en compte ce tableau plus vaste et l'inspiration, l'espoir qu'il nous apporte, nous devons également prendre nos responsabilités au même titre, et considérer de même nos propres conflits, ambiguïtés et complaisances (qui peuvent être dangereuses).

Sans émettre de jugement, nous devons chercher à comprendre pourquoi le corps se comporte de certaines façons dans certaines circonstances. Tout comme nous étudions l'aptitude de l'homme à s'adapter à une altitude élevée pour en savoir davantage sur la privation d'oxygène, nous devons, de la même manière, nous demander quel effet produit une identification de soi à une sous-culture puissante.

La communauté homosexuelle a été le premier vecteur qu'a emprunté l'épidémie du Sida aux Etats-Unis, mais elle n'est pas source de la maladie. Il me semble que l'expression particulière des énergies sexuelles au sein de la communauté homosexuelle mâle a déclenché une vulnérabilité inhabituellement élevée au Sida, alors qu'elle l'est moins parmi la population générale. Mais je ne pense pas que toute la source de cette faiblesse en provienne. Il ne convient pas de séparer l'«homosexualité» de la conscience collective plus vaste dont elle provient. Je ne doute pas que l'existence même de la communauté homosexuelle, dans son étendue actuelle, soit un reflet direct de la vaste fragmentation sexuelle de la société, et de l'incapacité à intégrer une large diversité de sensibilités et de tempéraments.

Une société telle que la nôtre, orientée vers la rationalité et le matérialisme, implique que l'aspect sacré de la vie ne représente plus le centre de toute compréhension. Il suffit de suivre l'évolution de certains mots pour en avoir la preuve écrite. Le sens originel de *richesse* par exemple (en anglais wealth) est *bien-être* (en anglais : well-being). Tous deux ont une racine commune avec le mot *entier* (en anglais : whole) qui, lui aussi, vient du mot *santé* (health). Avec l'orientation matérialiste propre à notre situation historique, le sens de *richesse* s'est transformé, pour désigner à présent l'argent qu'il faut avoir pour se procurer le bien-être. Notre rationalité et notre matérialisme ont, de même, contribué à changer notre appréciation des termes *masculin* et *féminin*. Curieusement, alors que dans le passé, les rôles de l'homme et de la femme étaient hautement différenciés, l'essence du *masculin* et du *féminin* ne l'était pas. C'est aujourd'hui le contraire qui se vérifie : les rôles s'effacent et l'essence intérieure se polarise de plus en plus. En résulte une tendance à exclure et même à stigmatiser nombre de personnes, pour qui l'essence masculin/féminin s'organise de façon différente. Le schéma de l'homosexualité, tel qu'il est nôtre aujourd'hui, a été créé par «nous» autant que par l'individu homosexuel. Il n'existe qu'une seule conscience, et nous sommes tous en inter-connexion dans le tout que nous formons. Lorsque l'équilibre énergétique se met à se déplacer à l'intérieur d'une dynamique plus vaste, les sous-groupes, qui déjà ont tendance à pencher d'un seul côté sur le plan énergétique, accentuent leur mouvement.

Le Sida s'est développé comme un cancer, sur le terrain fertile de l'expression sexuelle tout à fait naturelle d'une communauté qui nous confronte à notre peur et à notre refus de sensibilités différentes, et plus particulièremnet à notre refus d'intimité et de relations profondes. Si on le considère ainsi, le Sida fait partie de l'impulsion de transformation qui nous pousse à embrasser la totalité de la nature humaine en toute responsabilité, pour pouvoir relever le défi que pose l'élévation de notre énergie collective. Ici aussi, il apparaît que l'homme a le choix d'exclure ou de fuir, au lieu de tenter d'intégrer les tempéraments et les sensibilités autres pour pouvoir faire naître une humanité beaucoup plus riche et plus profondément équilibrée. Chaque fois que l'exclusion et la sous-spécialisation dominent et se font exagérées, le déséquilibre a tôt ou tard des conséquences sur notre physiologie.

De l'enfantement à la renaissance

Le message est clair : l'énergie libérée par inadvertance dans notre tentative d'atténuer les «maladies» du cycle sexuel ne doit pas être gaspillée. J'utilise le mot *maladie* pour insister sur la façon dont nous triturons aveuglément les portes naturelles de transformation vitale, telles la sexualité, la grossesse, l'enfantement et même la maladie. Nous sommes obsédés par le pouvoir de manipuler la vie en vue de créer notre idéal de santé, ou de confort et d'intégrité physiques et personnels. Nous voyons rarement comment l'intégrité spirituelle de chaque individu, et donc de la totalité de la société, peut dépendre de la façon dont sont abordées ces portes universelles, de la façon dont elles sont symbolisées dans la conscience et ritualisées dans la vie.

Considérons, par exemple, l'enfantement. Tout comme le sexe est une initiation en soi, l'enfantement est l'étape suivante de l'initiation. Il est un moment de transformation, particulièrement pour les femmes, mais aussi pour les hommes. L'enfantement est un rite de vie universel, une expérience qui peut conduire à une brève transcendance des limites, une intensification de la vitalité rayonnante pour la mère. Les femmes m'ont dit et redit que lors de l'accouchement, elles ont vécu des états de conscience élargis, comme ceux que nous pouvons atteindre lors des séminaires, sans cependant les reconnaître. J'ai aussi entendu des sages-femmes décrire le sentiment de présence qui se produit à la naissance. C'est l'une des raisons pour lesquelles elles aiment leur travail. Une autre femme m'a dit comment, pendant le travail, elle a spontanément commencé à émettre des sons d'un autre monde. Elle n'avait pas mal et célébrait un état de vitalité radicale. Récemment, l'un de mes amis proches m'a avoué quelle merveilleuse méditation ce fut pour lui d'assister sa femme durant le travail. Il m'a dit que les principaux exercices énergétiques qui sont au coeur de son travail ressemblaient beaucoup à la synergie dont il fit l'expérience avec sa femme.

Dans cet état d'union plus profonde, le déroulement de la naissance est également un processus d'unification avec une conscience plus vaste. Il existe, dans cette conscience qui s'élève, un espace où séparation et unicité ne diffèrent pas : une femme est tout à la fois unie à l'enfant qu'elle met au monde en même temps qu'elle s'en sépare. Peut-être y aura-t-il moins de difficultés plus tard pour laisser partir ses enfants si l'on aborde consciemment ce processus car, lors de la naissance, le sentiment d'union qu'éprouve chaque mère la relie profondément à sa progéniture (et bien au-delà).

Si l'on ne peut nier le potentiel de transformation que représentent, pour la mère, le travail et l'accouchement, il faut aussi savoir que le rayonnement de sa présence et son niveau de conscience peuvent agir comme un contexte subtil sur l'enfant, qui va déjà l'intégrer profondément. L'inévitable traumatisme de la mise au monde peut s'en trouver atténué. La naissance est un archétype du processus de transformation radicale. Pour tout nourrisson, il se produit un changement profond de l'environnement, après une période difficile de stress psychologique sévère que l'on ne peut expliquer. Comme lors de l'instant de transformation fondamentale, on est simplement submergé et il est impossible de savoir ce qui guide l'expérience, si tant est que quelque chose la guide.

Dans le processus de mon propre éveil, une seconde clef de transition m'apparut, un an environ après l'ouverture initiale. Je savais qu'il me fallait les dépasser, mais je conservais mes anciens schémas de contrôle. Je voyageai donc seul autour du monde, cherchant à me perdre pour me retrouver tout neuf dans les contextes étrangers. Lors d'une visite dans un ashram en Inde, je pris part à une méditation intensive et atteignis un état qui me donna l'impression que j'allais être totalement annihilé. Je compris que si je décidais d'arrêter, il me faudrait reconnaître que les circonstances qui m'avaient conduit à cet instant particulier étaient nées d'une erreur, et je savais que ce n'étaient pas le cas. J'avais, dès le début, agi sur l'impulsion la plus profonde que je puisse assumer. Je ne pouvais, par conséquent, que m'abandonner, même si mon sang me semblait être de glace ardente, et malgré ma certitude que la mort allait s'ensuivre, ou bien la folie. Je restai un instant sur ce fil, puis soudain pris conscience que j'étais en train de revivre ma propre naissance. Ce n'était pas un souvenir de ma propre naissance (3). C'était pré-verbal, un état où n'existent ni mots ni concepts auxquels s'identifier, pour comprendre ce qui se passe et où ça se passe.

Je savais néanmoins que ce passage et cette lutte existentielle particuliers étaient liés à la naissance : c'était l'archétype du processus d'un changement radical en ce qu'il ressemblait à une annihilation. Le sentiment d'annihilation laissa place à une paix exquise, et j'éprouvai la sensation de me soulever du sein de ma mère et d'y retomber.

Ce n'était pas ma mère biologique cependant; dans cet état, je vivais l'Existence comme une Mère. Lors de ma pre-

---

(3) Certaines personnes peuvent décrire leur descente le long du conduit natal, leur arrivée au lieu de délivrance, les mains qui les saisissent, autant de souvenirs qui supposent une expérience et une compréhension qu'un nourrisson n'a pas. La pénétration de cet état me semble donc alors provenir d'un niveau plus superficiel. Ces descriptions ne sont pas réellement une récapitulation de la naissance. Bien que demeurant dans la conscience sujet-objet, elles correspondraient plutôt à la verbalisation d'une mémoire subtile. En son essence, ce souvenir peut être authentique, mais les personnes qui le décrivent n'ont pas retrouvé la conscience originelle de l'instant de la naissance. Si de telles expériences peuvent libérer une certaine quantité d'énergie, elles n'approchent pas la profondeur mystique du revécu réel de la naissance, et ne représentent donc qu'une rédemption partielle de l'archétype du traumatisme provoqué par la naissance.

mière expérience d'éveil, la même chose s'était produite, mais qui venait de l'extérieur. Je sentais Dieu le Père et me sentais alors devenir Un (comme dans la phrase : «Moi et mon père ne sommes qu'Un»). Lors de cette seconde expérience, ce fut comme si «j'» étais sorti de moi-même, l'envers étant devenu l'endroit, pour me retrouver dans l'Existence, la Mère. Il m'est, de nouveau, impossible de trouver les mots qui pourraient exprimer cet état. Imaginez une brindille, une ombre, quelque chose qui entre dans votre conscience. Sachez que dans l'acte même de les percevoir, vous êtes. Vous êtes en sûreté dans la Mère-Conscience, tout comme vous l'étiez lorsque, nourrisson, vous reposiez dans les bras pleins d'amour de votre mère. Dans cet état, nous nous trouvons totalement confirmés, nourris, maternés par le phénomène de la Conscience, qui exprime alors la gamme infinie de ses formes.

Grâce à cette expérience, je sais combien il importe que chaque femme puisse, chaque fois que possible, atteindre la conscience transcendante lors du travail et de la délivrance, afin que le choc de la naissance soit minime pour l'enfant. Les conséquences me paraissent importantes sur l'aptitude de l'enfant à l'individuation dans d'autres passages difficiles de la transformation.

La médecine moderne soutient, évidemment, que le travail naturel est trop dangereux pour pouvoir être cette initiation voulue par la nature. La mère peut mourir, ou se trouver sérieusement affaiblie; l'enfant peut souffrir d'asphyxie et décéder, ou bien son cerveau peut se trouver atteint. La liste des dangers potentiels augmente au fur et à mesure que croît notre capacité à définir la fragilité humaine. Mais les forces issues de l'affrontement des risques, du travail sur la douleur — par une préparation physique, psychologique et spirituelle soutenue, par la participation de la famille et du groupe social immédiat — apportent un bénéfice immense. Si nous allons vers la naissance en la considérant comme un instant de transformation, une force de vie plus puissante naît forcément en nous. Je ne doute pas que les complications soient moindres lorsque l'enfantement est ainsi envisagé. L'anthropologue Colin Turnbull raconte que jamais, lors de son séjour de plusieurs années dans la tribu africaine Mbuti, il n'entendit parler d'une seule mort de mère ou d'enfant, ni même de complications à la naissance. Ainsi que nous l'avons déjà mentionné, les Mbuti sont une petite société tribale qui ritualise totalement chacun des aspects de la sexualité et des fonctions procréatrices de l'adulte, et les intègre à la vie comme à un tout (4). Dans les sociétés où cette intégration ne s'effectue plus, ou a été inconsciemment interrompue par les techniques modernes de travail et de délivrance, nous pouvons nous attendre à la fois à un accroissement général des problèmes liés à la grossesse et au travail (qui, en outre, justifie encore plus l'intervention médicale) et à une évolution plus perturbée et peut-être névrotique pour la mère et l'enfant sur les années qui suivent.

Il est impossible désormais, dans notre société, de ne compter que sur le travail naturel. La science médicale nous a conduits au-delà de la sélection naturelle, et beaucoup de gens dits «population à hauts risques» ne peuvent avoir d'enfant que sous assistance médicale. Nous pouvons cependant aborder toutes les portes de transformation avec davantage de conscience. Il nous est loisible d'utiliser les possibilités médicales lorsqu'il s'avère nécessaire d'assurer un soutien à la vie, mais en apportant un maximum de participation consciente à tout ce qui entre en jeu et donc en accompagnant, autant qu'il est possible, le potentiel de transformation inhérent à ces moments.

Le retour à l'enfantement naturel est un retour intuitif à l'initiation spirituelle naturelle. Hélas, lorsque les femmes choisissent un accouchement naturel par idéalisme, par peur

---

(4) Turnbull Colin, op.cit.

ou par rejet de la médecine traditionnelle, au lieu d'agir selon une célébration spontanée de la vie, elles fractionnent une fois encore le processus; elles n'ont que partiellement entamé l'aventure de la totalité, et peut-être limitent-elles déjà le potentiel mystique inhérent à l'enfantement.

Le grand cercle de la vie

L'homme, en donnant la primauté au mode de vie plutôt qu'au mystère de la vie, a inconsciemment opté pour la supériorité du corps sur l'âme, de la raison sur l'Esprit. Résultat : nous n'allégeons une forme de souffrance que pour la réintégrer d'une autre façon. On s'étonne qu'en renonçant au potentiel mystique lié à l'enfantement, on puisse contribuer à l'accroissement de la faillite spirituelle. Le «fléau» que représente la mortalité infantile et maternel à la naissance a bel et bien été vaincu, mais nous devons à présent faire face au fléau de la surpopulation. A la surpopulation, nous avons opposé la solution de la contraception et de l'avortement, mais ceux-ci ont rendu les rapports sexuels faciles et nous ont incité à être très complaisants sur ce point. Apparaît alors le fléau des maladies sexuellement transmissibles et, plus particulièrement de l'herpès et du Sida. Toutes ces interventions médicales proviennent de cette conscience commune qui se sert de la raison pour vaincre les incertitudes, les inconvénients et les inconforts créés par la vie. Et voici qu'apparaît le fléau de la D.M.A. (Destruction Mutuelle Assurée), face auquel toutes nos institutions politiques et sociales, de même que la religion traditionnelle, restent sans recours.

Au moment de l'orgasme, la sexualité nous apporte un éclair d'Unicité, un instant où les limites se dissolvent et où la conscience s'étend. C'est pourquoi nous en sommes si dépendants. Le degré de plaisir devrait nous donner un certain aperçu du degré de maturité qu'exige la sexualité.

Qu'un instant d'activité sexuelle puisse avoir des répercussions des années et des années durant sur la vie d'une personne, donne une idée de l'incroyable énergie que recèle l'espace sexuel. La profondeur, l'intensité et l'impact à long terme d'un instant, quel qu'il soit, sont directement proportionnels au niveau où le temps et l'espace ont pu se trouver à jamais altérés lors de cet instant. La Réalisation est un instant de cette sorte, et son impact affecte à jamais chacun des aspects d'une vie (et tout autant le reste du monde). Mais, de même que la sexualité, la Réalisation ne se contente pas de procurer un bonheur et un pouvoir plus important. Tous deux apportent une compréhension profonde de la puissance et de l'impuissance, et une grande aptitude à saisir la douleur de la vie autant que sa beauté. Tous deux nous apportent quelque chose d'entièrement nouveau, puis exigent une maturité et une responsabilité énormes vis-à-vis de cette nouveauté. Alors que la Réalisation unit le sujet à l'objet pour que nous puissions expérimenter la Conscience comme un Tout, la sexualité unit le masculin et le féminin pour créer une nouvelle vie. Pas question de nous servir du nectar Divin à notre guise; nous devons abandonner quelque chose de nous-mêmes.

Jusqu'aux temps modernes, l'abandon qu'exigeait la sexualité était celui de notre état d'enfant, pour que nous devenions responsables socialement. La grossesse en elle-même représente à la fois un espoir et un risque. Elle exige une certaine préparation et une consécration personnelle. Elle crée une synergie d'énergie entre l'homme et la femme et approfondit la relation qui les unit. Enfanter peut vouloir dire perdre la vie ou perdre le nourrisson auquel on est déjà profondément attaché. Pour celui qui survit, la perte et la douleur sont grandes et rappellent constamment que, dans la vie, le meilleur et le pire sont intimement liés. Si tout va bien, comme c'est généralement le cas, on s'émerveille et on se réjouit devant la nouvelle vie. Mais elle instaure une responsabilité supplémentaire : celle du soutien d'une famille.

Cette responsabilité, néanmoins, est aussi un privilège, que la magie de la naissance nous aide à aborder avec moins d'égoïsme que jamais.

La possibilité de mettre une vie au monde doit donc toujours dépendre de la capacité de prendre correctement soin de cette vie, et de l'aptitude de la société à s'agrandir pour accueillir une personne supplémentaire. Le contrôle et la maîtrise de soi sont ici nécessaires, non seulement pour ce qui est du comportement sexuel, mais également pour tous nos comportements créateurs. Ce défi à relever sciemment est l'un des plus grands cadeaux de la vie, parce qu'il existe une conscience sociale qui nous préparera à la grande aventure du développement de la conscience spirituelle. Le retour à la société de cette forme de conscience a la plus grande importance pour la santé, quelle que soit la société. Comment pouvons-nous imaginer que la pillule ou l'avortement puissent y changer quelque chose !

La surpopulation est une résultante de nombreuses forces, dont l'une, et non des moindres, est *tout* ce que nous avons pu faire pour éviter la souffrance, pour placer la vie au-dessus de la mort, sans jamais considérer vraiment l'équilibre profond de la vie. La surpopulation est surtout le fait d'une humanité dont la conscience n'est pas suffisamment spirituelle pour vaincre les conséquences fondamentales de l'égoïsme et de l'intérêt personnel, et se mettre à agir en fonction du sentiment d'un tout.

C'est la relation même à la mort, dans toutes les phases de la vie, que nous avons tenté d'occulter avec notre savoir-faire rationnel. C'est pourtant là que repose le moyen naturel de la vie d'inviter l'homme à la conscience spirituelle et au sens religieux.

L'une des raisons pour lesquelles le Depoprovera, hormone contraceptive injectable dont les effets se prolongent à long terme, a reçu l'autorisation d'emploi aux Etats-Unis est que les effets indésirables, testés dans les pays du tiers-monde où on l'a utilisée intensivement, sont minimes. Je veux bien parier qu'en Occident, nous aurons des résultats très différents. Chez nous, où la surpopulation n'est pas un risque, et où la conception n'est un réel problème que pour les plus pauvres — mais où le motif principal de l'emploi de contraceptifs se trouve dans notre recherche d'activité sexuelle sans conséquences et sans conscience —, je crois que beaucoup de complications vont se faire jour : cancer, déséquilibres hormonaux, problèmes psychologiques, infections génitales.

Ces effets secondaires ne sont pas obligatoirement directement liés à la Depropovera. C'est la myopie de la médecine de ne vouloir saisir que les relations directes de cause à effet. Mais il est, en vérité, impossible de mesurer directement les effets secondaires de l'interaction de la conscience. En général, la tendance récente de la médecine la porte à intervenir de moins en moins. Nous prenons conscience que nombre de nos suppositions quant à la valeur et au bénéfice relèvent de la fiction. Je voudrais aller plus loin : même lorsque quelque chose s'est avéré efficace, je propose que nous en pesions les conséquences sur toute l'humanité et ce qui la concerne. En élargissant ainsi notre point de vue, il se pourrait que nous cessions de faire appel à des méthodes dites sûres et efficaces, à cause de leurs conséquences sur d'autres domaines.

Nous sommes incroyablement aveugles dans notre mise en oeuvre de la science biologique. L'être humain est un système énergétique, une conscience en équilibre dynamique avec la conscience sociale et celle de l'environnement. L'utilisation d'un traitement dans un certain contexte peut donner un résultat qui sera différent dans un autre contexte. Vrai, on peut, sur le plan biochimique, prévoir plus ou moins l'action d'un médicament comme la Depoprovera sur l'homme, mais l'effet global sur chacun ne peut en être aussi rigoureusement évalué. Le meilleur contraceptif, comme la meilleure façon de soigner, reste la Conscience. En développant notre Conscience, nous affirmons notre refus de réponses ou de solutions faciles. Alors que je pratiquais encore la médecine, je commençai à saisir l'énorme confusion faite autour du contrôle des naissances. Longtemps avant que l'on ait prouvé que le stérilet était dangereux, je refusais de l'utiliser à cause de la douleur qu'il provoquait lors de l'implant. Lorsqu'on en arriva, en fait, à implanter n'importe quelle forme de stérilet, j'étais connu pour être le médecin qui les enlevait. Je découvris que d'une activité sexuelle sans conscience résultait une épidémie d'infections génitales. Je discutai avec mes patients, et il s'avéra que ces hommes et ces femmes, par ailleurs intelligents, se servaient de l'activité sexuelle comme d'un critère déterminant une acceptation réciproque, et non comme l'expression du besoin d'un véritable engagement conscient. Je me mis alors à leur suggérer qu'un diaphragme ou un préservatif étaient des formes beaucoup plus saines de contraception, précisément parce qu'elles présentent un peu plus de risques. L'utilisation d'un diaphragme ou d'un préservatif implique une certaine prise de conscience dans l'acte sexuel. Elle signifie qu'avant un éventuel échange sexuel, on sait qu'il va falloir s'arrêter pour faire ce constat personnel : «je fais attention à toi et à moi». Je me vis passer de plus en plus de temps à conseiller la conscience et, de bouche à oreille, ma clientèle en vint à être essentiellement féminine, même si des personnes des deux sexes faisaient la démarche de sonder la conscience avec moi.

Pour élever notre conscience, impossible de prendre un chemin facile. Il n'est pas nécessaire de quitter notre route pour en trouver de plus difficiles, mais nous devons faire des choix conscients et être totalement prêts à en accepter toutes les conséquences. En ce qui concerne le contrôle des naissances, ceci peut impliquer d'établir un calendrier précis, ou d'accepter l'abstinence si l'on ne peut envisager une grossesse. Je sais bien à quel point cela fait vieux jeu, mais je ne parle pas ici de valeurs morales; je dis simplement la façon dont nous devrions aborder la vie pour atteindre la vitalité et l'énergie les plus pleines. Il n'est pas question d'auto-mortification en vue d'expier un péché. Il ne s'agit pas de faire de l'auto-punition, mais seulement d'être d'accord pour vivre la vie selon ses lois naturelles et se consacrer à ce processus. L'abstinence rend honneur au sens premier du sacré dans la création et n'a rien d'une privation. Elle est plutôt une célébration consciente de notre potentiel réel et ultime; elle signifie que nous assumons la responsabilité consciente d'un processus biologique de base chaque jour de notre vie, jusqu'à ce que la Nature Elle-même nous délivre de cette préoccupation. Nous nous flattons de penser que notre carrière terrestre et spirituelle a plus d'importance que notre sexualité. Selon ce point de vue, la sexualité est notre récompense, un moyen de tester si nous sommes désirables, quelque chose dont nous pouvons retirer amusement et délassement, un besoin d'échapper aux rigueurs de notre travail, une vie d'intensité. C'est une orientation trop facile, elle doit être reconsidérée. Pour la plupart des gens, une telle approche de la vie se résume à la médiocrité et à un potentiel énergétique moins élevé. Il est possible que, superficiellement, nous paraissions brillants, mais la profondeur de notre conscience sera, au mieux, modeste. En outre, la légitimation de notre médiocrité égoïste représente finalement une souffrance accrue pour la génération suivante.

Toute façon de vivre qui vise à rendre la vie acceptable ou confortable, si bien qu'elle empêchera toujours l'instant de la transformation de se construire, est la plus grande forme de répression qui soit. Une croissance sans effort n'est envisageable que lorsque les énergies de la conscience ont été profondément maîtrisées, ce qui signifie que nous aurons vécu pleinement notre vie en nous disciplinant et en nous engageant. Ceux, donc, qui favorisent la restriction du contrôle des naissances et de l'avortement, et par conséquent accroissent les conséquences de l'activité sexuelle, font un pas. Nous aurons davantage d'énergie pour pouvoir passer à un niveau supérieur de conscience si nous apprenons à maîtriser consciemment les forces sexuelles.

C'est la raison pour laquelle nous trouvons, au premier plan, cet enseignement dans la plupart des doctrines religieuses. Mais ces voix qui s'élèvent si fort, souvent ne se soucient pas vraiment de globalité sociale; elles cherchent plutôt à faire gagner du terrain à leur système de croyances et de valeurs en faisant preuve, la plupart du temps, d'inflexibilité et de nombreux préjugés. Les croyances religieuses, lorsqu'elles sont appliquées sans expérience directe des principes énergétiques qui, profondément, sous-tendent leur édification, répriment le potentiel de transformation. Immanquablement, elles mènent alors à la violence, envers sa propre existence et envers celle d'autrui.

La plupart des individus sont beaucoup plus sains que nous ne le pensons dans notre société. Le fait que nombre de gens ont des problèmes parce qu'ils ne s'assument pas sur le plan sexuel — et paraissent, par conséquent, se réprimer à ce niveau ou ne pas bien fonctionner — reflète souvent leur connaissance intuitive de l'aspect sacré de la sexualité. De même, la défiance générale vis-à-vis des lois comportementales imposées par les religions est un signe de sagesse. Dans tout environnement où l'élévation de conscience devient la signification première de la vie, la sexualité revêt automatiquement son caractère sacré. Dans un tel contexte, la majorité des individus considèrerait la sexualité non seulement comme un accomplissement, mais également comme un passage permettant l'accès à un niveau de conscience supérieur. Il se trouverait également que spontanément, on les verrait adhérer volontairement à nombre de lignes de conduite préconisées par les religions traditionnelles, car ils auraient atteint le stade de conscience approprié pour ce faire, sans que leur vitalité puisse s'en trouver réprimée. Bien au contraire, faire l'expérience de la vérité que recèlent ces valeurs pour sa vie propre est source de grande joie. C'est comme si un ami, perdu depuis longtemps, revenait à la maison. Dans un monde où une telle pénétration serait vivante, la surpopulation cesserait d'être un problème, car le contrôle des naissances aurait été appliqué de la seule façon naturelle qui soit, par la libération et la transformation de l'impulsion sexuelle en une nature humaine plus vaste. En ceci nous pourrions, je crois, trouver la mesure et l'équilibre les plus bénéfiques à toute nos énergies créatrices.

CHAPITRE SEIZE

L'enfant et les énergies supérieures

S'il n'arrive que des choses impossibles
(et qui soient plus justes que ce que peuvent
prévoir les livres)
le professeur le plus stupide va presque deviner
(et nous l'approuverons)
que rien ne ressemble à rien.
Mais je t'aime et tu m'aimes
(et les livres sont plus muets que jamais)
Et loin, là-haut, ne pouvant que choir,
(nous y allons tous en hurlant)
se trouve ce qui nous appelle.

E.E. Cummings

Si l'on se réfère au développement de la transformation de conscience, l'enfant a pour devoir de s'individuer en un adulte autonome, dont la force contribuera à celle de la société. Il faut, pour ce faire, pouvoir maîtriser progressivement diverses fonctions de la conscience. En premier lieu, il convient de développer le sens du soi par le contrôle du corps, au travers d'activités physiques dont la complexité croît petit à petit. Recouvrant la maîtrise corporelle, et se prolongeant bien au-delà de la phase au cours de laquelle la conscience du corps sera développée de façon adéquate, la prise de conscience des responsabilités sexuelles et du rôle à tenir va intervenir, dans un champ de relations de plus en plus vaste. La maturation du contrôle émotionnel et, simultanément, des fonctions intellectuelles, va entrer en jeu. Lorsque ces fonctions sont opératives la vitalité peut s'exprimer davantage, et ces possibilités s'étendent encore lorsqu'intervient le développement de l'aptitude à établir et parfaire les limites que l'enfant s'impose. Il acquiert alors le sens du pouvoir personnel. Le pouvoir personnel requiert à son tour l'affûtage de la volonté et de l'intentionnalité. Toutes ces aptitudes entrent, en fin de compte, en synergie, et l'enfant, du stade de l'indifférenciation et de la dépendance, passe à celui de l'unicité et de l'auto-détermination, affirmant ses possibilités d'apprendre, en principe illimitées. Cet adulte est inventif, et peut donc créer les circonstances propices à un apprentissage qui ira au-delà de tout ce qu'on aurait pu imaginer auparavant, et grâce auquel pourront se développer des aptitudes encore inexploitées, dont profitera toute l'humanité.

Quand la conscience humaine évolue chez l'enfant à partir d'un potentiel relativement indifférencié, elle s'appuie sur une implication dans des rapports de plus en plus complexes à la vie et à l'effort. Les jeux et le sport, par exemple, sont d'excellents contextes pour apprendre à maîtriser son corps et à développer une pratique sociale de base. Pour le jeune âge, l'exercice de la coordination physique se fonde plutôt sur une simple activité en famille ou à l'école. Le contexte s'élargit par la suite, pour aborder les niveaux plus complexes de maîtrise physique et sociale. Il peut même devenir global. Nous en avons un exemple dans la médaille d'or des jeux olympiques 1984 de danse sur glace : nous avons assisté là à un niveau de maîtrise physique s'appliquant littéralement à toutes les possibilités humaines. Cette maîtrise s'est construite sur les générations antérieures de patineurs, de danseurs, de gymnastes et autres athlètes, et était alliée à une conscience musicale et esthétique très développée.

Résultat : forgée par l'énergie de la compétition globale, l'expression atteignit au transcendant. Je prendrai pour autre exemple (beaucoup moins spectaculaire) mes études médicales, principalement parce qu'elles sont un contexte où j'ai hautement développé une discipline mentale et émotionnelle. Sans cette discipline, il m'aurait été impossible de réaliser le développement ultérieur qui conduisit mes investigations sur la créativité fondamentale à la limite du nouveau et de l'inconnu.

Je trouve tout à fait étrange que tant de gens considèrent intérêt et carrière comme une fin en soi, plutôt que comme un tremplin pour le développement, l'équilibrage ou l'expression des facultés de leur conscience. C'est une attitude qui, dans notre culture, témoigne de l'absence d'un point de vue global sur le développement de la conscience, jointe à l'absence d'un sens réel de ce que signifie être adulte. Ce que nous nommons «conscience spirituelle» sous-tend tout le processus de l'individuation; ce continuum en profondeur nourrit les racines du sentiment d'appartenance, d'échange, d'honnêteté, d'intégrité, d'humilité, et de la capacité d'aimer, de sacrifier, de considérer sa relation avec la vie et de rendre vivante. Souvent nous sommes portés à croire que tous ces attributs appartiennent à la dernière phase de la vie, mais chez l'enfant, ce sentiment de relation, de connexion, est immédiat et très vif.

Quand j'avais dix-onze ans, je raccompagnai chez lui depuis l'école un camarade qu'un zona mettait à l'agonie. Tout le long du chemin, il restait plié, tremblant et gémissant. Je pleurais avec lui et l'aidais. Tout mon être souffrait avec lui, et de toute mon âme je voulais l'aider. Il est un fait que ce que nous nommons spiritualité — sur le plan du comportement comme en termes de perception des dimensions subtiles —, existe depuis le plus jeune âge. Il faut le reconnaître et permettre que ceci se perpétue tout au long du développement de l'enfant, si l'on veut éviter que la réalisation de l'adulte ne se cristallise et ne pose un point final au flux de la vitalité et de la découverte.

Chaque étape du développement repose sur l'aptitude à se reconnaître comme distinct — bien qu'y participant — de l'implication croissante dans le monde. Sans ce sens de la séparation, il ne peut exister de «je» personnel et donc de structure sur laquelle construire le langage et les autres formes de la relation. La participation, au vaste sens du terme, s'opère hélas fréquemment lors du développement de la conscience sujet-objet, où langage et conscience égoïque prennent leur source. En Occident, on oublie souvent l'importance de la focalisation spirituelle dans le développement de l'enfant. Quand chaque nourrisson doit renoncer à la conscience indifférenciée pour élaborer le «je» de son identité personnelle, et quand, de même, chaque enfant doit laisser mourir son identité d'enfant lors du passage transformationnel à l'âge adulte, la suppression — voire la négation — de la conscience spirituelle n'est en rien une nécessité.

Une conscience sociale sensible et appropriée se fonde sur la disponibilité de notre conscience spirituelle à chacune des étapes de notre développement. S'il ne peut ménager un espace à l'expression de sa nature spirituelle, l'enfant perd progressivement le sens de la connexion et de l'appartenance. Il peut assumer toutes les exigences culturelles en termes de fonctionnement intellectuel et vocationnel, et néanmoins se sentir profondément aliéné. Dans leur tentative pour trouver un sens de l'identité, souvent les enfants créent leur propre sous-culture avec ses propres rites de passage à l'état adulte. L'apparence, parfois étrange, que revêtent ces sous-cultures auxquelles adhèrent les jeunes gens, est réellement le reflet d'une profonde impulsion spirituelle qui n'a pu s'accomplir dans un contexte culturel plus vaste.

La conformité aux normes sociales conventionnelles ne peut parfaire l'impulsion transformatrice de l'individualité et de la spécificité de chacun que lorsque ces normes sociales sont empreintes d'une valeur spirituelle vivante. Alors cette conformité se fait découverte de ses propres capacités les plus profondes, par une sociabilité et un sens des responsabilités toujours grandissant. Une telle conformité n'est en rien une négation de sa spécificité; c'est ainsi que chacun de nous peut, au contraire, atteindre son potentiel le plus élevé, en restant au service du bien de tous.

Une conformité qui n'est pas soutenue par la présence d'une conscience spirituelle vivante plonge l'individu dans une médiocrité égoïste quasiment inerte et sans âme. Mais une identité même négative, construite sur le rejet d'une norme sociale sans âme, vaut mieux que la conformité à quelque chose qui ne s'appuie pas sur un sens de profonde intégrité. La recherche d'identité chez l'adolescent se manifeste souvent, hélas, par un rejet violent de la norme et/ou de soi. Inconsciemment, l'adolescent reconnaît que le passage à l'âge adulte implique la mort des structures de son passé — la fin de l'enfance. Si une conscience sociale ne lui fournit pas le sens de sa participation à la société, et ne lui procure pas le fondement qui lui permettrait de comprendre sa transformation, il est tentant pour lui d'incriminer le monde (projection de sa dépression intérieure), ou de confondre ce stade de développement et le suicide. Le suicide devient, dans ce cas, rituel de transformation. L'adulte en puissance essaie de montrer un pouvoir, face à une force intérieure inexorable qu'il n'a pas été préparé à comprendre et à accueillir. L'acte suicidaire parfait l'impulsion de transformation, mais dans le mauvais sens : au lieu d'aborder le processus de changement, au cours duquel un niveau d'identité sera abandonné pour laisser place à une identité nouvelle, l'adolescent sacrifie son existence physique. Connaissant bien le problème, certaines civilisations proposent une mort rituelle aux jeunes gens pour symboliser le passage de l'enfance à l'âge adulte.

Nourrir la conscience spirituelle

L'éducation spirituelle peut et doit commencer dès le plus jeune âge. Par éduquer, je n'entends pas imposer nos valeurs et convictions d'adulte, et surtout pas inculquer un moralisme religieux dogmatique. Je pense plutôt qu'il faut reconnaître le champ plus vaste de sensibilité chez l'enfant, et faire l'effort nécessaire pour fournir à tout enfant l'espace approprié pour qu'il puisse l'exprimer. Evidemment, chaque enfant doit apprendre les limites lui permettant de fonctionner, mais sa conscience profonde, qui saisit les choses au-delà de ces limites, devrait ne pas être ignorée ou réprimée lors de cet apprentissage. Les enfants sentent très bien les énergies, et cette sensibilité leur permet de percevoir directement des dimensions qui, pour l'adulte, sont généralement perdues. Ils peuvent ressentir leur interrelation avec ce qui est apparent et ce qui ne l'est pas, et ont un sens inné de la justesse de ces perceptions. Bien que le niveau de sensibilité spirituelle diffère indubitablement d'un individu à l'autre, nous en sommes tous universellement dotés depuis les tout premiers instants de notre vie. Donc, si nous essayons d'empêcher un enfant d'en faire l'expérience, ou si nous tentons de forcer prématurément son expérience en la plaçant dans un contexte plus adapté à notre propre niveau de développement, nous ne réussirons qu'à le détourner d'une base indispensable à sa vitalité. Lorsque c'est le cas, la transformation, quand elle se produit, provoque une sorte de dislocation, ainsi que nous pouvons le voir clairement chez l'adolescent dans la civilisation occidentale. Quand l'adolescent se révèle vraiment perturbé, l'éveil ultérieur de la conscience mystique peut désorienter son être de façon bouleversante, au lieu d'apporter cette grande bénédiction qu'elle peut représenter.

Dans d'autres civilisations, le processus d'éveil n'est pas aussi traumatisant. Chez les bouddhistes tibétains, la spiritualité est totalement intégrée à la société tout entière. Des enfants naissent pourvus d'une spiritualité avancée et sont honorés dès l'âge de quatre ou cinq ans. Le niveau de conscience qu'un occidental moyen pourrait atteindre en travaillant pendant des années, ou qui s'avèrerait très perturbant s'il se manifestait spontanément, chez eux est encouragé et mis en valeur dès l'enfance.

Dans la mesure où un individu maintient cette conscience active, il peut fonctionner avec un sens de plus grande intégrité sociale. Notre survie repose littéralement sur la continuité de la conscience spirituelle tout au long du développement égoïque. Il est cependant nécessaire que les adultes eux-mêmes soient éveillés et sensibles aux niveaux de conscience supérieurs, pour pouvoir entretenir la conscience spirituelle chez l'enfant. Ici se pose un problème, car pour un adulte moyen, l'exploitation du processus d'éveil, qui est déjà grandement étouffé, est une démarche entièrement différente de celle qui consiste à l'encourager chez l'enfant. L'adulte a déjà des limites égoïques puissamment établies, ce qui n'est pas le cas de l'enfant. Le coup que portent les puissantes inductions énergétiques suceptibles d'éveiller une conscience plus profonde chez l'adulte peut bouleverser, voire détruire un enfant dont le système est beaucoup moins armé et beaucoup moins apte à manipuler les énergies de haut niveau. En bref, les disciplines et exercices propres à conduire un adulte vers sa transformation peuvent n'être pas compatibles avec la capacité énergétique plus faible des enfants.

D'après mon expérience, un adulte qui a atteint un niveau énergétique élevé commet une erreur s'il cherche à l'imposer dans sa pleine mesure à un jeune enfant. L'un de mes amis, parvenu à un nouveau stade énergétique, fait appel à l'étreinte pour transmettre son énergie à autrui. Il serre les personnes contre lui pendant un long moment, éleve ainsi leur système énergétique, et les mène à une conscience indifférenciée plus ouverte et méditative. Il m'appela un jour pour me parler de son travail et me confia qu'il se sentait très inquiet parce que la maladie occulaire de son fils, âgé de cinq ans, s'était réactivée.

Le jeune Keith était né affligé d'une maladie occulaire assez sévère, suite à une infection utérine nommée toxoplasmose. La plupart des femmes sont immunisées contre cette atteinte qui, dans ce cas, n'affecte pas le foetus. Mais il arrive que des femmes non-immunisées la contractent lorsqu'elles sont enceintes, et l'enfant qu'elles portent en est affecté. Dès que la mère a acquis l'immunité, elle la transmet à l'enfant par l'intermédiaire du placenta et la maladie cesse d'évoluer. Habituellement, elle reste alors latente, à moins que le système immunitaire de l'enfant n'ait été compromis par quelque stress sévère. Il était donc surprenant que cette maladie occulaire se mette à empirer chez un enfant qui, par ailleurs, était en bonne santé. Un pressentiment me poussa à demander au père s'il n'avait rien tenté avec son fils au niveau énergétique. Il me répondit que, depuis plusieurs mois, il le serrait contre lui une heure par jour, voire davantage. L'étreinte n'était pas ordinaire. Il entrait en focalisation méditative profonde et se plaçait intentionnellement sur un plan énergétique élevé. Lui et sa femme prenait parfois Keith ainsi entre eux deux, et intensifiaient donc l'effet de l'énergie. En poussant un peu plus mon enquête, il se fit clair que Keith s'opposait à cette pratique. J'avais remarqué qu'il cherchait à éviter les expositions prolongées aux effets d'une haute énergie lorsqu'ils n'étaient pas modulés. Son père, cependant, pris par l'enthousiasme de l'éveil, estimait que l'élévation énergétique était un bienfait pour tout le monde, et insistait pour que Keith y participât. Je lui suggérai de se contenter d'étreindre Keith autant que l'enfant pouvait le supporter et l'apprécier, et qu'il ne mette pas en action son plein potentiel énergétique en présence de son fils. Il s'avéra que Keith ne souhaitait être étreint que brièvement, plusieurs fois par jour. Sa maladie se calma très vite. C'est une chance, car le traitement prescrit pour prévenir la cécité qui risquait de s'ensuivre est à base de stéroïdes, lesquels entravent la croissance physique.

Peut-être est-ce coïncidence que cette maladie se soit apaisée lorsqu'a cessé l'étreinte méditative prolongée, mais j'en doute. Le champ énergétique du père était très développé. Il est arrivé souvent que des adultes sensibles se soient retrouvés catapultés dans des états de conscience élevés du fait de sa seule présence. Il n'était cependant pas maître de ses énergies. Comme nombre de gens qui sondent la transformation, il éprouvait un sentiment aveugle de valorisation à rester au niveau énergétique le plus élevé, et attribuait à cet état une énorme importance. Il touchait, à ses yeux, à la sainteté. On peut parfaitement comprendre la méprise, car un premier éveil aux dimensions supérieures laisse l'impression que Dieu lui-même s'est avancé et a touché notre vie. Il est alors facile de perdre tout recul. L'erreur consiste à considérer ce trésor qu'est l'éveil de la conscience en dehors du contexte plus vaste où il prend place. Ce contexte, c'est la globalité de la vie. Seule une amélioration, due au temps et au développement naturel, peut apporter la possibilité d'intégrer des forces mystiques supérieures en toute sécurité.

Les états de conscience supérieurs sont naturels et appropriés s'ils sont en éveil chez un individu qui a complètement terminé de développer sa structure égoïque de base. Même si ce développement est encore en cours, il est tout à fait bon d'encourager — dans un contexte de sagesse — la spiritualité innée de l'enfant. On peut favoriser sa sensibilité subtile avec modération, en lui permettant de sentir les énergies ou de les transmettre comme lors d'un rituel de guérison. C'est un échange qui n'infirmera en rien le cours fragile de son développement, tant qu'il ne sera pas forcé. Edith Sullwold, qui a fait des recherches sur la transformation dans le cadre familial, fait état de cas où de très jeunes enfants se tiennent au centre d'une pièce et tourbillonnent, tandis que les adultes restent assis en résonance énergétique. Les enfants réfléchissent physiquement le cortex énergétique généré par les adultes en méditation. C'est un bel exemple de découverte de la conscience menée en toute sécurité, à la fois par des adultes et des enfants, qui apprennent ensemble. On encourage le sens inné de la spiritualité chez l'enfant en le faisant participer à ce genre d'expérience. Nous avons ici une preuve magistrale de la connexion qui, tous, nous lie au niveau d'une dimension plus profonde, malgré la séparation apparente. En outre, un enfant qui peut vivre ces échanges avec ses parents et d'autres adultes apprend à s'appuyer sur son intuition profonde et sa sensibilité subtile. Ces dimensions acquièrent alors toute leur valeur et sont appropriées à la croissance. Proposer à nos enfants des expériences comme celle que je viens de décrire a un intérêt certain, mais il peut être plus important encore d'apprendre à les observer de plus près pour leur permettre d'exprimer leur propre spiritualité naturelle. Eux-mêmes s'en trouveront plus entiers, nous également. Comme je le raconte dans *The I That Is We*, j'ai directement été amené à un état extraordinaire par un tout petit enfant. Je n'eus qu'à faire abnégation de mon désir bien intentionné d'échanger avec lui mon énergie.

J'imagine les possibilités de relation et de créativité naturelles de personnes engagées dans une voie qui leur permettrait de développer leur sensibilité énergétique et leur sens de la connexion. Nous nous considérerions alors les uns les autres de façon tout à fait différente. L'individualité n'impliquerait pas une séparation au point où notre culture l'exige. Nous saurions exprimer et manifester notre spécificité avec une confiance beaucoup plus forte, et rechercherions beaucoup moins à nous faire prendre en charge par autrui.

Le besoin de cohésion énergétique chez l'enfant

Les enfants sont déjà ouverts aux plans multi-dimensionnels. Ils sont d'excellents conducteurs énergétiques, et riche est leur sensibilité à tout ce qui se passe autour d'eux. Pour ensevelir leur sens fraîchement formé des limites égoïques et de la définition de soi, point n'est besoin de faire appel à ces rituels spirituels dont ont besoin les adultes. L'aventure de Keith laisse à penser que les énergies supérieures sont à même d'ensevelir non seulement la conscience du soi égoïque qui se développe, mais aussi l'expression physique de ce soi et l'aptitude à refuser ce qui n'est pas ce soi. Comme nous l'avons vu dans le chapitre où nous parlons du Sida, c'est cette aptitude qui, justement, sert de base à l'immunité. Pour qu'elle puisse exister, il faut reconnaître la différence entre la personne qui peut refuser et ce qu'elle refuse. A mon avis, le développement de l'immunité et celui de l'identité sont tous deux issus d'un même processus indivisible.

Des travaux soviétiques font mention d'enfants orphelins qui, ayant reçu très peu d'attention individuelle dans une grande clinique où l'équipe soignante était réduite, manifestaient un retard au niveau du développement et un mauvais fonctionnement sur le plan immunitaire. On peut penser que leur système immunitaire n'a pas été suffisamment stimulé par les infections que n'aurait pas manqué de leur apporter une interaction humaine plus importante. On peut aussi considérer que l'absence d'allaitement maternel est également en cause. Mais si l'allaitement naturel est très important pour activer le développement de la santé, au niveau tant immunitaire que psychologique, on ne retrouve cependant pas ce problème d'immunité chez l'enfant qui n'a pas été nourri au sein mais a néanmoins bénéficié d'une attention physique adéquate. Ashley Montagu et d'autres chercheurs ont, en conséquence, émis l'hypothèse selon laquelle le toucher physique est indispensable à une croissance et à un développement sains.

Je n'ai aucun doute quant à l'importance énorme du toucher physique sur le développement de la santé. Le toucher est peut-être le sens le plus fondamental. Nous savons, par exemple, que le sens de l'orientation physique dans l'espace est déjà largement acquis lorsque nous sortons du ventre de notre mère. Il est encore plus élaboré chez les jumeaux, sans doute à cause de la multiplication des contacts. Le toucher, accompagné d'une voix apaisante, peut représenter le moyen le plus direct d'aider une personne très désorientée à se resituer. Je voudrais aller plus loin encore, et dire que ce n'est pas seulement le toucher physique, mais les interactions énergétiques qui sont une nécessité.

Le «je» égoïque est un schéma énergétique cohérent. La différenciation de ce schéma s'établit à partir du contraste qui existe entre le champ énergétique organisé du parent et l'énergie relativement indifférenciée du petit enfant. Cette distinction s'acquiert au travers d'un processus graduel d'induction entre les deux champs, mais celui des parents domine généralement parce qu'il tend à rester relativement constant. Ceci peut contribuer à étayer la thèse de Bateson, selon laquelle la schizophrénie proviendrait de parents qui, continuellement, émettent un message double à l'intention de leur enfant. Nous pouvons concevoir ce double message comme une succession rapide de phases sans schéma réellement conséquent. Chaque fois que le champ énergétique de l'enfant commence à se configurer selon celui de ses parents, le schéma change. Avec ce changement, le nouveau schéma sape la continuité en développement dans le système énergétique de l'enfant qui éclôt, et provoque de larges failles dans sa structure énergétique. Au niveau comportemental, on assiste à cet affaiblissement de l'aptitude à créer un sens fixe du «je suis» qui, justement, signe la schizophrénie.

Le fait de se fondre dans l'énergétique parentale (adulte) et de s'en séparer crée le contraste dont émerge l'égo. Evidemment, tous les autres aspects des interactions fondées sur le physique (perçues par les sens) entrent ici simultanément en jeu, mais il me semble que ce sont la conscience des parents, la qualité globale de l'énergie qu'ils détiennent et, en fin de compte, la conscience sociale collective, qui représentent les facteurs-clés des possibilités de développement de l'enfant. Ceci ne signifie pas qu'un nourrisson naisse telle une ardoise vierge que programmeraient totalement les parents ou la société. L'enfant, tout au contraire, a un potentiel inné immense, qui est nettement plus *influencé* que déterminé par l'interaction parentale. Tous les enfants dont les parents sont très changeants et émettent un message double ne deviendront pas schizophrènes. De la même manière, tous les parents dont la conscience est élevée ne communiqueront pas à leurs enfants leurs aptitudes supérieures; mais ces parents-là pourront les influencer en ce sens.

Progressivement, une interaction consciente s'établit avec des systèmes énergétiques plus vastes et plus complexes : ils s'étendent à la famille, à la communauté, à la société tout entière. C'est notre aptitude à avoir une interaction fonctionnelle avec la société qui définit cet état que nous nommons adulte. Si, enfin, l'état égoïque a évolué en passant par ces degrés de complexité croissante, il est alors possible d'aborder l'état d'éveil, qui se traduit par un retour à une conscience plus universelle, comparable (mais tout à fait différente) à la conscience indifférenciée du nourrisson. L'état d'éveil est à la fois limité (par la localisation de l'identité personnelle) et apparemment illimité. Il existe donc comme une sorte de porte entre les dimensions. Passée cette porte, nous sommes soumis à des schémas énergétiques beaucoup plus universels, et donc de nature plus subtile. La Réalisation peut être vue comme une représentation de la conscience accordée au mouvement sur une l'échelle cosmique. Contrairement à la conscience de base qui répond aux stimuli énergétiques immédiats — cycle journalier de la rotation du globe terrestre, cycle mensuel de la lune, trame saisonnière du soleil —, la conscience réalisée ne boucle un cycle qu'une seule fois sur des centaines de milliers d'années, comme le fait la Voie Lactée par exemple (à priori). La conscience ordinaire vibre en minutes ou oscille en phases mensuelles, alors que la fréquence de la Réalisation est difficilement concevable pour cette conscience de base et lui semble sortir du cadre temporel; en conséquence, l'état d'éveil amène au monde des énergies et une conscience nouvelle, tandis qu'il dissout simultanément certains des fondements de l'identité ordinaire.

La conscience parentale, par son interaction, octroie à l'enfant qui se développe un état énergétique limité, séparé — en un mot, lui fait don d'une personnalité. Qu'elle soit bonne ou mauvaise, selon les conventions en vigueur, n'a ici aucun sens, parce que nous sommes davantage concernés par le fait que notre personnalité puisse ou non «respirer». Pour ce faire, le sens du Moi (en terme d'énergie) est-il largement détaché, et donc relativement peu touché par le plus vaste monde qui l'entoure, ou bien est-il ouvert, conducteur, disponible, et capable de se fondre au milieu énergétique ? C'est cette aptitude à «respirer», cette transparence de la structure égoïque qui prend le plus d'importance, lorsque nous essayons de comprendre si notre éducation a ou n'a pas été saine. Il se peut que nous nous soyons sentis négligés ou étouffés par trop de contrôle, misérables, ou heureux. Nous pouvons avoir aimé ou haï nos parents; mais rien de ceci n'importe dans l'optique de la transformation. Si nous nous en sommes sortis avec une identité puissante et fonctionnelle, basée sur une conscience de soi bien développée, sans nous être pour autant cristallisés au point d'avoir perdu nos aptitudes à participer aux dimensions qui dépassent notre conscience personnelle, c'est à mon avis l'indice d'un développement sain; ceci signifie que nous sommes à la fois des êtres personnels et spirituels, centrés sur nous-mêmes et sur autrui. Nous sommes capables de maintenir notre sens du moi, et néanmoins constamment sollicités de façon créatrice et positive par notre aptitude à répondre à une réalité plus vaste.

A mon avis, sans une conscience du moi suffisamment développée, qui puisse se tenir à l'intérieur d'une structure égoïque transparente et capable de respirer, il est impossible d'évoluer vers une conscience supérieure plus universelle. Il n'existe tout bonnement aucun moyen de ramener et d'intégrer l'expérience d'une dimension supérieure si la faculté de conscience de soi n'a pas été correctement développée. C'est justement parce que le champ énergétique parental est bien différencié, et, en ce sens, limité face aux dimensions plus vastes, qu'il est possible à l'enfant d'établir un «je» différencié, fondement de la conscience de soi. Si, néanmoins, leur champ énergétique est trop cristallisé, les parents vont inévitablement — mais inconsciemment — supprimer le sens multidimensionnel de l'enfant. Celui-ci apprendra que l'échange entre conscience sujet-objet et dimensions supérieures n'est pas une «bonne chose» et, progressivement, fermera le canal qui les relie. (Comme nous l'avons vu dans le chapitre sur le cancer et la schizophrénie, une trop grande transparence porte vers une dynamique schizophrène, alors qu'une structure et une densité trop égoïques peuvent provoquer l'apparition d'un cancer si l'on cherche à assimiler une énergie plus élevée). L'environnement énergétique où l'enfant se développe est donc très important et exige de notre part un maximum d'attention et d'engagement. Ce processus de différenciation énergétique concerne, d'après moi, non seulement les limites égoïques, mais aussi les équivalences physiologiques telles que l'immunité.

L'état d'éveil est le dernier stade du développement humain, du moins au niveau actuel de nos connaissances. Il donne naissance à une identité neuve à l'intérieur du corps collectif, un degré nouveau de vitalité qui prend la société en tant que tout, et dégage pour la conscience de l'humanité tout entière une possibilité nouvelle. Le processus d'éveil est cependant, sur de nombreux points, contraire à ce que font les parents pour leurs enfants. Les parents n'étant en général pas encore éveillés à l'essentiel, ils ne peuvent exercer la force de liaison relativement homogène nécessaire pour établir la différenciation de l'identité chez l'enfant. La psyché sans forme de l'enfant se dissout, se fond continuellement à de nombreux niveaux de la relation. C'est la raison pour laquelle l'enfant représente un excellent système de retour d'information pour ceux qui l'entourent. Un pédiatre m'a confié qu'une fois devenu conscient de la profondeur à laquelle nourrissons et enfants réfléchissent leur environnement, il s'est mis à traiter le régime des parents lorsque ceux-ci venaient à lui avec un bébé qui souffrait de coliques. Souvent la digestion du bébé s'en est trouvée améliorée. C'est justement en raison de cette aptitude du jeune enfant à réfléchir si fortement son environnement, que les parents doivent avoir un champ énergétique bien délimité. Les rares personnes qui se sont éveillées très jeunes dans la vie peuvent avoir un champ énergétique trop vaste pour pouvoir créer les limites appropriées. Souvent, ils n'ont pas d'enfant. Ceux qui en ont doivent soigneusement moduler leurs énergies, et peut-être permettre à leur enfant de rencontrer d'autres adultes vis-à-vis de qui ils pourront établir un contraste. S'ils échouent, ils risquent de provoquer un terrible combat chez l'enfant qui cherche à élaborer un champ énergétique stable (c'est-à-dire une identité).

Ceci voudrait-il dire que les énergies supérieures sont intrinsèquement nuisibles à l'enfant qui se développe ? Non. En fait, je suis certain que c'est le contraire. Que peut-il y avoir de meilleur que grandir dans un environnement où l'on honore la conscience dans toutes ses formes d'expression, et où chacun essaie d'évoluer vers son potentiel le plus élevé ? Il faut néanmoins tenir compte de deux points : d'abord, il ne faut jamais imposer les énergies supérieures à l'enfant; ensuite, les adultes ne doivent pas négliger l'enfant lorsqu'ils poursuivent leur recherche spirituelle.

Les enfants bénéficient d'une nature spirituelle riche et innée, mais ils ne peuvent apprendre ce qu'est l'être humain sans accumuler épreuves et erreurs. Le développement spirituel doit comporter l'élaboration d'une relation créatrice à tous les sentiments. Pour les enfants et les jeunes gens, ceci revient à découvrir la colère, l'égoïsme, la possessivité, l'égotisme, et ainsi de suite. Aucun d'eux n'atteindra la paix et la maîtrise de soi s'il ne s'est confronté à toutes ces «vilénies» que les environnements dits spirituels essaient souvent d'ignorer. Il faut dire aussi que le mythe de l'enfant cosmique est si puissant dans le mouvement spirituel occidental, qu'au lieu d'être considéré comme une représentation des possibilités infinies inhérentes à la race humaine, il devient justification d'un «abandon inspiré» de tout ce qui devrait être formé. On rationalise, en arguant que les enfants sont si purs et naturels qu'il ne faut pas les réprimer, et qu'on ne doit pas interférer avec ce qu'ils sont. En fait, même dans les communautés spirituelles, il est difficile de déterminer l'équilibre entre négligence et contrôle trop puissant sur l'univers de l'enfant. Il existe peu de communautés spirituelles qui soient réellement bien préparées à élever les enfants, particulièrement si leur focalisation est fortement axée sur la transformation. Dans un environnement où l'on vise à la transformation, les forces portent sur la dissolution des structures de l'égo qui freinent la pleine conductivité énergétique. Le champ énergétique, dans ces communautés, est si intense, et la discipline si exigeante, que le style de vie de ceux qui s'y trouvent est difficilement compatible avec la création d'une famille. On y considère les enfants comme «périphériques» : ils ne font pas partie de l'objet principal de la communauté. Souvent, on met en place un espace qui leur est particulièrement destiné, et si l'on prend bien soin d'eux, le message est néanmoins clair : la spiritualité concerne les adultes. Il existe aussi des communautés dont l'idéal est plus social et engagé sur le plan politique; elles intègrent consciemment les enfants dans la vie commune, mais on y trouve très peu de réel travail sur la transformation de conscience.

A mon avis, il faut pouvoir intégrer l'éducation de l'enfant dans un environnement énergétique élevé et axé sur la transformation; notre avenir en dépend. Dans les sociétés plus simples, telle la société tibétaine avant l'invasion chinoise, les monastères représentaient un environnement transformateur apportant également à la communauté certains services, dont l'éducation des enfants (1). Mais la sagesse de

(1) Turnbull, op. cit.

la tradition les guidait, et chaque monastère abritait des aînés très conscients des forces avec lesquelles ils oeuvraient. La structure du monastère fonctionnait de façon à ancrer les énergies induites par les pratiques méditatives. Les aspirants les plus évolués étaient dégagés des obligations quotidiennes et pouvaient par conséquent se consacrer aux énergies supérieures, tant que duraient leurs responsabilités au niveau du travail et de la relation. Jamais on ne tentait d'initier quelqu'un aux énergies profondes avant que le cours de son développement ne s'y prête. Les jeunes participaient à l'environnement spirituel et recueillaient un bénéfice immense du contact avec leurs sages aînés. Leur jeunesse était, elle aussi, respectée. C'est le genre de communication entre générations et de contacts quotidiens avec la sagesse la plus profonde qui, hélas, manque à la société occidentale.

Traditionnellement, l'éveil spirituel n'intervient que lorsque la vie familiale est accomplie, ou lorsqu'il est une vocation pour celui qu'une vie familiale ne tente pas. Mais ce n'est pas obligatoire et ne doit peut-être pas l'être. Un enfant qui peut se différencier dans un environnement équilibré dont l'énergie est élevée, bénéficie d'un avantage majeur. Sa structure égoïque va évoluer à travers un éventail de sensibilités et de dimensions largement déployé. Il pourra donc découvrir son potentiel d'individualité et de compassion, de séparation et d'inclusion, bien au-delà des limites que lui imposerait un environnement où l'énergie resterait basse. Il faut que nous ayons conscience que l'enfant, naturellement, va chercher à combattre les énergies supérieures, et que nous l'autorisions à le faire. Comme nous l'avons vu, il est imprudent de laisser l'enfant affronter une énergétique vaste et informée au point de pouvoir l'absorber. S'il lui est impossible de résister, il n'arrivera pas à constituer un égo différencié qui soit adéquat.

C'est justement cette lutte qui va donner pouvoir à la profondeur et à la dimension du personnage. Nous devons comprendre les forces avec lesquelles nous oeuvrons, et chercher à trouver un compromis entre inclusion et équilibre. Un enfant peut se trouver exposé à une énergie supérieure aussi longtemps que ceci se passe dans un environnement bien ancré dans le quotidien. Alors, dans le foyer, peut commencer une croissance riche et spontanée, qui favorise la conscience de soi mais ne supprime pas les possibilités multi-dimensionnelles de la conscience. Le plus grand don que nous puissions faire à nos enfants réside dans cette qualité d'équilibre entre les énergies, dans l'intégration du ciel et de la terre à l'intérieur de notre être qui les fera rayonner sous forme de présence. Dans la mesure où nous saurons rester ouverts et ne pas nous cristalliser, nous renouveler jour après jour, nous approfondir à chaque défi de la vie, et nous abandonner humblement à la Grâce (réelle alchimie du changement), nous construirons avec notre enfant l'amitié de toute une vie.

Créer un exemple de maturité

Etant donné que, de plus en plus, l'éveil intervient chez des personnes en charge de famille, il va falloir beaucoup de sensibilité, de patience et de sagesse pour que le processus puisse se poursuivre chez l'adulte sans porter atteinte à celui qui se développe chez l'enfant, merveilleux lui aussi mais très différent. Peu d'entre nous ont un jour cessé de s'émerveiller devant la première grande réalisation humaine que fut le passage de la donnée sensorielle brute au développement du discours. Pour mieux évaluer cet accomplissement, pensons à la vie d'Helen Keller qui, ne bénéficiant ni de la vue, ni de l'ouie, put, enfant, apprendre à traduire ses impressions sensorielles brutes en un langage, grâce à un toucher organisé en structures cohérentes.

Pour un jeune enfant, dont la conscience est relativement ouverte et non structurée, il n'est pas difficile de se mettre à l'unisson de l'expérience; mais après avoir fait le grand voyage au cours duquel nous aurons rencontré et assimilé le langage, le retour à la conscience unificatrice, pré-verbale et pré-symbolique — voyage de l'illumination —, devient l'entreprise primordiale.

La demande est grande, pour les parents qui doivent à la fois suivre leur propre transformation et représenter un système énergétique stable vis-à-vis de leurs enfants. Le processus d'éveil exige que l'adulte s'abandonne; l'enfant, lui, recquiert discipline, décision, éducation, structure, fiabilité. C'est le défi que rencontrent nombre de parents lorsqu'ils se mettent à rechercher la transformation consciemment. Alors que leur énergie commence à s'ouvrir aux plans nouveaux, leur sentiment d'engagement vis-à-vis de leur vie et de leur famille change. Une grande partie de ce qu'ils ont vécu peut commencer à perdre son sens, et l'impulsion se fait fortement ressentir de changer de style de vie. Le besoin de s'abstraire des habitudes familières de la vie passée est vécu par l'enfant comme une déstabilisation de l'énergétique familiale, une perte des structures cohérentes dont il a besoin pour bâtir son identité. L'enfant — petit, mais également adolescent —, sent le désancrage de ses parents, particulièrement lorsque ces derniers commencent à s'impliquer dans la transformation; il réagit souvent en demandant une structure énergétique cohérente. Il s'oppose au changement, remet en question les valeurs, agit en les rejetant et en adoptant un engagement plus véhément dans ses activités et comportements propres, qui définissent son identité. A ce que j'ai pu observer, lorsque les enfants sont plusieurs au sein d'une même famille, un seul d'entre eux prend peur et réagit.

Il est bien établi que pour pouvoir percevoir ce que nous sommes, nous recherchons le contraste — quelque chose à quoi nous mesurer. L'enfant va littéralement forcer ses parents à prendre position, et le conflit sert admirablement ce propos. Ceci se vérifie non seulement lorsque les parents se mettent à dissoudre leurs limites, mais également dans la relation parents-enfant en général. La difficulté s'accroît encore lorsque l'éveil des parents intervient alors que l'enfant est encore en période d'éducation. Je me rappelle une de mes amies qui, tout en élevant sa fille, exerçait la profession de thérapeute et donnait des cours sur la transformation. Elle me fit remarquer un jour que, si son travail avec ses étudiants lui demandait de moins en moins d'efforts et se faisait de plus en plus naturellement, ses rapports avec sa fille (qui avait, à l'époque, environ huit ans) devenaient de plus en plus difficiles. «Evidemment», lui répondis-je, «tu fais don à tes étudiants de l'ampleur de ton énergie, alors que tu offres à ta fille une personnalité. Tes élèves sont amenés à un espace plus important, à la libération de toute contrainte d'ordre dynamique en provenance de leur personnalité trop cristallisée. Ta fille, quant à elle, travaille à établir la configuration de son identité, et pour ce faire te demande de devenir plus dense pour pouvoir s'opposer à toi».

Une mère peut se sentir complètement déconcertée dans une situation où, quoi qu'elle fasse, elle se retrouve en tort. Il lui faut poursuivre sa recherche, mais elle craint de perdre le contact, la proximité avec son enfant, voire de lui faire du mal. Il n'existe pas de réponse simple. Les parents doivent respecter le combat de l'enfant pour sa structure, même s'il paraît négatif. Avec un enfant, c'est la cohérence de l'amour qui est primordiale, même s'il est nécessaire d'imposer une discipline. Pour un adolescent, le problème est plus complexe car les parents sont souvent les dernières personnes qui puissent leur apporter un sens spirituel.

C'est justement le besoin qu'éprouve l'adolescent de se séparer de ses parents et d'effectuer le grand saut vers l'état adulte qui crée le problème. Les parents qui n'en sont qu'à leur premier pas dans l'éveil ressentent souvent une identification accrue avec le combat de leur enfant. Beaucoup d'entre eux tentent de ramener au foyer la vitalité qu'ils se sont récemment découverte, et de la transmettre à l'adolescent qui devient alors souvent deux fois plus entravé. Voilà que maman ou papa se retrouve soudain plus disponible, juste au moment où la jeune personne a besoin de rompre et veut se libérer. C'est précisément à ce moment-là que la sagesse et la pénétration spirituelles doivent être transmises à l'adolescent, par un aîné ou quelque autre individu qui puisse représenter un exemple de sagesse. Au mieux, cet exemple est quelqu'un que les parents respectent, mais qui ne dépend pas d'eux. Voilà qui s'est perdu dans notre civilisation. Encore que tous les aînés ne soient pas sages, peu nombreux sont les adolescents qui sont en contact avec eux. Les héros ou héroïnes qui, chez nous, représentent le modèle qui jouera un rôle important, sont en fait des athlètes ou des artistes charismatiques. Les relations qui s'établissent sont hélas grandement imaginaires et très superficielles; leur identité stéréotypée est propulsée par les médias. A une époque où l'adolescent est vraiment complètement ouvert, où son corps se retrouve submergé d'une énergie nouvelle, il est spontanément disponible et a faim de sagesse et de valeur réelles. C'est une période de grandes possibilités, mais ces héros et héroïnes de la société pop bénéficient bien peu de cette substance que l'on pourrait dire sage ou spirituelle.

Pour ce qui concerne la vitalité radicale, on peut sentir les prémisses d'une solution aux effets des énergies supérieures sur la vie de famille lorsque l'on prend conscience que le conflit sous-jacent concerne le positionnement *et* des parents *et* des enfants. Une fois que, parents, nous pouvons admettre que notre transformation n'a rien d'un quelconque aboutissement personnel qu'il nous faudrait essayer d'obtenir comme nôtre exclusivement, mais qu'il est plutôt un processus permettant d'apporter à chacun une vitalité plus importante, le conflit entre transformation personnelle et vie familiale disparaît tout simplement. Nous en conservons un travail de découverte qui reste un défi, et une opportunité de sagesse plus profonde. Nous portons une conscience pleine et présente à ce qui se passe, et concevons chaque chose à la lumière de notre consécration profonde. Nous nous rappelons que la transformation fondamentale est une Grâce, et trouvons volontairement l'équilibre qui servira nos enfants comme nous-mêmes. C'est un travail d'inclusion, mais également de renonciation sacrée où l'on doit embrasser l'ordinaire. Nous ne rejetons pas l'impulsion de transformation pour cause de non-compatibilité temporaire, mais ne suivons pas ce vieux stéréotype qui voudrait séparer cette impulsion de la vie de famille. Le mouvement profond qui nous pousse vers la transformation et la spiritualité ne s'en trouve pas nié, mais sert au contraire l'immédiateté de notre vie. Il est ainsi possible d'atteindre une réconciliation des deux aspects du processus de transformation qui diffèrent chez l'adulte et l'enfant. Chacun d'entre nous doit rechercher sa propre totalité dans les états d'énergie supérieure, sans se laisser séduire par la pensée d'une vie hautement énergétique et spirituelle dégagée de la vie ordinaire. Si ordinaire et sublime se mêlent et font un tout, si la conscience supérieure qui rayonne est inclusive et respecte le développement d'autrui, le jeune enfant peut alors se construire sans être trop menacé sur le plan énergétique. Un enfant plus âgé peut grandir en respectant la richesse, la sagesse et la présence rayonnante qui émanent d'une vie engagée vers une pleine conscience. Même s'il se prépare à faire son chemin dans le monde, il reçoit alors la nourriture spirituelle pour son voyage.

CHAPITRE DIX-SEPT

Par delà la guerre

La loi, selon laquelle la conscience va évoluer vers le niveau d'énergie le plus élevé que le système puisse supporter, laisse penser que jamais nous ne pourrons dépasser le stade de la guerre avant d'avoir pu embrasser une façon de vivre nous permettant de générer davantage d'énergie, et de servir, plus efficacement que ne l'a fait la guerre, le processus de l'inter-connexion humaine.

La guerre, en ce sens, n'est rien en soi. Elle est la résultante de toutes les aptitudes possibles de la race humaine au niveau de la conscience de base sujet-objet. Elle naît avec l'identification de soi comme être séparé. Une fois donnée la primauté à cette séparativité, le mécanisme de base d'activation énergétique implique la mise en place de contestations ou de compétitions entre les parties séparées. Malgré toute la valeur que nous puissions accorder à l'amour et à la fraternité, un monde fondé sur ces deux principes n'est, d'après mon expérience, accessible qu'à un nombre très réduit de personnes. La guerre nous révolte, et nous recherchons sa contrepartie dans la paix et la fraternité; mais reconnaissons que si nous affirmons vouloir la paix et exaltons les valeurs de l'unité, la vaste majorité des gens se trouve plus dynamisée, plus près de son potentiel, plus créative et plus apte à célébrer la grande unité avec ses compatriotes durant les périodes de contestation et de guerre. Si je ne me fais en aucun cas l'avocat de la guerre, je sais néanmoins la futilité et, peut-être, l'importance accrue du pouvoir destructeur de l'idéal de paix et d'amour lorsqu'il naît de la peur de la guerre (et de la mort), et non d'une capacité fondamentale de vivre.

Il semblerait que la Loi d'Evolution de la Conscience ait peu à faire avec la raison humaine. Elle ne se soucie pas de ce que nous pensons, voulons ou estimons être raisonnable, mais seulement de ce qui est nécessaire. Le caractère inéluctable de la transformation a ses propres déroulement et calendrier. Si l'activité guerrière représente une suprême capacité de pousser l'humanité vers son plein potentiel énergétique, alors la guerre se retrouve l'option par défaut, parmi le répertoire des dynamiques disponibles pour éperonner l'évolution humaine. Si la raison est le moteur de notre effort pour dépasser la guerre, je crains que l'effort en question ne soit bien mal ancré. C'est de *passion* qu'il doit s'agir, et en aucun cas de raison. Cette passion doit naître d'une prise de conscience fondamentale de la vérité et de l'unité, de sorte que l'on soit réellement capable de s'unir à une dimension plus élevée au niveau énergétique, et d'accéder à l'énergie de cette dimension. Il ne suffit pas que la passion naisse du pouvoir d'une cause noble. Tant que le mouvement vers la paix tirera son identité et ses buts de quelque chose à quoi s'opposer, il n'introduira pas d'éléments nouveaux, ni ne suscitera de nouvelles possibilités dans la conscience humaine. Ceux qui défendent la paix doivent s'en trouver complètement dynamisés, exactement comme aurait pu les dynamiser la guerre. Nous devons être prêts à mourir, et devons nous impliquer dans un mouvement de recherche de soi et de relation novatrice aussi créatif, intense et inconditionnellement engagé que celui que pourrait provoquer une période de guerre.

Une de mes expériences, vécue il y a quelques années, démontrera bien ce qu'est la vitalité née de l'amour, par opposition à celle que génèrent compétition, crise et combat.

Dans un centre consacré au travail avec les enfants mourants, on apprenait aux patients à procéder à des affirmations faisant valoir l'amour et la paix; y étaient associées des visualisations pour lutter contre la maladie, des groupes de soutien aux familles et autres procédés. Je ne porte aucun jugement sur ce travail, car il tente réellement d'incarner une inspiration plus profonde, mais je me demande s'il n'est pas destiné davantage à l'adulte qu'à l'enfant. Mon expérience a trait au frère et aux parents de l'un de ces petits malades. Il apparut que plus les parents essayaient de l'impliquer dans le programme établi pour son frère malade, plus l'enfant se comportait violemment à l'école. En passant un moment avec cette jeune personne, je pus remarquer que chaque fois qu'il évoquait le programme mis en place pour son frère malade, m'expliquant les idées d'amour et me récitant les affirmations, sa vitalité s'évanouissait. Il répondait à l'attente des adultes, mais ne répondait pas à ce qui, en lui, était vital. Lorsqu'il me racontait ses frasques à l'école, ses yeux s'allumaient et tout son corps palpitait de vitalité. Je lui demandai de me décrire ce programme où lui-même et son frère se trouvaient impliqués au centre, puis de me parler de ce qui se passait lorsqu'il retournait à l'école avec ses professeurs et ses camarades. Je demandai ensuite aux parents de remarquer où il plaçait réellement son enthousiasme. Pour tous, il fut clair que ce petit garçon se mettrait à mourir si on lui demandait de continuer ces aphorismes sur l'amour et ses valeurs. La psychologie qui s'applique aux relations entre frères et soeurs est complexe. D'autres facteurs intervenaient, comme la culpabilité de l'enfant de se sentir bien portant, et son ressentiment dû à l'attention dont son frère était l'objet. Mais je crois qu'à un niveau plus profond, ce petit garçon était en train d'essayer de guérir son frère : sans en avoir conscience, il apportait une énergie compensatoire, une énergie de contestation, de belligérance, d'obstination égocentrique et de pouvoir; il nous montrait que lorsqu'il puisait dans les valeurs spirituelles pour s'adapter à la vision des adultes, il infirmait sa vitalité; mais lorsqu'il permettait à sa propre et authentique individualité de s'exprimer (l'expression de l'individualité dans ce cas recherchait un opposant, une limite à repousser), immédiatement sa vitalité et son rayonnement augmentaient. Nous pouvons apprécier les enseignements spirituels, mais si nous ne saisissons pas la dimension de vitalité qui leur confère leur réalité, et les imposons comme la voie juste alors que développement ne s'y prête pas encore, nous risquons aussi bien de court-circuiter la force de vie.

Une fois ceci compris, il paraît évident que jamais le dépassement de la guerre ne pourra uniquement procéder d'une nouvelle façon de penser, si cette pensée ne se trouve être qu'une simple conception à l'intérieur d'un même système énergétique où rien n'a été transformé. Pour obtenir la paix extérieure, il faut être passé par la prise de conscience de la totalité, et par la difficile démarche d'acquérir une paix intérieure. La paix elle-même pourrait être une illusion tout comme le mythe de quelque Age d'Or passé, ou être, plus justement, cette opposition née de notre imagination qui, précisément, nous permettrait de pouvoir juger ou évaluer l'incessante fermentation du changement. Il ne faut pas sous-estimer le dynamisme de la guerre; il requiert une orientation apocalyptique intérieure d'égale valeur, un niveau de discipline s'érigeant sans assurance de succès ni de justesse, tout comme la discipline du soldat ne porte en elle aucune garantie de sécurité ou de liberté face au préjudice.

Nous devrions nous demander si le mouvement qui nous pousse à dépasser la guerre est à même d'engendrer la vitalité nécessaire, dans une démocratie comme celle que nous vivons actuellement. Telle qu'elle est, la guerre a un avantage qui lui est intrinsèque. L'énergie psychique immense de la guerre, qui accélère le progrès scientifique et social, qui catapulte des centaines de milliers d'individus dans des actions les portant à l'extrême frontière de leurs limites, où ils risquent tout et agissent avec une vitalité rarement atteinte jusque là, cette énergie donc, ne peut exister que parce que le mécanisme même de la guerre n'est pas démocratique. Il est autocratique. Nous renonçons à notre droit de désaccord avec nos supérieurs, et même si le désaccord est permis, nous ne pouvons refuser de coopérer sans risquer de perdre la vie ou la liberté. On nous dit quand nous devons nous lever, comment nous devons nous habiller, ce qu'il faut manger, quoi faire... Nous nous entraînons pour acquérir certains comportements compliqués jusqu'à ce qu'ils deviennent réflexes, nous apprenons à compter sur les autres à un degré tel que le sens de la camaraderie à la guerre peut surpasser toute expérience antérieure d'amour ou d'amitié. Je n'ai aucunement l'intention de faire ici du romantisme à propos de la guerre, ni de lui rendre gloire; mais je veux juste souligner le niveau d'énergie qu'elle implique. Nous devons nous rappeler que cette énergie ne se retrouve pas seulement dans le soldat, mais aussi dans la société qui soutient le travail de la guerre. Au cours de la seconde guerre mondiale, des gens, en travaillant par plages de douze heures, ont assemblé les bateaux de la victoire en moins de quarante-huit heures. Au cours de cette même guerre, des personnalités hautement individualistes sont allées se réunir à Los Alamos et en d'autres laboratoires, et en vingt-six mois ont domestiqué l'atome pour créer les armes nucléaires qui, à présent, pour la première fois de l'histoire, ont la possibilité de détruire notre monde ou de rendre la guerre obsolète.

Voyez comme le niveau énergétique d'une nation unie dans l'effort de la guerre a accéléré le progrès scientifique, au point de nous avoir conduit à élaborer un niveau technologique qu'il nous est impossible de réguler sans une profondeur spirituelle équivalente. Voyez à quel point cette impulsion de libéralisation aux Etats-Unis et dans d'autres nations occidentales, provient directement de la réaffirmation de la vie et de la justice, après que l'on eût assisté aux horreurs de la seconde guerre mondiale. Au cours des premiers jours qui suivirent la fin de la guerre, les trappistes et d'autres confréries spirituelles ont vu augmenter leurs effectifs comme jamais cela ne s'était produit ni n'est arrivé depuis. La guerre catalyse l'ouverture spirituelle et la quête mystique plus efficacement que ne le font, en général, les temps de paix. Voyez aussi, dans un contexte historique plus vaste, la façon dont la guerre a fait fusionner les cultures antérieurement séparées. La marche sur l'Inde d'Alexandre le Grand a changé à jamais la face du Moyen-Orient. Accompagnant chaque nouvelle ascendance géo-politique, des parties de plus en plus vastes de l'humanité ont été soumises à un seul gouvernement, et ont progressivement été intégrées dans une nouvelle cohérence culturelle. Demandez-vous alors ce que nous sommes réellement en train de considérer ici. La guerre est-elle totalement atavique, destructrice, négative et mauvaise? Ma réponse est non. La guerre a toujours été destructrice, mais étant donné le niveau de réalisation dont l'homme a authentiquement été capable, *elle pourrait bien être considérée comme notre religion la plus ancienne.* Tout au long de l'histoire, aucune autre institution, aucun autre processus social ou religieux n'a jamais galvanisé le taux de vitalité chez autant de monde que ne l'a fait la guerre. Allons-nous donc continuer de penser que ceci fut «mauvais», que c'est une preuve de la nature bestiale de l'homme ou du péché originel? Paradoxalement, la guerre présente la société humaine tout à la fois à son nadir et à son zénith.

De toute évidence, et sans nous contenter d'aspirations ou de pensées idéalistes, nous devons nous poser la question: l'humanité est-elle maintenant prête à aller au-delà de la guerre? Et le corollaire à cette question: avons-nous maintenant une nouvelle religion qui puisse, mieux que la guerre, unifier la gente humaine et l'élever à un potentiel énergétique supérieur? La réponse, je crois, réside dans le fait de savoir si nous pouvons générer autant d'énergie transformatrice par notre façon d'aborder la vie, que n'en a engendré notre conquête de la vie.

La guerre nucléaire, justement parce qu'elle ne peut être gagnée et à cause du désastre très réel qu'elle représenterait, a changé toute notre approche du conflit. A présent, pour la première fois, la tendance à résoudre les désaccords par la force des armes doit être profondément tempérée. Nous devons donc apporter un niveau d'attention totalement nouveau, non seulement aux petits conflits lorsqu'ils s'élèvent, mais également à toutes les hypothèses que nous établissons quant à nos intérêts personnels qui risqueraient d'aboutir à un conflit. Il en résulte une immense accélération dans notre reconnaissance de l'inter-connexion entre tous les intérêts nationaux. En fait, le concept même de *nation* est progressivement en train de perdre son sens, dans la mesure où une *nation* représente une différenciation qui ne peut tenir, face aux facteurs d'unité beaucoup plus naturels qui lient l'humanité. Ceci est déjà une évidence, et a conduit beaucoup de gens à pressentir que le mouvement qui nous portera par-delà la guerre est inévitable. Souvent, dans cette conception, l'on perd cependant de vue la grande valeur qu'a pu avoir la guerre, et la question irrésolue de savoir si la vie humaine peut actuellement accéder à une énergie équivalente et plus élevée, grâce à une nouvelle *religion* autre que la guerre.

Les religions d'aujourd'hui sont en vérité très jeunes, lorsqu'on les compare à la dynamique de la guerre. En fait, dans la mesure où ces jeunes religions sont devenues une autre façon d'identifier les différences plus que les points communs qui les sous-tendent, elles se sont faites gages du principe de guerre. Il y a eu plus de guerres de religions que pour toute autre cause; plus nombreux sont ceux qui moururent au nom du Christ ou d'Allah que pour d'autres raisons. Le temps est venu pour nous de comprendre que la religion traditionnelle représente le processus qui, progressivement, fait passer la réalisation de la conscience d'un ou de quelques individus à celles de nombreuses autres personnes. Pour le moment, la guerre résume la conscience sujet-objet, si ancienne qu'elle est la conscience fondamentale de toute l'humanité. Elle est le fondement de ce que je nomme «la Religion de la guerre» et représente beaucoup plus qu'un conflit armé. Elle repose sur le pouvoir que nous obtenons de la manipulation et de la conquête de notre planète, de ses ressources, de notre psyché et de notre corps. Même notre médecine a une qualité martiale, en combattant la maladie pour envoyer le patient sur le terrain de bataille qu'est la vie. A divers degrés, toutes les nouvelles religions, telles le christianisme et le bouddhisme, sont sous-tendues par un éveil au sens de la totalité, à la prise de conscience de l'unité. Cette même prise de conscience est à présent proclamée par la science de l'environnement et par la théorie des systèmes, particulièrement en physique de haute-énergie.

En fait, le principe de Relation requiert d'abord des différences pour pouvoir produire l'élévation énergétique nécessaire à la prise de conscience de l'unité. Il est donc crucial que nous ne tentions pas aveuglément de réprimer la Religion de la Guerre, de l'étiqueter comme «horrible» et «mauvaise», et d'aller tête haute vers la prise de conscience de ce que nous croyons être la compréhension juste. Il nous faut cesser de condamner ceux pour qui la Religion de la Guerre reste le moyen d'acquérir la plus grande vitalité possible. La sagesse nous démontre que la Religion de la Guerre est née dans la brume primordiale qui présidait à l'émergence de la conscience humaine; elle a organisé le niveau énergétique maximal dont puisse bénéficier l'humanité à l'intérieur des limites établies par la présomption de séparation. C'est justement cette énergie qui a contribué à nous élever à la possibilité de l'Unité, et c'est la guerre nucléaire, scénario final de l'hypothèse de séparation, qui marque le plus fortement la limite de séparation de notre religion la plus ancienne et nous presse vers une conscience nouvelle.

La nouvelle religion de la vie fondée sur l'unité implique, elle aussi, une guerre; mais cette guerre représente la force de la non-violence intérieure, de la maîtrise de soi, qui portent l'homme sans dommage à l'instant de discontinuité et de transformation fondamentales. *Aussi grande imaginons-nous la destruction physique que provoquerait une guerre nucléaire, jamais elle ne pourra atteindre le niveau de la destruction psychique si, dans la même demi-heure qui suffirait à déclencher une guerre nucléaire, toute l'humanité (à notre niveau actuel de maturité) devait s'éveiller d'un seul coup.*

Il n'existe aucun espoir d'aller par-delà la guerre tant qu'un nombre croissant d'entre nous n'aura pas affronté l'apocalyspe intérieure de la réalisation fondamentale. Cette constatation, cependant, ne doit pas être prise comme un refus des efforts de paix actuels. Au contraire, le mouvement actuel qui nous pousse à dépasser la guerre croît à partir d'une compréhension intellectuelle de la normalisation de toute vie. En proposant cette vision, nous reconnaissons que la prise de conscience de l'unité s'est partiellement incarnée dans la scène humaine ordinaire. Cette incarnation, néanmoins, ne s'effectue qu'au niveau mental et n'est pas encore pleine. Pour qu'elle soit totale, une complète réorganisation énergétique de la conscience doit avoir lieu; la vibration nouvelle de l'éveil radical doit se faire entendre. Cette nouvelle note une fois en place, se dessinera simultanément une aptitude nouvelle pour accéder à la vitalité à partir de l'unité de la vie. Cette vitalité sera supérieure ou égale à celle que nous obtenons de la contestation et de la guerre. Nous devons clairement voir que nous ne sommes pas simplement en train de basculer d'une conscience humaine ancrée dans l'individualité à une conscience collective comme celle d'un essaim. La Réalisation ne submerge l'identité individuelle en aucune façon. Tout au contraire, elle la sustente; et il faut en faire l'expérience pour pouvoir l'apprécier. L'Unité de soi atteint un niveau d'ouverture tel que toute autre personne est également perçue comme fondamentalement distincte par des voies qui, antérieurement, restaient imperceptibles. Si, cependant, chacun est unique, il est simultanément partie de soi-même. Pour la première fois alors, il est possible de fonctionner réellement de concert.

Actuellement, l'humanité est capable d'oeuvrer de concert sans faire appel à la Religion de la Guerre sur une petite échelle. Le pouvoir de la musique et de l'art a permis aux orchestres et aux acteurs de travailler ensemble des années durant. Certains ashrams, communautés religieuses et mouvements sociaux occasionnels, tels ceux de Gandhi et Martin Luther King, ont porté ensemble les gens dans une action unifiée; dans ces deux derniers mouvements, l'énergie élevée de l'unité non-violente déclencha chez l'opposant un certain degré d'illumination. C'est le pouvoir de la vérité dont parlait Gandhi. Mais ceci dépasse l'ascendance d'un principe moral; il est ici démontré de façon vivante que la gente humaine est capable de s'unifier en une possibilité supérieure (sans intérêt personnel), et que l'énergie d'une telle unité est réellement plus grande que celle qui provient d'hommes unis dans le principe de guerre (intérêt personnel). Ces efforts n'ont rien cependant d'une démonstration ultime; ils sont en fait des états intermédiaires entre la guerre et la réelle aptitude à aller par-delà la guerre. Le militant pour la non-violence, et tout le travail pour établir la paix visant à vaincre le mal ou l'injustice, se basent encore sur le principe de guerre (appliqué de façon non-violente). Il serait faux de dire de l'oeuvre de Gandhi qu'elle est vraiment non-violente, ou de penser qu'il était vraiment allé par-delà la guerre. Il accédait à l'énergie par des voies similaires à celles de la religion de la guerre. On y trouve cependant une épuration de la guerre, puisqu'il militait pour une cause sans violence au sens commun du terme. Sagesse donc, car au lieu de réprimer et de refuser la Religion de la Guerre, il l'éleva à un octave supérieur. Le Christ a dit qu'il n'était pas venu au monde pour renverser les anciennes lois mais pour les parfaire. C'est la nature même de la Réalisation de croître à partir de la conscience ancienne, même lorsqu'elle la transcende. Pour grandir et dépasser la guerre, nous allons avoir besoin d'en prendre le meilleur — discipline, engagement impersonnel, coopération et camaraderie profondes, clarté des objectifs —, et de conserver cependant notre sens de l'émerveillement, du mystère et de l'inconnu, qui, de tous temps, aligne la conscience avec quelque chose qui dépasse notre propre conception. On se souvient de Socrate qui, durant la guerre du Péloponèse, se tenait en transe alors que la neige s'amoncellait sur ses épaules et qu'autour de lui les hommes tombaient. Peut-être était-il transporté par l'énergie émise par les soldats qui se battaient, au point d'en avoir atteint le «Samadhi». On raconte que, plus tard, il déclara qu'il y avait plus d'amour sur le champ de bataille que jamais il n'y en eut dans une maison ou dans un temple. Il avait observé l'énergie de l'humanité oeuvrant de concert sur une grande échelle, et si elle était, sur un certain plan, destructrice, elle était aussi, au niveau de la réalisation, en train de générer en même temps le carburant même de la conscience transcendante.

C'est ce carburant qu'il ne faut pas perdre dans le processus du dépassement de la guerre. Nous devons saisir l'énorme différence qui existe entre la façon dont une conscience réalisée accède à l'énergie et celle dont la vaste majorité des êtres humains actuellement peut l'atteindre. L'opposition — ennemi à vaincre, but à atteindre — est le fondement de la Religion de la Guerre. Essayez, par contre, de concevoir un mouvement vers l'énergie supérieure qui naisse au premier chef de l'amour de la vie (et non pas d'une réaction contre la mort, la violence ou le mal). Pouvons-nous imaginer l'humanité choisissant consciemment de se mettre à son service? Il est impossible d'en faire un choix conscient; c'est un mouvement qui doit jaillir de la réalisation de soi; l'effectuer consciemment impliquerait que la vie se divise en polarités d'amour/non-amour, et nous voici revenus à la Religion de la Guerre.

Sous l'angle de la réalisation, il apparaît que l'humanité n'a jamais pu fonctionner autrement qu'en harmonie avec la vie. Ce ne sont que la qualité et les moyens d'expression de cette harmonie qui changent. Jamais l'humanité ne s'est élevée grâce aux Lois et aux Commandements révélés par l'homme, quelle que soit la source à qui l'on a pu attribuer ces révélations. Celles-ci étaient simplement l'expression d'une prise de conscience décrivant une essence de vie plus profonde. Cette conception de la globalité essentielle de toute activité en tout temps *est située* par-delà la guerre. Le mouvement nous poussant à vouloir créer un monde qui dépasse la guerre ne l'est pas; il nous faut prendre en compte le paradoxe, le dynamisme radical des polarités, pour oser approcher un espoir de globalité humaine plus importante. Cette conception fait toute la douleur du pacificateur, qui saisit que cette cause même qu'il a épousée naît du manque de paix au coeur de chacun. Ce manque de paix n'est pas celui qui transparaît lorsque nous sommes en colère, ou en désaccord sur des solutions à appliquer. Ce genre de désaccord ne témoigne simplement que de la différence de conscience entre ce que nous pensons servir et la façon dont nous imaginons pouvoir le faire.

La santé et la beauté du mouvement qui nous presse à aller au-delà la guerre viennent de ce qu'il porte chaque participant sérieux à un travail profond de recherche sur soi. Même la possibilité d'être dupe quand on participe à cette noble cause (lorsqu'une partie de la conscience trouve sa motivation dans la contestation plutôt que dans l'amour) mène inévitablement à une rencontre avec soi-même. Cette rencontre est douloureuse. Prions pour que la blessure soit profonde; qu'elle provoque une souffrance intérieure telle que nous ne puissions aisément l'ignorer. Prions pour que la blessure atteigne notre compréhension et nous dépouille jusqu'aux racines les plus lointaines de la conscience, où nous reconnaîtrons notre consécration envers la vie. Qu'elle soit remplie de conflits, de différences de jugements qui nous conduiront à l'humilité, et non pas au mérite. Prions pour que, de plus en plus nombreux, nous soyons amenés à la Nuit Noire la plus profonde en nous-mêmes, où nous choisirions de mourir plutôt que de nier que la paix de Dieu intervient lorsque nous ne sommes absolument plus rien, et non pas quand nous avons accompli une bonne journée de travail en vue d'une noble cause.

Ce mouvement vers la paix est une expression naturelle de la force qui nous pousse à nous voir nous-mêmes, à voir nos aspirations et le monde où déjà nous vivons, mais sans avoir eu d'yeux pour voir. Nous ne voudrons ni ne créerons jamais un monde de paix. Peut-être, un jour, si vraiment cela correspond à ce que nous sommes dans les profondeurs de notre être, ce monde existera-t-il. Il est évident pour moi qu'une telle possibilité existe, car j'ai vécu la réalisation de soi et la paix qui l'accompagne, et ai pu observer de ce fait les aspects de moi-même qui se développent en dehors de la contestation et ceux qui, partant de la paix la plus profonde, reflètent la création. Mais je n'ai aucune idée de la façon dont nous y parviendrons. Je vois l'intérêt qu'il y a à affirmer ce que nous préférons, je vois la possibilité d'unifier une communauté mondiale qui, sinon, se trouve divisée sur de très nombreux sujets. Je vois se rassembler des gens selon des croyances et des aspirations semblables, tel le mouvement qui les porte vers une énergétique unifiée. Je vois que nombre de ceux qui jamais ne parviennent à s'unir dans la religion (Bouddhisme, Judaïsme, Christianisme, Islam), à cause du degré auquel chacune a été revendiquée par le moi séparatiste, pourront trouver asile dans ce mouvement nouveau pour dépasser la guerre. Et personnellement, cela me plait. La «religion par-delà la guerre» repose carrément sur les épaules de chaque être humain et non pas sur une croyance infantile à quelque déité parentale; c'est une religion qui donne valeur à l'esthétique et au sensuel autant qu'au théorique; elle s'adresse donc à chaque catégorie de personnes — le sensitif, l'intellectuel, le philosophe, le scientifique, l'artiste et l'enfant.

Mais comme il en est de toutes choses, elle ne sera pas (et l'on ne peut s'attendre à ce qu'elle soit) adaptée à tous les êtres humains. Il y a ceux qui, pour se détourner de la guerre, voudraient s'engager sur le terrain de bataille de l'activisme zélé pour affirmer leur propre identité; il y a ceux qui, comme le petit garçon, ne peuvent saisir de telles valeurs, sans revenir cependant à un niveau de vitalité inférieur. Ils ont le droit de se battre et de mourir pour leur cause quoi que nous, dans notre quête de perfection, aimerions penser. Ceux qui voudraient épouser la philosophie du «par-delà la guerre» doivent avoir au coeur l'amour de tous, même des terroristes et des forcenés du nucléaire. Et si nous voulons vraiment évaluer la possibilité de passer par-delà la guerre, nous devons prendre conscience que l'énergie qui vient de notre aptitude à oeuvrer de concert produit davantage d'énergie. Cette énergie sustente toutes les tentatives de l'homme. Ceux qui recherchent encore la religion de la violence organisée vont se retrouver renforcés (brièvement peut-être), par l'élévation d'énergie que génèrent ceux qui, à présent, sont capables d'aborder authentiquement la religion de l'Unité. S'il nous arrivait de pouvoir évoluer trop vite dans l'Unité (ce n'est heureusement pas le cas), le résultat pourrait être exactement opposé à ce que nous souhaitons accomplir: cela pourrait précipiter le monde dans la plus grande violence que nous ayons jamais connue.

Pour passer par-delà la guerre, chacun doit entretenir en lui, non seulement la vision séduisante de la paix, mais aussi, simultanément, la blessure de la guerre. Ceci revient à entrer tout en sortant, à aller vers la paix et la douleur en même temps.

Les polarités dynamiques rencontrent ainsi leur complétude en chacun d'entre nous; aucun des pôles n'a été nié, aucun aspect ne s'est trouvé étiqueté et refusé, et tous continuent à oeuvrer de concert pour nous porter à une disponibilité et un rayonnement encore plus grands. Si nous nous limitons à nous sentir reconnus et valorisés par notre appartenance à un mouvement supposé juste et noble, nous réduisons, de ce fait, notre degré d'ouverture et d'humilité réelle — et ceci devant Dieu et devant autrui.

CHAPITRE DIX-HUIT

Vitalité radicale

Cher camarade ! J'avoue que je t'ai pressé en avant avec moi,
et que toujours je te presse,
sans avoir la moindre idée de notre destination,
ni si nous serons vainqueurs ou, en fin de compte, étouffés et vaincus.

Walt Wittman

Voici, d'après la tradition, l'histoire d'un fameux maître zen. Il fut, jeune, atteint d'une maladie mortelle; on ne lui donnait plus que quelques semaines à vivre. Selon la légende, il entra dans un couvent et fit le voeu de n'en sortir que lorsqu'il aurait trouvé l'illumination, ou quand il serait mort. On ne raconte rien de plus à ce propos, mais l'on sait qu'il devint l'un des maîtres les plus connus de son temps.

Cette histoire est celle de la transformation et de la vitalité radicales. Je crois qu'elle nous dit que nous pouvons et devons apprendre à mourir avant de mourir. L'essentiel de la transformation réside en ce qu'il nous faut, vivants, mourir à nous-mêmes. Peut-être en serons-nous, comme Laura, guéris; peut-être ferons-nous l'expérience de la transformation. Sans doute pourrons-nous nous abreuver au puits d'un émerveillement puissant. Mais juste à côté de cet émerveillement, se tiendront une douleur profonde, un doute gage d'humilité, un non-savoir plein de promesses. C'est ici que la Vie nous appelle à Elle. C'est ici que nous vivons le ferment du changement, et la possibilité réelle d'apprendre, de nous renouveler. Cette possibilité de transformation s'avère être la plus grande aventure de la vie, et sa plus grande énigme également. A l'instar du moine, nous sommes tous atteints d'une maladie mortelle; tous nous allons mourir. Lorsque je contemple la splendeur de Dieu, je la vois dans la beauté des fleurs, dans les larmes du souci d'autrui, dans le simple mouvement d'intérêt et de générosité par lequel nous nous reconnaissons les uns les autres. Mais en dépit de toute la richesse et de toutes les merveilles de la vie, la plus grande preuve de sagesse qui, pour moi, sanctionne toute vie, est la mort. Finalement, il nous faut tous lâcher prise. Peu importe à quel point notre vie a été riche, tous nous avons gardé quelque contrôle, avons résisté à l'inconnu d'une façon ou d'une autre. La qualité de ce que nous avons fait là représente la beauté de notre vie. Mais il n'est à présent plus besoin de se cramponner : la mort nous offre la possibilité d'une liberté et d'un renouvellement absolus.

Je ne sais pas quand, pour la première fois, j'ai compris ceci, mais j'étais certainement très jeune. Un ami m'a récemment rappelé qu'un jour, — nous avions onze ou douze ans — je me suis tourné vers lui en disant : «La vie nous prépare à la mort». Il fut stupéfié et en garde encore la mémoire comme l'un des souvenirs qui ont transformé sa vie. Je ne me rappelle pas cet épisode; mais j'ai pu me rendre compte à quel point, même enfant, la confiance envers la vie reposait pour moi sur l'appréciation du grand passage que représente la mort.

Franklin Merell-Wolff est pour moi un homme dont la vie fut pleine et riche, qui aborda la mort comme la plus grande de toutes les aventures. Il croyait qu'il devait être possible d'effectuer une transition consciente. Il avait dans l'idée que l'abandon du corps physique impliquait un abandon de toute conscience relative, et n'avait aucune idée de ce à quoi pouvait ressembler la conscience qui restait présente. Je lui suggérai qu'elle avait peut-être quelque similitude avec la conscience qu'il avait connue lors de sa Réalisation. Mais dans ses dernières années, à cause de l'âge très certainement, sa capacité à retrouver consciemment cette exaltation se fit minime, sinon nulle. Elle rayonnait en lui sous forme de bonté, mais n'était plus autrement pour lui qu'un souvenir. La mort fut pour lui une aventure totalement nouvelle.

En effectuant une transition consciente, il croyait, comme les bouddhistes, qu'à l'instant de la mort, il est possible de fondre la conscience relative dans la Conscience Absolue, et d'ainsi élever toute vie sensitive. Fondre la conscience extérieure dans la Conscience Absolue revient à exprimer une force de liaison unificatrice à travers l'immensité de la réalité manifeste. Ainsi, même au moment de la mort, lorsqu'il est finalement impossible de se raccrocher au monde de la conscience sujet-objet, nous avons encore la possibilité de servir.

Dans l'heure qui suivit sa mort, moi-même, ma femme, et quelques-uns de ses proches associés eûmes le privilège de lui lire des extraits du Livre des morts Tibétain. Nous passâmes la nuit à répéter «le premier Bardo», qui invite le partant à accepter la Claire Lumière de la Pure Conscience Inobstruée, conscience qui n'a aucune caractéristique de quelque ordre que ce soit. Le docteur Wolff pensait que cette lecture pourrait l'aider à passer consciemment dans la Conscience Absolue. Je ne puis prouver quel en fut le succès. Mais je puis dire la présence extraordinaire qui rayonnait du corps dans les vingt-quatre heures qui suivirent sa mort. C'était beaucoup plus fort et beaucoup plus vaste que tout ce que j'avais pu vivre avec lui auparavant (ou ai pu connaître en d'autres occasions où je fus présent lorsque se produisit la mort). Cette présence me faisait l'effet d'un silence méditatif plein de richesse et, en même temps, renforçait le sentiment de responsabilité et d'engagement face à la voix qui m'incitait à partager avec autrui la lumière de la conscience.

Mais le simple fait de considérer la possibilité d'une mort consciente implique que nous ayons appréhendé toute notre vie avec une vitalité radicale, que nous n'ayons pas refusé le paradoxe, que les périodes de grands défis nous aient aidés à approcher cette frontière entre «ma volonté et Ta volonté». Savoir que la mort existe est une bénédiction, en ce que notre inévitable tendance à la cristallisation y trouve finalement un terme. Il est bon de nous épanouir dans la vie tout en lui superposant doucement la certitude de la mort. Les aspérités s'atténuent, les exigences et les absolus cachés s'adoucissent, et il se produit dans tous les recoins de notre être un brassage et une élévation subtils. Il est bon que chacun de nous ait, quels qu'aient été sa valeur et son courage dans sa vie, à affronter une seule chose qui soit, en définitive, la même pour tous. Il est bon de savoir que le meilleur ou le pire de ce que chacun de nous a pu créer n'est rien qu'un éclat temporaire qui, comme toute vie, retournera à la poussière du temps. Il est bon de nous confronter aux sentiments difficiles, d'observer nos actes, nos rôles changeants, en appréciant consciemment la richesse que nous offre l'expérience du cycle complet de la vie. C'est notre plein héritage que cette étape où nous accomplissons l'aventure de notre transformation.

Mais si la possibilité de transformation, à l'instar de la mort, est toujours présente, il n'existe pas de processus éducatif conventionnel qui permette de la saisir ou de l'atteindre. Elle a, au contraire, plus de chance de se produire quand toute l'éducation antérieure qui nous fut inculquée s'avère être un échec. Lorsqu'il n'y a plus de réponse simple, lorsqu'il nous faut tourner le dos à la lumière extérieure et apprendre à établir une relation à nous-mêmes (qu'elle soit ou non conforme aux valeurs et aux attentes du reste du monde), notre vie se fait alors véritable service, notre coeur s'ouvre pour embrasser ce qui, auparavant, demeurait au dehors et séparé de nous. Oui, nous devons apprendre à être conscients, apprendre qu'il existe une possibilité de recherche et de connaissance de soi, et, pour ce faire, il nous faut d'abord demander des professeurs et des outils. Mais nous devons, par la suite, remiser ces outils et avoir le courage de reconnaître qu'il n'existe aucun sentiment, aucun doute, aucune solitude qui ne soient eux-mêmes une preuve de notre nature humaine tout autant que de notre Totalité Divine. Avoir une nouvelle relation à soi-même, à quelque chose qui naît dans notre conscience, mène à la possibililité nouvelle, à la vitalité nouvelle. C'est une sorte de Naissance Vierge.

«Que la lumière soit !»

Nous avons accompli un long chemin dans la compréhension de nous-mêmes. Comme le demande Dieu dans la Génèse : «Que la lumière soit !», ainsi la conscience humaine, elle aussi, apporte la lumière sur chaque terrain de l'aventure des hommes. Toute notre recherche, qu'elle soit religieuse, scientifique, psychologique, comportementale, est issue de l'impulsion de base de la Conscience vers la connaissance de soi. Nous recherchons la preuve de l'existence de Dieu dans les miracles et les révélations. Tant de gens voudraient pouvoir être certains qu'il y a Quelqu'un ou Quelque chose qui veille sur nous. Nous ne pouvons trouver de réponse au sens de notre existence, et il doit, par conséquent, exister quelque chose de supérieur qui nous donne un sens. Mais quand je guette et que je contemple le Divin, je le vois dans le prodige de notre relation à la vie, je le vois dans l'injonction «que la lumière soit !», lancée chaque fois que nous désirons ou avons besoin de savoir ce qu'il y a par-delà la prochaine colline, à l'intérieur de la molécule, derrière nos sentiments ou notre comportement. Et chaque fois que nous demandons, nous obtenons réponse. Chaque fois que nous expérimentons pour voir ce qu'il en est, pour faire davantage, quelque nouvelle compréhension se fait jour. A cet instant précis, nous avons grandi. Voilà l'action Divine, où, dans notre recherche incessante sur la vie, tout ce que nous pouvons découvrir jamais ne nous porte à notre terme. Alors donc que croît notre compréhension, c'est réellement la Conscience qui, à travers nous, fait un pas de plus sur le chemin de l'incarnation, et par là même nous révèle un contexte plus vaste encore dans lequel nous évaluer. Quel plus grand miracle pourrions-nous demander ? Quelle meilleure preuve que «nous sommes faits à l'image de Dieu» puisque, où que nous portions notre attention, il se produit une création ?

Chaque fois que nous frappons à la porte de l'existence, nous obtenons une réponse. Ce n'est pas une seule Naissance Vierge qui s'est accomplie, mais des milliards, partout où l'être humain a porté son attention. De tout temps, nous avons frappé aux portes de l'expérience, et la myriade d'ouvertures représente l'épanouissement de la culture humaine. Mais nous devons cesser de prendre ce Principe de Vie pour tenter d'en faire une source d'assistance, une auto-illusion, quand nous croyons pouvoir frapper et obtenir la réponse que nous voulons à nos conditions propres. Jamais nous n'avons frappé et n'avons obtenu une possibilité nouvelle qui ne requière simultanément des responsabilités et une maturité plus importantes. Jamais le Divin ne nous a transmis la lumière de notre salut dans l'espace étroit où nous concevons ce salut. Chaque illumination nouvelle a brillé au fond de notre obscurité et nous avons grandi, mais sans jamais appréhender pleinement la signification et les conséquences de chaque nouvel éclat de lumière. Ainsi avons-nous frappé à la porte de la matière et avons-nous finalement découvert l'atome. Nous avons continué de frapper et avons reçu l'énergie atomique; elle nous a fourni un outil qui peut sauver autant qu'il peut détruire. Systématiquement, nous frappons quand nous sommes complètement perdus, lorsque nous souffrons le plus et sommes dans le besoin le plus intense.

Nous frappons pour tenter de fermer la porte de la mort et toujours nous obtenons réponse. Durant un temps, la vie semble plus sûre, plus belle; la mort cependant est présente autant qu'avant et vient vers nous, chaque fois d'une façon nouvelle qui paraît plus étendue et plus hideuse.

Pour chacun, il n'existe qu'une seule porte à laquelle frapper; c'est la plus grande porte de toute : celle de notre moi. C'est par celle-ci, et celle-ci seulement, que le corps de l'humanité peut construire son futur. Mais devant cette porte, la sagesse veut que nous ayons compris une grande vérité. En termes simples, il faut comprendre que jamais nous ne nous sommes pleinement trouvés, et que nous sommes dans un processus sans fin de découverte. Cette constatation est très importante parce qu'elle libère notre recherche, pour que chaque fois nous puissions frapper à la porte de notre être avec originalité. Nous sommes, de quelque façon, toujours en train de nous duper en croyant que nous nous sommes trouvés. Jamais ceci n'a été vrai. Par quelque mystérieux tour de passe-passe cependant, nous pensons que nous savons ce qui est bon et ce qui ne l'est pas, ce que nous devrions et ce que nous ne devrions pas ressentir. Ces certitudes limitent la liberté de notre recherche et notre liberté de nous renouveler à l'infini. Nous nous arrêtons à des hypothèses conscientes et inconscientes quant à la totalité, mais elles ne représentent pas la vraie totalité, elles ne sont que conditionnement. Si elles servent de base pour nous évaluer, il ne peut exister de vitalité radicale. Il ne nous est plus possible de frapper librement à la porte de notre être et de recevoir la Réponse Divine de notre moi en éveil.

Nous avons, par exemple, frappé à la porte de la pensée et du comportement humain, et avons acquis une magnifique compréhension psychologique. Dès l'instant, cependant, que nous proclamons certaines choses comme pathologiques (et donc supposons que la psyché est saine), nous commettons une erreur. Dans un contexte donné et d'un point de vue très spécifique, la description de la pathologie a une valeur; mais nous devons alors être très clair sur ce que l'on entend par «contexte spécifique». A aucun moment notre définition de la pathologie ne nous dit que nous-mêmes sommes dans la totalité. Dans l'optique de la Réalisation, jamais nous n'avons atteint le fond d'une expérience quelle qu'elle soit, jamais nous n'avons sondé totalement un sentiment ou un comportement. Chaque réponse obtenue n'a servi qu'à nous indiquer une possibilité plus vaste, dont l'étendue se limite à ce que nous savons de nous-même. A ce propos, un prêtre de ma connaissance a récemment observé que l'une des plus grandes sources d'espoir provient du fait que la Cour Suprême des Etats-Unis a, jusqu'à présent, été incapable de se mettre d'accord sur une définition de la pornographie.

Si nous abordons notre recherche sans remettre en question l'hypothèse qu'il nous faut trouver pourquoi nous pensons ou agissons ainsi que nous le faisons, nos possibilités s'en trouvent limitées. La question «pourquoi ?» laisse supposer que, quelle que soit notre expérience, elle devrait être autre. Nous avons ici un problème à résoudre et ceci nous oriente vers une réalité psychologique : voilà qui nous donne une direction et une base pour frapper à la porte de notre moi; mais notre recherche n'est pas libre : nous ne lui appliquons pas une pensée originale qui nous permettrait de nous révéler à nous-mêmes de façon nouvelle.

Une libre recherche de transformation repose sur une compréhension radicale de la totalité, et non sur des idéaux qui eux-mêmes sont le contraire de ce que nous trouvons faux, malsain ou indésirable. Nous sommes alors libres d'embrasser tout ce qui est nous, chacun des instants que nous vivons, en lui permettant de représenter un tremplin au plus profond de nous. Nous ignorons (et n'avons jamais su) ce que sont une psyché ou un corps sains. Nous ne savons finalement pas ce que peuvent être un sentiment, une relation, un mariage sains. De même n'avons-nous pas tort : la découverte et l'originalité vraie jamais ne partent d'une hypothèse de fausseté ou de pathologie. C'est, au contraire, la possibilité de voir Ce qui Est en totalité qui apporte la compréhension nouvelle et inclusive. Nous ne devons, par conséquent, ni nous juger ni juger notre expérience. Il nous faut supposer que notre expérience est notre vérité même, et frapper à la porte en partant de cette hypothèse, ce qui signifie que nous nous acceptons déjà comme entiers dès l'origine.

Si réellement nous espérons spiritualiser notre corps et nos relations, ce ne peut être en exigeant de nous-même une conformité à un certain idéal, mais plutôt en invitant Dieu en chaque instant, et en renonçant par là à toute hypothèse restrictive pour célébrer une possibilité nouvelle. Ainsi, cette liberté nous affranchit-elle. Si notre mariage est source de douleur, si la vie ne s'écoule pas comme nous le souhaiterions, nous sommes déçus; si le matin nous nous éveillons en tremblant, vulnérables au point d'en avoir mal, la porte s'ouvre un instant sur un rapport nouveau à nos difficultés, un rapport fondé sur la totalité. A peine, cependant, avons-nous reconnu ce que nous éprouvons, nous supposons que nous ne faisons pas ce qu'il faut et la porte se ferme à nouveau. Nous imaginons à présent qu'il nous faudrait être autrement. Nous nous mettons à frapper à la porte des possibilités que nous avons imaginées, et faisons appel, pour obtenir une réponse, à quelque chose qui nous est extérieur. Nous entreprenons alors autre chose, réorganisons nos relations et nos priorités, et sommes une fois de plus passés à côté de nous-mêmes.

La douleur et l'incertitude face à la vie ne sont pas un mal. Elles sont aussi justes que le sont la joie et l'émerveillement devant la vie. La seule chose que nous puissions faire est de frapper à toutes les portes. Telle est la vitalité radicale : nous commençons à affronter cette petite mort que représente un abandon plus complet à l'immédiateté de la vie. Nous frappons à la porte de notre expérience et pouvons avoir la certitude d'obtenir réponse, sans pouvoir néanmoins être sûrs de ce qu'elle sera.

Ici, dans notre solitude, nous recevons cette réponse et la savons totale, à moins que nous ne nous en détournions et la rejetions sur le vieux tas des expériences que nous ne pouvons accepter, où elle poursuit sa route, devenue force de négation ou de destruction. Voici comment nous créons l'Ombre que décrivait Carl Jung.

Dépasser la zone du milieu

Avec l'éveil, la quête d'une complétude fondée sur l'incomplétude se fait moindre et la vie devient lieu de vitalité radicale. Si le langage de la transformation paraît impliquer causes et effets, le processus n'en dépend pas. En abordant ce processus, nous rencontrons évidemment un temps où nos efforts n'ont aucun rapport direct avec le résultat. A ce stade, il revient au même d'essayer ou de ne pas essayer, et il n'existe aucun moyen de savoir si ce que nous faisons ou ne faisons pas est une bonne chose, si nous grandissons ou pas. Les repères habituels du développement et de la reconnaissance de soi n'ont plus aucun sens. Ici commence la vie intérieure de la foi. Il y a toujours une certaine similitude entre ce qui est supérieur et ce qui est inférieur. Une personne radicalement vivante peut parfois passer pour apathique, passive, voire abandonnée. Nous sommes totalement présents, mais les forces qui agissent en nous ne se résolvent pas en une direction ou une focalisation spécifique. Tout mouvement prématuré vers une solution représente une subtile violation de nous-mêmes, et nous nous imposons l'attente, dans une tension difficile mais extrêmement vivante. Il est néanmoins possible de vivre entre ces deux états — sans donner dans l'apathie ou le désespoir, mais sans non plus s'abandonner totalement à cette tension radicale. Cet espace intermédiaire peut revêtir nombre de formes, et l'élément-clé est une vision idéale de la vie, fondée sur le désir du bien, un bien qui, en lui-même, est à la fois réaction contre la possibilité inférieure et tentative pour créer la possibilité la plus élevée. A mon avis, la plupart des enseignements «spirituels» sont centrés ou du moins fonctionnent à ce niveau, quelque part entre supérieur et inférieur, parce que jamais l'on ne comprend en profondeur que leurs racines naissent d'un processus où ce que l'on vit et ce qui sera Réalisé est indissociable. Toujours nous essayons de distiller l'idéal en-dehors du processus total, et nous aboutissons ainsi à des codes et des lignes de conduite qui banalisent le défi de la vie.

Pour beaucoup, la religion traditionnelle a perdu sa capacité à apporter à et induire la profonde vitalité mystique qui en est le coeur. Parallèlement, une vague totalement nouvelle d'églises axées sur une spiritualité pratique, une spiritualité qui donne des «résultats», a émergé pour répondre au besoin d'un culte contemporain. Mais il y a danger de se laisser prendre dans cette zone intermédiaire. Ces églises génèrent enthousiasme et vitalité. C'est essentiel, mais il ne faut pas diluer la religion et en effacer le paradoxe et le mystère en cherchant à éviter l'apathie ou le désespoir propres à la vie réelle. Ce faisant, nous évitons également le sens de l'inconnu et l'abandon rayonnant dont naissent la compréhension nouvelle et la vraie profondeur. En résulte une tendance massive à vivre dans des espèces de limbes, où l'on ne va jamais assez bas ni jamais assez haut pour pouvoir susciter la possibilité radicale.

Cette tendance se manifeste dans quasiment tous les domaines de la vie que peuvent populariser les médias. Elle définit ce qu'est la bonne information, ce que l'on peut diffuser à la télévision ou ce dont on peut débattre en public; mais il nous est impossible de voir vraiment notre monde ou de faire valoir le réel courage dont font preuve tant d'entre nous, quand tout ce que nous présentons reste axé sur cette zone de vie moyenne, où l'on confond substance avec stimulation et sensation. Nous créons et encourageons littéralement la médiocrité sur le plan de la vitalité, à une échelle telle qu'il est difficile d'imaginer que l'impulsion de transformation, pour nous réveiller, ne va pas rejaillir sous forme de crise ou de terribles souffrances.

Nous devons nous sentir incités à aller, au-delà des réponses simples ou de l'éthos agréable, vers une plus grande profondeur. Une activité sociale renouvelée et une participation en commun avec d'autres personnes en quête de sens et de bonheur représentent un début. Un sens neuf de ce que sont bien-être et accomplissement personnels nous ramène à la vie sur une plus grande échelle, et c'est comme si nous étions en train de faire de grandes choses. Le voyage, néanmoins, commence tout juste, et plus avant sur la route nous attend davantage que la simple expression de notre enthousiasme. Nous ne pouvons continuer de reporter nos souffrances et nos maladies sur le monde indigent, en nous faisant ses sauveurs ou les prosélytes de la prochaine grande vérité. Nous pouvons, certes, partager notre prospérité avec les autres, mais devons avoir conscience que nous accélérons leur mouvement vers notre situation propre, et que nous sommes ceux qui consumons trop des ressources de la terre; nous sommes ceux qui ont le plus lourdement pollué l'environnement; nous sommes ceux qui peuvent tout faire sauter en quelques minutes. Dans la mesure où nous n'avons pas résolu nos problèmes aigüs, il est effrayant de remarquer à quel point il est facile de se laisser séduire par la tentation d'entraîner autrui avec nous dans le chaudron, et ceci au nom de l'intérêt humanitaire.

Moi aussi, je veux voir un monde où il y aurait moins de souffrances, mais je vois clairement qu'avant d'y arriver, nous pourrions avoir à apprendre à ne pas fuir notre propre douleur. Je ne trouve aucune noblesse à ma souffrance ou à celle d'autrui, mais j'ai observé les jeux que nous jouons dans notre vie pour nous empêcher subtilement de la goûter plus pleinement. Souffrir, littéralement, signifie «tenir bon» et pas simplement être malheureux. Souffrir consciemment veut dire supporter plus de la part de la vie, ses joies et ses peines. En vérité, nombreux sont les pauvres de par le monde qui doivent affronter la noirceur de la privation, mais ils sont souvent plus proches de la vie et de la richesse spirituelles de leur être que nous ne le sommes en occident. Notre privation est d'un autre ordre. Je ne propose pas de diagnostic, mais vous invite juste à vous transformer pour pouvoir ainsi témoigner de la totalité de la vie.

Nous pouvons un jour nous éveiller à un éclair du divin et, un court instant, supérieur et inférieur peuvent se trouver unis. Comprenant alors que tous deux ne peuvent être dissociés, nous ne savons plus comment nous positionner dans notre rapport à l'un et à l'autre. Nous allons à ce moment comprendre ce qu'est la Grâce de la transformation, car quelle que soit la façon dont nous nous préparons, la possibilité d'une totale prise de conscience spirituelle ne résulte pas directement des efforts que nous entreprenons. De même ne pouvons-nous pas sauver le monde simplement grâce à nos efforts. Nous devons considérer ces efforts sous l'angle de notre compréhension et de notre consécration les plus profondes. Nous n'avons pas à notre disposition d'actions faciles qui nous mènent à la transformation personnelle ou globale, et lorsque nous tenons compte des divers enseignements spirituels et des recettes qu'ils nous proposent d'expérimenter, nous devrions bien nous demander : «Suis-je en train de me fuir ?».

En passant, donc, par-delà l'étape moyenne, nous abordons une période de tensions difficiles, de lutte entre l'être et le faire. Nous sommes confrontés à la solitude fondamentale où nous ne pouvons savoir si nos efforts sont folie ou sagesse. C'est comme si notre quête même avait provoqué une obscurité plus intense. Instantanément, nous voulons savoir que faire, comment être, et une partie de notre conscience va faire appel à quelque processus spirituel; mais ce que nous avons travaillé avant ne fonctionne plus pour nous délivrer. Une fois que nous en sommes arrivés là, la prochaine étape est celle de la vitalité radicale.

Si nous sommes capables de comprendre que cette invitation fondamentale à danser dans l'inconnu est la vérité même que nous devons affronter, nous pouvons alors laisser le processus faire son chemin. L'humilité, de cette façon, se développe, et l'importance de soi, qui supporte tant notre besoin de savoir comment vivre de la bonne manière, progressivement s'affaiblit. Parallèlement, nous devenons lentement plus conducteurs, plus disponibles, plus rayonnants. Nous dépassons le domaine du succès égoïque pour aborder la réalité spirituelle.

La façon dont ceci sera bénéfique, pour nous-mêmes ou pour le monde avec tous ses problèmes, peut n'être pas évidente. Mais nous aurons augmenté notre capacité d'aimer — de nous aimer nous-mêmes et d'aimer autrui. Un tel amour peut revêtir l'aspect d'un mets peu nourrissant, par lequel il nous semble tout perdre et ne rien gagner. Les recherches entreprises auparavant avaient des résultats sur notre développement; elles paraissent à présent vides ou simplement trop étroites : allons-nous passer à d'autres tâches, ou ferons-nous de notre mieux pour élever la conscience de cet ancien environnement ? Cette question-ci et la manière dont nous vivrons la réponse sont vitalité radicale.

Le chemin du possible

Me voici donc en train de vous convier sur le chemin de la possibilité nouvelle, un chemin qui, si nous en avons la force, nous permettra de donner naissance à une conscience nouvelle et à une vitalité neuve. Il ne s'agit pas seulement de faire preuve de volonté ou d'intention, grâce auxquelles nous refaçonnons notre monde à l'image de ce qui nous paraît être totalité. Si nos buts, notre vision et nos exercices spirituels nous sont un moyen de nourrir notre sentiment d'importance de soi, s'ils nous permettent encore de trouver enthousiasme et orientation de sorte que nos desseins dans la vie en semblent plus évidents, c'est une bonne chose pour un temps. Mais ce qui nous apporte un sentiment de force et d'identité, que nous payons du prix de notre non savoir existentiel, doit finalement revenir à nous dé-faire. Il nous faut affronter l'inconnu, affronter le fait que le changement fondamental n'est pas quelque chose que nous puissions contrôler, et affronter le risque de désespoir, d'abandon, avec la perte d'estime de soi que cela peut entraîner, si nous voulons trouver la porte qui ouvre sur une vitalité et une totalité plus grandes. Telle est la vitalité radicale : nous sommes puissants et en même temps n'avons aucun pouvoir; nous savons et ne savons pas. C'est un exercice continuel de pondération, où l'on va trop loin dans un sens ou dans l'autre pour toujours revenir à l'équilibre. Sur le plan énergétique, nous ne pouvons construire force et clarté au prix de notre ouverture. Ce n'est pas tant un choix conscient qu'un prodige de l'énergie elle-même, qui ne nous permet pas de nous reposer durablement sur l'importance ou l'accomplissement de soi. Si, d'autre part, nous sommes allés trop loin dans l'ouverture, au point d'être près de cesser d'exister en tant qu'individu, l'énergie exige que nous retournions au monde. Nos rêves, nos frayeurs crient : «reviens à la vie, vis-la, donne de toi-même». Aussitôt fait, de sorte que se sont renouvelés notre vitalité et nos buts, une force nous presse une nouvelle fois à l'ouverture, au dé-faire; et notre définition de nous-mêmes tout juste trouvée se met à se dissoudre. Des éclairs de totalité interviennent et nous réalisons alors à quel point nous avons davantage à vivre. Nous voyons combien le mystère de la vie dépasse en merveille tout ce que jamais nous avons imaginé. Nous nous retrouvons ainsi, plus profondément encore, engagés dans ce processus qui, un instant, semble sagesse, privilège et Grâce, et l'instant d'après paraît folie la plus pure ou vulnérabilité insupportable.

Progressivement, le jeu de bascule, entre disponibilité trop importante envers le Divin d'une part, et une contraction nous en éloignant de l'autre, prend un rythme de plus en plus soutenu. La perte des possibilités de définition de soi, qui entraîne paralysie et vulnérabilité trouve sa contrepartie dans un sentiment de solidité et de but. A partir de là se développe une nouvelle conscience. La distinction entre formé et informé, spirituel et matériel se perd. Cette conscience rayonne constamment, est disponible à chaque instant. Elle est néanmoins ancrée, ordinaire, et même pratique. Si nous agissons avec certitude et force manifestes, la porte donnant sur l'inconnu reste cependant toujours ouverte. La lumière se fait et un sentiment de respect et de calme s'instaure. Cette lumière est différente de celle que peuvent émettre des personnes puissantes et accomplies. La leur est une lumière qui réchauffe ceux qui ont besoin de vivre leur vie avec le sentiment d'une direction, d'un but et d'un accomplissement. Pour une âme sensible, cependant, il manque quelque chose : c'est l'obscurité, le non-faire. La lumière de la vitalité radicale est duelle, elle va soulager et épouvanter, par des voies qui ne relèvent pas de la compréhension rationnelle.

Pour ceux qui sont déjà engagés dans le processus d'éveil, le jeu de bascule va s'accélérer et la beauté, la douleur, l'amour et la peur vont s'intensifier. Néanmoins, parce que ceux qui portent cette lumière ont connu ce feu et en ont ramené une relation à la vie profonde et fonctionnelle, quiconque en leur présence se trouvera soulagé. Ils confirment manifestement que notre quête n'est pas futile et nous en éprouvons le sentiment d'avoir été profondément reconnus.

Inviter la vitalité radicale représente davantage qu'éprouver un sentiment d'orientation ou trouver une manière appropriée de canaliser ses énergies. Comme l'a remarqué Whitman, la vitalité radicale peut, au contraire, mener à triompher ou à être «en fin de compte étouffés». Il est impossible de répondre de façon rationnelle à cette invitation, car ce n'est en vérité pas une invitation du tout, mais plutôt un acquiescement extatique à la vie telle qu'elle est. Une compréhension advient alors, qui auparavant ne pouvait tout à fait atteindre la conscience. Vient ensuite une appréciation profonde de la sensibilité, de la vulnérabilité, de l'incertitude cachées que refusent la plupart d'entre nous, qui n'avons jamais su comment apprécier leur sainte vérité. La vitalité radicale ne peut jamais servir d'excuse pour éviter de répondre avec maturité à nos responsabilités au jour le jour. C'est, en fait, en premier lieu face au miroir de la vie quotidienne qu'il nous est possible de voir le profond travail de l'éveil. Il ne s'agit pas de se placer au-dessus de la peine, de la mesquinerie ou de la superficialité de la vie ordinaire; il ne s'agit pas non plus d'une réaction contre le malheur ou la souffrance de la vie. La vie est, au contraire, active et tranquille, mais toujours vibrante, toujours rayonnante; et son plus grand cadeau est qu'active ou passive, elle affirme une vie pour le plaisir de vivre.

Ainsi, j'ai souvent médité le prodige du papillon noir qui a atterri sur mon front. Dans l'union de la lumière et de l'obscurité, je vois la double hélice de l'ADN, où une spirale va vers le haut et l'autre vers le bas. Il semble que le papillon noir m'ait apporté un élément-clé de ma propre destinée. J'étais docteur. Cependant, armé d'un savoir et d'un rôle protecteur, je me tenais en quelque sorte à l'écart de la souffrance de la vie. J'avais peur de la mort, mais sans la respecter ni en voir la normalité, je défiais les parois rocheuses et les sommets montagneux. Je voulais me hisser jusqu'à la lumière d'une vie réussie, mais tout en fuyant une part importante de moi-même. Je fuyais le côté obscur qui parachève l'équilibre et permet la Réalisation. Depuis, j'ai travaillé à partir de mon expérience de la transformation, en appelant à une vitalité pleinement incarnée, vigoureuse; en invitant à une relation humaine profonde à travers le rapport énergétique. Lorsque les énergies se construisent intervient toujours un travail de dé-faire, toujours une période où, pour passer à une vitalité plus pleine, nous invitons automatiquement ce qui paraît être la perte et le dé-faire de ce que nous avons été. C'est précisément ce passage de notre expérience que nous devons, en quelque sorte, intégrer. Je suis le papillon noir et si je le pouvais, j'irais me poser sur le front de centaines de millions de personnes, afin que nous puissions accueillir notre dé-faire et venir à la totalité.

Lorsque je parle de la vitalité radicale, on me pose souvent des questions sur la notion de direction intérieure et sur l'implication qu'elle entraîne (presque systématiquement) d'une vie que l'on puisse mener en suivant son sentiment intérieur. Je n'ai, personnellement, jamais connu de voix intérieure définitive que j'aie pu clairement différencier de la voix de l'égo. Si j'ai souvent voulu connaître «la réponse» pour être sûr de ce qui allait se produire, elle m'est rarement parvenue. A la place, je maintiens une conscience intuitive ouverte qui me connecte à une sensation de présence et d'énergie. J'ai, en outre, choisi une voie qui requiert davantage de ma part — qui exige quelque chose de nouveau et apparaît donc des plus incertaines.

Pour moi, la «guidance intérieure», est une intuition qui octroie une sensation générale d'intégrité et de connaissance à notre vie. Elle se réfère au développement de la conscience de soi, grâce auquel nous apprenons à manifester nos états intérieurs, et acquérons davantage de maîtrise sur notre énergie de base. Mais elle ne garantit en rien sagesse ni justesse. Tout état se prête à une infinité d'interprétations, à un nombre illimité de possibilités de distorsion. Dès l'instant où nous affirmons pouvoir nous écouter et découvrir un plan spécifique et détaillé qui nous montrera comment vivre le futur immédiat, ou comment considérer nos expériences, nous entrons dans le jeu familier de l'auto-illusion. En procédant à une telle personnalisation, nous nous servons de nos propres demandes subjectives et égoïques pour gouverner notre existence. Ce procédé est une façon de tenter de trouver une Maman ou un Papa intérieur et nous conduit à demeurer perpétuellement immatures.

Pour nous tous, il doit y avoir un jour un terme à la relation Papa-Maman avec la vie et avec Dieu. C'est le prix dont il nous faut payer notre maturité. Pour que ceci puisse avoir lieu, notre sentiment de l'inconnu existentiel et le sentiment que nous avons d'être, de créer et d'agir, doivent en fin de compte se fondre. Ainsi, tels le Dieu de la Génèse ou celui de la Kabbale, nous sommes toujours en train de créer, en train d'émerger de l'obscurité de notre propre inconnu, chaque instant étant le révélateur du prochain instant, selon notre consécration. Plus notre consécration prend la vie comme le Divin (ce qui, en réalité, correspond juste à un état d'attention ouverte et sans obstruction), moins nous jugeons la vie, moins nous tentons de bien faire, moins nous recherchons les significations cachées, et plus il devient insensé d'essayer de voir si nous sommes sur le bon chemin. Nous gagnons «Dieu» (sous forme de vitalité vibrante et possibilités nouvelles qui n'ont pas forcément à être agréables) même lorsque nous perdons le contrôle de nous-mêmes. C'est ce travail, et non les bonnes ou mauvaises actions de la conscience conventionnelle, qui commence à faire apparaître notre position énergétique dans la vie. La «direction» donc, si nous pouvons à juste titre employer ce terme, est un travail extrêmement dynamique de conscience et de compréhension profonde, en relation avec chacun des aspects de la vie. Faire une distinction entre intérieur et extérieur, juste ou faux, perd simplement tout son sens. De ce point de vue, tenter d'atteindre l'intérieur pour en obtenir une direction spécifique reflète peur et méfiance vis-à-vis de la vie et de l'être. Le jeu subtil de la conscience se retrouve alors prisonnier d'une sorte de dictature psychique.

Il est évident que la vie a une intégrité qui transcende la compréhension ordinaire. Pourquoi cherchons-nous à croire que cette intégrité va et vient, et nous mettons-nous donc ainsi en position de jouer le rôle de Dieu et de le prouver ? J'ai, dans mes séminaires, atteint un niveau de liberté immense, parce que je sais que je n'ai aucunement besoin de diriger l'expérience vers un but particulier. Je n'émets aucune hypothèse sur l'endroit où nous nous rendons; je sais que le seul fait d'être présent et attentif va nous permettre d'aborder un espace doté de ses richesses propres et de sa signification intrinsèque. Il n'existe donc pas deux séminaires qui soient identiques. Ils sont une dynamique où l'attention conjuguée et approfondie des participants crée, au bout du compte, une vision de l'existence et des états si profonde que tous nous faisons l'expérience d'une dimension de compréhension totalement nouvelle. Ce n'est pas mon intervention qui permet qu'il se passe quelque chose de spécial. Je fais confiance à la nature essentielle de l'expérience elle-même. Dans ce travail, nous ne sommes pas simplement en train de nous rendre service à nous-mêmes; il se produit autre chose. Nous mettons en place des possibilités dans notre monde.

Chaque fois qu'un groupe de personnes atteint ces frontières énergétiques naturelles où la réactivité et la défense paraissent s'opposer à toute possibilité de progrès, et que nous réalisons qu'à ce moment c'est ce que nous révérons qui crée l'opposition, cette dernière s'évanouit. C'est ce même processus que je décrivais chez l'individu qui pratique les exercices de chant. Les forces de la Relation Créatrice, de l'Intensité et de l'Amour Inconditionnel convergent au cours d'une dynamique de groupe vers l'instant de la tranformation, à un niveau énergétique qui se trouve donc extrêmement intensifié. En apprenant à parcourir collectivement ce territoire, je suis sûr que nous créons de nouvelles portes (ou huilons les gonds de celles qui n'ont servi que rarement) pour que les autres puissent plus aisément trouver leur voie vers ces profondeurs. Des jours durant, une lumière nouvelle de subtilité et de vitalité rayonne de notre groupe, parce que nous avons, ensemble, atteint l'orée des forces archétypales qui définissent notre existence. Nous en faisons la découverte dans nos cellules mêmes, dans la présence qui nous entoure, et dans le simple hommage que nous rendons aux forces qui font de nous des hommes. Il est impossible de vivre individuellement cette énergie; elle naît en nous lorsque nous nous préparons, chacun, à une relation sans obstacle à autrui. En ce sens, les états supérieurs de conscience ne sont pas l'apanage d'une seule personne, d'un messie, mais appartiennent à tout le monde. S'il faut à l'humanité des centaines ou des milliers d'années pour atteindre le point où ces énergies, dont nous avons brièvement connaissance aujourd'hui, représenteront notre conscience de base, nous sommes en ce moment même en train d'ouvrir la porte qui donne sur cette possibilité. C'est comme si notre futur faisait une boucle en arrière, pour nous accompagner un moment et nous inviter à le suivre.

Mort intérieure/Renaissance
Invitation à la transformation

Dans la solitude de certaines nuits, dans les moments de profonde vulnérabilité et de doute, je m'interroge sur le sens de cet appel à une Vitalité Radicale; me fut-il destiné en propre ? M'a-t-il porté, moi ou d'autres, vers une plus grande lumière ? Puis, quand l'aube vient, avec un sens approfondi de l'amour et du quotidien, je me rappelle alors comment s'est déroulé le fil de ma vie, selon sa sagesse propre, à son rythme propre. Ce déroulement est le même pour nous tous, j'en suis convaincu. Quelle que soit la difficulté, quand nous recevons l'appel en notre coeur, nous sommes, en fait, prêts à affronter tous les défis.

Pour ma part, je pense à quel point il serait extraordinaire que des théories comme cette histoire du Centième Singe pussent être réellement la réponse; que tout ce qu'il nous faudrait soit d'être suffisamment nombreux à passer sur un niveau supérieur pour que le reste de l'humanité suive. L'histoire est séduisante et mérite que nous nous y arrêtions quelques instants. L'aventure du Centième Singe nous est contée par Lyall Watson dans son livre fascinant, *Supernature* (1). Elle est née d'un oui-dire spéculatif et non d'un fait établi. Je crois néanmoins que Watson dit juste lorsqu'il suppose qu'il existe un authentique phénomène de propagation de conscience. L'histoire relate comment un nouveau comportement spécifique fit son apparition dans une tribu de singes, et se propagea en dehors. Au moment où le dernier survivant (arbitrairement nommé le Centième Singe) s'initia à ce comportement, ce comportement se répercuta sur d'autres tribus, séparées de la première par un océan de cinquante kilomètres. Le processus de propagation à l'intérieur du groupe originel est intéressant en soi. Le premier singe (du nom d'Ima) élabora l'acte de débarrasser sa nourriture du sable qu'elle contenait en la lavant. Elle l'enseigna à sa mère et, à partir de là, le comportement gagna rapidement les femelles et les jeunes de la communauté. Jamais il ne put toucher les mâles plus âgés. Il fallut qu'ils meurent et que s'écoule une période d'environ quatre générations avant que ce procédé fût généralisé à la totalité du groupe d'Ima. Ima elle-même était évidemment un singe de génie, car elle avait également appris à séparer le riz du sable en agitant le mélange dans l'eau, puis en écopant les grains qui flottaient. Elle apprit aussi à nager et ses comportement (vannage et natation) s'étendirent lentement au groupe. Watson ne relate que le bond que fit le lavage des pommes de terre, et ne mentionne pas celui des autres procédés. L'hypothèse du Centième Singe propose qu'une fois acquise une certaine conscience par un nombre suffisant d'individus, celle-ci se propage automatiquement à tous.

Nous généralisons maintenant ce phénomène pour l'appliquer au comportement humain, et notre pensée est la suivante : si nous pouvons développer l'amour et la paix, ils se propageront, comme dans l'aventure du Centième Singe, à

(1) Watson Lyall, Supernature (Doubleday/Anchor, 1973).

toute l'humanité. Comme c'est le cas avec la Réalisation, nous pouvons être surs que lorsque se produira un nouveau bond radical dans la conscience, l'énergie résultante se généralisera au reste de la société. Si cependant nous ne parlons pas de changer radicalement mais plutôt d'accentuer le pôle positif de notre conscience, je crains que, aussi rapidement aurons-nous donné pouvoir à l'un des pôles, l'autre se trouvera lui aussi renforcé. Je me demande alors si nous ne propageons pas aussi la peur, le jugement, le sentiment du mal qui sous-tendent en grande partie notre motivation à apporter au monde l'amour et la lumière ? Le prodige du Centième Singe se produit tout le temps; il est le phénomène de base par lequel tout instant de complétude change le processus du Devenir de notre monde. Mais le comprendre n'en fait pas une force que nous puissions manipuler à notre guise. Si nous utilisons ce phénomène rationnellement en vue d'inciter davantage de gens à oeuvrer pour construire un monde meilleur, nous intervenons, je le sens, à nouveau sur fond de peur et d'espoir très personnalisés. Ainsi que l'a fait la médecine pour l'enfantement, nous croyons pouvoir aider à naître un Nouvel Age, de façon plus adéquate et plus sûre. Inévitablement, nos meilleurs efforts ne peuvent qu'amener de nouveaux problèmes.

Comment pouvons-nous penser que nous savons ce qui est bon pour l'humanité ? Nous prétendons le savoir vraiment, et l'exemple le plus courant est cette affirmation que la guerre nucléaire est un mal pour tout le monde. Certes, je n'en disconviens pas. Il est impensable, pour moi, de considérer la guerre nucléaire en soi comme pouvant représenter une solution. Le fait, cependant, qu'elle fait planer sur nous une menace, laisse à penser que la vitalité radicale est à présent nécessaire à la survie de l'homme, à titre quasiment de commandement. Nous devons regarder plus loin ! Il ne s'ensuit pas que, parce qu'il y a menace d'annihilation, nous devions aimer davantage. L'amour n'a jamais été un remède à la guerre, si c'est la peur de la guerre qui nous a orientés vers lui. L'amour naît de la vitalité radicale, pas de l'espoir d'un monde meilleur.

La possibilité d'une guerre nucléaire n'a pas surgi en une nuit. Elle a grandi avec la conscience humaine, et les forces impliquées sont aussi anciennes que le temps lui-même, et aussi mal comprises. Tout au long de l'histoire, les gens se sont préoccupés du bonheur de l'humanité. Beaucoup, alors comme maintenant, ont considéré l'époque où ils vivaient comme la plus sombre, la plus terrible, la plus corrompue. Comme nous tous, ces gens voulaient créer la différence, trouver un remède, et ont eux aussi opté pour ce qu'ils sentaient être le bien. Je présume qu'il se passe aujourd'hui la même chose que dans le passé. Maintenant, les apparences sont visibles sur une plus grande échelle et les conséquences sont beaucoup plus graves. Ce qui représente le salut est également destruction. Ce qui amène une certitude ne peut exister qu'en «tuant» l'incertitude du moment précédent. Ce qui améliore la maladie en «tue» les conditions. L'intention consciente (faire le bien) et la motivation inconsciente (peur de la destruction) sont toutes deux et l'une autant que l'autre créatrices, dans cet univers de complétude. Sont-ce l'instinct de survie et l'application de l'intelligence au niveau de la conscience de base, en vue d'améliorer les conditions de vie autant qu'il est imaginable de le faire, qui ont également porté en eux la possibilité d'éliminer toute vie ? (nous pouvons utiliser des termes comme «instinct de survie», mais avant d'avoir tenté l'aventure de la transcendance de soi, nous ne savons pas vraiment ce que nos mots veulent dire).

Si nous avions pu comprendre les grands préceptes qui affirmaient que la vie est déjà totale à l'origine et que le changement fondamental est une Grâce, peut-être serions nous plus aptes à voir notre survie comme un processus de vitalité radicale, plutôt que comme un effort incessant pour acquérir une sécurité et une paix nées de la peur d'être anéantis. En considérant ceci profondément et en y faisant face, nous serions sans doute beaucoup plus aptes à gérer notre propre potentiel de destruction.

Peut-être aurions-nous pu, depuis longtemps, choisir d'oeuvrer à augmenter la conscience de notre nature spirituelle, et aller ainsi au même pas que notre capacité à raisonner et notre pouvoir de manipuler la vie. Je ne sais. Je suppose que ceci a toujours représenté un juste processus de développement, sans aucune garantie.

Je doute que nous ayons eu d'autres choix que celui de donner pouvoir à notre conscience «non-éveillée» à travers nos efforts pour une vie plus sécurisante, en conséquence de quoi nous avons inconsciemment refusé l'Apocalypse intérieure qui appelle à la transformation. Mais je ne pense pas que nous puissions la refuser plus longtemps. Comme le moine Zen de la légende, il est temps pour nous d'entrer dans le cloître de notre coeur, et d'affronter notre annihilation et notre potentiel de transformation.

Evidemment, cela semble ridicule au niveau de la vie quotidienne. Qu'allons-nous faire ? Laisser s'installer la maladie, faire de la souffrance un grand idéal ? Ne tenterons-nous plus jamais d'améliorer l'existence ? Non; c'est encore penser cause/effet, réagir selon nos vieux schémas, selon lesquels faire quelque chose en vue de la totalité vaut mieux que d'être simplement total. Ce que je propose est que notre faire devienne un dé-faire.

Prenons la vie comme elle vient, pénétrons dans les profondeurs de notre être en refusant de dire «mauvais» ou «incomplet» ce qui nous fait peur ou mal. Cessons de renier ce que notre expérience nous démontre sans cesse, à savoir notre ignorance, notre incertitude, notre impuissance et notre mort. Chaque fois que nous nous précipitons pour faire quelque chose de déterminant pour nous-mêmes ou notre monde, rappelons-nous que toute action pour améliorer l'existence, entreprise à partir de notre niveau de conscience actuel, est lourde de conséquences. Alors, mettons-nous d'abord à nu. Voyons jusqu'à quel point nous pouvons être nus, disponibles à la vie.

Voilà la vitalité radicale, et d'elle naît l'amour. Cet amour est une émanation, une force inclusive naturelle qui réfléchit notre équilibre profond, notre résonnance à la Totalité. Cet amour augmente, quand s'affinent notre conscience et notre façon de vivre pour embrasser davantage des forces qui paraissent être inconciliables. Ce n'est pas un idéal qui doive avoir son opposé. Aimer davantage n'est rien que nous puissions faire; c'est quelque chose que la vie nous fait lorsqu'à chaque instant nous vivons de plus en plus près de l'inconnu. C'est, à mon avis, le grand cadeau et la grande aventure de la vie. Comme le disait, il y a longtemps, le grand poète Kabir en parlant de l'amour, «Ceux qui cherchent à raisonner à son propos échouent». Lorsque l'amour grandit en nous, ainsi fait notre capacité à soutenir la tension d'une compréhension conflictuelle ou paradoxale inhérente à la nature multidimensionnelle de la conscience humaine. C'est l'amour né de la vitalité radicale qui peut nous permettre de faire s'harmoniser notre immense potentiel à la fois créateur et destructeur.

Notre conscience actuelle a certainement mis des milliers de millénaires pour prendre forme de conscience collective dominante. La conscience de l'Amour et de la Totalité de la Vie peut encore avoir besoin de nombreux millénaires. Le passage est une opération difficile. Nous devons admettre à présent qu'il n'existe aucun vrai remède à l'holocauste nucléaire, de la façon dont nous considérons actuellement le problème. La guerre elle-même n'a rien d'une solution et le choix conscient de ne pas faire la guerre n'est qu'un début. Nous devons refuser la guerre nucléaire, mais ceci ne nous mènera pas à la sécurité. Si nous recherchons une paix qui ne provienne pas d'une conscience de la Totalité, qui ne nous mène pas vers le dé-faire intérieur de l'Apocalypse de l'Eveil, je ne doute pas que nous ne puissions que générer quelque menace, encore plus diabolique pour notre existence. Une nouvelle tension se déclenche là, car il nous faut élaborer des façons de nous unifier dans les énergies supérieures par d'autres moyens, par une attitude envers la vie qui reflète notre vénération la plus profonde. Les dons que nous offre la vitalité lorsque nous avons résolu les problèmes, choisi des directions, lorsque nous nous sommes nous-mêmes transcendé grâce à une crise, ont toujours fait partie de nous. Mais jamais ils ne se profileront avant que nous n'ayons accédé à la force vitale par d'autres voies. La vitalité radicale nous convie à cette possibilité. Nous avons vu ce qui s'est produit pour Laura; nous savons que ce potentiel est également accessible à l'humanité toute entière, et est en ce moment même en train de se développer.

A VOUS, QUE J'AIME

L'amour de la Vie est l'amour des uns pour les autres;
Notre renaissance est la relation qu'ensemble nous avons,
jour après jour.

Je vous lègue, mes frères et mes soeurs,
Quelque chose de merveilleux, quelque chose d'invisible.
Je le reçois de vous.
Issu de la profondeur avec laquelle nous nous abandonnons
l'un à l'autre,
A la vie, à Dieu....
Là, se lève silencieusement dans notre sein et prend sa place,
Un souffle sacré, notre chair même sublimée.
Cette amitié m'élève plus près de moi-même.
La possiblité naît, révélée, vivante,
Remplit d'aise mon corps
Et fait circuler mon sang à l'infini.

C'est le pouvoir que nous avons.
Le sachant, nous sommes libres et prisonniers,
Condamnés à devenir Rien et Tout,
Chacun pour l'autre est la Source vivante.

Qui dirige tout ceci ?
N'entendons-nous pas le rythme auquel nous devons mar
cher,
Au plus profond des indicibles intuitions de notre âme ?

Richard Moss

Glossaire

Amour Inconditionnel, vecteur de : On peut voir l'Amour Inconditionnel comme le principe d'inclusion selon lequel l'Existence est totalité et où chaque chose est exactement ce qu'elle est. En tant que vecteur de transformation dans les exercices pratiques, il est un champ d'attention dans lequel la totalité de soi et tout ce que l'on peut percevoir (y compris autrui) est affirmé dans une étreinte énergétique soutenue. De cette affirmation, l'autre reçoit une résonance énergétique et une élévation de soi.

Les vecteurs de transformation (Implication Créatrice, Intensité, Amour Inconditionnel) ne peuvent être vraiment séparés. Si, par exemple, l'Amour Inconditionnel n'était pas déjà présent, l'Implication Créatrice spontanée ne pourrait exister. Nous prendrions continuellement du recul par rapport à l'immédiateté de notre expérience en jugeant, en réagissant, en analysant; bref en étant toujours prisonniers de notre conscience sujet-objet. En ce sens, les vecteurs de transformation ont la même nature triple que la trinité de la théologie chrétienne (Père, Fils et Saint-Esprit). Lorsque les vecteurs convergent à l'instant de la transformation, nous nous retrouvons dans cet état où «Moi et le Père sommes Un».

Apocalypse : Terme utilisé par la théologie chrétienne pour désigner la confrontation finale entre les forces du bien et du mal. Au sens mystique, ainsi que nous l'utilisons ici, elle signifie confrontation intérieure, discontinuité de la conscience, où l'identité passe d'un égo fondé sur la conscience sujet-objet à un niveau supérieur.

Attention libérée : Sentiment de clarté survenant lorsque nous ne sommes plus immergés dans nos réactions subjectives envers les gens ou les événements. L'énergie se trouve libérée dans un nouveau potentiel créatif lorsque nous dégageons notre attention d'un schéma particulier de conviction. Lorsque notre conscience augmente, l'attention libérée est le moyen par lequel nous sommes capables de mettre en oeuvre notre propre pouvoir inné de permettre à une possibilité nouvelle d'émerger (et non de la créer).

Champ d'attention : Capacité d'attention à une présence sentie ou un silence palpable, tant à l'intérieur qu'à l'extérieur. Elle transcende — tout en l'incluant — le contenu ordinaire de la conscience. C'est une aptitude que l'on enseigne d'abord comme une façon d'appréhender l'énergie, et que l'on approfondit par la Méditation Sacrée. On peut envisager le champ d'attention comme la conscience du JE SUIS à laquelle on se réfère parfois. Cette conscience n'est pas un concept ou une croyance, mais plutôt une attention palpable, qui permet aux sensibilités corporelles autant que cognitives et subtiles de comprendre ou d'intéragir avec un sentiment plus important d'être. Cette attention est le fondement à la fois du silence intérieur et d'une sensibilité profondément élevée.

Commandement en tant que Loi : Un commandement, tel le Grand Commandement d'aimer Dieu et notre voisin comme nous-même, n'enjoint pas d'adopter un comportement, mais est une expression de la Loi. On peut prendre la Loi comme une prescription, telles les lois humaines qui disent aux gens comment ils doivent vivre, et comme une description, telles les lois naturelles qui décrivent ce qui est de tout temps. Au sens descriptif, le Grand Commandement est loi, et est cohérent avec les prémisses fondamentaux de notre totalité préexistante. Cette façon d'envisager le commandement reconnaît l'erreur fondamentale de celui qui demande son accomplissement à quiconque n'a pas atteint un certain niveau de conscience; la loi, dans ce dernier cas, devient dogme ou obédience répressive. Dans la vie, la loi de chacun est toujours déterminée d'après son niveau de conscience. Une personne capable d'aimer Dieu et son voisin comme elle-même le fera parce que c'est l'expression naturelle de son être. Pour un tel individu, donc, c'est la description de ce qui se passe naturellement, et non une injonction morale.

Conductivité énergétique : Capacité d'intégrer davantage d'énergie — autres personnes, autres aspects de la réalité — dans la définition de soi-même. En un sens, la conductivité énergétique d'une personne peut être considérée comme l'aptitude à demeurer ouverte et disponible dans des circonstances qui génèrent une tendance à la définition de soi et à la réaction.

Consécration : Notre consécration réflète le principe qui soustend notre vie. Ce n'est pas quelque chose que nous faisons; c'est plutôt quelque chose que nous découvrons (ou, plus justement, dont nous avons l'intuition) lorsque nous considérons la vie avec une pénétration plus profonde. Pour avoir l'intuition de notre consécration, il nous faut abandonner notre esprit de jugement et la mise en place d'objectifs à atteindre. Ceci nous permet de discerner notre positionnement face à la vie, de nous «voir» avec davantage d'objectivité. En cherchant à saisir ainsi notre consécration, nous reconnaissons en même temps que notre vie a une origine et une existence qui précèdent nos idées et intentions. Ceci, en soi, nous amène à entrer en harmonie croissante avec l'impulsion de transformation. L'intuition de sa propre consécration est part d'une conscience de soi radicale qui nous pousse constamment à avoir une relation plus vaste à la vie.

Consécration rituelle : Invocation consciente exprimant la certitude en la totalité de la vie. Elle crée un contexte spirituel de confiance lorsque l'on aborde de nouvelles dimensions de l'expérience.

Contenu de la conscience, contenu psychique : L'intégralité de l'expérience organisée et non-organisée, telle que la manifestent les sentiments ou les pensées. Ceci inclut à la fois le contenu ordinaire de la conscience (sentiments, idées et sensations) et son contenu subtil (pressentiments, claivoyance). Au fur et à mesure que le processus de transformation nous mûrit, le contenu de la conscience cesse d'être le principal déterminant de la façon dont nous abordons la vie, parce qu'il se fonde sur un sens limité de l'identité. La consécration prend de plus en plus d'importance.

Corps Divin : Etat parfait de l'être sans obstruction. Dans cet état, le corps égoïque a été transcendé et la structure physique est infiniment plus conductrice. Le même niveau énergétique, qui aurait provoqué une intensification du contenu psychique et des manifestations physiques de toutes sortes dans le corps égoïque, est à présent vitalité rayonnante. Ces deux termes (corps égoïque et corps divin) ne doivent pas être considérés comme absolus mais comme l'expression d'un continuum. Nous nous déplaçons toujours sur ce continuum lors des instants de discontinuité, selon la focalisation de notre attention et l'intervention de la Grâce. Même s'ils sont peu nombreux, les instants vécus au niveau du corps divin peuvent apporter une guérison physique profonde.

Corps Egoïque : Notre corps égoïque est un reflet de tout ce qui définit les limites de nos préoccupations. C'est un champ de sensations que renforce la définition de soi. C'est notre façon conditionnée d'aborder, de maintenir et d'exprimer l'énergie et la vitalité. C'est la façon d'être dans son corps que nous avons apprise de l'émulation des parents et des normes sociales et qui, à un niveau plus profond, a été instaurée comme modèle énergétique selon lequel nous maintenons notre force vitale. Le corps égoïque ne peut soutenir qu'une gamme définie d'énergies, au-delà de laquelle il manifeste fatigue ou maladie. Lorsque nous abordons un nouveau palier énergétique lors d'un quelconque moment de changement, ou quand nous rencontrons une personne éveillée porteuse d'énergies supérieures, le corps égoïque peut manifester ces énergies, qu'il conduit en une kyrielle de réponses psycho-somatiques (anxiété, béatitude, asthme, constipation, diarrhée, palpitations, sommeil et ainsi de suite).

Déplacement énergétique : Changement dans le contenu de la conscience, dans la relation entre soi et tout ce qui est autre. Il s'accompagne d'un changement du sens de l'identité. Un déplacement énergétique peut être provoqué par quasiment tout ce qui nous catalyse sur le moment présent, et est aussi ordinaire que l'euphorie ressentie lorsque l'on glisse vers le prodige de l'éveil mystique.

Dictature psychique : Elle se manifeste quand nous renonçons à notre droit de naissance à un potentiel illimité pour nous soumettre à quelque forme de direction intérieure, plutôt que de nous fier à notre capacité d'extraire la sagesse du ferment de l'expérience humaine. Ceci peut se manifester par un désir constant de donner une direction spécifique à des décisions ordinaires, ce qui laisse supposer qu'il existe des réponses pré-déterminées et des raccourcis vers la sagesse.

Discontinuité de conscience : Rupture avec le familier et le connu, qui permet de passer dans une dimension de conscience différente. En un certain sens, la mort. Le point de discontinuité dans la conscience représente un «angle» au-delà duquel la conscience ordinaire est incapable de projeter quoi que ce soit. Dans la vie quotidienne, les discontinuités majeures menant à la Réalisation ou à l'Illumination sont rares, mais les discontinuités mineures sont plus fréquentes (lors de la mort dite clinique, ou au moment de l'impact dans un accident automobile). Il est intéressant de constater que les quelques individus qui ont survécu après avoir sauté du pont du Golden Gate font souvent preuve d'une remarquable transformation de conscience et reviennent à une vie heureuse et productive. De même, les personnes qui ont fait l'expérience de la mort imminente (mortes cliniquement et ressuscitées) manifestent souvent une profonde transformation. D'après les observations cliniques, une douleur chronique ayant pour origine un accident peut souvent être effacée en amenant la personne à un niveau d'énergie identique à celui qu'elle connut lorsque se produisit la discontinuité à l'instant de l'impact (c'est souvent un niveau énergétique très élevé). C'est comme si la douleur était liée à ce niveau énergétique, et ne dépendait pas simplement de la seule structure physique.

Energétique : Tout ce qui a à voir avec l'énergie (voir Energie). Egalement : qualité de conscience qui, elle-même, détermine ou influence notre expérience subjective.

Energie : Nous pouvons imaginer que l'énergie recouvre une gamme d'expressions dans un spectre. A un bout du spectre, se trouve l'Energie Pure ou Conscience Pure. Cette énergie n'est pas encore spécifiée selon les schémas familiers et identifiables. C'est un état sans contraintes, un champ d'être primordial d'où émergent des formes spécifiques. A l'autre bout du spectre, l'énergie est cristallisée, ou reste prisonnière des limites rigides selon lesquelles nous percevons les aspects de la réalité.

Parce que l'énergie représente le fondement de la vie, on en fait aussi l'expérience directement. En tout premier lieu, l'énergie est vitalité, sexualité, sentiment, intensité; mais elle est également présence sentie, courant qui traverse le corps et l'entoure. Il est important d'être capable de sentir et de diriger directement l'énergie. C'est une étape du développement de la conscience. Pouvoir consciemment déplacer notre niveau énergétique nous permet de passer d'une simple concentration sur le contenu de la conscience à l'appréciation de dimensions plus subtiles, qui tendent à déterminer la qualité et le type du contenu psychique. Les énergies supérieures sont liées à une conscience plus inclusive, plus universelle, alors que les énergies inférieures relèvent d'une conscience plus dense, plus personnalisée. L'énergie supérieure implique une sensibilité accrue. Au niveau des énergies supérieures,la conscience d'un individu peut intégrer davantage d'ambigüité et de non-formé; il y a plus de fluidité entre sujet et objet, moins de rigidité entre ce que l'on considère habituellement comme étant soi et n'étant pas soi.

Etre et Devenir : l'Etre est ouverture à ce qui est, pleine acceptation de la vie. Le Devenir est convergence, mouvement de levier qui nous élève pour permettre une meilleure vision des alternatives, une position plus avantageuse. Le Devenir fait partie de l'Etre, du fait que la Totalité de la vie recouvre immobilité et mouvement, générant tension existentielle et compréhension.

Forces centrifuges de la conscience : La nature rationnelle, consciente et Divine, l'amour en particulier. Toutes ces qualités ont tendance à nous porter vers l'expansion ou la dissolution des limites de soi. Elles se définissent par l'inclusion, la désincarnation.

Forces centripètes de la conscience : Notre nature mentale, instinctive et émotionnelle; également la volonté et l'intensité, qui tendent à concentrer et à densifier notre énergie et à créer les limites de soi. Se définissent par l'exclusion, la force d'incarnation.

Penser en termes de forces centrifuges et centripètes nous fait passer d'un modèle vertical, linéaire et hiérarchique (c'est-à-dire chakra supérieur contre chakra inférieur, et particulièrement sentiment que le supérieur vaut mieux ou est meilleur que l'inférieur) à un modèle sphérique et évolutif, où l'Etre et le Devenir, l'esprit et la matière sont indissociables.

Gravité et Grâce : La gravité est l'attirance de la conscience habituelle renforcée par ses structures (ses rôles). La Grâce est la poussée permanente vers la conscience supérieure. L'effet de la Grâce augmente lorsque nous apprenons à libérer notre attention et à réaborder notre relation à la vie à un nouveau degré de connexion.

Impératif transformationnel : Loi innée de la réalité spirituelle selon laquelle la vie, dans sa totalité, est perçue comme favorisant de tout temps des niveaux de conscience plus élevés et plus cohérents. Même quand l'énergie de l'univers physique, de la fin du théorique Big Bang, se sera dispersée dans l'entropie (seconde loi de la physique thermo-dynamique), l'impératif transformationnel implique que la diversité de la vie augmente, et manifeste petit à petit la capacité de passer à des états de conscience plus unifiés et plus inclusifs. Sur le plan humain se produira une désidentification des rôles et des définitions, qui aidera la conscience à se dégager du carcan des formes fixes.

Implication Créatrice, vecteur de : Qualité *a priori* de spontanéité et d'originalité avec laquelle nous abordons une expérience vécue. Elle est la mesure dans laquelle nous sommes capables d'aborder la vie sans faire appel au filtre habituel des facultés de jugement, de comparaison et d'évaluation du mental.

Incarnation ou personnalisation : Fait de vivre le principe de transcendance dans le temps et l'espace. L'être total d'un individu conduit l'énergie supérieure sur le plan de la manifestation. Le principe d'unité, par exemple, acquiert son expression sur le plan quotidien, physique, sous forme de sensibilité et de rayonnement. L'incarnation implique une purification profonde et continuelle de la nature totale de l'individu, et la libération de tous les modes d'expression créatifs. C'est donc beaucoup plus qu'une aptitude passive à atteindre les états supérieurs de conscience (comme dans la méditation), ou à exprimer le supérieur en tant que concept ou croyance. C'est une transformation cellulaire, qui s'accompagne d'une vitalité physique, d'une intelligence accrue et d'une voix vibrante, permettant à l'individu de créer littéralement une vaste zone d'être dans toute la gamme des manifestations de la vie ordinaire.

Intensité, vecteur de : Une certaine qualité d'attention à l'immédiateté de l'instant présent, dans laquelle s'implique tout notre être; elle mène à l'unification du soi et de l'expérience. L'Intensité donne accès à la volonté, et donc nous permet de disposer d'une plus grande portée de contrôle sur des facteurs qui tendent à dissiper notre énergie.

Intention : Désir d'accomplir un but identifié. L'intention se fonde d'ordinaire sur un sentiment de manque et un désir de s'affirmer. Dans un sens plus large, l'intention réfléchit un désir Elle se limite à un savoir conscient. L'intention en soi n'est donc pas suffisante pour permettre la mise en place d'une possibilité de transformation plus profonde, car la transformation nous entraîne dans l'inconnu. Aussi longtemps que l'intention se fonde sur ce que nous pensons être «bon» pour nous, elle se limite au connu. En ce sens, toute intention se fonde sur l'égo.

Intention supérieure : Décision consciente de vivre selon certaines valeurs et certains idéaux, qui instaure un niveau de discri mination spirituelle auto-critique. Une telle décision se fonde sur l'établissement de buts, et donc part d'abord d'une hypothèse sous-jacente (consécration) selon laquelle nous sommes moins que le tout. Si nous en prenons conscience, nous pouvons alors abandonner nos intentions supérieures et reconnaître ainsi dans la totalité notre nouvelle consécration.

Modèle énergétique : Forces ayant valeur d'archétype qui définissent la possibilité, ou individu — vivant ou disparu — ayant accès à une énergie supérieure et la transmettant. Elles représentent une source d'inspiration et un objet d'affection pour un autre individu. Le modèle énergétique définit également la fonction d'un parent envers son enfant, d'un professeur envers son élève. Le gourou fonctionne comme un modèle énergétique, fournissant à un individu un exemple d'incarnation pour une énergie supérieure (habituellement perçue comme de l'amour). Dans la mesure où cette relation permet à un individu de voir les possibilités humaines supérieures chez une autre personne, cet individu reçoit une «impression énergétique», grâce à quoi la prochaine étape de sa découverte des possibilités supérieures se trouvera facilitée.

Normalisation inconsciente : La normalisation, lorsqu'on l'applique scientifiquement, est l'opération de mise en place d'approximations par simplification et «arrondissement». La conséquence naturelle en est le sacrifice de l'intégrité au profit du pratique. Au sens psychologique, elle est un processus de choix : on choisit l'information qui renforce directement la structure de réalité dominante que nous avons pré-déterminée nous-mêmes. Inversement, la normalisation conduit à exclure tout ce qui ne contribue pas directement à corroborer les modèles relatifs que nous avons de l'univers.

Obéissance et impossibilité de choix : On obéit lorsqu'on reconnaît l'illusion des alternatives, et que l'on s'abandonne consciemment à l'appel profond de la Conscience. Ce n'est pas se rendre à une autorité extérieure, mais reconnaître que nous ne pouvons plus vivre la vie à notre guise.

Porte de la solitude et dévotion : La porte de la solitude n'a rien à voir avec la singularisation ou la séparativité, même si parfois nous pouvons nous retrouver sans compagnons. C'est une dynamique d'attention constante et de rapports toujours plus profonds à l'immédiateté de la vie. Il est impossible de dépendre d'une autorité extérieure. L'approbation perd son sens, et l'on devient lumière de soi-même. Tout alors nous apparaît comme le Dieu Vivant. Notre compréhension a dépassé notre capacité d'opter pour ou contre.

Relation sans obstruction : Qualité de libre attention entre deux personnes ou plus. Là, l'individu est capable de voir l'autre comme entier, divin, comme si deux miroirs se faisaient face. Cette relation peut s'instaurer lorsque toute implication de soi-même a disparu pour les personnes concernées.

Religion de la Guerre : Religion vient du latin *religio* : se relier à la base, c'est-à-dire accéder à ses pleines énergie et vitalité. Dans la mesure où la guerre apporte à la conscience sujet-objet actuelle (présomption de séparation affirmée par la conscience ordinaire) son niveau énergétique le plus intense, l'activité guerrière est un phénomène religieux.

Sacrement de l'ignorance : Se produit lorsque nous en arrivons à considérer notre capacité limitée à connaître la réalité, non pas comme une défaite, mais comme une occasion et comme une opportunité de s'émerveiller.

Le Sacrement de l'ignorance implique de reconnaître intuitivement que la réalité que nous vivons est tout autant un aspect de notre propre subjectivité qu'une donnée soi-disant objective. Elle crée la condition propice au silence et à l'ouverture mentale, qui constituent le vrai temple de l'Etre. Dans ce temple de silence, l'Existence est notre guide.

Sagesse de l'ignorance : Il ne s'agit pas d'ignorance ordinaire, au sens de manque d'information. C'est la sagesse qui nous baigne lorsque nous arrivons à la limite du connu et sommes capables de le reconnaître. C'est la pénétration intuitive, qui vient quand on reconnaît le caractère limité du mental, des façons convenues du savoir et de l'application de ses connaissances. C'est une porte qui donne sur une possibilité illimitée; c'est une nouvelle sorte d'attention, focalisée sur le vaste fond d'où nous pouvons continuellement saisir la relativité des formes conditionnées de notre savoir.

Saturation énergétique : Condition psychique de l'ouverture énergétique, où la capacité de vie d'une personne (structure des convictions, style de vie, schémas habituels) n'est plus suffisamment grande pour intégrer les énergies auxquelles elle peut avoir accès. La saturation énergétique peut précipiter un changement fondamental ou radical de vitalité.

Spiritualité authentique : Le défi et l'impulsion d'un style de vie qui respecte nos aspirations les plus élevées, tout en respectant également le côté personnel de la nature.

Spiritualité sans corps : Enseignements spirituels canalisés. Ces enseignements sont «spiritualité sans corps», puisqu'ils sont incapables de procurer la même sorte de relation ou le même exemple de rôle qu'un professeur vivant. Ces enseignements oublient de prendre en compte le paradoxe fondamental de l'équilibre entre dimensions supérieures et besoins, réalité du corps physique et de l'espace-temps matériel. Ils prétendent, en effet, donner des réponses concises et précises en dehors des ambigüités et des paradoxes de la spiritualité vécue. Les enseignements transmis par un médium représentent un pas dans l'incarnation des énergies supérieures qui règnent au-delà de la conscience quotidienne, mais ne transcendent pas la dichotomie de base de la conscience sujet-objet, et ne sont pas représentatifs d'un état de réalisation incarnée. Inévitablement, ce genre d'enseignement tend à instaurer peur et dépendance, parce qu'il implique un niveau de conscience polarisé qui prend en compte le bien et le mal, les désastres,les punitions, etc.

Transformation fondamentale/perturbation énergétique : La transformation fondamentale est un déplacement radical dans la structure psychique d'un individu, un déplacement dans sa capacité d'avoir accès aux énergies supérieures et de les contenir. La perturbation énergétique revient à appliquer un «choc» à l'être, dont la conséquence est une dilatation temporaire des limites égoïques — accompagnée souvent d'un sentiment de bien-être et de possibilités nouvelles. Bien que les effets d'un tel choc puissent être assimilés à ceux que provoquerait une transformation fondamentale, ils sont toujours transitoires. Au contraire, les effets de la transformation fondamentale sont permanents, puisqu'ils proviennent d'un changement de capacité de l'être.

(La) Transformation ne se fait pas «à notre guise» : La transformation est un processus de maturation, auquel on ne peut échapper lorsque l'on pénètre la vie en profondeur. La transformation authentique est rarement (si tant est qu'elle puisse l'être) accessible à l'intérieur du contexte familier dont nous pensons détenir le contrôle, ou dans lequel nous choisissons de faire certaines choses qui sont censées nous rendre plus heureux ou meilleurs. Nous n'avons aucun contrôle définitif sur la programmation de l'instant de transformation, ni ne pouvons être sûrs de son bon fonctionnement ou de sa dignité. Après le profond déplacement énergétique qui peut caractériser une découverte transformatrice, il y a toutes les chances que la vie à venir ait peu de points communs avec ce que l'on avait imaginé. Les découvertes vraiment transformatrices nous catapultent habituellement dans des eaux inexplorées.

Vecteur transformationnel : Toute addition de forces, d'énergies, d'objets ou de caractéristiques qui, travaillant ensemble, donnent certains résultats particuliers. Un vecteur de maladie, par exemple, regroupera tous les facteurs susceptibles de provoquer une maladie donnée. Dans l'exercice du chant, chacun des vecteurs porte un certain jeu d'énergies et de consciences, et tous permettent de pousser les opérations jusqu'au moment où c'est «le chant qui nous chante». Un vecteur, quand il s'agit de transformation, est un «mécanisme» spirituel ou une position psychologique, grâce auxquels nous pouvons avoir accès à un autre niveau de conscience. Il peut être également considéré comme une façon de se connecter à une réalité plus vaste.

Vitalité : Vitalité du corps, du mental et de l'esprit : une qualité rayonnante de présence et de vigilance. Elle implique une aptitude à intégrer davantage d'énergie; elle réfléchit notre capacité de permettre à l'indifférencié de s'exprimer par le corps-esprit, de la même façon qu'un piano bien accordé permet au musicien de donner à une oeuvre musicale sa pleine expression.

LA FONDATION TRHEE MOUNTAIN : La Fondation Three Mountain, association de type loi 1901 fondée sur les travaux de Richard Moss, a le dessein d'apporter une autre vision et un nouveau langage pour exprimer l'impulsion évolutive qui se fait jour partout à travers le monde. Elle organise des ateliers de transformation pour les particuliers, les jeunes, les collectivités, les hôpitaux. Ces ateliers sont animés par Richard Moss et ses associés. Les livres, enregistrements, publications et programmes qu'elle propose visent à intégrer l'aventure continue de la transformation aux réalités pratiques de la vie quotidienne.

HOW SHALL I LIVE ***(Comment vais-je vivre) :*** Faire de la maladie une source de vitalité. Livre et série de cassettes.

En se servant de la maladie comme d'une métaphore, livre et cassettes nous convient à une approche nouvelle du processus de guérison, par une recherche sur le potentiel de croissance inhérent à toute crise. Sans rejeter la médecine moderne, *How Shall I Live* en augmente la portée et l'efficacité en élargissant sa conception. Le Dr Moss nous raconte comment sa propre expérience de la chirurgie a changé sa vie, et expose plusieurs cas de patients qui ont récupéré remarquablement vite, ont pu recevoir moins de transfusions et ont acquis une sensation durable de bien-être en apprenant à se servir de l'énergie omniprésente de la totalité et de la santé. Livre et série de cassettes proposent tous deux des exercices énergétiques spécifiques et des méditations qui se sont avérées extrêmement efficaces pour les personnels soignants, les malades, la famille ou les amis. (Le livre a été édité en 1985 par Celestial Arts et la série de cassettes par Three Mountain Foundation, en 1985 également).

THE I THAT IS WE (titre original) : Comment s'éveiller aux énergies supérieures grâce à l'Amour Inconditionnel.

Livre à paraître au Souffle d'Or en 1990.

Le premier ouvrage de Richard Moss est devenu un classique parmi les oeuvres traitant du processus de transformation. Dans le monde entier, des individus ont été profondément touchés par *The I that is We*, qui exprime avec clarté les états de conscience mystique et parvient à induire le lecteur dans de nouvelles dimensions d'Etre. Dans cet ouvrage, le Dr. Moss aborde des thèmes tels l'illusion de la séparativité, la valeur de la transformation inhérente à la maladie et au voyage, l'élévation des énergies par l'interaction du groupe. *The I that is We* est une approche profonde de la dynamique et du défi continuel qu'instaure une vie de conscience plus pleine.

Les Cassettes de Richard Moss (en anglais) : Il est possible de se procurer les cassettes des conférences qui traitent de tous les aspects du processus de transformation. Ces cassettes ont fait le tour du monde, et médecins, thérapeutes, prêtres, les recommandent à tous ceux qui ont besoin d'aide ou qui traversent crises ou périodes de transition. La voix vibrante du Dr Moss a une qualité et une présence qui conduisent l'auditeur à vivre de nouveaux stades de conscience à la simple écoute d'une cassette.

THE THIRD MOUTAIN : La Fondation Three Mountain publie deux fois par an *The Third Mountain*, un magazine et une cassette destinés à présenter un forum continu sur l'exploration de la conscience. Les articles, interviews et discussions proposés par Richard Moss et ses associés apportent aux abonnés un point de vue actualisé et évolutif sur le processus de transformation.

Pour obtenir la liste des conférences, livres, cassettes et magazines, ou de plus amples informations, contactez :

Three Moutain Foundation
P.O. Box 1180
Lone Pine CA 93545
(619) 876.4702

N.B. Tous renseignements sur les activités de Richard MOSS en Europe et aux Etats-Unis, peuvent être obtenus auprès du :

CENTRE SOURCE
UNIVERSITE DE PSYCHOSYNTHESE,
19 rue Frédéric Lemaître, 75020 PARIS.
Tél : (1).43.49.18.90.

LE SOUFFLE D'OR
B.P. 3, 05300 BARRET LE BAS
Tél : 92.65.10.61

Richard Moss, docteur en médecine, a cessé de pratiquer en 1976 et anime depuis des ateliers dans le monde entier. On le considère partout comme un guide inspiré, maître dans l'art d'amener les individus à s'éveiller aux nouvelles dimensions de conscience. Ses travaux font fusionner les pensées médicale, psychologique et spirituelle, et conduisent directement à vivre les niveaux de conscience supérieurs.

Il apprécie particulièrement l'escalade, la sculpture, la poésie (il en écrit lui-même) et l'entretien de son verger, chez lui, au pied des Sierras orientales. Il a fondé et dirigé la communauté de Sky Hi Ranch pendant trois ans, avant d'aller s'installer à Lone Pine, en Californie, en 1984. La Fondation Three Mountain propose des ateliers, des conférences, des enregistrements et des ouvrages basés sur les travaux du Dr. Moss.

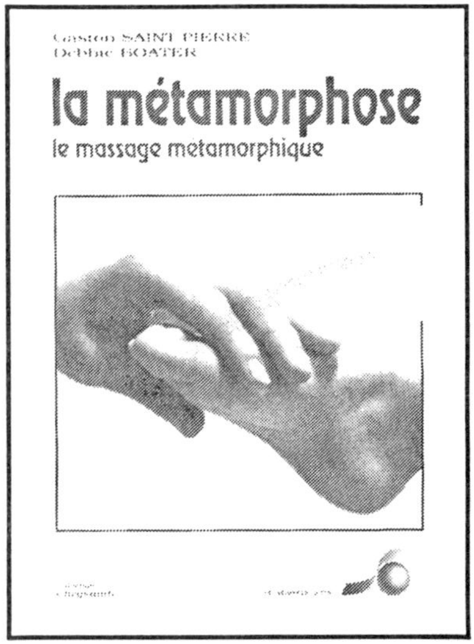

Le principe du massage métamorphique est de reconnecter l'individu à sa période prénatale, grâce à un massage sur les pieds, les mains et la tête, aux endroits de correspondances des points réflexes de la colonne vertébrale. Celui-ci retrouve ainsi la force de vie essentielle à l'œuvre pendant la gestation ; les blocages d'énergie peuvent être levés et le potentiel d'auto-guérison actualisé.

L'originalité de cette approche est que le praticien n'a pas une attitude dirigiste vis-à-vis du patient, ni de l'énergie ; il est neutre. Il n'est qu'un catalyseur pour l'énergie vitale de l'individu.

Ce livre très simple, avec schémas et photos, met cette approche à la portée de tous ceux qui sont intéressés par la médecine holistique et qui veulent changer leur vie. Très conseillé à pratiquer avec les enfants.

Gaston Saint Pierre naquit au Canada français en 1940 et vécut en Angleterre jusqu'au début de 1960. Il travailla quatorze ans dans le monde de la finance. Il fut formé comme professeur et diplômé de l'école Montessori. En 1970, il travailla auprès de Robert St John qui avait découvert cette approche révolutionnaire de la guérison appelée Métamorphose. En 1980, il fonda l'Association Métamorphique, reconnue d'utilité publique. Il donne maintenant des conférences et des cours à travers l'Europe et le monde.

Debbie Boater naquit en Angleterre en 1953 et partage maintenant son temps entre l'Angleterre et l'Amérique, enseignant et pratiquant la Technique Métamorphique et la psychophysiologie. Elle a passé les quinze dernières années à étudier et pratiquer la méditation, la psychologie, l'expression corporelle et les médecines douces. Elles est l'auteur du «Livre du Pain» (Prism Press, 1979) et co-auteur du «Manuel du Guérisseur» (Element Press, 1988). ■

ISBN : 2 904670 11 4

LE SOUFFLE D'OR A DÉJÀ PUBLIÉ:

Collection FINDHORN :

- Révélation *(épuisé)*
- La voix des anges
- Jeux nouveaux
- Semence d'étoile
- Emergence
- Les bâtisseurs de l'aube
- L'envol vers la liberté
- Le retour du peuple des oiseaux
- La petite voix
- Le livre d'Emmanuel
- Célébrer la vie

Collection CHRYSALIDE :

- La métamorphose
- Un instant, une pensée
- Vivez dans la lumière
- Retour au jardin
- Elixirs floraux et médecine vibratoire *(épuisé)*
- Les élixirs floraux du Dr Bach
- Cristal de vie
- Cristaux et développement personnel
- Guide des musiques nouvelles
- L'enfant et la relaxation
- Yoga et maternité
- Toute la kinésiologie
- Kinésiologie, le plaisir d'apprendre
- Kinésiologie pour enfants

- Le corps ne ment pas
- Equilibrer l'énergie vitale par la polarité
- Les endorphines
- Fleurs et santé
- Unifier
- Le dialogue intérieur
- Les relations, source de croissance
- Communier avec votre enfant avant la naissance

Collection PASSAGES :

- La vie ouverte
- Neuf clés pour vivre sa mort
- Qui meurt

Collection PAROLE :

- Naissance du 4ème type
- L'homme perfectible
- Le silence qui parle

Collection de la ROSÉE :

- Le joueur de flûte
- Les enfants aux yeux de soleil

Hors collection :

- Le guide de l'éducateur nature
- L'homme autrement
- Médecine de l'essence *(épuisé)*
- La Guérison : de la tradition à aujourd'hui
- La Terre s'éveille
- Pour l'amour de Terre

A partir de son expérience personnelle de réalisation profonde, de thérapeute après celle de médecin, Richard Moss nous entraîne dans une aventure de la conscience ; les conceptions habituelles de la maladie, la guérison, la médecine, sont happées dans un tourbillon et radicalement bouleversées. Sa vision ouvre de vastes horizons vers l'essentiel, vers plus de sens. Il se situe hors de la dualité : la maladie est aussi bien une occasion de transformation que le voyage ou le bonheur. «Ce que nous rejetons est subtilement une partie de nous-mêmes ; lorsque nous avançons en embrassant quelque chose de plus grand, alors les forces de croissance et de guérison sont unifiées.»

Richard Moss nous fait découvrir ce qu'est l'amour inconditionnel, et ce qu'il peut permettre comme transformation réelle, comme guérison fondamentale. Il donne des indications nombreuses, pertinentes et précises sur l'énergie vitale, en particulier à l'adresse de tous les animateurs de groupes et thérapeutes, pour qui «Unifier» deviendra un livre de base. En effet, l'énergie de groupe possède des vertus puissantes qu'il faut savoir gérer sagement ; c'est le fruit de sa longue expérience de libération du plein potentiel de chaque individu.
C'est sur une perspective collective et sociale que débouche Richard Moss : quel rapport entre l'individu et le collectif ? Quel est le rôle collectif des maladies telles que le cancer ? Quel rôle pour la médecine ? Quelle est la transformation collective qui s'opère sous nos yeux ? Quelle nouvelle étape de la conscience se profile devant nous ?
Voici un guide précieux à notre époque de confusion, par un être exceptionnel.

Richard Moss obtient son doctorat de médecine en 1972, et décide de renoncer à exercer la médecine classique en 1976, afin de «faire la cour» à la nouvelle conscience qui s'est spontanément éveillée en lui. Depuis lors, il anime des séminaires de transformation dans le monde entier. Il vit actuellement avec sa famille sur la côte pacifique du Nord-Ouest des USA. Enseignement, marche à pied et escalade, écriture et sculpture sont ses activités favorites.
Il est l'un des principaux enseignants d'une psychologie contemporaine de la conscience ; ceci englobe l'exploration des énergies subtiles et l'enseignement du potentiel à travers les transformations du corps/esprit.

Achevé d'imprimer en mai 1993
sur presse CAMERON,
dans les ateliers de la S.E.P.C.
à Saint-Amand-Montrond (Cher)

– N° d'imp. : 1316. –
Dépôt légal : janvier 1992.

Imprimé en France